延安精神及其当代价值

赵耀宏 著

人民出版社

序

石仲泉

在延安这块土地上孕育形成的延安精神,是中国共产党非常宝贵的精神财富。十八大以来,党中央十分重视利用红色资源、发扬红色传统、传承红色基因,以历史教育全党温故启新。延安精神是全面从严治党的生动教材。

2009年和2015年习近平同志两次来到中国延安干部学院,都强调了要继承和发扬延安精神。他指出:要继续挖掘延安精神这个宝藏,教育各级领导干部始终保持和发展共产党人的先进性。中国延安干部学院副院长赵耀宏同志长期从事中国共产党延安十三年历史和延安精神教学和研究,积数年教学和研究之成果,写成《延安精神及其当代价值》一书。这部洋洋40余万字的专著,全面阐述伟大的延安精神,深刻阐发延安精神的当代价值,既展现了共产党人的红色基因,又为当下深入全面从严治党提供了难得的参考读物。

中国延安干部学院成立后,我被聘为兼职教授,多年来常去讲课,也多是他热情接待。他朴实诚恳,谦和谨慎,勤学好问,给我以深刻印象。他的著述过去没有机会拜读,这次让我作序,学习了这部大作。该书理论分析深刻,史料翔实,研究深入,有独到见解,研究特色鲜明。在宣传延安精神的同类著作中,该书的这样几点比较突出:

第一,从延安精神的本源研究入手,挖掘延安精神的原生形态。

人们熟知的延安精神这个概念,党中央在延安时还没有这个说法。

它是人们后来提出的。作者尊重历史,下了功夫,从历史文献中寻找革命精神源头,即在延安十三年的伟大实践中形成和概括了哪些革命精神。如书中所讲的:1938 年抗大教员何思敬在《抗大动态》上发表《抗大精神》一文,第一次提出抗大精神;1939 年 12 月,毛泽东在《纪念白求恩》一文中,高度赞扬了"白求恩同志毫不利己专门利人的精神";1943 年八路军总政治部电影团拍摄的《南泥湾》影片解释词中提出"自力更生、艰苦奋斗、奋发图强"的南泥湾精神;1943 年 3 月 4 日《解放日报》发表的《高干会与整风运动》社论中,提出了"整风精神"的概念;1943 年 1 月,毛泽东在《经济问题与财政问题》的报告中表扬了延安县同志们的布尔什维克精神;1944 年 9 月 8 日,毛泽东在追悼张思德大会上,发表《为人民服务》的演讲,《解放日报》为此发表文章,提出了"张思德同志为人民利益牺牲的精神";在陕甘宁边区开展的劳模运动中,产生了大批劳动英雄和在边区产生重大影响的劳模精神。这七种原生形态的革命精神,概括起来应当是延安精神的文本源头。作者详尽论述了各个原生形态革命精神的具体内容,使人们对延安精神有了更直观更生动更实在的理解。这一点是在其他著述中不多见的。这说明作者的研究不是平面的,而是立体的,有相当的纵深感。

与此相联系,作者回答了延安精神何以形成的问题。作者从多个视角对此作了考察,认为以毛泽东同志为核心的党的第一代中央领导集体的形成和成熟,为延安精神形成提供了组织保障;中国化的马克思主义毛泽东思想的全面展开和走向成熟,为延安精神的形成奠定了思想理论基础;党的正确的政治路线的确立,是延安精神形成的政治保证;波澜壮阔的伟大革命实践、革命熔炉的锻造,是延安精神形成的载体和平台;而陕甘宁边区特定历史文化传统与艰苦环境的磨炼,则是延安精神形成的社会条件和客观环境。这就基本厘清了延安精神与毛泽东思想等诸多因素之间的关系,比较全方位地论述了延安精神形成的历史条件。上述分析说明,中国共产党延安十三年的辉煌历史孕育了延安精神、延安文化,而延安精神又为党创造历史辉煌提供了强大的精神动力,是文化自觉和自信的硕果。

第二,比较深刻地解读了延安精神的内涵和特质。

作者认为延安精神的内涵与内容是有区别的,内涵反映对象的特有属性,内容是构成事物内在诸要素的总和。内涵揭示什么是延安精神,内容则主要反映延安精神所展示的不同层面。内涵决定内容,内容反映内涵。由此,作者对延安精神的内涵作了如下概括:延安精神是彻底的革命精神,是升华了的民族精神,是共产党人为争取民族独立人民解放而奋斗的时代精神,是完整展示共产党人形象的群体精神。所以,延安精神具有革命性、民族性、时代性和人民性四大显著特征,这种精神作为一种理想信念、道德情操、精神风貌,是贯穿于党的理论与思想中的精神气质,是内化在党的优良传统和作风中的灵魂。这是该书的又一个独到之处。当然,对这种分析的认识,可能见仁见智,有的研究者不一定赞同。但不管怎么说,作者的这个分析具有一定新意,富有启迪性。

同样地,与此相联系,该书也基本厘清了延安精神与延安传统、延安作风之间的关系。作者对人们长期模糊不清的延安精神、延安传统、延安作风这些既有联系又有区别的概念作了区分。作者说:"精神是相对于物质而言的,是对人的内心世界现象,包括思维、意志、情感等有意识的方面,也包括其他心理活动和无意识的方面。它还具有神志、意志、精力、活力、神采、韵味、内容实质等含义。传统是指历史沿革下来的思想、文化、道德、风俗、艺术、制度以及行为方式等。它对人们的社会行为有无形的影响和控制作用,是历史发展继承性的表现。作风是指工作和生活上一贯表现的态度和行为。"三者既紧密联系又相互区别。"精神是内化在传统与作风中的灵魂与气质,而传统和作风则是精神的外在表现。"由此,作者认为:"延安精神是对延安传统与延安作风的浓缩、凝练与升华,而延安传统与作风则是延安精神在实践中展示的风采与形象,概言之,延安精神是内藏于延安传统与延安作风中的魂。"对这个看法可能也有异议,但作者的这个分析不无道理,将对延安精神的研究深化了,不能不为之点赞。

第三,对延安精神的内容架构作了新的思考,有新的阐发。

怎样论述延安精神的主要内容,过去是一个众说纷纭的问题。从不同角度有不同概括,讲一条、三条、五条、十条的都有。目前学术界普遍认可的是这四条:"坚定正确的政治方向,解放思想、实事求是的思想路线,全心全意为人民服务的根本宗旨,自力更生、艰苦奋斗的创业精神。"应当说,这是个比较全面的表述。但也有学者认为,思想路线、根本宗旨不能等同于精神,还需要从精神层面再概括。作为学术问题,这是完全可以也应当允许研讨的问题。在学术面前人人平等,必须坚决贯彻"双百方针",没有什么特殊和例外。否则,何论学术民主?!

作者提出了一个建构延安精神内容体系的基本想法,认为:"在对延安精神内容的把握上,不能把它无限放大,将其当作一个框,什么都往里装,要抓住延安时期丰富生动的历史实践和共产党人精神境界与时代风采中的本质与亮点,进行梳理和归纳,搞清楚延安精神蕴含的理想信念、思维模式、政治理念、价值取向、道德风范、活力机制等问题,并予以理论解析和实践阐释,以此构建起科学的延安精神内容体系。"根据以上想法,作者从六个维度概括了延安精神的主要内容:一是从理想信念维度概括,延安精神是坚定正确的政治方向;二是从科学理性维度概括,延安精神是实事求是的求实精神;三是从伦理价值维度概括,延安精神是全心全意为人民服务的公仆精神;四是从实践意志维度概括,延安精神是自力更生、艰苦奋斗的创业精神;五是从政治理念维度概括,延安精神是实现人民当家作主的民主精神;六是从活力机制维度概括,延安精神具有批评和自我批评的作风。这样的概括,是否全面、精准,当然也可以讨论,但这几个维度的分析,不但拓展了延安精神的内容,而且使之具有体系性。这样,它至少起到了抛砖引玉的作用。

第四,比较深入地阐述了延安精神的当代价值。

研究延安精神的当代价值是一个重大课题。作者联系党的建设的实际,就新的历史条件下如何继承发扬延安精神谈了自己的思考,不乏真知灼见。例如,他认为当前坚持解放思想、实事求是精神,需要各级领导干部和广大党员切实树立求真意识、法治意识、人民主体意识、反思意识、科学意识、担当意识等六种意识。再如,就如何探索适应新的时代特点开展批评和自我批评的方式方法、构建批评和自我批评的制度体系、营造良好的社会环境等问题,作者也提出了一些有价值的思考。作者的这些思考,说明他不满足于已形成的共识,还想深入挖掘新的内涵。这是作者做学问的创新精神的体现。

其实,作者论述延安精神的内容时厘清一些重要关系的理论分析也具有当代价值。比如,讲为人民服务的宗旨与为人民服务公仆精神的关系。作者分析了为人民服务的基本内涵后指出:"把共产党人为人民服务的精神上升为中国共产党的唯一宗旨,并将其作为判断一个共产党员是否是真正共产党员的价值标准,贯穿于中国共产党全部理论和实践中。在理解全心全意为人民服务的公仆精神时,既要看到共产党人在实践中是如何践行为人民服务的,还要看到为人民服务的公仆精神所体现的中国共产党对待人民群众问题上的理论成熟和政治自觉,这样才具有理论的深度和实践的厚度,使延安精神更具深刻性。"再如,作者把民主精神作为延安精神的主要内容加以系统论述,既颇有新意,又有现实意义。作者认为:"在延安精神内容中如果有关民主的内容缺失,是不全面的。"研究延安时期的民主精神,"不仅要看到民主精神的价值,而且要看到中国共产党对党内民主和人民民主的理论探索、制度设计和路径选择,因为这些正是民主精神结出的果实,只有弄清这些,才能充分理解中国共产党支持人民当家作主的政治品质和科学性与彻底性"。我以为,这些观点的提出也应当是延安精神当代价值的重要内涵。

赵耀宏同志长期扎根在教学一线,既教书又著述,不仅讲课获得学员满意,而且研究有深度,不作泛泛之论。这很难得。著作著作,就是著书立说,通过著书这个载体来立自己一家之说。该书做到了这一点,我对赵耀宏同志表示祝贺,也以此为序。

（作者系原中共中央党史研究室副主任）

2017 年 6 月 9 日

目　　录

第一章 延安精神的原生形态

延安精神在延安时期是以其原生形态存在的。延安精神的原生形态主要包括：抗大精神、白求恩精神、南泥湾精神、延安整风精神、延安县同志们的精神、张思德精神、延安劳模精神等。这些精神都是当年中国共产党大力倡导和弘扬的精神风范，是延安精神的本源，如果离开这些精神来谈延安精神，延安精神就会缺乏根基，成为无源之水、无本之木。因此，学习研究延安精神就要厘清延安精神的原生形态。

一、抗大精神

1938年，在中国人民抗日军事政治大学（简称"抗大"）三周年纪念之际，抗大教员何思敬在《抗大动态》上发表特约稿《抗大精神》一文，第一次提出"抗大精神"的称谓。文中写道：说抗大的精神不如首先说抗大的气象。他从抗大的气象、风貌到精神，作出了完整的论述。1996年5月31日，江泽民在纪念抗大建校60周年大会上讲话时指出："抗大所培育和锻造的为民族解放事业而艰苦奋斗、英勇献身的革命精神是中华民族和中国人民的自尊、自立、自强精神的体现。"

抗大的前身是1931年11月在江西瑞金创办的中央军事政治学校。长征开始时，该校被命名为干部团。中共中央经过二万五千里长征到达陕北之后，随着中日之间民族矛盾不断加深和激化，中国正处在一个伟大的全民族抗日革命战争前夜，为了肩负起救亡图存、拯救民族危亡，实现民族解放和社会解放的历史使命,中国共产党创办了抗大。1936年6月1日,中国人民抗日红军大学在陕北瓦窑堡米粮山上的一座旧庙堂举行开学典礼,毛泽东、张闻天、周恩来等中央领导出席开学典礼并讲话,宣告了抗大这所驰名中外的学校诞生。1936年7月校址迁至保安(今志丹县)。1937年1月,校址随中共中央一道由保安迁至延安,这时校名由中国人民抗日红军大学更名为"中国人民抗日军事政治大学"。到1945年抗日战争胜利,抗大完成它的历史使命,为中华民族独立和人民解放事业作出了重要贡献。抗大在近10年办学过程中,除总校以外创办了12所分校、5所陆军中学和1所附设中学,其中两所分校还办了分校。总校培养了29000余名干部,连同分校等共计培养了10余万名治党治政治军优秀人才。抗大积累了成功的办学经验,培育了抗大精神,成为民族解放和社会解放的一面光辉旗帜。抗大精神主要体现在以下几个方面。

(一)始终坚持坚定正确的政治方向和崇高的理想信念

抗大是在中华民族处于生死存亡的危急关头,中国共产党为适应抗日救国形势需要创办的一所造就抗日军事政治人才的学校。抗大一经创立就将自己的命运与民族解放和社会解放的伟大事业紧密相连。抗大之所以"越抗越大",其根本原因就在于此。1938年,针对有学员提出来到抗大到底应该学什么的提问,毛泽东指出:"首先是学一个政治方向。政治方向可以有许多不同的方向,你们要学一个正确的政治方向,这就是要打日本、怎样打日本、为什么日本帝国主义一定能打倒的正确的政治方向。"①他勉励学员为实现这一政治方向要做好三个牺牲的准备。这就是牺牲升官、牺牲发财、牺牲生命。正因为抗大有坚定正确的政治方向,以抗日救国为己任,因而使抗大具有极强的政治吸引力,成为当时人们心目中的一座灯塔。从抗大学员的来源就能清楚地看出抗大的地位与影响。

---

① 《毛泽东文集》第二卷,人民出版社1993年版,第116页。

　　抗大学员来源大体可以分为两大类、四种情况。一类是八路军、新四军主力部队和各根据地民主政权、游击队、群众团体抽调的干部。这类学员有两种情况：一种是中国共产党领导的人民军队中的高级将领。他们经过长期战争的严峻考验，政治思想素质高，革命意志坚强。另一种是"土生土长"的基层干部，包括一部分红军老战士。他们参加抗日斗争，经受了一些锻炼，有一定实际经验，与人民群众联系密切，但没有经过系统的政治军事训练，有较浓厚的农民意识，同时，文化水平普遍较低。第二类是从敌占区、国统区奔赴抗日根据地报考抗大被录取的青年，包括从海外来的青年。从统计数字看：这类知识青年占抗大学员总数的比例在第二期为45%，第三期为37%，第四期为83%，第五期为78%。如抗大第四期从外地来的知识青年就编了36个队，除西藏、西康、青海外，全国各省区都有学员来抗大上学。其中，陕西省有632人，四川省有625人，河北省（包括北平市）有408人，江苏省（包括上海市）有393人。还有来自马来西亚、新加坡、泰国、印度尼西亚、菲律宾、缅甸、越南等东南亚国家和南北美洲的华侨青年64人。此外还有越南、朝鲜和日本"反战同盟"的国际友人。这些外地来的知识分子有各阶层、各党派、各民族和各种职业、各种年龄、各种文化程度的人。据抗大第四期第四大队1017名学员统计看：出身于工农劳动人民家庭的561人，占55%；出身于官僚、地主、富农、资本家家庭的194人，占19%；本人成分是学生的525人，占52%；小学教员179人，占18%；还有演员、作家、律师、记者、大学教授、技术专家以及国民党军官和行政官员。文化程度为小学的87人，占8%；中学程度的665人，占65%；大学、留学生程度的265人，占26%。年龄在23岁以下的677人，占66%；24岁至30岁的293人，占29%；30岁以上的47人，占5%。这类学员同样存在两种情况：一种是经中国共产党各级组织有组织有计划地输送的党员和进步群众，包括一些暴露了政治身份被转移出来的人员。另一种是赞同共产党的抗日主张，崇敬延安，追求进步，追求光明，愿意投身抗日洪流，慕名而来的知识青年。

如何确保抗大成为造就军政优秀人才的熔炉,是党中央和毛泽东十分重视的一个重要问题。抗大遵循中共中央和中央军委"学校一切都是为了转变学生的思想"的要求,把政治教育作为中心一环,在课程设置上,将马列主义概论、中国革命问题、共产主义和共产党、哲学、政治经济学、民众运动以及毛泽东的一些重要著作作为必修课,使他们掌握马克思列宁主义基本理论和立场、观点与方法,了解中国社会和国情,认识中国革命发展规律。与此同时,抗大开展深入细致的思想政治工作,教育引导学员把抗日救国的满腔热情升华到科学理论指导下的为实现民族解放和社会解放乃至实现共产主义而奋斗的坚定理想与信念。毛泽东曾形象地讲:抗大像一块"磨刀石",要把那些小资产阶级意识——感情冲动、粗暴浮躁、没有耐心等等,磨它个精光,把自己变成一把雪亮的利刃,去创造新社会,去打倒日本。不可否认,在抗大的学员中,有的只有"大概"的抗日决心,认识模糊,并不坚决彻底;有的是看到别人来自己也跟了来的;有的对艰苦生活缺乏思想准备,小资产阶级的思想意识和生活作风浓厚,过不惯紧张的军事生活,生活散漫,作风拖拉,怕苦怕累;也有个别混进来的国民党特务和政治不纯分子,进行破坏活动。抗大围绕着"创造具有高度民族意识的忠实于国家民族与社会解放事业的抗日军政干部,争取抗战胜利及实现民族独立、民权自由、民生幸福的新中国而奋斗"[①]的目标,教育学员掌握马列主义,克服资产阶级及小资产阶级的思想意识;教育学员有纪律性、组织性,反对组织上的无政府主义和自由主义;教育学员决心深入下层实际工作,反对轻视实际经验;教育学员接近工农,决心为他们服务,反对看不起工农的意识,使抗大成为改造人、锻炼人、提高人的神奇殿堂。许多外来知识青年经过抗大的培养教育,成为坚定的共产主义战士。如:抗大第二期609名男女知识青年到毕业时有427人被吸收入党,约占70%。第四期开学时的4655名外来知识青年中,有中共党员530

---

① 《中共党史资料》第七辑,第55—56页。

名,占 11%,到毕业时中共党员人数增加到 3304 名,占 71%。正是在党的正确领导下,抗大始终高举抗战旗帜,站在民族解放事业的最前列,并以海纳百川般的气概,凝聚了成千上万爱国人士和进步青年,成为全国人民心目中的抗战旗帜和战斗堡垒,成为进步青年向往的革命熔炉。一批又一批热血青年和爱国知识分子,放弃优越的生活条件,不惜冒着生命危险,勇敢冲破日寇和国民党顽固派层层封锁,千里迢迢来到抗大寻求抗日救国的真理,探索民族解放之道路。从 1937 年 7 月到 1939 年 6 月,延安接纳了 3 万多名青年学生,一半以上进入抗大学习。国际友人柯棣华大夫为之惊叹:"奇迹,奇迹,这是 20 世纪中国的耶路撒冷!"这种高举抗战旗帜、勇当民族解放先锋的坚定政治信念,是抗大凝聚一切爱国力量,坚定抗战必胜信念,披荆斩棘夺取胜利的强大精神支柱。

侵华日军对抗大恨之入骨,冈村宁次多次叫嚷:"消灭了抗大,就是消灭边区的一半","宁肯牺牲十个日本兵换一个抗大学员,牺牲五十个日本兵换一个抗大干部",并多次进攻和偷袭抗大,但均以抗大的胜利而告终。1941 年 6 月 1 日,邓小平盛赞抗大:"几万个革命青年,经过抗大火炉的锻炼,一批一批地输送到抗日战争的最前线,抗大的威力,已经在全国每个角落里显示出来。几万干部在各方面所起的作用,是不可估计的。"[①]

中共中央和毛泽东对抗大工作非常重视。毛泽东不仅兼任抗大教育委员会主席,直接领导学校教育和建设工作,规定抗大的教育方针和校训,而且亲自为抗大学员上课。毛泽东曾为抗大讲授《辩证唯物论》,每星期二、四上午讲两次,每次 4 个小时,从 1937 年 5 月到七七事变以后,历时 3 个月,讲课 110 多个小时。在教员紧缺的时候,中央领导都纷纷兼课。比如在抗大第二期办学中,除毛泽东讲授哲学课外,朱德讲授党的建设,董必武讲授中国现代革命史,张闻天讲授中国问题,博古讲授马列主

---

① 邓小平:《对抗大的新希望》,《新华日报》(华北版)1941 年 6 月 1 日。

义基础知识,等等。同时,一大批经过血与火的考验,有着丰富军事理论知识和军事实践经验的将军们和老革命,在抗大承担教学任务,如徐向前、罗瑞卿、萧劲光、何长工、林彪等。还有一批马克思主义理论造诣颇深和从国统区来到延安的著名学者、教授,如张如心、吴亮平、杨兰史、谢翰文、艾思奇、何思敬、任白戈、徐懋庸、张庆孚等等都曾在抗大任教员。可以说,在抗大是政治家、理论家在讲政治理论,身经百战的军事家在讲军事,这样的师资力量,在世界上都是罕见的。

抗大在教育理念上,坚持理论联系实际的办学原则,强调教学内容必须紧密联系中国革命斗争实际,联系抗日救国实际需要,联系学员思想实际,避免空洞地说教,切实富有针对性、实效性,使学员经过抗大的培养,既达到改造世界观的目的,又真正学到抗日救国的实际本领。比如抗大设置的"民众运动"这门课程,主要讲授怎样组织和动员群众、建立政权、建立武装,讲如何理解和贯彻有关政策、法令,如减租减息、拥政爱民、拥军优抗、妇女解放等,就对学员开创工作新局面具有重要的指导价值。抗大在教学方法上,实施启发式、研究式、实践式教学,主张在武装斗争中学习武装斗争,在统一战线中学习统一战线,要求学员不仅要学习书本知识,更要向工农群众学习、向实践学习。毛泽东曾对抗大学员讲道:一切客观存在的东西,不管是人是物,是死的、活的、香的、臭的,都是先生;因为马克思主义是空前而不绝后,将来还有马克思的儿子、孙子、孙孙子的新马克思主义;因为抗大毕业只是拿到了开门的毕业证书,要活到老学到老,才可以拿到真正的毕业证书。他鼓励学员说:你们到抗大来学习,有三个阶段,要上三课:从西安到延安要走八百里路,这是第一课;在学校里住窑洞、吃小米、出早操,这是第二课;但是最重要的还是第三课,这便是到斗争中去学习,读一本"无字天书"。正是抗大把自己办学实践与民族命运、社会解放事业需要紧密相连,具有先进的办学思想和理念,采用灵活多样的教学方法,才使得抗大虽然学制较短,却能造就一批又一批革命英才。据统计,1955 年中国人民解放军授衔时,曾经在抗大工作和学习过的授予元帅军衔的有 6 人,授予大将军衔的有 8 人,授予上将军衔的有 26 人,授予中将军衔的有 49 人,授予少将军衔的有 129 人。抗大学员一面学习,一面生产;一面学习,一面战斗。枪杆子、笔杆子、锄把子,成为抗大学员所擅长的武器。他们在艰苦、火热的生活实践中增长见识,磨炼革命意志,转变世界观;在残酷的战争实践中学习战争,不断创造适合中国革命特点的战略战术。正是因为有了这种先进的教育理念,抗大的办学条件虽然极端艰苦,却能在短短几个月时间里,成功地把普通百姓培养成能打仗的指挥员,把文弱知识青年塑造成坚定的民族解放先锋战士。

(二)大力倡导艰苦奋斗的政治本色

艰苦奋斗的工作作风是抗大办学方针的重要内容之一。抗大初创之时,既无外援又无基础,其困难程度在世界教育史上是独一无二的。正如毛泽东对抗大学员所说:"我们创办红人、抗大的时候,要教员,没有。要房子,没有。要教材,没有。要经费,没有。怎么办? 就是艰苦奋斗。要有这种精神。"①毛泽东对抗大这一教育精神充满着自信,他曾十分豪迈地说:"在共产党与红军面前,一切普通所谓困难是不存在的,最严重的困难也能克服,红军在世界上是无敌的。"②抗大之所以能够"越抗越大",除了党的坚强领导和各根据地军民的大力支持外,靠的就是艰苦奋斗的创业精神。抗大办学和生活条件十分艰苦,没有校舍,没有桌凳,没有纸张,那么,怎么办? 自己动手、战胜困难,这就是抗大的回答。开挖窑洞,修建校舍,是抗大学员的必修课。1937 年 8 月,抗大第三期开学,由于外地知识青年大量来到延安,学员人数猛增,办学规模扩大,使本来就紧张的校舍更加紧张。为此,抗大决定在凤凰山山坡开辟新校舍,从 10 月 22 日开始,经过半个月的突击劳动,开挖了 175 孔新窑洞,并修建了一条

---

① 夏明星、徐礼田:《毛泽东与抗日军政大学》,《党史博采》2003 年第 5 期。
② 毛泽东:《为抗大建设新校舍的题词(一九三七年十月二十三日)》。

3000多米的盘山公路,被称为"抗大公路"。11月14日,抗大召开盛大的新校舍落成典礼,中共中央赠送了由毛泽东手书的"我们的伟大事业"的横匾,毛泽东参加落成典礼并讲话。他说:在这次伟大的事业中获得成功的原因,把它总括起来说,就是能够克服困难与联系群众。你们现在已经有克服困难与联系群众的精神,只要在这个基础上,经你们的天才把它继承发扬与发挥起来,驱逐日本出中国是完全有可能的。当年在延安的外国记者、友好人士斯诺、马海德、史沫特莱参观了这所古今中外没有过的大学校舍,送给抗大一个独一无二的校名——"窑洞大学"。抗大学员上课没有教室就在露天广场上课,毛泽东风趣地讲:没有教室就露天讲,就是天下第一。没有桌椅板凳就席地而坐或以石块为凳,没有纸张就以桦树皮做纸张,没有笔和墨水就用树枝和烟灰自制。在生活上,每人每月1元钱生活津贴,主食以小米为主,蔬菜以土豆、萝卜、南瓜为主。在最困难的时候,连简单的吃饭和穿衣都难以保证。困难并没有使大家意志消沉,裹足不前,没有粮食自己种。如1939年3月20日至4月25日,抗大第五期师生就掀起了一次突击生产高潮,开荒二万亩,人均三亩多。那些肩不能挑,手不能提,或者是从未拿过锄头的文弱书生,或者是刚刚离开大都市富裕家庭与学校来延安的男女青年学生,或者历来是只知笔耕的文艺人才,拿起锄头,爬上山头,使学习与劳动相结合,开辟自己的人生新境界。开展劳动不仅仅是为了克服困难,更重要的是抗大把劳动作为教育学员的重要内容,强调教育与劳动相结合,把劳动看作强健体魄、磨炼意志的必修课,培养学员适应艰苦环境的品质与能力,使之能够经得起全民族抗日战争严酷的斗争考验。

(三)培育"团结、紧张、严肃、活泼"的优良校风

抗大作为中国共产党创建的一所肩负民族解放和社会解放使命的军事政治人才的神圣殿堂,没有优良的校风是不行的。抗大学员虽然来自五湖四海,但在抗日救国的坚定信念凝聚下,践行中共中央和毛泽东制定

的"团结、紧张、严肃、活泼"的校训,创造出令人称道并广为传颂的优良校风和校园文化。刻苦学习,严守纪律,是抗大优良校风的一个显著特点。抗大的学习风气非常浓厚,学员们救国救民的执着追求,迸发出无以遏制的学习热情,就连参加劳动或行军打仗都坚持利用一切可以利用的时间进行学习。从抗大在东迁敌后行军途中给学员布置的任务中就可窥一斑而见其全貌。抗大强调:我们是个教育和学习的集团,我们不仅要坚决完成行动任务,而且应当开展行动中的教育和学习。每天出动之初,大小休息之间,甚至行动中都应尽量开展教育和学习的工作。在这些场合中,不仅可以进行正规课程学习,而且可以进行时事的、临时政治问题的、各地社会经济政治状况介绍;进行行动中各种实际问题的教育和组织干部学习。比如,"认字就在背包上、写字写在大路上",就是抗大学习风气的生动写照。抗大的纪律是非常严明的,学员一进校就实行严格的军事生活,每天从起床到熄灯、出操、上课、讨论、演习、晚点名等都既紧张又严肃,雷厉风行,紧张有序。互帮互助,团结友爱,是抗大的又一个特点。来自四面八方的学员聚集在一起,大家的出身、阅历、文化程度、兴趣爱好、政治素养虽各不相同,但却组成了一个和睦的大家庭,同学之间,师生之间,亲密无间,取长补短,共同提高。人们没有上下尊卑之分,开诚布公,以诚相待。抗大到处充满革命的乐观主义精神,抗大学员走到哪里,哪里就是一片歌声的海洋,给人以朝气蓬勃、奋发有为、昂扬向上的强烈感染与冲击。在抗大,有抗大文工团,校部和大队部有俱乐部,各学员队有"救亡室"。抗大还经常举办运动会,开展体育比赛。就是在这样的氛围中,抗大塑造了不可磨灭的一代新风。当年刘伯承称赞说:"抗大越抗越大,雄赳赳、气昂昂,又说又唱,歌声嘹亮;走到哪里,哪里变了样。"抗大的生活充满了时代的气息,抗大处处洋溢战斗歌声,处处呈现蓬勃活力,是当时一道独特的风景线。

抗大办学已经成为历史,但抗大在中华民族独立和人民解放事业中建立的卓越功勋与培育的抗大精神则永载史册。抗大精神正是坚定正确的政治方向和艰苦奋斗的工作作风的完美结合。抗大精神的形成标志着延安精神的初步形成。

二、白求恩精神

白求恩作为一个加拿大人、世界著名胸外科医生,在中国人民遭受日本侵略者残酷蹂躏之际,毅然来到中国,为中国人民解放事业作出卓越贡献并献出自己的生命。1939 年 12 月,毛泽东撰写了《纪念白求恩》一文,充分肯定白求恩精神是国际主义的精神,是共产主义的精神。高度赞扬"白求恩同志毫不利己专门利人的精神,表现在他对工作的极端的负责任,对同志对人民的极端的热忱"。毛泽东号召:"每一个共产党员,一定要学习白求恩同志的这种真正共产主义者的精神。""要学习他毫无自私自利之心的精神。从这点出发,就可以变为大有利于人民的人。一个人能力有大小,但只要有这点精神,就是一个高尚的人,一个纯粹的人,一个有道德的人,一个脱离了低级趣味的人,一个有益于人民的人。"①《纪念白求恩》与《为人民服务》《愚公移山》一起作为"老三篇",在中国人民中广泛传诵。白求恩精神主要体现在以下几个方面。

(一)全心全意为被压迫民族和人民服务的国际主义精神

白求恩出生在一个宗教家庭,祖父是长老会信徒,父母则信奉基督教。白求恩受家庭的影响是客观存在的,但这并没有阻挡他对理想信念的追求。白求恩把个人的生命完全融入世界人民的命运中,他把自己全部的热情、技能和力量献给了国际主义的伟大事业,用自己不平凡的一生诠释了国际主义的崇高品德。

1936 年德、意法西斯支持佛朗哥发动西班牙内战时,白求恩毫不犹

---

① 《毛泽东选集》第二卷,人民出版社 1991 年版,第 660 页。

豫地放弃了个人的名和利奔赴西班牙,和西班牙人民战斗在一起,不计个人安危,把自己置身于炮火连天的战场。不仅如此,白求恩为了让全世界的人民都知道西班牙,支持西班牙,他曾聘请了一个摄影师拍了一部叫作《西班牙的心脏》的战争影片,还为加拿大一家文学杂志写了一篇文章,并到处演讲,"摇撼那些安于现状的社会分子,唤醒那些醋睡的人们,让更多的人着眼世界,是世界记住过去的黑暗,指示出它新生的道路"。

1937 年 7 月,中国抗日战争全面爆发以后,白求恩经过到美国洛杉矶市宣传抗日的中国著名教育家陶行知先生介绍,决心"到中国去!"当他来到延安,毛泽东考虑到抗战前线虽然非常需要医术高明的医生,但前线又很危险,任务很重,条件很差,生活也很艰苦,因此,邀请他留在延安主管八路军边区医院。白求恩说:"我请求到前线去。一个军医的战斗岗位应该是离火线最近的地方。我从加拿大带来的 20 多箱医疗器材,足够建一个战地医疗队的需要。"但是,白求恩去前线的要求并没有得到八路军卫生部的同意,原因是担心他的安全。很多人都说他年龄大了,需要照顾,前线既危险又艰苦,延安也需要他。白求恩却说:"我不是为了享受生活而来的。什么咖啡、嫩牛肉、冰激凌、席梦思,这些东西我早就有了!但是为了理想,为了信念,我都抛弃了。现在需要照顾的是伤病员,而不是我!"到了晋察冀根据地后,他在给毛泽东的信中写道:"我深深地感到必须向中国同志学习,学习他们为美丽的国家而与野蛮的法西斯进行英勇博斗的伟大精神。"

1938 年 9 月 15 日,由白求恩建议创办的晋察冀根据地第一所"模范医院"在松岩口正式建成。在有 2000 多人参加的开诊典礼上,白求恩身穿八路军军服,满怀激情地发表了长篇讲话。他说:"你们和我们都是国际主义者。我们必须击败法西斯。我曾经参加过第一次世界大战,也参加过西班牙战争,然而像中国军队这种勇敢的精神,我在世界上还未曾发现过。我要对八路军和游击队伤员的勇敢和从不抱怨的精神表示钦佩!"

正是由于白求恩"毫不利己专门利人""毫无自私自利之心",他才能在国际法西斯势力猖狂肆虐的关键时刻,毅然决然地舍弃自己优越的生活条件,抛弃自己已有的名誉地位,英勇地奔赴反法西斯的战场。正如宋庆龄在《手术刀就是武器》这本书的"序言"里所讲:"白求恩同志一生曾在三个国家生活、工作和斗争——在加拿大,他的祖国;在西班牙,各国高瞻远瞩的人士曾成群结队地去那儿参加人民反抗纳粹主义和法西斯主义的黑暗势力、第一次伟大的斗争;在中国,他曾在这儿协助我们的游击队,在日本法西斯军人自以为已经被他们征服的地区,夺取并建立了民族自由与民主的新根据地,并且协助我们锻炼出最终解放全中国的、强大的人民军队。在一种特殊的意义上,他属于这三个国家的人民,在更广泛的意义上,他属于和对国家对人民的压迫进行斗争的一切人。"①中国共产党在给白求恩的祭文中也这样写道:"伯琴以天赋之英才,造医学之极峰;抱高尚远大之理想,献身革命。高爵不足羁其鸿志,厚禄不足系其雄心,誓讨佛朗哥之不义,投身西班牙之战争。地中海边,波浪未平;太平洋上,烽火方殷。君不辞劳,万里东征;深入敌后,赞助吾军。寒衣土布之服,饥餐粗粝之粮,救死枪林之下,扶伤炮火之场。运斧神于轮匠,奏刀妙于庖丁。无轻伤不速愈,虽重创而皆生。日劳病榻之间,夜书膏火之旁,行遇路人之疾,止予治疗之方。医术精于华佗,精神比于墨翟。非热爱乎人类,谁曾至于此极。"②

(二)对同志极端热忱和毫不利己专门利人的高尚情操

白求恩到达晋察冀前线之时,正是中国抗日战争困难之际。在日伪军的军事进攻和经济封锁下,八路军指战员有时只能用马饲料充饥,白求恩也曾经拿土豆当饭吃,艰苦的程度可想而知!他应聂荣臻聘请担任晋

① 史桂生、梅清海主编:《弘扬白求恩精神,争做白求恩传人》,军事医学科学出版社 2000 年版,第 59 页。
② 《抗敌三日刊》1940 年 1 月 4 日。

察冀军区卫生顾问时,毛泽东特别告诉聂荣臻:每月要发给白求恩100元生活津贴,对他的意见和能力完全信任。白求恩得知消息后,立即给毛泽东写信:"我谢绝每月100元津贴。"他是技术高超的专家,却拒绝享受高于别人的津贴。他曾说:"你们不要把我当作古董(瓷瓶),我是来工作的。你们要拿我当一挺机关枪来使用。"在工作中,白求恩更是殚精竭虑,恪尽职守,一心扑在抢救伤病员和八路军的卫生工作建设上。工作繁忙不叫累,生活艰苦苦为乐。他把伤病员当作自己的亲兄弟,曾一周内为521位伤病员检查身体,一个月为157名伤病员实施手术,40多个小时没合眼,在敌人的炮火下,镇定自若地做完71例手术。在1938年反"扫荡"中,他在6天内医治了120名伤员,做了105例手术。在贺龙师长指挥的冀中齐会战斗中,他连续工作69个小时,为115名伤员做了手术。在残酷的战争中,他丝毫不顾个人安危,而把不能挽救一名战士生命当作是对他最大的痛苦折磨。他曾经两次为伤员各输血300毫升(有两人在1955年都被授予少将军衔)。他对医护人员说:"我是O型血,万能输血者,抽我的!""如果我们能用自己的鲜血,救活一个战士,就胜于打死10个敌人。"

1939年10月,本来白求恩要回国为抗日根据地募捐,但日寇以两万多兵力发动对冀西山区的"冬季扫荡",白求恩推迟行期,率领医疗队在离前线只有7华里的孙家庄,把手术室设在村外的一个小庙里。白求恩不顾长途行军疲劳,立即组织大家抢救伤员,不停地做着手术。一天一夜没合眼,十几个小时没有吃东西。10月28日下午,敌人向手术室所在地包抄过来,白求恩做完一个手术后准备转移,但他看到庙外的担架上有10多名重伤员,他坚持再做两个手术后转移。20分钟后最后一个腿部受伤的年轻战士被抬上手术台。这名战士叫朱德士,大腿粉碎性骨折。白求恩为了加快手术速度,把左手中指伸进伤口掏取碎骨,不幸手指被扎破,他将手指在碘酒瓶里蘸了蘸,就继续做手术直到缝完最后一针,才离开孙家庄。第二天伤口发炎,但他忍着剧痛在一个分区医院连续两天检查了两个医疗所的工作,做了几十例手术,举办了两次现场讲课。11月1

日,在给前线送来的一名颈部患丹毒合并蜂窝组织炎伤员做手术时,手套被意外划破,左手中指受伤处被病毒侵袭,造成致命感染。虽然无情的病魔侵袭着白求恩的血液,持续的高烧折磨着他的肌体,而他仍一如既往地超负荷工作。11月2日,检查伤病员200多个。11月3日,为13名伤病员实施手术。11月4日,修改了巡视团的工作报告,写了一份关于疟疾的讲课提纲。在白求恩生命的最后一刻,他用颤抖的手写下了撼人心魄的遗嘱。让聂荣臻给加拿大共产党总书记蒂姆·布克、国际援华委员会、加拿大和平联盟写信:"告诉他们我在这里十分快乐,我唯一的希望就是能够多有贡献。"就在这个遗嘱里,依然牵挂着中国抗战的卫生工作。告诉聂荣臻"每年要买250磅奎宁和300磅铁剂,专为治疗患疟疾者和贫血病患者。千万不要再到保定、天津一带去购买药品,因为那边的价钱要比沪、港贵两倍"。白求恩还对身边的同志说:"请转告毛主席,感谢他和中国共产党给我的帮助。我相信,在毛主席的领导下,中国人民一定会获得解放!"

(三)对技术精益求精、对工作极端负责的工作态度与作风

白求恩不仅医德高尚,而且医术精湛,还是一个医改倡导者和医学发明家。从1929年到1936年间,是白求恩在医学上卓有建树的时期,他改进了12种医疗手术器械,包括肋骨剥离器在内的许多医疗器械直到今天仍然广泛应用于外科手术中。此外,他还发表了14篇胸外科方面的学术论文。白求恩1924年来到美国汽车城底特律,开了一家私人诊所,成为正式的执业医生。在底特律的诊所里,他发现这个工商业突飞猛进的城市里居然有那么多底层穷人付不起医疗费。耳闻目睹的社会现实已经让白求恩开始厌恶医疗制度的不平等。很多需要救治的穷人因为没有钱,只能忍受病痛折磨或延误治疗。白求恩在底特律医疗社团里大声疾呼,批评当时的医疗制度。但是,社团其他成员并不赞同他的意见。1934年,随着经济形势恶化,他越来越清楚地认识到社会的不平等,以及医术对救助穷人的局限性。他感到:"我们是医生,无法改变使人感染疾病的

外部环境。贫穷、饥饿、卫生条件差、长时间的劳作和沉重的精神压力等，这些都是经济学家和社会学家要考虑的问题。"

白求恩提出了建立全面的社会化医疗制度的建议，希望加拿大能够改革医疗制度。他说："我们面临的是一个社会和政治经济领域的伦理道德问题，而不仅是医学、经济学的问题。医疗制度必须被看作社会结构的一部分。提供医疗保障的最好的形式是改变经济体制，消除无知、贫穷和失业。"白求恩是加拿大第一个提出建立公共医疗制度的人。1936 年，白求恩创立了蒙特利尔人民健康保障组织，它由 100 名医生、护士、牙医和社会工作者组成，为最需要医疗救助的人提供帮助。

在西班牙战场上，白求恩看到流血过多的伤员急需输血，但在当时的年代，需要输血的伤员得等上几个小时或者几天，才能登上崎岖的道路，被送往远离前线的医院，经常在途中死去。为此，他对输血进行了很多探索性的工作，并发明了世界上第一个流动血库和输血技术，它可以储备为 500 个人进行包扎和做 100 例手术所需的药品和器械，并大规模地给伤员输血，挽救了许多伤员的性命。

白求恩是个医生，他以医疗为职业，对技术精益求精。八路军的医务队伍，多数是农村战士参军以后边干边摸索成长起来的，没有可能得到基本训练。白求恩看到这种情况，亲自编写教材，亲自讲课。白求恩在救治成千上万个战士生命的同时，还完成了重要医学著作《游击战争中师野战医院的组织和技术》，被称为"他一生最后心血的结晶"。他还经常到各处医院去检查，连放茶杯盖时，口要朝上一类的细节也作出交代。一次，他看到军医在手术间隙削梨吃，大怒，一把抓过梨扔出窗外。他看到医生给伤员正骨，竟忘记上夹板，怒不可遏，当场给那位医生一巴掌。他说：这会使伤员终身残疾的。火发过后，他仍然耐心地给那位医生讲解为什么要上夹板，并演示操作要领。他自己以身作则，对伤员"极端的负责任"。在很短的时间内，白求恩的名字成为传奇，成为战士们的保护神。"进攻！白求恩和我们在一起！"这是战士们冲锋陷阵时呼喊的口号。战士们认为,有白求恩在,他们的生命就有保障。

白求恩到了中国,看到医疗条件太差,医生水平很低,战士得不到妥当治疗,十分焦急,决心建一所正规医院,进行教学,培训医生。从敌强我弱、战火纷飞的形势来看,建设这样一所医院是不现实的,但出于对白求恩的尊重,首长还是批准了他的计划。经过几个月的努力,白求恩心爱的医院建成了,他决心把它变成"模范医院"。利用战争间歇,他亲自起草《军区卫生学校的教学方针》。为了表示对学校的支持,他把自己的显微镜、小型 X 光机、内外科书籍赠送给学校。1939 年 9 月 18 日,晋察冀军区卫生学校在河北唐县牛眼沟村正式成立。聂荣臻曾提议白求恩担任校长,但他婉言谢绝了,他要把主要精力放到前线救治伤病员上。在敌强我弱的游击战区,医疗也应该是游击形式、流动医院。于是,他就地取材,设计了可由两头骡子负驮的手提式手术室。有些伤员分散在游击区居民家里,他和医疗队冒着危险去为他们做手术。4 个月里,行程 1500 余里,做手术 315 次,建立手术室和包扎所 13 处,救治伤员 1000 多名。为了适应战争环境,方便战地救治,组成流动医院,白求恩组织制作了药驮子,可装做 100 次手术、换 500 次药和配制 500 个处方所用的全部医疗器械和药品,被称为"卢沟桥药驮子";制作了换药篮,被称为"白求恩换药篮"。

白求恩对工作高度地负责,对伤员总是给予无微不至的爱护。他宁肯自己挨饿受累,也要尽量减轻伤员的痛苦。他把布鞋拿给伤员穿,自己穿草鞋,甚至打赤脚。他在手术之余,还自己编写教材,他编写的《初步疗法》《战地救护须知》《十三步消毒法》等教材翻译后印发给大家,极大地提高了抢救效率,为中国培养了医护人员。

白求恩精神的实质究竟是什么?1944 年 11 月 12 日,《解放日报》以《为人民的精神》为题发表纪念白求恩牺牲 5 周年的文章回答了这一问题。文章认为白求恩最感动人,而且因为这种感动而使得一个或一件工作改变旧观的,是他那种爱人民,为人民服务的精神。文章说:在白求恩大夫的心中,除了人民,除了人民的战士,不再别的。他不知疲劳,忘了饥饿,冒着最大的危险抢救伤员,他的工作是真正到了忘我的境界。他吃不下好的,因为他时刻念着他的病人的痛苦,他看不惯坏的,因为它使病人受苦。他是一切都从病人出发,一切都为病人着想:病人需要吗? 病人受得了吗? 这就是决定他的行动和取舍的标准。白求恩大夫的这种舍己为人的崇高的精神,不能不使人感动。一个人也许有时不免疏忽,也许有时免不了会有某些私心打算,因为我们都是来自旧社会,多多少少受过旧社会腐败风气的熏染,但只要你站在白求恩大夫面前,只要你听一听他的演讲,只要你看一看他的事迹,你就不能不振作起来,你就不能不抛弃一切私念,在他的精神感染下为公家服务。所以,凡是白求恩所到之处,那里的人们那里的工作就好像获得了新鲜的血液,而顿然活泼飞跃起来,坏的变好了,好的更好了。这就是他的爱人民,为人民服务的精神感召的力量。文章指出:"一切为了人民",这正是白求恩国际主义精神的内容。在他,是没有国家的界限,没有种族的界限,甚至于没有彼我的界限,他的界限是正义与非正义,人民与法西斯。他就是把自己的一切,连生命在内,献给了全世界一切反对法西斯的人民。正因为这种为人民服务的精神,使白求恩大夫能够想出办法克服任何困难,战胜任何艰苦的环境。为解除人民的痛苦而赴汤蹈火,这是最崇高的最优美的品质,是只有像白求恩那样的优秀的布尔什维克才有的品质。文章最后强调:白求恩大夫的为人民的精神就像一朵灿烂的花,它站在那里,号召我们以它为榜样,努力朝向白求恩大夫所已达到的人类精神的高峰走去。①

三、南泥湾精神

　　1943 年八路军总政治部电影团拍摄《生产与战斗结合起来》(后改为《南泥湾》)影片,在总政宣传部审定后的解说词中讲道:"自力更生、艰苦

---

① 　参见《为人民服务的精神》,《解放日报》1944 年 11 月 12 日。

奋斗、奋发图强"的南泥湾精神,这是南泥湾精神的最早表述。

南泥湾精神是以八路军三五九旅为代表的抗日军民在南泥湾大生产运动中创造的宝贵精神财富。1941年3月,遵照毛泽东"一把镢头一支枪,生产自救保卫党中央"的指示,八路军三五九旅进驻作为陕甘宁边区南大门的南泥湾,一边练兵,一边屯田垦荒。正是在开荒过程中,培育和形成了以自力更生、艰苦奋斗为核心的南泥湾精神。南泥湾精神主要体现在以下几个方面。

(一)自力更生、艰苦奋斗的革命精神

南泥湾精神的核心就是自力更生、艰苦奋斗。1938年10月日本军队占领武汉后,改变其侵华政策,逐步将主要军事力量转向中国共产党领导下的抗日根据地,实行灭绝人性的"三光"政策。国民党在日本帝国主义诱降面前,消极抗日,积极反共,破坏抗日统一战线,包围封锁陕甘宁边区及各抗日根据地,停发八路军、新四军经费,加之华北等地连年遭受自然灾害,致使整个抗日根据地财政经济发生极大困难,军队供给濒于断绝,陷入没粮吃、没衣穿、没被盖、没经费的困境。在这严峻的历史关头,党中央、毛泽东及时地提出"自己动手、克服困难"的要求,并制定"发展经济、保障供给"的总方针,动员广大军民开展大生产运动。

1940年5月,朱德从前线返抵延安。战争的景象,使他注意到了在这场持久战中,粮食和各类物资将成为决定胜败的重要条件。他提出以部队强壮、众多的劳动力,投入生产运动,以减轻人民负担,密切军民关系,同时,帮助边区建设,改善部队生活的主张。9月,朱德、董必武、徐特立、张鼎丞和王首道等亲临南泥湾和临镇等地实地考察。11月中旬,朱德正式提出军垦屯田设想,指示部队在不影响战斗、训练情况下,实行垦荒屯田。① 这种主张得到毛泽东和三五九旅旅长王震的赞同。

---

① 湖南省南泥湾精神研究会等编:《南泥湾续集》,湖南人民出版社2006年版,第2页。

　　为了了解南泥湾的真实情况,为军队垦荒屯田做好准备,1941 年春,朱德率中共中央直属财经处处长邓洁、三五九旅七一八团政委左齐以及技术人员,再次来到南泥湾,对南泥湾的开垦作了详细调查研究。朱德一行在踏勘时,白天披荆斩棘,跋山涉水,观察地形,研究措施;晚上简单地搭个窝棚,歇宿荒郊。在踏勘时,朱德访问了当地一位姓唐的老乡。朱德通过谈话,了解了南泥湾的山、水、林、路各方面具体情况。对南泥湾哪里荒地多,哪里土地肥,四时八节种什么农作物好,农作物的生长情况怎样都进行了详细了解。后来,这位唐姓老乡在开发南泥湾过程中成了开垦部队的编外"顾问"。

　　经过几天踏勘,朱德对南泥湾的实际情形做到了胸中有数。传说这里的水有毒,不能喝,他们来时自己带了水。临走时,他又取走当地的水样和土样。由于延安化验条件差,就把水样、土样送到重庆周恩来处,请他找人化验。最后,弄清当地有些水由于长年经过腐化烂叶的浸泡,喝了有害健康,采取适当措施就可以解决。这就为不久后开垦大军的前来创造了条件。

　　三五九旅刚开进南泥湾的时候,南泥湾还是一个梢林满山,荆棘遍野,野兽出没,人烟稀少的地方。战士们描绘那时的南泥湾是:"南泥湾啊烂泥湾,方圆百里山连山。雉鸡成伙满山噪,狼豹成群林里窜。猛兽当家百年多,一片荒凉没人烟。"①条件艰苦可想而知,但广大指战员说:"干革命需要艰苦奋斗,艰苦奋斗才能干好革命。"

　　没有房子住,战士们先是露营,在用树枝搭起的简陋帐篷里住,遇到雨天衣服被子被淋湿,就烧火取暖,后搭草棚、打窑洞,解决了住的问题;粮食不够吃,就在饭里掺黑豆和榆树叶,旅团首长带头,冒着风雪严寒,到百里以外的延长等地去背粮;没有菜吃,战士们到山里挖野菜(如苦菜、地皮菜等),找榆树皮,收野鸡蛋,打猎(野猪、野鸡等),下河摸鱼;没有烧

―――――――――
　　① 中国人民解放军八四八七〇部队:《艰苦奋斗　自力更生——学习毛主席论抗日战争时期解放区大生产运动的光辉思想》,人民出版社 1978 年版,第 62—63 页。

的,战士们就打柴烧木炭;穿的很困难,每个战士一年只发一套军衣,平时就缝缝补补,夏天光着膀子开荒、种地、打场,长裤改短裤,短裤改裤衩,破裤衩的布条打成草鞋,绝不浪费;没有生产工具,他们自己制造;没有耕牛,就用镢头;没有灯油,就用松树明子,或者把桦树皮卷成筒当灯点;缺少学习用具,就用桦树皮当纸,用炭当笔;没有擦枪油,就采集野杏仁榨油代替。①

总之,他们想尽一切办法克服困难,开展生产。部队在困难的时候,节衣缩食;在生产自给有余的时候,仍然勤俭节约,艰苦奋斗。旅首长曾向全旅发出号召:"生产要多,消费要省。"1942 年以后,部队已经达到了粮食自给,还是将瓜菜、红薯、山药蛋等掺在粮食里做"八宝饭"吃,而且每天仍然坚持吃两干一稀。从 1941 年起,部队基本上没有向上级领过被子。战士们被子里的棉絮,早就滚成一团团的疙瘩了,可是发下新被子时,战士们谁也不肯要,说:"哪天不打败日本鬼子,哪天就不换被子。"

在短短的三年内,由王震旅长率领的三五九旅发扬"自力更生、艰苦奋斗"革命精神,把荆棘遍野、荒无人烟的南泥湾变成了"处处是庄稼,遍地是牛羊"的陕北好江南。南泥湾由此成为大生产运动的一面旗帜。

(二)上下一致、共克时艰的不屈意志

三五九旅是在非常艰难的情况下进行南泥湾大开荒的,但"艰难困苦,玉汝于成"。充满革命乐观主义与英雄主义精神的中国共产党及其领导下的人民军队是不会被任何困难吓倒的,困难只能使他们更加意气风发、斗志昂扬地投身于战天斗地的生产运动之中。在大生产运动中体现出的"军民团结如一人,试看天下谁能敌"、同心同德、群策群力、官兵一致、共渡难关的不屈意志同样是南泥湾精神的重要内容。

三五九旅在大生产运动中,上自旅长,下至勤务员和炊事员,一律编

---

① 中国人民解放军八四八七〇部队:《艰苦奋斗　自力更生——学习毛主席论抗日战争时期解放区大生产运动的光辉思想》,人民出版社 1978 年版,第 64 页。

入生产小组,同甘共苦,战胜困难。由王震带头,各级干部都战斗在开荒第一线,担负和战士一样的生产任务。不同的是,凡出现困难的地方,干部总是冲在前面,真正做到了领导生产"不是指手画脚,而是动手动脚"。王震是旅长兼政委,还兼任延安军分区和地委的领导工作,但他却常驻在南泥湾,很少留在延安,经常挤出时间参加劳动。由于组织领导全旅生产取得优异成绩,被评为边区大生产运动的生产英雄,毛泽东亲笔题词,表彰王震"有创造精神"。一位到边区采访的外国记者由衷地赞叹道:"王旅长的双手像他的部卜一样,由于劳动而生满了老茧。"①副旅长苏进、副政委王恩茂,也都上山开荒,下田种地。曾在战斗中负过 15 次伤的补充团团长苏鳌也经常参加劳动。三五九旅七一八团政委左齐在抗日战场失去左臂不能拿镢头开荒,就给战士们做饭、烧水,并挑送上山。营连干部,更是与战士们一同劳动、生产和学习。如第七一八团九连连长白银雪,一次参加开荒比赛,连续劳动 15 个小时,挖了 5.46 亩地,获得了全旅第一名。

各级干部以身作则参加劳动,使战士们很受鼓舞,他们迅速地投入到生产活动中去。全旅上下,依靠同志们的生产热情和集体劳动,披荆斩棘,艰苦奋斗,很快开垦出来 5000 多亩荒地,种上粮食和蔬菜,还经营各种副业,使生产开始有了收获,部队生活初步得到改善。南泥湾开荒初见成效。"南泥湾好风光,红红的太阳照山冈。革命战士不叫苦,扛起镢头去开荒。生产自给反封锁,气死光头贼老蒋!"就是当时三五九旅将士心声的反映。

正是凭着同心同德、上下一致、团结奋斗、共克时艰的不屈意志和作风,使南泥湾这块无人问津的"处女地"终于在三五九旅官兵手中焕发了生机。

(三)奋勇争先、顽强拼搏的进取状态

体现三五九旅广大指战员上下一致、共克时艰不屈意志的是在大生产运动中奋勇争先、不为人后的进取状态。这种进取状态是中华民族

---

① 湖南省南泥湾精神研究会等编:《南泥湾续集》,湖南人民出版社 2006 年版,第 29 页。

"厚德载物、自强不息、积健为雄"精神在延安时期的发扬光大,是中国共产党"拯救民族危亡,舍我其谁"的担承精神与"蓬勃朝气、昂扬锐气、浩然正气"的具体体现。在这种进取状态的支撑下,三五九旅战士不仅取得了南泥湾大垦荒的伟大胜利,而且弘扬了闻名天下的南泥湾革命精神。

三五九旅进驻南泥湾后,就开始垦荒种田。开荒计划,每人6亩,随即开始了群众性的劳动竞赛。各团、营的生产指挥所,每天公布成绩,更加激发了大家的劳动积极性,各部队你追我赶,开荒纪录不断被刷新。七一七团劳动英雄、班长李黑旦首创纪录,一人日开荒2.5亩,这个纪录又不断被人刷新。七一八团组织了一次有170多个劳动英雄参加的开荒大比赛,有6人创造了日开荒3亩以上的新纪录。其中,李位达到了3.67亩,被边区评为特等劳动英雄。李位用过的一把5斤多重的镢头,最后磨得只剩下马掌那么大。部队及时表扬和奖励了这些劳动英雄和开荒先进集体,推广他们的经验,进而掀起了新的竞赛高潮。正是因为有了这种拼搏精神和进取状态,才使中国共产党及其领导下的人民军队渡过了难关,实现了由小到大、以弱胜强,取得了新民主主义革命的胜利,也使南泥湾精神能够穿越时空,永放光芒。

四、延安整风精神

邓小平指出:毛泽东"完整的建党学说,是经过实践在延安整风时期建立起来的。毛泽东同志对于建立一个什么样的党,党的指导思想是什么,党的作风是什么,都有完整的一套。正是因为毛泽东同志在延安整风中建立了完整的建党学说,并且用这个学说来教育我们全党、全军和人民,使我们建立了这么一个好的党,所以才取得抗日战争、解放战争的彻底胜利"[①]。延安整风运动的成功实践,培育形成了伟大的整风精神。

---

① 《邓小平文选》第二卷,人民出版社1994年版,第44页。

1943年3月4日《解放日报》发表的《高干会与整风运动》社论中提出了把整风精神与边区实际要更好地结合起来。社论指出："高干会这种有的放矢、实事求是的精神，是奠定了边区党整风运动的基础。"同年5月13日和5月29日，《解放日报》都刊文要求贯彻整风精神、改造干部思想以及改进工作方法等，这些都强调了整风精神的重要性。整风精神作为延安精神的原生形态之一，是延安精神的重要组成部分，也是延安精神形成的主要标志之一。

（一）一切从实际出发，理论联系实际、实事求是的科学精神

延安整风的根本目的在于：冲破主观主义特别是教条主义的束缚和禁锢，推进马克思主义中国化，提高全党把马克思主义基本理论与中国实际相结合的能力与本领。延安整风精神最核心的内容就是坚持一切从实际出发，理论联系实际，在实践中坚持真理和发展真理的实事求是的思想路线和锤炼与养成实事求是的思想方法、领导方法与工作方法。

为什么在严酷的战争环境中中国共产党要下决心开展整风运动呢？其主要原因在于以下三个方面：一是从党的历史发展来看，从诞生之日起，中国共产党领导着中国各族人民进行长期革命斗争，取得伟大胜利，并且积累了丰富经验。但是，在遵义会议之前，党也犯过四次大的错误，其中包括一次以陈独秀为代表的右倾错误和三次"左"倾错误，特别是以王明为代表的第三次"左"倾教条主义路线，在党内统治达4年之久。开展整风运动，彻底清算王明路线，把人们从"左"倾教条主义的束缚下解放出来，就成为刻不容缓的任务。二是从党的现状来看，从1937年全面抗战开始到1940年，党员由4万人增加到80万人。从党的老干部、老党员的状况来看，他们都经历了革命斗争的考验，经历了艰苦岁月的磨炼，为党为革命作出了不可磨灭的贡献，是党的宝贵财富。但建党以来，由于受主客观环境条件限制，党一直忙于领导革命斗争实践，而来不及在他们中间对党的历史经验教训进行深刻总结和分析，没有专门组织他们对马

克思列宁主义进行比较系统的学习和研究。因此,他们的文化水平和理论素养长期无法得到提升,对党的历史经验教训缺乏深入的、正确的认识。从新干部、新党员的状况看,他们是在全民族抗日战争爆发前后投身革命的,有革命激情,但缺乏对马克思主义的了解,还难以很好地区别真假马克思主义和无产阶级思想与非无产阶级思想。这些都说明有必要开展整风运动,以提高全党运用马克思主义理论解决中国革命实际问题的能力与水平。三是从党所处的客观环境来看,中国共产党面临着严重的困难。主要是:日本帝国主义要竭力消灭共产党的军事力量,加紧对敌后抗日根据地"扫荡",实行"三光"政策;国民党在统一战线中一直与共产党争夺领导权,对共产党及其所领导的军队存有戒心,力图削弱共产党的力量,掀起两次反共高潮;共产党领导的根据地财政经济遇到极大困难。开展整风运动就是为了战胜困难,迎接大发展局面的到来。毛泽东认为是战胜困难的需要,"把马列主义搞通,把主观主义反倒","扩大正风,消灭不正之风","现在可以对付黑暗,将来可以迎接光明"。他甚至认为:"延安失掉了还没有什么,张家也要独立,王家也要独立,那就不得了。所以就是延安失掉了,反主观主义也要搞,作战也要搞。总之,一定要搞,搞到哇哇叫也要搞,打得稀巴烂也要搞。""整顿三风搞得好不好,对目前,对将来,对领导整个革命,关系很大,我们一定要下决心把这样的事做好。"[①]同时,虽然遵义会议后,毛泽东等人就致力于清除党内存在的主观主义问题,但是党内残留的主观主义错误和影响以及把共产国际指示和苏联经验神圣化的现象依然存在,并且严重影响着党的事业,这些都表明需要开展整风运动,使党能够更好地肩负起领导中国革命的历史责任。

延安整风运动的矛头直接对准党内存在的主观主义、宗派主义和党八股,特别是主观主义。中国共产党历史上的主观主义学风及其主要表现有两种:即教条主义和经验主义。它们的共同点都是从主观幻想出发

---

① 《毛泽东文集》第二卷,人民出版社1993年版,第411、412、415—416、422页。

而不是从客观实际出发,是片面、孤立地看问题、办事情,把片面的相对的真理夸大为普遍的绝对的真理。不同点在于教条主义者轻视实践、脱离实践,把活生生的马克思列宁主义变成了僵死的教条和公式,把别国经验神圣化、绝对化,到处"引经据典",断章取义,根本不去考虑发展变化着的客观实际情况;经验主义者恰恰相反,他们轻视理论,忽视理论对实践的指导作用,自以为是,醉心于狭隘的无原则的所谓实际主义和无头脑无前途的事务主义,把局部经验到处搬用,以一知半解来代替真知全解。通过整风运动,中国共产党全党上下确立起对待马克思主义的正确态度,善于从马克思主义中去找立场、观点和方法,注重系统的周密的调查和研究,有目的地去研究马克思列宁主义理论,使马克思列宁主义理论和中国革命的实际运动结合起来,彻底破除了教条主义束缚,把全党从教条主义的桎梏中解放出来,使党内的探索精神、创新意识、独立思考和实事求是的思想得以生长和发扬,理论联系实际,一切从实际出发成了广大党员干部最基本的思想方法和工作方法,全党的精神面貌发生重大变化,充满了生机,最终使马克思主义中国化的理论成果——毛泽东思想为全党认识和接受,极大地促进了毛泽东思想作为全党的指导思想的地位确立,为中国共产党领导革命提供了强大的思想武器。

(二)坚持真理、修正错误的品格风范

毛泽东在《对〈关于若干历史问题的决议〉草案的说明》中指出:"抗战时期有两个关节就是整风和生产,没有这两项党就不能前进。两万五千共产党员发展到几十万,绝大多数是农民与小资产阶级,如果不整风党就变了性质"。[①] 毛泽东在中共七大口头报告中又一次指出:我们"这样大的党自然不免有各种意见的分歧,所以我们做了一项工作,就是开展整风运动。这是使党推向前进的运动,如果没有整风,党就不能前进了"[②]。

---

① 《毛泽东文集》第三卷,人民出版社 1996 年版,第 284 页。
② 《毛泽东文集》第三卷,人民出版社 1996 年版,第 337 页。

为什么毛泽东如此看重延安整风呢？众所周知，在中国共产党历史上曾发生过多次错误，甚至是严重错误，特别是以王明为代表的第三次"左"倾错误，导致中国共产党在白区损失几乎百分之百，在红区损失百分之九十以上，第五次反"围剿"失败使中国共产党几乎处于绝境。全民族抗战时期中国共产党内又发生右的错误，给党的工作带来严重干扰。到底什么是真马克思主义，什么是假马克思主义？在中国干革命到底是要从中国的实际出发，还是从马克思主义的本本出发？如果在这些重大问题上不能分清是非，就无法坚持真理、修正错误。在延安整风运动中，中国共产党把调查研究作为克服主观主义的根本方法，大力倡导调查研究之风，在调查研究中把握中国国情和实际，了解中国的前天、昨天和今天，赋予马克思主义以"中国作风""中国气派"。同时，着力研究历史问题，在分清历史是非，着重弄清历史上所犯错误的思想根源、历史根源和社会根源基础上，使全党形成为人民利益坚持好的改正错的的道德风范。正是在坚持真理、修正错误中使中国共产党更加团结与巩固，形成在以毛泽东为核心的成熟中央领导集体领导下同心同德、奋勇前进的生动局面，为党领导全民族抗日战争取得最后胜利和最终取得新民主主义革命胜利做了组织上的准备。

（三）批评和自我批评的优良作风

在延安整风运动中，中国共产党总结了历史上"左"倾错误领导者采取"残酷斗争""无情打击"的办法强迫党内同志服从他们领导的教训，提出了一种自我教育、自我提高、自我改造的新方法——批评和自我批评。在整风过程中，党员干部特别是中高级领导干部，积极进行自我反省，开展批评和自我批评，自觉把批评和自我批评作为党性锻炼的有效途径，在批评和自我批评中达到既弄清思想又团结同志的目的。在整风运动的各个阶段，党中央都十分强调批评和自我批评的充分开展，而且党中央领导带头作自我批评。1943 年 3 月 16 日，毛泽东在中央政治局会议上自我批评说:"我去年与许多部门工作同志很少接触,今年要多接触,要多接触才能有知识。"①当审干演化成"抢救运动"并出现反特扩大化严重错误后,毛泽东又主动承担责任,进行自我批评。在整风运动中绝大多数中央领导也都作了自我批评。正是由于领袖们和高级领导干部带头批评和自我批评,为全党做出了榜样,从而使批评和自我批评在广大党员和基层党组织中广泛开展起来了。许多人由开始的不习惯批评,不接受批评,到欢迎批评,请别人来批评,而且批评是积极的、严肃的;自我批评是诚恳的、自觉的、深刻的。这种方法的广泛应用,在全党形成了浓厚的批评和自我批评氛围,形成了批评和自我批评的优良作风。毛泽东指出:"以'惩前毖后,治病救人'为宗旨的整风运动之所以发生了很大的效力,就是因为我们在这个运动中展开了正确的而不是歪曲的、认真的而不是敷衍的批评和自我批评。"②特别值得强调的是,在整风过程中,为了使批评和自我批评沿着正确的轨道进行,中国共产党在整风实践中探索出一整套批评和自我批评的原则和方法,形成和积累了一系列批评和自我批评的理论成果和实践经验,时至今日都是中国共产党解决党内矛盾和问题的锐利武器和精神瑰宝。

延安整风是中国共产党解决党内问题的一次伟大创造。诚如世界上没有十全十美的东西一样,延安整风也不例外。曾任毛泽东秘书的胡乔木曾说:"整风运动,一方面很民主,一方面又很紧张。让我给整风打分,我不会打100分。因为整风很紧张,所以才会一下子转到审干,当然这里面康生起了关键的作用。但是,如果没有那个气候、土壤,不可能一下子转入审干。"③同样,胡乔木也曾讲:"如果不经过整风,全党在这个问题(从中国实际出发解决中国革命的问题)上的认识是解决不了的。"国民

---

① 《毛泽东年谱(一八九三——一九四九)》(修订版)中册,人民出版社、中央文献出版社2013年版,第430页。

② 《毛泽东选集》第三卷,人民出版社1991年版,第1096页。

③ 《胡乔木回忆毛泽东》,人民出版社2014年版,第70页。

党的王世杰曾经问周恩来,你们怎么拿那么长的时间来作历史总结? 这在国民党是不会这样搞的。普通的政党都不会这样搞。胡乔木认为中国共产党以前的整顿也都同这次的整风不能比。"那么多干部达到思想统一,一到需要的时候就能派出去工作,而且很顶用。如日本投降时去东北,都是整风取得成功的结果。不然,那是难以想象的。"①延安整风培育形成的整风精神无疑是历史留给中国共产党的一笔宝贵财富。邓小平曾强调:"从延安整风以后,无论前方后方的人,真是生气勃勃,生动活泼,心情舒畅,团结一致。毛泽东同志建立的这个党,既能够充分发扬民主,充分发挥下面遵守纪律的自觉性,又能够在这样的基础上建立高度的集中。毛主席、党中央的命令、号召,谁不听哪! 谁不是自觉地听哪! 没有这样的党的风气,我们能够战胜比我们强得多的敌人吗? 我们能够在建国以后,取得一个又一个的胜利吗?"②

五、延安县同志们的精神

1942 年 10 月至 1943 年 1 月,在中共中央的直接领导下,中共中央西北局主持召开了历时 88 天的高级干部会议。会议表彰了 22 个生产英雄和 3 个先进团体,其中延安县县委县政府就是 3 个受表彰的团体之一,在 22 个生产英雄中包括了延安县县委书记王丕年和县长刘秉温。在西北局高干会议期间,毛泽东在《经济问题与财政问题》的报告中论述了延安县同志们的精神。他指出:"延安县同志们的精神完全是布尔什维克的精神。他们的态度是积极的,在他们的思想中、行动中,没有丝毫消极态度。他们完全不怕困难,他们像生龙活虎一般能够征服一切困难。我们看,延安同志们对于工作是怎样充满了负责精神的:'一九四二年农具贷款放迟了一个时期,早一天早开多少荒地!''抓紧时间,迅速解决各种问

---

① 《胡乔木回忆毛泽东》,人民出版社 2014 年版,第 10 页。
② 《邓小平文选》第二卷,人民出版社 1994 年版,第 45 页。

题是必要的,迟一天少开多少荒地!''制定每个农户的生产计划。''领导上抓得紧,检查严,对于完成任务是有决定作用的。'这种精神,对于那些一遇困难就唉声叹气,就缩手缩脚的人们,对于那些办事不认真,得过且过,敷衍了事的人们,真是一个天上,一个地下!在这种精神下,延安同志们没有一件事不是实事求是的。他们对于他们所领导的延安全县人民群众的情绪、要求及各种具体情况是充分了解的,他们完全和群众打成一片,他们有很好的调查研究工作,因而他们就学会了马克思主义的领导群众的艺术,他们完全没有主观主义、宗派主义与党八股。这种情形,刘于那些处理问题不根据群众要求而根据主观想像的主观主义者,对于那些完全不作调查研究,工作三年五载,下情一点不知的官僚主义者,又是怎么样呢?岂不又是一个在天上,一个在地下吗!我们希望全边区的同志都有延安同志这样的精神,这样的工作态度,这样的和群众打成一片,这样的调查研究工作,因而也学会领导群众克服困难的马克思主义的艺术,使我们的工作无往而不胜利。边区各县同志中像延安同志这样或差不多这样的人是不少的,我们希望这些同志的模范经验,能够很快地推广到一切县、区、乡里去。"①在这里毛泽东提出并概括了延安县同志们的精神。延安县同志们的精神主要体现在以下几个方面。

（一）调查研究、实事求是的精神

1942 年,西北局高干会议对延安县县委县政府予以团体奖励,大会宣布了延安县的主要成绩:一是 5 年来(1938 年至 1942 年)共安置难民 3.8 万人;二是积极组织开荒,组织劳动力(如扎工、变工、集体工、强迫"二流子"生产等),5 年来开荒 34 万余亩,超过原有熟地数;三是领导了南区合作社及其他各区合作社,1942 年全县合作社扩大股金数占边区合作社之半;四是 1937 年有羊 80 头,现有羊 6005 头,1941 年首先运盐,去

---

① 《毛泽东文集》第二卷,人民出版社 1993 年版,第 458—459 页。

年8000驮任务也能较早完成;五是机关生产办法好,有成绩。毛泽东给延安县的领导王丕年、刘秉温分别题词:善于领导群众。西北局赠延安县县委县政府的题词是:发展经济的模范。

毫无疑问,对于延安县来说"善于领导"的表现之一,就是县委县政府政治动员工作有力。这种强有力的动员能力与延安县的同志们深入实际,调查研究,实事求是,积极肯干密不可分。深入了解实际情况,不仅要了解群众的生产生活状况,而且要了解群众的思想状况,只有这样才能有针对性地开展工作。1940年任县委书记的王丕年非常重视调查研究,他上任伊始,就背着行李深入农村搞调查研究,了解延安县的真实情况,当他了解到群众负担过重、一些基层干部不会做群众工作,简单粗暴,强迫命令,引起群众不满,他一方面把调查的情况写成报告向上级反映,一方面主持召开全县干部大会,研究发展生产、帮助群众解决困难的办法,并着力解决干部作风问题。会后县委县政府工作人员分头到各区乡了解情况,化解群众不满情绪,帮助群众排忧解难,改善了党群干群关系。王丕年深入实际调查研究的工作作风带动了基层干部工作作风的转变。1943年3月,《解放日报》报道了王丕年为领导春耕,深入丰富、牡丹、蟠龙、青化砭4个区进行调查研究的情况。在丰富区,他着重研究了黑窑沟小组团结群众、领导生产的经验,组织起两个变工队,并指导了黑窑沟和王思河的生产竞赛,推动了积极生产的党员和不积极生产的党员竞赛。特别是在漫谈中,发现了乡村夏征中干部劳动力的浪费,并初步提出改正意见。调查研究之精细,令干部党员惊讶。在牡丹区,他研究了女劳动英雄钟兰花给刘家坪一位最典型的"二流子"订的计划,并研究了"二流子"公约,发起"二流子"生产竞赛。在蟠龙区,他访问了申长林,检查了生产计划的执行程度,并召集党员群众,号召向申长林学习。在青化砭区,他帮助订立了村民公约。正是在他的大力倡导和亲力亲为下,延安县干部深入实际调查研究蔚然成风。据统计,在20世纪40年代初,王丕年一人就向党中央、西北局提交报告和在《解放日报》上发表有关调查研究的文章达34篇之多。

陕甘宁边区是一个非常贫瘠和落后的地方,要改善落后面貌,就必须发展经济,这是解决当时面临问题的关键一环。延安县之所以成为发展经济的模范,是与他们调查研究,决策科学,措施得当,坚持从实际出发联系在一起的。诸如在开荒方面,延安县 1942 年完成开荒 8 万亩的计划,受到了毛泽东的高度肯定。就是因为县委县政府情况摸得准,政治动员工作有力,措施到位,干部作风实。首先,帮助农户制定生产计划。1942年延安县农户的生产计划,由政府统一领导、制定表格,农户本人自愿。在制定的过程中,坚持如下几个方面的原则:(1)去年生产情形;(2)今年可能扩大生产的条件;(3)劳动力(人力、牛力)多少来定;(4)得本人同意;(5)要有经常的检查督促工作。其次,积极推行农贷政策。1942 年,老户劳动力、畜力开荒共计 2.94 万亩左右,5.06 万亩左右则要依靠移民、难民来完成,而移民、难民来到延安县后,生产资料短缺,尤其是难民,就连开荒的最基本工具"梢镢"、镢头都没有。针对这种情况,政府积极组织发放农贷,解决了难民开荒缺少生产工具的大难题。再次,动员工作时间安排恰当。冬季等农闲时,政府要做大量的动员工作,调动农民生产的积极性、主动性和创造性,春耕时,动员工作尽量减少,让农民有充足的时间去开荒,去生产。最后,政府对开荒工作抓得紧。县政府对于开荒工作,1942 年前后开区长会两次,发指示信三次,县政府干部下区乡达三次之多;区对乡工作的检查有的达七八次,至少三次;乡对村的检查次数也不少。针对一些干部认为"老百姓谁个不会生产多打粮,何必公家多管闲事"的思想,进行批评教育,强调干部发挥模范带头作用,县区乡干部,都亲自到农村督促领导群众开荒。

延安县领导开展经济建设有方,为陕甘宁边区作出重要贡献。仅以征收公粮一项为例:1937 年起征收公粮时,全边区共征收 1 万石公粮,而延安县承担 1000 石,占到全边区十分之一;1939 年全边区共征收 5.2 万石公粮,延安县承担 5500 石,占十分之一强;1941 年全边区共征收公粮 20 万石,延安县承担 2.6 万石,占到全边区十分之一更强。延安县当时只有 5 万多人口,不仅完成 2.6 万石公粮,还购公债 8 万元,运盐 5400 驮,交公草 325 万斤,各项工作都走在边区前头。据当年延安县领导人王丕年后来在《让延安精神永放光芒——回忆在延安县工作的十年》中回忆:从 1940 年到 1942 年,全县开荒 15 万亩,三年粮食总产 30 多万石,上缴公粮 5.48 万多石,占陕甘宁边区 23 个县交粮总数的十分之一。

(二)敢于负责、不怕困难的精神

陕甘宁边区地处偏僻,自然环境恶劣,人烟稀少,交通不便,要发展生产,解决经济困难,改善人民生活,并不是一件容易的事,没有敢于负责、不怕困难的精神,要解决群众疾苦,团结带领群众走出困境是不可能的。延安县成为边区的一面旗帜,一个重要的原因就在于他们敢于负责,直面困难,善于领导群众克服困难,因而创造出奇迹。当时延安县地广人稀,发展经济、解决困难的一个重要办法就是开荒种地。为了完成开荒任务,县委县政府人员深入乡村组织带领群众开荒种地。王丕年作为县委书记 1941 年春节过后亲自到柳林区五乡蹲点,带领 7 户农民共 12 人苦干两个月,开荒 100 垧。在县委县政府的组织领导下,调动了全县人民的积极性,使开荒面积不断扩大。县长刘秉温经常深入群众,了解他们的要求,关心群众疾苦,解决群众生活困难。他不摆县长的架子,见了群众总是热情地打招呼,询问群众的困难,征求对政府的意见。1942 年洪水淹没了川口村川道地的庄稼,老百姓情绪低落。刘秉温立即组织动员劳动力,自带干粮、牲口,昼夜帮忙赶种荞麦,一连干了十几天。他同群众一样浑身泥土,干在一起,吃在一起,秋后荞麦大丰收,群众感激地说:“多亏了咱们的好县长。”而他自己生活中的困难却不曾向政府伸手。边区经济困难时,他的孩子冬天穿不上棉衣,延属分区供给部门送来棉花和布,他让警卫员又送回去。他在家里经常讲“我们再有困难也不能给组织增添负担”。刘秉温在工作中始终秉承相信群众、依靠群众的理念,敢于负责,善于思考,他创造的"刘秉温生产方式"就在陕甘宁边区得到推广。他从延安县实际出发,提出组织变工队,要求以自然村为单位,从人口多、更多需要劳动互助的村子入手,通过组织农村一切劳动力实行劳动互助或劳动调剂,使其成为发挥劳动积极性、提高农业生产效率的重要方法。他把变工队分为 3 种形式:一是有牛、有劳动力的变工队,人工和牛工一样计算。要求耕作期间,劳动力同吃同住,一起劳作,每天登记,将来按劳动力平均分粮分地,并且订有公约。二是有劳动力没有牛的变工队。参加农户大都住在没有荒地的大川里,打的粮食不够吃,组织变工队后,到有荒地的地方开荒,秋后收获时按劳动力均分,变工后解决了吃粮问题。三是劳动力少的小变工队,适宜本村的小块开荒。刘秉温强调:变工队必须在自愿原则下组织,组织变工队不一定限制在一个村庄,但必须坚持就近原则。为组织更多的变工队,他组织发动有威信的干部党员亲自领导,组织生产积极分子推动开展此项劳动互助工作,赢得了广泛赞誉。

在推动各项工作中,延安县十分重视领导干部和党员模范带头作用的发挥。在难民安置中,延安县要求能力强的党员帮助四五户移民,能力弱的帮助一两户,要制定出帮助移民的生产计划。在生产中,他们明确提出:"乡的、村的、农户的生产计划是否能够实现,应当是鉴别各支部各小组和每个党员工作好坏的主要标准。"如川口区第六乡就要求"党员每人领导若干家难民,负责督促保证这几家计划的完成","党的小组会议以讨论生产问题检查生产工作为主,每 7 天检查组长及村长 1 次"。而且为保证生产计划的完成,还制定了党员起到模范作用的标准:"甲、提倡早起,鸡鸣起身;乙、党员保证自己生产计划完成,生产不如群众的要受批评;丙、全体党员参加变工扎工,每个小组扎一个工;丁、党员吸洋烟赌博的如教育不改,要受政府和党严重处分;戊、党员都要动员自己的老婆参加生产;己、中农以上的党员都要帮助移民难民调剂粮食,解决窑房,找职业等。"川口区第六乡好义沟村有党员 16 名,编为 3 个小组,为搞好 1943 年的春耕,组织了 3 个变工队,吸收移、难民参加,每 10 天左右召开一次小组会,由小组长每 5 天对组员检查一次生产情况,并具体落实党员帮扶对象,超额完成生产计划。延安县南区合作社能够办成全边区合作社的典范,也是与党员干部的模范作用分不开的。县委共抽调了 20 个优秀党员干部,参加这个运输合作事业,其中有两个原来是区长,一个是区委书记,还有一个是组织科长。运输队的总支书就是组织科长朱继荣同志。这些共产党员不怕吃苦、乐于奉献、严守纪律和边区法令,充分发挥模范作用,为南区合作社运输队能够超额完成运盐任务提供了坚强的保障。

延安县的各级领导和广大党员正是走在前面、干在前面,不言苦、不言累,在人民群众中树立起崇高形象,形成了上下一心、正视困难、战胜困难的坚强合力,使延安县的各项工作走在了陕甘宁边区的前列。

(三)和群众打成一片、一切为了群众的精神

延安县县委书记王丕年曾讲:"当县委书记,老百姓的吃穿住行都要挂记在心上。当好人民的勤务员,关键的就是要懂得群众的感情和需要。"在县委县政府的领导下,延安县各级组织和干部把群众利益放在第一位,关心群众生活,狠抓经济建设,赢得人民群众的爱戴。首先是安置移、难民,真正解决他们的困难。所谓移民指的是边区范围内居住民众的迁徙流动,所谓难民是指从边区以外的国统区和沦陷区逃难到边区的民众。当年为什么移、难民要来边区? 主要是因为陕甘宁边区作为新民主主义的模范区,老百姓在共产党的领导下逐渐过上丰衣足食的生活,这样边区以外的贫苦百姓就纷纷来到边区,同时边区地少的地方的百姓也向荒地较多的地方流动,特别是边区政府非常重视移、难民工作,制定优惠政策,帮助他们解决困难,使他们能够尽快投入边区的生产热潮。延安县就很好地解决了移、难民的生产问题,使移、难民成为一支生产劳动大军。延安县 1937 年的农户是 7703 户,人口是 33705 人,到 1942 年农户增加到

16446 户,人口增加到 64292 人,里面绝大多数都是外来移、难民。全县 5 年增加的 8473 户中就有 8009 户是移、难民,占增加户数的 91.6%。而人口 5 年中国共产党增加 31587 人,其中就有 29704 人是移、难民,占增加人口的 94.3%。这些移、难民初来时很贫困,二三年后光景就好起来了。所以在绥德、榆林一带,民间就流传着"下南路发财去""吃干饭,生活过得美"的说法。延安县在安置移、难民过程中,帮助移、难民解决困难,主要采取了以下措施:一是解决移、难民耕种土地的问题。划定川口、柳林、金盆二个区,为本县移民区,提出公荒谁开归谁,政府给以土地所有权证,私荒本人不开让难民开,三年不出租子,所有权仍归原主。二是解决移、难民食粮问题。移、难民刚来一般都没有饭吃,不解决食粮问题,他们就会沦为游民。对此,延安县从全县老户中借粮,调剂给难民吃。1940 年到 1942 年三年中,调剂粮食达 1623.38 石。同时,政府拨一部分救济粮给移、难民。1942 年县区乡干部节衣缩食 10 余万石粮食,全部拨给移、难民吃。三是解决移、难民耕种用的农具。一方面划拨资金作为农具贷款,另一方面发动老户向移、难民借用农具,使移、难民能够不误农事,尽快投入生产。四是调剂籽种。主要从老户中进行调剂。延安县 1942 年就调剂洋芋籽 13555 斤。五是解决住窑问题。政府从先来户中拨出一部分窑洞给移、难民住,同时鼓励移、难民自己挖窑洞,窑洞打下了,头年粮食打下了,再把家眷搬来住,等等。由于真正把移、难民当亲人,给他们排忧解难,使得延安县的移、难民工作取得显著成效。其次是把妇女从家务中解放出来,从事生产。在陕北,传统习俗认为,妇女就是"烧火做饭,养儿抱蛋",而这样的工作,从来不被认为是一种生产、一种劳动,而是把它作为妇女深受夫权统治的理论根基。延安时期,在中国共产党的领导下,妇女享受到平等的社会地位,这种平等地位的体现之一就是从家务中解放出来,从事生产,得到男人的、社会的公认。妇女参加生产,一年比一年多。特别是难民妇女,开荒的有,除草的有,收割的也有。如川口区三乡难民妇女没有镢头开荒,就跑到山里等别人累了休息的时候,拿了镢头开荒,人家休息过了把镬头还回,又等着。① 再次是对"二流子"的改造。"二流子"是指没有正当职业而只能靠不良行为,诸如偷人、招赌博、贩卖违禁品、拐骗、当神婆神汉等,来维持生活的人。延安的民谣说:"延安府,柳根水,十有九个洋烟鬼",可见延安县的"二流子"是比较多的。据延安市的调查,1937 年前全市人口不到 5000 人,而流氓地痞就将近 500人,占人口总数的 16%;延安县的材料则是 1937 年人口为 3 万人左右,流氓地痞的数字为 1692 人,占总人口比例的 5%。② 延安县党委和政府,通过领导教育与群众监督相结合,劝说感化与强制处罚相结合,通过做好宣传教育说服,叫他们好好生产,粮食打下,光景好;由政府给以一定的生产任务,如开荒等,按时检查,并指定专人监督他们生产;发动群众向他们作斗争,逼得他们参加生产;组织集体劳动,将"二流子"集中在区上,组织开荒,开的荒,种的地,谁的归谁;政府给"二流子"解决生产方面的一些困难,等等,使"二流子"达到了预期改造效果,让这一部分人积极参加到社会生产中来。到 1941 年,全延安县共改造"二流子"、懒汉 1571 人,大多数参加了生产,有些还变成劳动模范。毛泽东对延安县改造"二流子"工作予以充分肯定,他曾讲:"延安县动员二流子参加生产的经验,是布尔塞维克的好经验。动员二流子参加生产,不但增加了劳动力,而且消灭了坏人坏事,取得了人民的拥护,巩固社会的安宁。"

延安县同志们的精神作为延安精神的原生形态之一,是毛泽东当年大力倡导的。从内容来看,1942 年毛泽东讲的"延安县同志们的精神"主要包括了:"布尔什维克的精神",即马列主义的精神,共产主义的精神;"没有一件事不是实事求是的""完全没有主观主义"的实事求是精神;"和群众打成一片""没有丝毫消极态度"的全心全意为人民服务精神;

① 郭必选、杨延虎、任学岭:《延安精神探源》,中共党史出版社、红旗出版社 2005 年版,第 146 页。
② 郭必选、杨延虎、任学岭:《延安精神探源》,中共党史出版社、红旗出版社 2005 年版,第 146 页。

"完全不怕困难""能够征服一切困难"的自力更生、艰苦奋斗精神。涵盖了理想信念、思想路线、党的宗旨、工作作风等内容,正因为如此,一些学者认为,延安县同志们的精神就是延安精神的最早表述。

六、张思德精神

张思德,1915年农历三月初六出生在四川省仪陇县六合乡韩家湾的湾根里,小名"谷娃子"。1933年红四方面军解放了仪陇县,工农红军路过这里,成立长胜县六合乡苏维埃政府,张思德参军成了一名红军战士,曾任少年先锋队副队长。1935年2月,红四方面军在川陕根据地粉碎国民党军的"六路围攻"中,他英勇机智,曾夺得敌人两挺机枪。1936年二、四方面军在甘孜会师后北上,于同年10月到达陕甘。当时组织上考虑到张思德在长征中负过伤,身体很虚弱,1937年春决定安排他到关中分区云阳镇安吴堡"残废军人医院"工作,同年10月光荣加入中国共产党。1938年春,张思德因工作需要调离该院,到泾阳县八路军后方留守处警卫连一排三班任班长。1940年到延安,他们警卫排被调到延安中央军委警卫营。当时军委警卫营驻在北桥沟,把他们全班战士都分别编到警卫营所属各连,张思德被编到警卫营通信班任班长。1942年中共中央在实行精兵简政政策过程中,决定将中央军委警卫营与中央教导大队合并,编为中央警卫团,张思德就来到了侯家沟警卫团工作。1942年11月7日,警卫团成立,张思德由班长编入警卫团一连二排四班当战士。

1944年春节很快就来到了,住在枣园的中央社会部机关,为了响应毛泽东在陕甘宁边区劳动英雄代表大会上所作《组织起来》的讲话精神,决定组建生产队上山办农场开荒种地,并确定宫锡书任队长,从警卫班调张思德任副队长,抽调了原来给中央书记处种菜的工作人员,总共20余人组成一个大队。他们来到安塞县石峡峪后,自己打窑洞解决食宿,可以说一切从零开始。1944年9月5日,张思德因炭窑崩塌而光荣牺牲。毛泽东在追悼张思德大会上讲话时说:"我们的共产党和共产党所领导的八路军、新四军,是革命的队伍。我们这个队伍完全是为着解放人民的,是彻底地为人民的利益工作的。张思德同志就是我们这个队伍中的一个同志。"①这就表明张思德为人民服务的精神是完全彻底的。此外,1944年9月21日延安《解放日报》第二版发表报道警卫团的文章,题目是《纪念为人民利益而牺牲的张思德同志》,其中指出:"张思德同志为人民利益而牺牲的精神,在每个战士、事务人员及干部的身上存在着。"毛泽东敬献的挽词是"向为人民利益而牺牲的张思德同志致敬",这些都表明张思德精神就是完全、彻底为人民服务的精神和为人民的利益而勇于牺牲的精神。张思德精神主要体现在以下几个方面。

(一)对同志满腔热忱和对工作极端负责的完全、彻底为人民服务精神

张思德当时所在的通信班是军委警卫营里有名的先进单位,后来班里调来了一位新同志小张。谁知他一来就情绪不高,常嘟囔着说:"我有寒腿病,送不了信。"班长和同志们都很关心他的身体,事事照顾他。但时间一长,大家发现,小张的寒腿病并不十分严重,主要是思想病。他不愿意干通信这一行。于是,有的同志心里就有点气,说:"没见过干革命工作还挑挑拣拣的,这算啥?"有的战士向班长建议把他调走,省得影响全班荣誉。而张思德听到这些议论后,觉得这些同志的想法不对头。通信班固然是营里的先进集体,但是,越是先进越要多关心后进的同志,怎么能嫌弃、甩包袱呢?他经常耐心给大家解释说:"一个同志思想上有点毛病,我们应热情地帮助他,使他和大家一起共同进步,这才是一个真正先进的集体。革命事业的胜利,不是靠几个人,也不是靠一个班,而是要团结千百万真心实意拥护革命的群众。我们可不能轻易让一个同志掉队

---

① 《毛泽东选集》第三卷,人民出版社1991年版,第1004页。

啊!"在一次小组会上,张思德还诚恳地作了自我批评,他说:"小张同志思想问题没解决,主要是我的责任。人家白求恩大夫,是个外国人,对咱八路军战士和人民还那样热忱,比一下,就觉得自己的工作差得远呐!"就这样,在班长张思德的耐心帮助下,全班同志对小张更加热情,从思想上关心,生活上照顾,使他进步了。

张思德在通信班的动人事迹举不胜举,但更感动人的是他还是一个踏实为人民利益服务的共产党员。部队驻在北桥沟时,有一回领导派张思德和战士小杨到离延安一百多里的张村驿去买猪。他俩买了二十几头猪后,就往回赶。走出10里地时,一头猪突然病倒了。两人很着急,赶忙把猪群赶到近处一个村子。张思德跑去找老乡帮着想办法,有个白发老头听说八路军同志的猪病了,晚饭也没顾上吃,就从家里跑来看病。经他检查确诊为中暑,又回去拿来些草药给猪灌下去。不大工夫,猪就好了。张思德和小杨都很高兴,俩人商量,白天走天太热,猪容易生病,夜里凉快猪愿意走。天一黑,俩人又赶猪上路了。临走,张思德把药钱和一张感谢的字条压在老乡窑前的药碗底下。当老汉发现时,他们已经走出10多里路了。

这一夜,张思德和小杨赶猪走了几十里,渐渐地天亮了,二十几头猪你拥我挤地向前走着。突然间,小杨发现有一头系着脖圈的猪就叫起来,说班长你看,"准是赶错老乡的猪了。"张思德听后立即进行清点,果然多了一头。小杨急得直跺脚,而张思德说:"昨天在村里休息,咱不是把猪圈在老乡家的猪圈里了吗,准是赶出来时天黑看不清,把老乡的猪也一块儿轰出来了。"怎么办呢? 张思德立即决定:马上送回去。他知道,这是严肃的群众纪律,人民战士处处要维护群众利益,绝不允许对群众利益有丝毫的损害。今天错赶了老乡的一头猪,说明自己在思想上对这个问题重视还不够。现在虽然已经走出了好几十里路,但不管费多大劲儿,也要把这头猪送回老乡家去。他叫小杨在前面的村子里休息等候,自己赶上那头猪送回老乡家。他见到主人就说:"老乡,对不起了!"老乡感动地说:"同志,你受累了。"张思德说:"不,我们没有把工作做好,应该检讨。"

再次向老乡道歉。回到驻地,张思德把这件事向领导作了汇报,并作了自我批评。张思德遵守群众纪律,热爱人民群众,以群众的利益为重的自觉精神,在警卫营的领导和同志们心中,都留下很深刻的印象。

(二)勇于为人民的利益而牺牲的崇高品德

就在张思德刚到中央警卫团后,他由班长降到战士,一点怨言也没有。当组织上征求意见时,他说:"当班长是革命的需要,当战士也是革命的需要。做党中央的警卫工作,无比光荣。请首长放心,保证好好当一名战士。"

1943年春天,中央决定在文化沟修建八路军大礼堂,警卫连的同志们轮流参加义务劳动。先是采石料,后是运木料,几天下来,张思德的肩膀压肿了,肩头也磨出了血。有一次,一连几天去工地劳动,正赶上礼堂上大梁。因为缺工具,工人同志只好把一根根大梁靠木架子搭绳"嘎吱嘎吱"慢慢往上吊,十分困难。有一根大梁吊上去,一头已对好了榫,摇摇晃晃正在对另一头的时候,只听见"嘎巴"一声,支架的一根木杆断了,整个架子晃动起来,大梁一直往下堕,眼看着就要砸着下面干活的工人同志。在这千钧一发之际,张思德猛地丢下手中的工具,飞身爬上架顶,用肩头使劲一扛,把大梁牢牢稳住。然后,他从别人手中要过斧头,"啪、啪、啪"几下,只听见"咔"的一声,就把榫子对好了!张思德冒着生命危险,避免了一场事故的发生,保护了工人同志的安全。他遇事临危不惧、奋不顾身、勇于牺牲的精神感动了在场的每一位工人。

张思德在石峡峪办农场,秋收后主动请求烧木炭。当时任务紧,已经打好了一孔炭窑,因窑上边大树把窑压得受损,不坚固了。有些战士认为不安全,另打一孔吧;而有的战士认为不要紧,修理好烟筒就能用。张思德说:"不怕,我不怕死,花费了劳力打好窑,再有烟筒没有戳,我去干,你们上山砍柴、拉梢。再打一个太费工,这孔窑收拾好能省工。"所以,第二天他带着白仓同志去打火眼。他坐在地上用铁铲戳,白仓向外运土,突然窑洞崩塌,张思德为人民的利益而光荣牺牲。这个消息传到中央社会部,陈刚主任给李克农部长作了汇报,李克农报告给毛泽东。当时毛泽东对同去汇报的团长吴烈说:"前方打仗死人是没有办法的事情,后方生产劳动死人就太不应该了。"然后吩咐要做好善后工作,要求烈士遗体挖出后,要洗干净,换上新军装,做一口好棺材装殓埋葬。在场的胡乔木提议应开追悼会,毛泽东欣然同意,并表示要讲话。[①] 就在追悼张思德大会上,毛泽东高度赞扬了张思德完全、彻底为人民服务的精神和为人民利益而牺牲的精神。当时,毛泽东讲话及张思德追悼会情况在《解放日报》上以《为人民的利益而死,是死有重于泰山》为题予以报道。1953 年,毛泽东的讲话收入《毛泽东选集》时,题目定为《为人民服务》。

七、延安劳模精神

全民族抗日战争时期,中国共产党在陕甘宁边区广泛开展了劳模运动。劳模运动是树立、表彰和学习劳动英雄与模范工作者的运动。当时"劳动英雄主要表现是生产好,并以生产影响和推动别人生产,农村中的劳动英雄是以私为主,公为副。机关部队及公营工厂中的劳动英雄,是以公为主,私为副……模范工作者主要表现是工作好,以其优良的革命品质,正确的思想作风,真正能为群众服务。""劳动英雄是生产运动的产物","模范工作者,则是整风运动的产物"。[②]

劳模运动的开展使陕甘宁边区各行各业的劳动模范不断涌现。工厂中出现了赵占魁,农村中出现了吴满有,合作社出现了刘建章,机关中出

---

① 丁晓平:《中共中央第一支笔:胡乔木在毛泽东邓小平身边的日子》,中国青年出版社2011 年版,第 87 页。

② 《抗日战争时期陕甘宁边区财政经济史料摘编》第一编,陕西人民出版社 1980 年版,第 279 页。

现了黄立德等著名的劳动典型。在边区留守各部队也开展了劳动英雄和模范工作者运动,"有警一旅的郝正业运动,警三旅的张治国运动、郝树才运动,三八五旅的武生华运动,三五八旅的王德才运动,三五九旅的王福寿运动,独一旅的冯振僧运动,炮兵团的冯国玉运动。"[1]在机关、学校和其他工作方面都开展了劳模运动,产生了各自的英雄和模范。例如:中央党校的黄立德,南区合作社的刘建章,中央印刷厂的佟玉新,三五九旅家属陈敏等。为了推广劳模的先进经验和事迹,1942年底到1943年初召开的西北局高干会上,表彰奖励了成绩卓著而又刻苦奉公、在群众中有威望的王震、习仲勋、黄静波、王世泰、马文瑞等22名领导干部,毛泽东亲笔为每个人题词。给三五九旅、延安县县委县政府及延安县南区合作社三个单位以团体奖励。为了总结交流经验,推动生产运动和劳模运动更大发展,1943年11月26日至12月16日,陕甘宁边区召开第一届劳动英雄代表大会并同时举办边区生产展览会。出席会议代表185人。劳动英雄赵占魁、吴满有、黄立德、李位、刘建章、郭凤英、马丕恩等十几人被选进大会主席团。11月29日,中共中央宴请劳动英雄,毛泽东作了《组织起来》的重要讲话,并参观了展览会,会后邀请申长林等17位劳动英雄座谈生产经验。为了把生产运动和劳模运动不断引向深入,1944年1月,延安《解放日报》开辟了"边区生产运动"专栏,系统地介绍了吴满有、刘玉厚、申长林等十几位著名劳动英雄的典型材料,供各地群众学习和参考。加上边区劳动英雄大会的推动,1944年边区的劳模运动又有了新的进步和发展。随着生产运动的进一步发展和政治、文化、军事、卫生、司法等全面性建设的开展,各地各方面都涌现出了许多劳动英雄和模范工作者,有的地方还开始了模范工作者运动。这样,劳模运动便突破了以往生产范围的圈子,开始推广到各个方面。1944年12月22日至1945年1月14日,边区政府召开了劳动英雄和模范工作者代表大会,举办了边区建设展

---

① 《抗日战争时期陕甘宁边区财政经济史料摘编》第八编,陕西人民出版社1980年版,第753、754页。

览会。出席会议代表 476 人,比第一次劳动英雄大会代表增加了一倍多。赵占魁、吴满有、刘建章、张治国、沈鸿等劳模被选进大会主席团。毛泽东在《必须学会做经济工作》的讲话中,再次热情地赞扬了劳模们的创造精神,肯定了他们的带头作用、骨干作用和桥梁作用。这次大会选出了 463 名劳动英雄和模范工作者。其中特等 74 人,甲等 200 人,乙等 189 人,另有 7 个旅获军队团体奖。劳模运动的全面展开,使劳模大量涌现,七十二行,行行有劳模。

劳模运动产生了劳模精神。1944 年 12 月 22 日召开的陕甘宁边区劳动英雄和模范工作者大会,在主席台两侧挂着醒目的标语,是对劳模精神的概括与揭示。其上句是:"劳动英雄们:劳动好,学习好,又能公私兼顾、不自高、不夸大,永不脱离群众",这是劳动英雄勇于创新、乐于奉献的精神风貌;下句是:"模范工作者:忠于革命,精于业务,勤于学习,善于创造,团结干部,联系群众"①,这是模范工作者无限忠诚、埋头苦干的精神境界,而以身作则、大公无私则是他们共同的精神特征。劳模精神成为动员和鼓舞边区人民战胜困难、坚持抗战的精神动力。劳模精神主要体现在以下几个方面。

(一)勇于创新、乐于奉献的精神

劳动英雄在生产上成绩卓著,有新的创造,堪称榜样和典范,他们的思想意识和道德品质也为广大群众敬佩,能够成为群众的领袖。

赵占魁是在党的培养教育下成长起来的特等劳动英雄,勇于创新、乐于奉献的精神,在他身上表现得尤为突出。赵占魁原是同蒲铁路介休车站修理厂的翻砂工,抗战全面爆发后介休沦陷,他拒绝为敌人工作,冒险逃出,到处流浪。1938 年五六月份辗转到了延安,进了抗大职工大队和延安工人学校学习。通过学习,赵占魁的思想觉悟有了很大提高,并光荣

---

① 《林主席致开幕词号召:抑制自满、力求进步》,《解放日报》1944 年 12 月 23 日。

的加入了中国共产党。1939年6月,赵占魁来到延安温家沟农具厂担任熔铁炉的看火工,在高达2000摄氏度以上的熔铁炉旁,为制造犁铧和枪炮,他夜以继日地冶炼着铁水,被毛泽东称为中国式的斯达汉诺夫。赵占魁有以厂为家、专挑重担的主人翁劳动态度。他干熔炉看火工,每天工作12个小时以上,即使在夏天,身上还要穿着代替石棉衣的厚棉袄,披着皮裙,终日流汗不止,但他从未有怨言,也从未向组织提过任何额外要求。赵占魁勤于钻研业务知识,改进熔炼技术,无私传授技艺。刚开始炼铁,1斤焦炭只能炼1斤铁,消耗大,成本高。为了少费炭,多炼铁,他反复研究和试验,终于可以用1斤焦炭炼2.5斤铁。过去产品的合格率只有40%,浪费很大。他琢磨冶炼技术,掌握火候,使合格率提高到65%。化铜的罐子是用坩土制成的,开始时一个化铜罐只能化二至三次铜,他苦心钻研,接连试验和改进,终于使化铜罐的化铜次数增加了两倍。过去该厂耐火器材耐火程度不高,直接影响到生产。他和工友们一起设法改进,使耐火器材的耐火温度提高到了1800摄氏度,赶上了当时中国有名的安阳耐火器材,创造了奇迹。

陕甘宁边区第一个农民劳动英雄吴满有的身上也闪耀着勇于创新、乐于奉献精神的光芒。吴满有的老家在陕北横山,1928年大灾荒时,他携妻带子逃难到延安,还是无法生存,先后又卖了两个女儿,艰难度日。1934年当地闹红搞土地革命,他翻身做了土地的主人,二弟也参加了红军。吴满有身体强壮,具有农民勤劳、憨厚、朴实的品质。他地种得多,荒开得多,粮打得多,缴公粮踊跃争先,数量既多,质量又好,是一个抗属,从来不要政府照顾。1941年他共收粮34石,缴公粮14石3斗,公草1000斤,公债与公盐代金共815元。这正如他所说的:"我的兄弟用血保卫边区,我用汗保卫边区。"他以自己的模范行动,赢得区乡干部和群众的称赞。柳林区区长说:"有了他,公事就好办,他一个人的行动,比一百张嘴的解释还有效。"群众同声赞扬吴满有:"这样的好人,还有啥话说。"吴满有及其事迹的发现与宣传,引起了毛泽东的关注,他找记者莫艾了解情况时指出,只有自力更生,发展生产,保障供给,才能冲破国民党的封锁,坚持抗战到最后胜利,这是宣传吴满有的战略意义。陕甘宁边区政府经过调查核实,在群众大会上,正式宣布吴满有为全边区的劳动英雄、模范抗属、模范公民。

(二)无限忠诚、埋头苦干的精神

在模范工作者的群体中,每个人的先进事迹都放射着无限忠诚、埋头苦干的精神光辉。被誉为合作经济功臣的刘建章,把延安县南区合作社由一个小消费合作社,发展成一个经营生产、消费、运输、信用的综合性合作社,这中间不仅渗透着他的智慧和汗水,而且折射出他的作风与精神。1942 年 12 月,毛泽东在陕甘宁边区高干会上强调:"南区合作社式的道路,就是边区合作社事业的道路;发展南区合作社式的合作社运动,就是发展边区人民经济的重要工作之一。"并亲笔为刘建章题词"合作社模范"。

南区合作社是中共中央到陕北以后,于 1936 年 12 月 20 日在延安沟门上创办的。开始只有社员 160 人,职工 3 人,是个小消费合作社。1937年 3 月,推选刘建章为主任后,他冲破了合作社的教条主义、公式主义,不墨守成规,取消了社员入股金额限制;不限制股份的红利,不论社员股金多少,一律照股分红;不限制社员对股金处理的权利,每个社员都有随时退股的自由;不限制社员资格,各阶层人民都可以加入,机关团体也可以加入;不一定用现金入股,允许群众用公债、实物等入股。突破了消费社的经营范围,将业务逐渐扩展到生产、运输、信用等各方面,成为综合性合作社。

1939 年下半年,刘建章在南三十里铺与私人合伙成立了"兴华号"。南区合作社入股 200 元,区政府入股 100 元,吸收私人入股 700 元。公私合营,利益共享,这是刘建章在特殊的条件下走出的一步极富创意的新棋,开创了"民办公助"的道路。刘建章把南区合作社办成南区人民的经济中心,积极地开展了为群众代缴公粮、包运公盐、代缴人民的各种负担、优军优抗、代政府发放农贷、征收牲口税、安置难民等社会服务事业。在南区合作社第二次社员代表大会上,刘建章提出争取在几年内达到全区人民穿衣自给。他多方面筹集资金办起了新合织布厂。为了保证织布厂用纱,他发动妇女开展纺纱运动,刘建章的家乡南庄河成了南区妇纺运动的发祥地,经过他艰苦细致的工作,到1942年底,南区合作社已组织了800多人,占到延安县妇纺人数的36%,每个妇女收入500多元。驮运公盐本是农民应尽的义务,刘建章以公盐代金的方式转化为农民投资的股金,不仅公盐任务全部由南区合作社代为完成,而且每1元代金到年终还分5元钱的红利。在刘建章的带领下,南区合作社成了在政府和群众之间一座宽阔的桥梁,连接着信任,连接着力量。

(三)以身作则、大公无私的精神

这是劳动英雄和模范工作者共同的精神特征。在陕甘宁边区的生产运动和经济建设中,涌现出许多科技劳模,群星荟萃,光彩耀人。以身作则、大公无私的精神在他们的英雄事迹中显现得淋漓尽致。

李强,作为边区军事工业的领导者,坚持自力更生、艰苦奋斗的工作作风,以身作则、大公无私,尊重知识、尊重人才,并善于发现、培养和使用人才,使陕甘宁边区的军事工业不仅适应了全民族抗日战争需要,也推动了边区民用工业迅速发展。李强坚持自学军工知识,以用带学,以学促用,推动了解放区弹道学研究的发展。由于李强为边区军事工业发展作出了杰出贡献,1944年5月被评选为边区特等劳动英雄,并荣获毛泽东亲笔题写的奖状:"坚持到底"。

沈鸿,1938年2月携带上海利用五金厂的11部机床,与该厂的7名青年工人历经坎坷来到延安,参加革命。沈鸿带来的机床是生产机械设备的工作"母机"。他的到来,使延安机械制造工业的局面发生了很大变化。沈鸿先后担任陕甘宁边区机器制造厂(也称茶坊兵工厂)厂长、总工程师。他凭着强烈的爱国热情,坚持"抗日需要什么,就设计制造什么"的宗旨,主持设计制造出蒸汽锅炉、薄铝板轧机、炼焦设备、造币机等 134 种型号数百台(套)机器设备,使边区的军事工业、民用工业得到很大发展,被誉为"模范工程师"。由于沈鸿为边区工业基础设施作出突出贡献,1944 年 5 月被评选为边区特等劳动模范,并荣获毛泽东亲笔题写的奖状:"无限忠诚"。同年 12 月,他再次被评选为边区特等劳动英雄。

钱志道,先后任陕甘宁边区军工局工程师、茶坊工艺实习厂三厂厂长、纸坊沟化学厂总工程师等职。他处处以身作则,带领工程技术人员埋头苦干,锐意创新,因陋就简,反复试验,研制成功了火药、炸药、硝化棉、硝酸甘油、迫击炮弹发射药等急需的军用物资,促进了边区军事工业的发展。他还研制成功了证券纸等,使边区的纸币工业有了充裕的原材料。钱志道的卓越成就,使他被誉为陕甘宁边区基本化学工业的奠基人。1944 年 5 月,他被评选为陕甘宁边区特等劳动英雄,并荣获毛泽东亲笔题写的奖状:"热心创造"。1945 年,钱志道再次被评选为边区特等劳动英雄。

陈振夏,先后担任延长石油厂工程主任、厂长。他率领石油厂职工,以高涨的革命热情,克服重重困难,在延安七里村油区打出"旺油井",并扩大了七里村油区。1943 年,生产原油达 1279 吨。在炼油方面,因陋就简,土法上马,采用单一蒸馏法,从 1939 年至 1946 年,共生产汽油 163.94吨,煤油 1512.33 吨,蜡烛 5760 箱,蜡片 3894 公斤。1946 年 4 月,首次采用管子输送原油入锅加冷却水,并在原油锅上加设分馏塔,提高汽油产量。以后又不断改进原油分馏方法,实行重油裂化法,汽油产量提高27%。1944 年 5 月,他被评选为陕甘宁边区特等劳动英雄,并荣获毛泽东亲笔题写的奖状:"埋头苦干"。

华寿俊,1939 年 4 月,时任延安自然科学院教员,到振华造纸厂兼任技术员,面对造纸原料奇缺的现实,他思索和寻找造纸原料。华寿俊发现当地群众用马兰草搓草绳,这说明马兰草有韧性。而马兰草在陕北的山上,随处可见。于是,华寿俊就选用马兰草作造纸原料,经过反复试验,终于制造出马兰纸。这种纸抗水、坚韧、光滑、有拉力，但纸色发黄。在初试成功后，华寿俊又反复用碱对原料进行炮制处理，分解纤维，并对捞纸和晒纸工艺进行改进，使马兰草造纸技术获得完全成功。用马兰草造纸的发明成功，使陕甘宁边区的造纸原料来源有了保障。由于在发明马兰草造纸上作出显著贡献，华寿俊于1944年5月被评选为陕甘宁边区甲等劳动模范。

延安时期，陕甘宁边区涌现出来成千上万的劳动英雄和模范工作者，为全民族抗日战争胜利、民族解放和人民幸福建立了卓著功勋。他们不仅创造了巨大物质财富，而且创造了巨大精神财富。他们不愧是民族的精英、人民的楷模。1943年2月3日，《解放日报》发表题为《向领导经济建设受奖同志学习》的社论。社论号召向西北局高干会议上受表彰的同志学习。主要学习4个方面：第一，就是他们认清了当前边区工作中心是经济建设，他们积极领导了群众的和机关部队的生产事业。第二，就是他们不保守、不空谈，有调查研究、实事求是的精神，因而就有创造的精神。第三，就是他们能深入群众，依靠群众的力量，而毫无官僚主义的习气。第四，就是他们艰苦卓绝，对党对事业抱有无限的忠心。社论最后强调：以上所述就是这些受奖同志工作上的主要特点。他们之所以成功，主要并不是客观条件特殊有利，而是因为他们能认清经建工作的重要意义，寻出当时当地和自身的具体特点，一切经过群众，一切为了群众，并以艰苦卓绝的精神来组织工作的进行。他们的这种精神就是我党整风运动中所提倡的正确精神，就是创造性的马列主义精神。他们的成绩正是我们经建工作者和一切工作者的辉煌范例。向他们学习，向他们看齐，是所有参加根据地建设的同志应有的决心。① 这是对延安时期劳模精神特别是领导经济建设工作呈现精神风范的集中概括。

上述延安精神的原生形态是研究延安精神的基本依据。延安精神不是对其中某一种精神的阐释，而是这些精神的综合反映和体现。

---

① 《向领导经济建设受奖同志学习》，《解放日报》1943年2月3日。

第二章　延安精神的形成及其内容架构

　　延安时期在中国共产党奋斗历程中占有十分重要的历史地位,是中国共产党创造辉煌、成就伟业,领导中国革命不断走向胜利的重要历史时期。在这一时期,中国共产党领导争取民族独立和人民解放事业取得重大胜利,奠定了新民主主义革命胜利的坚实基础,在中华民族救亡图存的征程上书写出光辉灿烂的篇章。在这一时期,中国共产党推进马克思主义中国化取得巨大成功,把毛泽东思想写在党的章程里,实现了马克思主义基本理论与中国革命具体实际相结合的第一次历史性飞跃,为中国人民翻身求解放提供了强大的思想武器。在这一时期,中国共产党经过长期的实践探索,在组织上更加成熟,形成以毛泽东为核心的成熟中央领导集体,牢牢把握住中国革命胜利前进的方向。在这一时期,中国共产党成功实施党的建设伟大的工程,使党从狭小的圈子里走出来,成为一个具有广泛群众基础的、在思想上政治上组织上完全巩固的马克思主义大党,使中国人民的解放事业有了坚强的领导核心。在这一时期,中国共产党在陕甘宁边区掌握局部政权,领导政治、经济、文化、社会建设,使陕甘宁边区成为新中国的模型和中国共产党治党理政的"试验区",为中国共产党执掌全国政权积累了成功经验。中国共产党何以在当年那样艰难困苦的岁月里,创造辉煌、成就伟业?其中一个重要的原因就在于中国共产党有延安精神这一先进的群体意识和崭新的精神风貌。可以说延安精神就是延安时期的文化自觉和文化自信。

一、延安精神的形成环境与条件

任何精神都是它所处时代的产物,要准确把握和理解一种精神,就要把它放在其所形成的时空环境中。延安精神就与它所处时代息息相关。中国共产党在延安十三年辉煌历史孕育了延安精神,而延安精神又为中国共产党在延安十三年创造辉煌历史提供了强大精神动力。要把握与认识延安精神形成的条件,至少应当厘清延安精神与毛泽东思想、成熟领导集体形成、中国共产党的正确路线确立、延安时期的时代特征、延安和陕甘宁边区特定环境的关系。

(一)中国共产党确立以毛泽东为核心的成熟领导集体——延安精神形成的组织保障

在延安时期形成了以毛泽东为核心的成熟中央领导集体。这个成熟领导集体形成,是中国共产党凝聚力量、战胜困难、开拓进取、胜利前进的重要组织保证。延安精神正是以毛泽东为核心的成熟中央领导集体,以高度的历史自觉和文化自信,在对中华民族优秀传统文化和民族精神的深刻理解和科学把握基础上,从马克思主义政党应具有的政治品格和形象出发,对中国共产党人理想人格的倡导。以毛泽东为代表的中国共产党人作为延安精神的培育者、践行者,不仅具有与时俱进的理论品格和实践品格,而且具有把握时代脉搏、驾驭复杂局面的高超本领。可以说,延安精神还是以毛泽东为代表的中国共产党人领导艺术的实践结晶,也是蕴含在以毛泽东为代表的中国共产党人领导艺术中的精神内核。

1.延安时期形成以毛泽东为核心的成熟中央领导集体。众所周知,遵义会议是中国共产党历史上的生死攸关的转折点,也是中国共产党由幼年走向成熟的标志。遵义会议之前,由于中国共产党处于幼年时期,没有形成一个成熟的领导集体。邓小平曾讲:"从毛刘周朱开始,中国共产党才真正形成了一个稳定的成熟的领导集体。以前的领导都是很不稳定,也很不成熟的。从陈独秀起,一直到遵义会议,没有一届是真正成熟的。"①遵义会议之前之所以没有形成成熟的领导集体,原因是多方面的。至少可以从以下几个方面来理解:一是中国国情的极端复杂性,中国革命斗争的极端残酷性,给中国的革命者提出了极其严峻的挑战。近代中国是一个半殖民地半封建社会,帝国主义和中华民族、封建主义和人民大众之间的矛盾交织在一起,中国共产党进行革命到底应当先革哪里后革哪里? 谁是可以联合的朋友谁是要反对的敌人? 这些都摆在中国共产党面前需要回答,但要搞清楚这些问题,需要实践的积累和探索,不可能在中国共产党一成立就能搞得很清楚。二是中国共产党有许多优点比如特别能吃苦,特别能战斗,组织能力特别强,但在幼年时期也存在缺点和不足,刘少奇曾讲:主要是理论准备不足,理论水平不高,因而造成分析和研究中国革命实际问题的能力不强。虽然中国共产党一成立就开启了把马克思主义中国化的艰辛探索,但如何对待马克思主义? 如何把马克思主义同中国实际相结合? 实现结合的路径在哪里? 还需要有一个过程。三是中国共产党人积累的革命经验还不够,还不能对中国革命内在规律有着自觉的、深刻的和系统的把握。从革命实践看,正是经历成功与失败、血与火的考验,经受艰难困苦与挫折的不断磨砺,才把握住中国革命的基本规律。四是中国共产党人在政治上还没有成熟到能够独立自主地处理好与共产国际、苏联党的关系。中国共产党是在列宁为首的俄共(布)帮助下建立起来的,中共二大就加入了共产国际,是共产国际领导下的一个支部,不可否认,共产国际对中国革命作出了重要贡献,但大革命的失败和土地革命时期中国共产党内所犯的三次"左"的错误,都与共产国际的错误指导相联系。在遵义会议之前,中国共产党还难以独立自主,中国共产党人还不能正确地认识和解决复

---

① 《邓小平文选》第三卷,人民出版社 1993 年版,第 298 页。

杂情况下中国党自身存在的问题和矛盾,形不成强有力的领导团队。五是严酷的斗争环境下,中国共产党一直缺乏一个较好的客观环境,让中国共产党集中精力反思错误、解决党内问题。中国共产党一成立就投身到火热的革命斗争中,领导工人运动,同国民党合作推动北伐战争。大革命失败后,中国共产党成功实现战略方针转变,进入领导开展土地革命、武装斗争和创建革命根据地的新时期,但却面对着国民党的军事"围剿",几乎天天都要打仗,没有条件静下心来解决党内存在的问题,而这样的环境和条件到延安时期才具备。这些因素决定遵义会议之前难以形成成熟的中央领导集体。

1935 年 1 月遵义会议召开,批判了"左"倾冒险主义的军事指挥错误,改组中央领导机构,选举毛泽东为中央政治局常委,确立了其在党中央和红军的领导地位,从此,中国共产党在以毛泽东为主要代表的马克思主义正确路线领导下,转危为安,由小变大,由弱变强,不断开创新的局面,使中国革命走向胜利。遵义会议的胜利召开是延安时期的历史起点,也是延安精神形成的逻辑起点。中共中央走进延安之后,在1938 年扩大的中共六届六中全会上基本克服了全面抗战爆发后党内以王明为代表的右倾错误,进一步确定毛泽东在全党的领导地位,统一了全党的步调,推动了各项工作的迅速发展。1943 年 3 月 16 日至 20日,中共中央召开政治局会议,通过《中共中央关于中央机构调整及精简的决定》,中央领导机构改组,毛泽东被推选为中央政治局主席和书记处主席。在政治作用上和组织上正式确立毛泽东在全党的领袖地位。1945 年召开的中共七大,最终形成以毛泽东为核心的成熟中央领导集体。延安时期中国共产党能够由小到大、中国革命力量能够由弱变强、中国革命事业能够由一个胜利走向又一个胜利,一个重要的原因就是中国共产党有了毛泽东这个英明的核心和以毛泽东为核心的成熟中央领导集体。

为什么说以毛泽东为核心的中央领导集体是成熟的? 其依据主要体

现在以下几个方面:一是在理论上,这个领导集体,善于把马克思主义与中国革命实际相结合,破解革命难题,在推进马克思主义中国化上取得巨大成功,彰显出马克思主义中国化的强大威力,为中国革命提供了思想理论武器;二是在政治上,这个领导集体,善于把科学的革命理论转化为纲领、政策和策略,给中国共产党和中国人民绘制出了正确的行动路线,使中国革命一改过去屡受挫折的被动局面,从胜利走向胜利;三是在组织上,这个领导集体,坚持五湖四海的原则,得天下英才而用之,培养了整整一代能征善战、德才兼备的高素质干部队伍,不仅为中国革命造就强大的人才基石,也为新中国成立后做了人才上的储备;四是在能力上,这个领导集体,懂得实际工作的辩证法,能够在重大历史转变关头,把握机遇,应对挑战,在复杂严酷的环境下,作出正确抉择,使中国革命的航船在惊涛骇浪中经受考验,胜利前行;五是在作风上,这个领导集体,能够做到坚持真理,修正错误,以实事求是的精神处理中国革命、中国共产党所面临的实际问题,在总结吸收中国共产党以往历史经验基础上,培育形成中国共产党区别于其他政党的一整套优良作风。而所有这些都与延安精神息息相关,为延安精神的形成筑牢了坚实的思想理论、政治、组织基础,延安精神之所以能够成为中国共产党人革命精神的集大成,正是与延安时期中国共产党思想理论的成熟度、组织的成熟度、作风的成熟度密切联系在一起。

历史表明,中国共产党成熟领导集体的形成过程与延安精神的形成过程是一致的。延安精神之所以能够成为延安时期中国共产党精神风貌的总体概括,充分反映中国共产党的政治理想、道德规范、价值取向、行为方式,与以毛泽东为核心的成熟的中央领导集体的培育和倡导是密不可分的。

2.延安精神是以毛泽东为核心的成熟中央领导集体领导艺术的实践结晶。延安精神的形成离不开以毛泽东为核心的成熟中央领导集体的培育和倡导,否则就难以有延安精神的形成。领导活动的实施都有其目标定位、方向引领和价值选择,领导一词,顾名思义就是带领、引导、示范的意思,通过带领、引导、示范等一系列活动,凝聚力量,使所领导的人们朝着既定的目标前进。概括地说,领导就是带路的。要使领导活动的效益最大化,就需要领导者有肩负领导责任的能力与本领。中国共产党为什么要选择毛泽东为领袖、而确立了毛泽东在党内的核心地位就使得中国共产党的事业蓬勃发展、胜利前行?当然与毛泽东为中华民族的独立和人民的解放事业建立的卓越贡献联系在一起,也与毛泽东开拓马克思主义新境界的政治勇气和科学而深邃的思想理论建树联系在一起,同时也要看到选择毛泽东也是与他所具有的高超领导艺术联系在一起。毛泽东领导艺术的鲜明特色主要体现在以下几个方面:

(1)周密细致的调查研究艺术。通过调查研究,认识和把握基本国情,将马克思列宁主义基本理论与中国国情结合在一起,真正地突破狭隘经验论与教条主义的局限性,这是毛泽东的过人之处。毛泽东一生十分重视调查研究,"没有调查就没有发言权"是他的至理名言。他认为:领导机关的基本任务,就在于了解情况、掌握政策。通过调查研究,使他对中国国情有了深刻的了解与掌握。当着他深入系统地掌握了马克思主义基本理论后,他就能够很好地把马克思主义的基本理论与中国国情和实际相结合,找准二者的结合点,并提出正确的主张来,因而使他在中国共产党内显得比其他人要高明得多。

毛泽东认为调查研究是克服主观主义、做到理论联系实际的根本方法。从调查研究的实践中深化对马克思主义理解,从对中国实际的深入了解中探求马克思主义理论与中国实际的契合点,是毛泽东实施领导工作、谋求领导效能最大化的基础和显著特色。他一生中许多不朽的论著和他许多战略决策,都是他调查研究的结果,都是他经常不断地亲自深入到实际中去做调查,得到了第一手材料,日积月累,经过分析研究后作出的实事求是的正确结论。毛泽东丰富的调查研究经验,使得他对中国国情具有深刻的洞察力。

（2）统筹兼顾的运用矛盾转化规律艺术。毛泽东从来不受细枝末节的干扰，善于抓根本、抓主要矛盾。这与他是马克思主义哲学大家不无关系。毛泽东认为领导者要抓在事物的发展变化中处于支配地位，起着主导性、决定性作用的主要矛盾，抓住了主要矛盾，也就抓住了问题的关键；解决了主要矛盾，其他问题也就容易解决了。抓住了根本，也就牵住了"牛鼻子"，就能做到纲举目张。相反，如果不辨形势、舍本求末，则必然会捡了芝麻丢西瓜，在不断变化的世界中迷失方向，丧失工作的主动权。想大局、察大势、谋大事，善于抓住根本促进工作，切忌不分主次、先后、轻重、缓急，平均地使用力量，造成很多中心工作而出现杂乱无序的状态，正是领导者应当具备的基本素质。同时，毛泽东认为事物是发展变化的，而事物的发展变化，是由事物内部的矛盾运动决定的，因此，作为一个领导者，一定要有掌握事物内部矛盾运动和转化规律的能力和本领，并能够根据矛盾运动和转化的情形，提出和制定正确的战略和策略。中共中央落脚陕北后，根据中日之间的民族矛盾上升为主要矛盾这个客观实际，确立建立抗日民族统一战线的策略路线，推动实现由国内战争向抗日民族解放战争转变；抗日战争胜利后又根据中国国内阶级矛盾上升成为主要矛盾这个客观实际，领导实现由争取和平、民主、团结到通过人民战争打出一个新中国的战略转变，就是根据主要矛盾及其变化实施领导的成功实践。

（3）高瞻远瞩的战略与策略艺术。毛泽东是中国共产党历史上当之无愧的战略家。所谓战略，就是事关事物发展变化全局的根本的具有整体性的思想理论和行动部署。从领导活动的功能与作用来看，战略性是对领导活动的一种特殊规定性。它是有关整体运作的思想，是指导全局的计划和决定全局的策略。战略的东西就是根本的方向性的东西。因此，作为领导者必须具有战略眼光和超前思维，善于在各种纷繁复杂的矛盾中保持清醒的头脑，察大局，谋大事。众所周知，中国共产党领导的人民军队武器装备和力量远远不如其对手，却一步一步走向胜利，个中原因当然是多方面的,但与毛泽东为代表的中国共产党人所富有的战略眼光是有极大关系的。毛泽东往往能够料事如神,就是因为其具有超凡的战略思维和眼光,因而能够掌握先机,趋利避害,克敌制胜。但是,战略问题不是孤立的,要把战略决策部署落到实处,确保战略决策和部署的实现,就需要科学地运用政策和策略。政策和策略是无产阶级政党革命活动的准则,关系到革命事业的兴衰成败。毛泽东在实施领导活动过程中,非常重视政策和策略的制定与运用,他将政策和策略上升到党的生命高度,认为是革命政党一切实际行动的出发点和归宿,必须根据政治形势、阶级关系和实际情况及其变化制定党的政策,把原则性和灵活性有机结合起来。在毛泽东革命实践中,其高超的战略眼光和运用政策与策略的本领,被无数的事实所证明。

(4)出神入化的预见与科学决策艺术。毛泽东对什么叫领导以及领导与预见性的关系曾作过言简意赅的阐述,他说:"什么叫做领导?领导和预见有什么关系?预见就是预先看到前途趋向。如果没有预见,叫不叫领导?我说不叫领导。""没有预见就没有领导"。"为着领导,必须有预见。"①毛泽东认为,多端寡要、多谋寡断、优柔寡断、有勇无谋,是领导干部的致命伤。在毛泽东看来,当领导的,见事迟,得计迟,是致命的弱点。成败之举,在于明察要点,然后当机立断。作为一个领导干部,一定要"看得见,抓得起",见事迟,等于没看见,没看见,而要抓工作,只能是盲目蛮干。毛泽东认为:"我们共产党过去时时指出趋势,指出可能性,为的是使大家在困难中看到光明的前途。"②毛泽东一生中的许多预测都被历史所证明。毛泽东对事物发展趋势的科学预见,不仅与他对于中国人民解放事业的无限忠诚和必胜信念紧密相关,也与他作为中国共产党的杰出领导人所具有的缜密的战略头脑和科学的理论思维联系在一起。历史表明,如果领导没有预见性,没有明确的前进方

---

① 《建党以来重要文献选编》第二十二册,中央文献出版社2011年版,第505、507页。
② 《建党以来重要文献选编》第二十册,中央文献出版社2011年版,第364页。

向,就好像"盲人骑瞎马,夜半临深池",就有可能使得工作走入险境甚至绝境。

(5)炉火纯青的用人艺术。能用人者,可以无敌于天下。毛泽东认为,领导者的责任就是出主意、用干部。毛泽东作为中国共产党的领袖,培育、选拔了党内无数骨干。在识别干部上,毛泽东主张全面地、历史地、动态地看干部。他提出:"必须善于识别干部。不但要看干部的一时一事,而且要看干部的全部历史和全部工作,这是识别干部的主要方法。"①在选拔任用干部上,毛泽东强调:"共产党的干部政策,应是以能否坚决地执行党的路线,服从党的纪律,和群众有密切的联系,有独立的工作能力,积极肯干,不谋私利为标准"②。要既重德又重才,二者不可偏废。特别是毛泽东非常重视在使用干部上,扬长避短,用其所长;不拘一格,大胆使用;因时而异,辩证把握;注重特点,合理搭配;激励干部,委以重任。强调要有"海纳百川,有容乃大"的气度,反对求全责备,善于把原则性与灵活性结合起来。毛泽东还高度重视爱护干部。他认为这是用好干部的必要环节。他在《中国共产党在民族战争中的地位》中提出爱护干部的五个方法:指导他们,提高他们,检查他们,说服他们,照顾他们。毛泽东在识人用人上,特别是在民主革命时期,可以说达到了炉火纯青、精妙绝伦的境界。有学者认为,由于毛泽东善于识人用人,因此在他周围形成了"勇者竭其力,智者尽其谋,仁者播其惠,德者孝其忠"的局面,应该说是有道理的。正是因为他善于用人,才在他周围凝聚了一大批精英人才,奠定了中国革命走向胜利的人才基石。

毛泽东不仅知人善任,而且善于开展思想政治工作。思想政治工作是立足于人的心理特点和思想发展规律的活动,其目的是要解决人们的思想认识问题,调动发挥人们对于事业的积极性、主动性和创造性,形成推动事业胜利前进的激情与坚强合力。毛泽东认为:思想政治工作是其

---

① 《毛泽东选集》第二卷,人民出版社1991年版,第527页。
② 《毛泽东选集》第二卷,人民出版社1991年版,第527页。

他一切工作的生命线。善于开展思想政治工作，引导干部和群众为实现党的正确路线、方针、政策而奋斗，是毛泽东领导艺术的一大特色。他非常注重联系实际开展思想政治工作，只有联系实际，才能打动人的情感，激发人们的主动性，使正确的主张得以实施。毛泽东提出了一整套思想政治工作的理论、原则与方法，诸如要以理服人，不能靠威势吃饭；要实事求是，力戒空谈；要发扬民主，不盛气凌人，以权压人；要语言生动，以情感人；要率先垂范，躬行践行，牢记领导者喊破嗓子不如做出样子的道理；要循循善诱，善于疏导，"疏通不在谈锋胜，更在自我批评中"，而不是强词夺理，文过饰非，用批评和自我批评的方式，达到坚持真理、修正错误的目的，等等。可以说，毛泽东的用人艺术和做思想政治工作的理论与方法，相辅相成，相得益彰，成为中国共产党凝聚人心、团结奋进的夺取中国革命胜利的基本保证之一。

（6）精妙绝伦的描绘中国革命图样艺术。毛泽东认为：人和蜜蜂不同，人在建造房屋时要绘制图样，按照图样来建造房屋。中国共产党领导中国革命同样需要绘制中国革命的图样，包括总图样、分图样，大图样、小图样，以避免盲目蛮干，避免哪里天黑哪里歇。毛泽东在领导中国革命和建设的过程中，非常善于集中党和人民的智慧，给全党、全军、全国人民绘制出总图样和分图样、大图样和小图样，通过描绘图样使人们明确前进的方向和目标，起到动员人、凝聚人、引领人的作用。毛泽东所描述的中国革命图样，具有"抓住人、吸引人、震撼人"的"魔力"。毛泽东在描绘中国革命前途时写道："它是站在海岸遥望海中已经看得见桅杆尖头了的一只航船，它是立于高山之巅远看东方已见光芒四射喷薄欲出的一轮朝日，它是躁动于母腹中的快要成熟了的一个婴儿。"①充满希望的意象让人无比振奋和鼓舞。

延安时期毛泽东绘制的新民主主义革命总图样，是中国共产党集体

---

① 《毛泽东选集》第一卷，人民出版社1991年版，第106页。

智慧的结晶,而毛泽东在绘制它的过程中起了决定性的作用。毛泽东先后撰写《〈共产党人〉发刊词》《中国革命与中国共产党》《新民主主义论》《论联合政府》等重要著作,在批驳顽固派反共谬论的同时,丰富和完备了中国共产党的新民主主义革命理论,向全国人民阐明了共产党对于中国革命和新中国建设的全部见解,提出了新民主主义革命的根本路线和纲领政策。这个总图样规定了革命的目标、任务、动力、手段、道路、步骤、前途等根本内容。在中国革命的分图样中,值得一提的是毛泽东在《论持久战》中为全民族抗日战争绘制的图样。毛泽东对全民族抗日战争的前途、进程和形态作了极为精彩的描绘:战争具有持久性,最后胜利属于中国;持久战将分为战略防御、战略相持、战略反攻三个阶段;内线与外线战争、包围与反包围战争等。《论持久战》为中国人民提供了一幅乐观、积极、绝妙的全民族抗日战争前景,极大地鼓舞了人民的胜利信心,有力地指导和促进了全民族抗日战争和中国革命的胜利发展。

以毛泽东为代表的中国共产党人卓越的领导艺术和才华,是在中国革命的长期实践中形成和发展起来的,具有强烈的革命性和实践性特征。那么,毛泽东卓越的领导艺术与延安精神的培育和弘扬是什么关系呢?事实上,延安精神就是毛泽东领导艺术中的内在精神力量,同样也是把毛泽东领导艺术转化为引领和推动中国革命胜利前进的精神支柱。树立标杆、典型示范,本身就是领导活动的内在要求和题中应有之义。中国共产党作为马克思主义政党的政治品格需要有与之相适应的精神气质,需要有展示自身形象的好作风。从中国革命的历史进程看,中国共产党经受的艰难困苦是异乎寻常的,能够在坚定的理想信念支撑下,战胜艰难困苦,成就辉煌业绩,一定意义上看,就是凭借精神的力量。延安精神作为延安时期中国共产党培育的精神财富,就是在毛泽东和以毛泽东为核心的中国共产党领导集体大力倡导下形成的,毛泽东和以毛泽东为核心的中国共产党领导集体不仅是延安精神的培育者,也是延安精神的践行者,正因为如此,才使得延安精神成为那个时代中国共产党及其领导的根据地人民及军队精神风采的总展示、总体现,塑造出中国共产党人独特的人格形象。

（二）毛泽东思想全面展开和走向成熟——延安精神形成的思想理论基础

1.延安时期,毛泽东思想全面展开并且走向成熟。众所周知,中国共产党成立后,以毛泽东为主要代表的中国共产党人,根据马克思列宁主义的基本原理,经过长期探索,把中国革命实践中的一系列独创性经验进行理论概括,创造性地发展了马克思列宁主义,形成适合中国情况的科学指导思想。在中共七大上,把这一科学指导思想概括为毛泽东思想。毛泽东思想系统回答了中国革命的社会历史环境、经济文化基础,以及革命性质、基本动力、斗争形式、发展道路、奋斗目标和领导力量等一系列基本问题,是中国革命走向胜利的光辉旗帜。

土地革命战争后期,中共中央在红军第五次反"围剿"失败之后,经过战略转移,最终在陕北落脚。毛泽东在落脚陕北、走进延安后,系统总结中国革命经验和教训,于1935年12月在陕北瓦窑堡撰写了《论反对日本帝国主义的策略》一文,奠定了党的正确政治路线形成的基础;1936年12月在陕北保安撰写的《中国革命战争的战略问题》一文,奠定了党的正确军事路线形成的基础;1937年七八月在延安凤凰山麓的李家窑撰写的《矛盾论》《实践论》,奠定了党的正确思想路线形成的基础。在全民族抗日战争时期,毛泽东思想走向成熟,其标志为毛泽东1939年到1940年发表的《〈共产党人〉发刊词》《中国革命和中国共产党》《新民主主义论》。从毛泽东思想的发展历程看,土地革命战争后期与抗日战争时期形成并走向成熟,是与中国共产党的延安时期相一致的,因此,认为毛泽东思想就是在延安时期形成并走向成熟是完全可以讲得通的。正如邓小平所讲:"延安时期那一段,可以说是毛泽东思想比较完整地形成起来的一段。毛泽东思想中关于新民主主义革命的理论,包括党的建设的理论和处理党内关系的原则,在延安整风前后,都比较完整地形成了。"①

2.毛泽东思想成熟与其指导地位确立过程就是延安精神产生和形成的过程。毛泽东思想作为马克思主义中国化理论成果的集中体现,它的成熟为延安精神的产生和形成奠定了坚实思想基础。曾任中国延安精神研究会会长的老一辈无产阶级革命家马文瑞曾讲:"有人说延安精神是农民革命的产物,这种说法也是错误的。中国历史上的陈胜、吴广起义;绿林、赤眉起义;太平天国等,都是农民革命,他们产生过像延安精神这样掌握了人类历史发展规律的、自觉的革命精神吗? 没有,也不可能有。延安精神是在马克思主义基本原理与中国革命的实际相结合,即毛泽东思想指导下的产物,它的核心是毛泽东思想。可以说,没有马克思主义,就没有中国的新民主主义革命,就没有延安精神。因此,毛泽东同志建国前夕曾满怀深情地说:'谢谢马克思、恩格斯、列宁、斯大林,他们给了我们以武器,这武器不是机关枪,而是马克思主义。'正是由于有了马克思主义,有了马克思主义中国化的毛泽东思想作指导,我们党才能够领导中国人民坚持八年抗战,战胜了强大的日本帝国主义;才能在一部分人中盛行恐美病的旧中国,经过三年多的奋斗,消灭美帝国主义支持和武装起来的国民党 800 万军队,夺取中国革命的伟大胜利。因此,那种把延安精神说成是一般农民革命的产物,不管是有意无意,其实质都是歪曲和贬低了延安精神,是完全不符合实际的。"②延安精神正是在毛泽东思想指引下形成的精神财富。贯穿于毛泽东思想理论体系中的活的灵魂和由毛泽东思想与毛泽东人格魅力折射出的毛泽东精神,则同延安精神是一致的,是延安精神的主体内容和有机组成部分。

延安精神的培育与毛泽东对共产党人理想人格的倡导密切相关。毛泽东本人独特的人格魅力就是延安精神的体现。概括起来看,毛泽东独特的人格魅力折射出的毛泽东精神主要体现在以下几个方面:

---

① 《邓小平文选》第二卷,人民出版社 1994 年版,第 292 页。

② 中国延安精神研究会编:《马文瑞论延安精神》,中央文献出版社 2000 年版,第 2 页。

一是注重实际,实事求是。紧密结合中国实际,为解决中国革命和建设中的实际问题而读马列著作,这是毛泽东读马列著作的根本方法。毛泽东理论创新的总的特点就是一切从实际出发,实事求是,把马克思主义基本原理与中国革命和建设的具体实际相结合。毛泽东历来反对死读书,读死书。他不仅重视书本知识,而且重视实际知识;既提倡读有字书,也提倡读无字书。1938年3月15日,毛泽东在抗大三大队毕业典礼上对学员们说:"社会是学校,一切在工作中学习。学习的书有两种:有字的讲义是书,社会上的一切也是书——'无字天书'。"①所谓读无字书,就是要向社会学习,向实际学习,向人民群众学习。毛泽东认为:实践是检验真理的"唯一标尺",理论只有同实际相结合,才是真正的理论,才是有用的理论。他甚至主张对于那些能够理论联系实际的文章要多发稿费。

1939年底,毛泽东在延安对一位进马列学院学习的同志说:"《共产党宣言》我看了不下一百遍,遇到问题我就翻阅马克思的《共产党宣言》,有时只阅读一两段,有时全篇都读,每阅读一次,我都有所启发。我写《新民主主义论》时,《共产党宣言》被翻阅过多次,读马克思主义理论在于应用,有应用就要经常读、重点读,读些马列主义经典著作,还可以从中了解马克思主义发展过程,在各种理论观点的争论和批判中,加深了对马克思主义普遍真理的认识。"②毛泽东在20世纪60年代初曾谈道:"遵义会议时,凯丰说我打仗的方法不高明,是照着两本书去打的,一本是《三国演义》,另一本是《孙子兵法》。其实,打仗的事,怎么照书本去打? 那时,这两本书,我只看过一本——《三国演义》。另一本《孙子兵法》,当时我并没有看过。那个同志硬说我看过。我问他《孙子兵法》共有几篇? 第一篇的题目叫什么? 他答不上来。其实他也没有看过。从那以后,倒

---

① 《毛泽东年谱(一八九三——一九四九)》(修订版)中册,人民出版社、中央文献出版社2013年版,第58页。

② 徐文钦:《毛泽东读书治国》,中央文献出版社2008年版,第204页。

是逼使我翻了翻《孙子兵法》。"①

毛泽东多次说过:如果有人说,有哪一位同志,比如说我自己,对于中国革命的规律,在一开始时候就完全认识了,那是吹牛,你们切记不要信。过去,特别是开始时期,我们只是一股劲儿要革命,至于怎么革法,哪些先革,哪些后革,哪些要到下一阶段才革,在相当长的时间内,都没有弄清楚。直到牺牲了多少党员、干部,吃了很多苦头,才懂得如何处理党内关系、党外关系,学会走群众路线。最终还是在实践中逐步掌握中国革命的客观规律,才把革命引向胜利的。②

从一部历史来看,凡成就一番伟业的人,都是注重实际、不尚空谈的人,而那些口头上的巨人,行动上的矮子,多半只能被历史所淘汰。正是注重实际、实事求是,使得毛泽东铸就了伟业,成就了辉煌,成为彪炳史册的一代伟人,使得中国在以他为代表的共产党人领导下取得革命成功。

二是孜孜不倦、好学深思。毛泽东的才能与智慧是他丰富革命实践经验的升华和结晶,也是他一生勤奋好学、博览群书结出的硕果。1938年8月22日,毛泽东在中央党校的讲话中说过:你学到一百岁,人家替你做寿,你还是不可能说"我已经学完了",因为你再活一天,就能再学一天。你死了,你还是没有学完,而由你的儿子、孙子、孙子的儿子、孙子的孙子再学下去。毛泽东作为一个伟大的革命家和学问家,几乎是在他的心脏快要停止跳动的时候,才结束了他一生中从未间断过的读书生活。根据当时给毛泽东管理图书的徐中远记载,毛泽东读的最后一本书是《容斋随笔》,时间是1976年8月26日。他最后一次读书的时间是1976年9月8日,也就是临终前的那一天的五时五十分,是在医生抢救的情况下读的,共读了7分钟。毛泽东读书经常是通宵达旦、废寝忘食、不知疲

---

① 《毛泽东会见日本社会党由顾问铃木茂三郎率领的访华代表团的谈话》(1962年1月12日),参见《毛泽东传(一)》,中央文献出版社2011年版,第346—347页。

② 陈登才:《毛泽东的领导艺术》,军事科学出版社1989年版,第17—18页。

倦。据刘英回忆:"毛主席在长征路上读马列书很起劲。看书的时候别人不能打扰他,他不说话,专心阅读,还不停地在书上打杠杠。有时通宵地读。红军到了毛儿盖,没有东西吃,肚子饿,但他读马列书仍不间断,有《两个策略》、《"左派"幼稚病》、《国家与革命》等。有一次,主席对我说:'刘英,实在饿,炒点麦粒吃吧!'毛主席就一边躺着看书,一边从口袋里抓麦粒吃。"①斯诺在《西行漫记》中记录了毛泽东发奋读书的感人情景。书中写道:"毛泽东是个认真研究哲学的人。我有一阵子每天晚上都去见他,向他采访共产党的党史,有一次一个客人带了几本哲学新书来给他,于是毛泽东就要求我改期再谈。他花了三四夜的工夫专心读了这几本书,在这期间,他似乎是什么都不管了。"②毛泽东曾说过:"人有了学问,好比站在山上,可以看到很多东西。没有学问,好比在暗沟中走路,摸索不着,那会苦煞人的。"③

毛泽东是好学深思、学思并重的最好典范。他一生坚持学习,坚持思考,坚持理论与实际相结合,最终为中国共产党创新马列主义作出重要贡献,为中国革命立下首功。他号召全党要开动机器,"要善于使用思想器官",批评有些人"不善于思索,不愿用脑筋多想苦想,结果仍然做不成事业",号召全党"必须提倡思索,学会分析事物的方法,养成分析的习惯",④这些在今天看来仍然有着极强的现实意义。

三是胸怀宽广,气量宏大。"不谋万世者不足以谋一时,不谋全局者不足以谋一域"。事业越大,所要求的胸怀越宽广;而胸怀越宽广,就越有利于成就事业。而检验人的胸怀是否宽广,最好的试剂是对"错误"和"政敌"的态度。在中共七大上,毛泽东推荐犯了严重错误的王明进入中

---

① 转引自龚育之、逢先知、石仲泉:《毛泽东的读书生活》,中央文献出版社 2003 年版,第26—27 页。

② [美]埃德加·斯诺:《西行漫记》,董乐山译,生活·读书·新知三联书店 1979 年版,第 67 页。

③ 《毛泽东在延安第十八集团军总兵站检查工作会议上的讲话》(1939 年 2 月 28 日)。

④ 《毛泽东选集》第三卷,人民出版社 1991 年版,第 948—949 页。

央委员会,这对于团结那些犯过错误的同志,共同推进中国人民的解放事业,具有重大意义,也充分体现了毛泽东的博大胸怀。胸怀宽广的人都知道错误与正确、政敌与朋友之间的辩证关系。要善于听取不同意见,尤其要在党内努力营造不同意见平等讨论的环境,鼓励和保护党员讲真话、讲心里话;提高领导水平,讲求领导艺术,凝聚党内共识,团结最大多数,确保党的事业取得胜利。

四是信念坚定,不屈不挠。中国共产党从一个创立时期只有 50 余人的小党,经过 28 年的奋斗,夺取全国政权,成为一个执掌全国政权的执政党,如果没有坚定的信念作支撑,没有不屈不挠的顽强意志,是难以想象的。毛泽东作为中国共产党选择的卓越领袖,其革命必胜的信念和坚如磐石的意志力,无疑是其超乎常人的显著品格。中国共产党的革命史并不是一路霞光而是一部艰难曲折的奋斗史。从中共一大代表的走向就可以窥见一斑。参加中共一大的 13 名代表中,陈公博 1922 年脱党,李达1923 年脱党,李汉俊、周佛海 1924 年脱党,包惠僧 1927 年脱党,刘仁静1930 年被党开除,张国焘 1938 年叛党被党开除。13 个代表走掉、开除了7 人,其中陈公博、周佛海当了大汉奸,被国民政府判处死刑;张国焘最后投靠在戴笠手下,给戴笠出谋划策怎样搞垮共产党。再加上王尽美 1925年病逝,邓恩铭 1931 年牺牲,何叔衡 1935 年牺牲,陈潭秋 1943 年牺牲。从头走到尾的只有毛泽东、董必武两个人。由此可见,中国共产党领导革命何其艰难。中国共产党从一成立处在中国政治舞台的边缘,到走向中国政治舞台的中心,领导革命取得胜利,经历了艰难的过程,其中毛泽东立下了第一功。毛泽东终其一生从来不相信命运的左右,在中国共产党内毛泽东多次受到打击和排斥,被撤职,但他始终满怀革命必胜信念,以其深刻的历史自觉,把握中国社会的特质和中国革命的独特规律,在遭受失败和挫折中使人们看到胜利曙光和希望。从世界政党史看,没有哪一个政党像中国共产党这样,一批一批的领导人和一个又一个的共产党人被屠杀。面对一个又一个残酷的局面,共产党人正如毛泽东所讲,他们掩埋了战友的尸体,擦干了身上的血迹,依然前进了。正是中国共产党拥有如此众多的为了胸中的主义和理想抛头颅洒热血、前仆后继、不屈不挠、义无反顾、舍生忘死的奋斗者,他们不为官、不为钱,不怕苦、不怕死,为信仰而生,为信仰而战,奠定了中国共产党成就伟业的基石。毛泽东就是其中的杰出典范。

五是严于律己,联系群众。人民对毛泽东葆有真诚的敬仰和怀念,与他"毫无自私自利之心",严于律己,始终同人民群众同呼吸、共命运,把自己的一切毫无保留地贡献给国家和民族的高贵品格是有关的。毛泽东一生都在追求理想,而这种理想绝不是他个人的升官发财和贪图享受,而是为了国家和民族的利益,为了中国人民的解放事业。在日常生活中,他与群众同甘共苦,保持着艰苦朴素的作风,过着普通人的生活。这一切无不昭示着毛泽东位高不忘本、功高不自居、权重不谋私的高风亮节,从而赢得了中国人民发自肺腑的无限爱戴和崇敬,给中国共产党和新中国成立以后的新社会带来了风清气正的党风和清新优良的社会价值取向。毛泽东一家为中国革命就牺牲了6位亲人。

一切伟大的实践,主体都是人民群众,人民群众当中蕴藏着巨大的智慧和精神力量。不深入群众,不做调查研究,就无法了解人民群众的想法和做法,当然就不可能对事物的客观性有准确的把握。毛泽东高度尊重人民群众的首创精神,他指出:"群众有伟大的创造力","我们应该走到群众中间去,向群众学习,把他们的经验综合起来,成为更好的有条理的道理和办法"。① 毛泽东密切联系群众,始终坚持实行从群众中来、到群众中去的群众路线,并使之成为其理论和实践的活的灵魂和基本基点。

六是能谋善断,与时俱进。毛泽东善于运用马克思主义历史的和辩证的思想方法去观察时代的发展变化,以增强与提高对形势认识与把握的正确性、系统性和预见性,从全局发展的高度,根据时代发展的基本特

---

① 《毛泽东选集》第三卷,人民出版社1991年版,第933页。

点和总体趋势,并根据变化了的形势作出新的判断,得出新的结论。譬如,当中日矛盾逐渐代替国内阶级矛盾而上升为主要矛盾的时候,他适时地提出了建立抗日民族统一战线的理论和政策,推动了全民族的团结抗战。毛泽东总是站在时代的前列,在对客观实际的准确把握上,经过科学的想象、判断、推理等创造性思维,去推论未知,预测未来,因而其理论创新也能够与时俱进。

(三)正确的政治路线指引——延安精神形成的政治保证

延安时期,中国共产党通过对胜利、失败,再胜利、再失败的历史比较,总结了中国革命的经验和教训,对中国革命规律认识更加深刻,形成了无产阶级领导的,人民大众的,反对帝国主义、封建主义和官僚资本主义的新民主主义总路线,这条总路线是引领中国革命航船的航标和灯塔,它代表了中华民族的根本利益,规定了中国革命的政治方向。与此同时,中国共产党也认识到党的建设同党的政治路线密切联系的党的建设规律,坚信只要遵循马列主义理论和中国革命实践相统一的原则,密切联系党的政治路线来进行党的建设,就一定能使中国共产党不断巩固、发展、壮大,成为全国范围的、广大群众性的党,党就能领导中国革命取得最后的胜利。正因为延安时期中国共产党牢牢把握住中国革命和党的建设的两大规律,形成系统的新民主主义革命理论,使全党对中国革命的性质、内容、领导权和发展前途有了一个明确而完整的认识,创造性地解决了在半殖民地半封建的国度里怎样建设一个坚强成熟的马克思主义政党的历史性课题,开拓了围绕党的政治路线卓有成效地推进党的建设新境界,为延安精神孕育成熟提供了政治前提。延安精神正是贯彻党的正确政治路线展示的精神风貌,是党的建设成效的充分显现。

1.延安时期科学揭示了"党的建设与党的政治路线密切联系着"的党的建设客观规律。1939 年 10 月毛泽东发表的《〈共产党人〉发刊词》总结了中国共产党 18 年来的建设经验,揭示了政治路线与党的建设的关系,提出了党的建设过程是同党的政治路线密切联系着的著名论断,为党的建设指明了方向。中国共产党建设经验表明,党的建设同党的政治路线密切联系着,与党的政治路线互相制约、互相影响、互相促进。这是工人阶级政党巩固发展的规律。

党的建设之所以同党的政治路线紧密联系着,是因为党的政治路线决定着党的建设的前进和发展。在新民主主义革命时期,统一战线和武装斗争是党的政治路线重要的组成部分,是中国共产党战胜敌人的两个基本武器。所谓党的建设同党的政治路线密切联系,主要是指同统一战线和武装斗争密切结合。当中国共产党的政治路线正确地处理同资产阶级建立统一战线或被迫着分裂统一战线的问题时,党的发展、巩固和布尔什维克化就前进一步,而如果是不正确地处理同资产阶级的关系时,党的发展、巩固和布尔什维克化也就会后退一步。只要遵循马列主义的理论和中国革命实践相统一的原则,密切联系党的政治路线来进行党的建设,就一定能使中国共产党不断巩固、发展、壮大,成为全国范围的、广大群众性的党,党就能领导中国革命取得最后胜利。

紧密围绕党的政治路线建设党,还要求党的建设必须联系党的政治路线来进行,必须自觉地为政治路线的贯彻提供思想上、政治上、组织上的保证。首先,必须按照政治路线要求来进行党的自身建设。无论是党的建设的指导思想和前进目标,还是党的思想建设、组织建设、作风建设等等,都必须符合和服务于党的政治路线要求。各项党建工作的部署、安排、检查、落实,都必须把贯彻执行党的政治路线作为出发点和落脚点,决不能违背或偏离党的政治路线。其次,必须在贯彻执行党的政治路线实践中来建设党。要把党的各级组织和广大党员、干部组织和发动起来,积极投身到革命和建设伟大实践中去,这样,既有利于贯彻落实党的政治路线,实现革命和建设目标,又使党自身在这个伟大实践中经受锻炼和考验,不断提高执行党的政治路线的自觉性,提高领导革命和建设的能力。再次,必须用执行党的政治路线的实际效果来检验党的建设工作成效。

按照党的建设必须紧紧围绕党的政治路线进行的规律,衡量党的自身建设状况,只能是党率领人民贯彻执行党的政治路线的效果。正因为延安时期中国共产党掌握了党的建设必须紧紧围绕党的政治路线来进行的党建规律,因而,中国共产党在延安时期能够卓有成效地推进党的建设,把党的建设提高到一个新的水平和新的境界。

2.用马克思主义和正确的政治路线教育党员,是延安时期党的建设的鲜明特点。要看到小资产阶级思想给中国共产党带来的危害,但同时也要看到小资产阶级思想是可以改造和教育的。小资产阶级是一个过渡的阶级,其优秀分子自愿地加入无产阶级政党,在党的马克思列宁主义教育和群众革命斗争的实际锻炼中,是可以逐渐地在思想上无产阶级化的。毛泽东指出:"掌握思想教育,是团结全党进行伟大政治斗争的中心环节。如果这个任务不解决,党的一切政治任务是不能完成的。"①为此,中国共产党在延安时期非常重视用正确的政治路线,用马克思列宁主义教育党员。1938年召开的中共六届六中全会,就高屋建瓴地向全党发出开展学习运动和学习竞赛的伟大号召,要求广大党员努力掌握马克思主义理论,以科学态度对待马克思主义,把马克思主义灵活地运用到中国每一个实际斗争中。因为"马克思列宁主义的伟大力量,就在于它是和各个国家具体的革命实践相联系的",而我们中国共产党则要"学会把马克思列宁主义的理论应用于中国的具体的环境","使马克思主义在中国具体化,使之在其每一表现中带着必须有的中国的特性"。② 中国共产党通过对全党认真深入的马克思主义教育,有效地解决了广大党员首先从思想上入党的问题。并且在党的建设实践中,创造了整党整风的马克思主义思想教育形式。1942年,党中央、毛泽东果断决策,以延安为领导中心在全党开展整风运动。延安整风以反对主观主义以整顿学风,反对宗派主义以整顿党风,反对党八股以整顿文风为主要内容。按照学风、党风、文

---

① 《毛泽东选集》第三卷,人民出版社1991年版,第1094页。
② 《毛泽东选集》第二卷,人民出版社1991年版,第534页。

风的顺序,有计划地组织学习,开展批评和自我批评,开展积极的思想斗争,并在此基础上总结党的历史经验,统一全党认识,使党的思想建设向前迈进了一大步,全党获得了空前团结和统一。延安整风运动是在全党进行的一次普遍的马克思主义教育运动,是思想建设的具体途径和有效形式,随着革命实践的发展,中国共产党在自身建设中一直非常重视用整风的方式和精神进行党的思想教育,以此保持党的先进性和纯洁性,提高党的战斗力。

(四)革命熔炉的铸造——延安精神形成的载体与平台

延安时期,中国共产党高度重视干部教育工作,把干部教育作为推进党的建设伟大工程的决定性举措,成功地解决了如何加强干部学习、开展干部教育,全方位、大规模培训干部的重要课题,使延安作为锻炼人、培养人、改造人、提高人的革命圣地,为延安精神的产生提供了肥沃土壤和生成平台。延安精神就是在这样的大熔炉里,中国共产党对共产党人理想人格的倡导。总结延安时期干部教育的历史经验,主要体现在以下几个方面。

1.从"政治路线确定之后,干部就是决定的因素"的战略视角着眼,竭力造就"才德兼备"的高素质干部队伍。毛泽东指出:"中国共产党是在一个几万万人的大民族中领导伟大革命斗争的党,没有多数才德兼备的领导干部,是不能完成其历史任务的。"[1]中国共产党在延安时期按照才德兼备的原则建设干部队伍,在开展丰富多彩的干部在职教育的同时,"大量设立培养各级干部的学校、训练班",给干部"以学习的机会,教育他们,使他们在理论上在工作能力上提高一步"。[2] 教育培养干部是一项复杂的系统工程,为确保干部教育沿着正确的方向前进,中共中央和毛泽东从中国革命事业的需要和推进党的建设伟大工程的大局出发,用战略

---

① 《毛泽东选集》第二卷,人民出版社1991年版,第526页。
② 《毛泽东选集》第二卷,人民出版社1991年版,第527页。

眼光筹谋干部教育工作,投入极大的精力关注和思考干部教育工作,十分重视把握干部教育工作的正确导向,着力解决了培养"什么样的人"的这一事关干部教育工作全局的大问题。1937 年 10 月 23 日,毛泽东在为筹建中的陕北公学的题词中指出:"要造就一大批人,这些人是革命的先锋队。这些人具有政治远见。这些人充满着斗争精神和牺牲精神。这些人是胸怀坦白的,忠诚的,积极的,正直的。这些人不谋私利,唯一的为着民族与社会的解放。这些人不怕困难,在困难面前总是坚定的,勇敢向前的。这些人不是狂妄分子,也不是风头主义者,而是脚踏实地富于实际精神的人们。中国要有一大群这样的先锋分子,中国革命的任务就能够顺利的解决。"①1939 年在抗大建校三周年之际,毛泽东为抗大确定了"坚定正确的政治方向,艰苦奋斗的工作作风,灵活机动的战略战术"②的教育方针;1941 年冬又为中央党校题写了"实事求是"的校训;等等。这些题词明确回答了干部教育中的方向性问题,指明了中国共产党所开创的干部教育事业的目的所在。

根据党中央和毛泽东关于大规模培训干部的基本精神和思路,延安时期无论是干部的在职教育还是学校教育,都非常注重业务教育、政治教育、文化教育、理论教育的内容配置和有机结合。在干部的在职教育中,强调一切在职干部都须给以业务教育,实行"做什么、学什么"③的口号。不论从事政治、党务、文化、教育、宣传、组织、民运、锄奸、财政、经济、金融、医药、卫生及其他任何工作部门的干部,都必须学会精通自己的业务,这是第一个教育任务与学习任务;强调一切在职干部都须给以政治教育。其范围,包括时事教育和一般政策教育两项。开展政治教育的目的在于使干部除精通其专门业务局部情况与局部政策之外,还能通晓一般情况

<hr />

① 《毛泽东年谱(一八九三——一九四九)》(修订版)中册,人民出版社、中央文献出版社 2013 年版,第 34 页。

② 《毛泽东文集》第二卷,人民出版社 1993 年版,第 188 页。

③ 《中共中央关于在职干部教育的决定》,《解放日报》1942 年 3 月 2 日。

与一般政策,扩大干部的眼界,避免偏畸狭隘不懂大局的弊病,坚决摒弃好谈一般政治而忽视专门业务或仅局限于专门业务而忽视一般政治的倾向。对于一切文化程度太低或不高的干部,除业务教育与政治教育外,着重开展文化教育,反对轻视文化教育的错误观点。而对于高中级干部则强调于业务学习之外均须学习理论。其学习范围分为政治科学、思想科学、经济科学、历史科学等项内容。在干部学校教育中,各校不断完善功能定位,坚持政治理论教育与文化业务知识教育并重的原则,以培养和造就才德兼备、堪当重任的高素质干部队伍为己任,为中国共产党培养了数以万计的优秀人才。正是通过这样的干部教育,既提高了干部的政治思想素质,又突出了干部的能力培养,从而为党的事业的蓬勃发展奠定了具有决定性意义的人才基石。

2.将在职教育和学校教育相结合,形成了大教育、大培训的整体性干部教育框架。当中共中央落脚陕北、走进延安之后,中国革命形势发生了重大变化,中国共产党以高超的领导艺术,审时度势,把握大局,迎来了辉煌发展的延安时期。在革命任务异常艰巨、客观条件极其困难的岁月里,中共中央始终把干部教育放在重要位置,一方面深入开展干部在职教育,另一方面又创办大量干部学校,形成整体推进的干部教育格局,使延安成为名副其实的"窑洞大学",成为培养和造就才德兼备的高素质干部队伍的大熔炉。

从干部在职教育层面看,延安时期的干部在职教育不仅富有广度,而且富有深度,谱写出了干部教育的辉煌篇章。1938 年中共中央在延安召开了六届六中全会,号召全党特别是干部加紧理论学习。毛泽东在中共六届六中全会上所作的报告中,高屋建瓴地指出:"普遍地深入地研究马克思列宁主义的理论的任务,对于我们,是一个亟待解决并须着重地致力才能解决的大问题"。① 并且向全党发出"来一个全党的学习竞赛,看谁

---

① 《毛泽东选集》第二卷,人民出版社 1991 年版,第 533 页。

真正地学到了一点东西,看谁学的更多一点,更好一点"①的号召,随即在职干部教育不断走向深入。1939 年 5 月,中共中央干部教育部召开学习动员大会,对干部教育作出进一步的安排部署。1940 年 1 月 3 日,中共中央在干部学习的指示中,对干部教育的方针、课程与在职干部的学习作出规定,强调全党干部都应当学习和研究马列主义的理论及其在中国的具体运用。要求各级组织的领导干部,尤其是主要领导干部必须以身作则地领导和提倡其他干部的学习。决定建立在职干部平均每日学习两小时的制度,并保持其持久性与经常性。1940 年 3 月 20 日,中共中央专门发出《关于在职干部教育的指示》,对干部类别、课程设置、学习方法、经费保障等问题作出明确指示,同时决定每年的五月五日马克思生日为学习节。1942 年 2 月 28 日,中共中央又进一步作出《关于在职干部教育的决定》。《决定》指出:"在目前条件下,干部教育工作,在全部教育工作中的比重,应该是第一位的。而在职干部的教育工作,在全部干部教育工作中的比重,又应该是第一位的。"②中共中央在制定干部教育方针、计划和制度的基础上,对在职干部教育的运作过程也给予了极大的关注。正因为有中共中央的高度重视和正确领导,不仅在延安和陕甘宁边区而且在党领导下的各抗日根据地都把在职干部教育放在重要议事日程上,不论是机关学校还是部队,普遍组成了各类学习小组。以各类学习小组为载体,使在职干部教育有序开展,全党上下重视学习、参与学习蔚然成风,学理论、学文化的热潮不断兴起。

从干部学校教育层面看,延安时期中国共产党始终把办好干部学校作为事关全局的大事来抓,创办了一大批各级各类干部学校。在中共中央刚刚落脚陕北之时就于 1935 年 11 月在瓦窑堡恢复了中央党校,随后又创办了红军大学等干部学校。当 1937 年 1 月中共中央进驻延安后,干

---

① 《毛泽东选集》第二卷,人民出版社 1991 年版,第 533 页。

② 《中共中央关于在职干部教育的决定》,《解放日报》1942 年 3 月 2 日。

部学校便如雨后春笋般蓬勃兴起。中共中央以延安为中心,在延安及其周边地区,创办了中国人民抗日军政大学、陕北公学、马列学院、鲁迅艺术学院、延安自然科学院、中国女子大学、行政学院、民族学院、军事学院、中国医科大学、泽东青年干部学校等干部院校。按照中共中央大办干部学校的战略部署,陕甘宁边区和中国共产党领导下的各抗日根据地也普遍创办了干部学校,加大了干部的教育培训力度。据统计,仅在延安及其周围地区创办的干部院校就多达30多所。可以说"延安处处有学校、延安遍地有歌声"就是当年中国共产党大规模教育培训干部历史画卷的生动写照。

综上所述,可以清楚地看到,延安时期的干部教育工作是全方位、多层面开展的,走出了一条在职教育和学校教育统筹兼顾、协调发展、整体推进、相得益彰的涵盖各个领域、各级各类干部的具有整体性、系统性、针对性的干部教育路子。正因为如此,使延安成为"出干部"的革命圣地,不仅为中国革命培养和造就了大量的优秀干部,而且为社会主义建设事业也做了重要的人才储备。

3.大力倡导理论联系实际的学风,坚决反对干部教育中的主观主义和教条主义倾向。树立什么样的学风始终是事关干部教育成败得失的重大问题。对此,中共中央和毛泽东站在事关党的前途命运的战略高度,在延安的干部教育实践中,领导开展了一场以反对教条主义为主要内容的深刻的教育革命,把干部教育工作从教条主义的束缚中解放出来,从而使理论联系实际的学风成为延安时期干部教育中普遍遵循的基本原则,开创出了干部教育工作的新纪元。

众所周知,教条主义是主观主义最主要的表现形式,曾经给中国革命带来了极其严重的危害。在干部教育中,教条主义主要表现为"理论与实际、所学与所用的脱节",①在延安时期干部教育蓬勃兴起的一段时间

---

① 《中共中央关于延安干部学校的决定》,《解放日报》1941年12月20日。

内,曾深受其害。中共中央和毛泽东对于这一问题给予高度重视和深切关注。毛泽东在中共六届六中全会的政治报告中,就明确地指出:"马克思列宁主义的伟大力量,就在于它是和各个国家具体的革命实践相联系的","离开中国特点来谈马克思主义,只是抽象的空洞的马克思主义",①因而他在向全党发出开展学习竞赛号召的同时,也向全党提出了"使马克思主义在中国具体化"②的历史任务。1941 年 5 月,毛泽东在延安干部会议上作《改造我们的学习》的报告,更加明确地向全党提出克服教条主义、主观主义,改造我们的学习方法和学习制度的任务,并且特别提议:"对于在职干部的教育和干部学校的教育,应确立以研究中国革命实际问题为中心,以马克思列宁主义基本原则为指导的方针,废除静止地孤立地研究马克思列宁主义的方法。"③随后,毛泽东又在中央党校作《整顿党的作风》的报告、在延安干部会上作《反对党八股》的讲演,系统阐述了主观主义及其表现形式对党的事业的严重危害,领导全党掀起了一场伟大的整风运动。伴随着整风运动的开展,中共中央于 1941 年 12 月 20 日,在《解放日报》上专门刊载了中共中央政治局研究通过的《中共中央关于延安干部学校的决定》。《决定》坚决纠正干部教育中的教条主义错误,大力倡导理论联系实际的学风,要求干部学校教育必须明确以下目的:"第一,必须使学生区别马列主义的字句与马列主义的实质;第二,必须使学生领会这种实质(不是望文生义,而是心知其意);第三,必须使学生学会善于应用这种实质于中国的具体环境;而抛弃一切形式的空洞的学习。"④"使学生既学得理论,又学得实际,并把二者生动的联系起来",⑤养成应用的习惯。这个决定的基本精神,不仅适用于延安,而且适用于各抗日根据地,不仅适用于学校,而且适用于在职干部的学习。《决定》精

---

① 《毛泽东选集》第二卷,人民出版社 1991 年版,第 534 页。
② 《毛泽东选集》第二卷,人民出版社 1991 年版,第 534 页。
③ 《毛泽东选集》第三卷,人民出版社 1991 年版,第 802 页。
④ 《中共中央关于延安干部学校的决定》,《解放日报》1941 年 12 月 20 日。
⑤ 《中共中央关于延安干部学校的决定》,《解放日报》1941 年 12 月 20 日。

神的贯彻落实,彻底清算了干部教育中的教条主义遗毒,使干部教育工作走上健康发展的轨道。在马列主义理论教育中,坚决纠正过去不注重领会其实质而注重领会其形式,不注重应用而注重死读的方向,以注重应用为标准。在诸如军事、法律、经济、文艺、自然科学、医学等专门教育中,以学习有关该项专门工作的理论与实际的课程为主。切实把理论联系实际贯穿在整个干部教育的各个环节,不论任何工作部门,也不论业务教育、政治教育、文化教育、理论教育的任何方面,都坚决贯彻反对主观主义、宗派主义与党八股的精神,一切教育材料均由领导机关严格审查,任何包含主观主义、宗派主义与党八股毒素的东西,都彻底予以清除,从而使干部教育同全党的工作大局紧密相连,同党所领导的新民主主义的政治、经济、文化、军事事业紧密相连,同提高广大干部政治思想素质和工作的能力与本领紧密相连,成为提高广大干部能力和素质的重要法宝。

4.高度重视对干部教育工作的组织领导,探索形成科学运行机制,采用灵活多样的教学方法,创造了干部教育的辉煌成就。从组织领导上看,延安时期的干部教育工作,作为造就千百万优秀革命干部的宏大工程,是在中共中央的直接领导下进行的。为了把干部教育工作落到实处,中共中央健全领导体制,理顺管理程序,加大监督检查力度,保证了干部教育工作的顺利进行。在宏观领导上,中央专门成立干部教育委员会和干部教育部领导干部教育工作,之后根据工作需要将干部教育部并入中共中央宣传部,干部教育工作由中共中央宣传部直接领导。中央直属系统日常工作由中宣部之干部教育科负责;军事系统由八路军政治部之宣传部负责;边区系统则由边区党委之宣传部负责。在微观领导上,各机关组织学习的实际责任属于各支部,支部设学习指导员,同时要求行政上的负责干部也必须履行领导职责,在自己能力所及的范围内指导学习。这样,就形成了一个自上而下、层层负责,党政领导齐抓共管的生动局面,保证了干部教育工作卓有成效地开展。

从运行机制上看,一是坚持每天两小时学习制度。党中央明确规定,所有在职干部平均每天要学习两小时,每周至少学习 12 小时,一切为着在职干部教育而耗费的时间,均算入正规工作时间之内,将教育与学习看作工作的一部分,把干部的学习情况作为干部鉴定的主要内容之一。与此同时,针对工学矛盾问题,倡导在学习上应有"挤"和"钻"的精神,有高度的自觉性,要持之以恒,好学不厌。二是坚持建立学习小组制度。学习小组一般按照行政单位与文化水平高低编制,同一机关和同一部门,集中编组,一般没有秘密性课程的,必须让非党干部与党的干部编在同一小组内学习,以便于互相督促、互相勉励、互相监督,达到共同提高的目的。当时的延安,上至中央领导,下至机关部门工作人员,普遍都参加到一个学习小组中学习。陈云领导的学习小组和张闻天领导的学习小组,就曾被评为模范学习小组。三是健全学习指导制度。主要是:改善大课堂授课的方法,预先发出提纲和参考书目;根据文化层次把干部进行分类,由文化层次较高的甲类干部指导其他各类干部学习党的历史和党建理论;由中央宣传部聘请各科顾问,组织各种顾问团,帮助各支部学习指导员和学习者解答疑问;在距离延安市较远的地区,设立巡回教授站,解决缺乏教员的问题;在党报党刊上介绍学习方面的新的资料、新的经验和新的方法;成立马列主义研究会、政治经济学研究会、中国问题研究会、哲学研究会、党建研究会、新文字学研究会等,加强对马列主义和中国革命问题的研究,培养理论骨干,带动全党学习。不仅如此,中央领导同志还在百忙之中抽出时间给干部作理论和时事报告,兼任一些干部学校的领导职务,经常深入一线给学员讲课,有力地推动了干部教育事业的发展。

从教育方法选择上看,经过纠正干部教育中的教条主义错误,使得理论联系实际的马克思主义优良学风得以确立,并成为引领延安时期干部教育的航标。在理论联系实际原则的指引下,延安时期的干部教育方法呈现出灵活多样、异彩纷呈的景象。在职干部教育和干部学校教育都坚决废止注入式、强迫式、空洞说教式的教学,代之以启发式、研究式、实验式的教学方法,提倡自学为主,在个人自学的基础上,开展深入的研讨活动,着眼于干部学习风气和研究思考问题能力的养成。同时,延安时期中国共产党还非常重视干部教育环境培育和干部学校校园文化建设,开展丰富的文艺体育活动,寓教于乐,举办各类演讲会和时事报告会,通过各种方式搭建干部教育平台,把干部教育工作贯穿于党的全部工作之中,使教学相长,学学相长,学用结合,学以致用的风气成为延安时期干部教育的独特亮点。

总之,延安时期的干部教育,在中国共产党历史上占有极其重要的地位。中国共产党的一大批干部在延安经过学习马克思列宁主义、毛泽东思想和各种文化知识,提高了理论素养,树立起科学的世界观、人生观、价值观,增强了为人民服务的能力和本领,成为中国革命和建设事业的中坚力量。他们从延安出发,把真理、把革命精神带到全国各地,使之到处生根开花结果。

(五)陕甘宁边区特定历史文化传统和地位与艰苦环境磨炼——延安精神形成的社会条件与客观环境

毛泽东在 1945 年 4 月 21 日中共七大预备会议上所作的《中国共产党第七次全国代表大会的工作方针》报告中指出:"有人说,陕北这地方不好,地瘠民贫。但是我说,没有陕北那就不得下地。我说陕北是两点,一个落脚点,一个出发点。七大在陕北开会,这是陕北人的光荣。陕北已成为我们一切工作的试验区,我们的一切工作在这里先行试验,在这里开七大,在这里解决历史问题。"①这是对延安和陕甘宁边区历史地位的高度概括。

从中国共产党领导的革命斗争史看,这里具有光荣的革命历史传统。早在大革命时期这里就创建了共产党的组织,土地革命战争时期,刘志丹、谢子长、习仲勋等共产党人领导创建西北革命根据地。根据地人民在

---

① 《建党以来重要文献选编》第二十二册,中央文献出版社 2011 年版,第 122 页。

党的领导下,面对强敌"围剿",经过艰苦卓绝的英勇奋斗,使得根据地得以保留,成为土地革命战争后期硕果仅存的一块较为完整的革命根据地,为中共中央和各路红军提供了长征的落脚点和奔赴抗日前线的出发点。为什么这块根据地能够保留下来呢?根本的原因在于以刘志丹、谢子长、习仲勋为代表的中国共产党人能够创造性地把马克思列宁主义的基本理论同西北的具体实际相结合,有效地抵制党内存在的"左"的和右的错误特别是"左"的错误倾向,从实际出发,制定和执行了一系列正确的方针和政策。在根据地建设上,他们创造性地提出"狡兔三窟"理论,分别创建了以照金、南梁、陕北安定为中心的三路游击区,同时高度重视根据地的政权建设,使老百姓自己当家作主,发展根据地的经济文化和贸易事业,改善群众生活,使群众享受到革命的成果,赢得老百姓拥护和支持。在统一战线工作中,他们有效争取民间组织如盐商协会和哥老会,团结了一大批中间力量。在土地改革中,他们并没有采用地主不分田、富农分坏田的"左"的做法,而是对地主、富农不做肉体消灭,都给予生活出路,只没收他们的剥削部分。在武装斗争和红军队伍建设上,他们实行"三色革命",即策反白军的白色革命、争取民团等民间武装力量的灰色革命和发展红军的红色革命,从1931年秋创建南梁游击队开始,到后来在陕甘创建红二十六军,在陕北创建红二十七军,并摸索出一套主力红军与地方武装游击队紧密配合、机动灵活的军事斗争策略,使得革命武装力量得以发展壮大。在党的建设上,在大革命时期这里就培养了一批党的骨干。大革命失败后,他们并没有被反动派的屠杀政策所吓倒,自觉地将工作重点放在农村,到农村去发展党团组织,组织农会、互济会、儿童团,发动群众积极参加革命斗争。同时,还有一批党的骨干到国民党军队和地方军阀部队里去从事兵运工作,在实践中使他们锻炼成长,积累革命经验,加之,刘志丹、谢子长、习仲勋等共产党人基本都是土生土长的当地人,他们密切联系群众,艰苦奋斗,革命意志非常坚定,又非常熟悉当地的地理环境、风土人情特别是革命斗争的形势,对那些不符合西北实际的错误指示和主张,能够进行有效抵制。事实上,西北革命根据地发展并巩固的过程,就是刘志丹、谢子长、习仲勋等领导人对西北革命斗争实际认识逐渐深化的过程,就是刘志丹等人抵制、纠正并克服来自"左"的和右的错误的过程并在这一过程中在理论上和政治上逐渐成熟的过程。西北革命根据地共产党人在革命实践中所展示的思想品质、革命意志、精神风貌和优良作风,是那个时期中国共产党培育的苏区精神的有机组成部分和杰出代表,毫无疑问,其也是延安精神的实践来源。

从历史文化传统看,延安和陕甘宁边区地处西北边陲,土地贫瘠,气候恶劣,自然条件极差,但却赋予生活在这里的人民以勤劳、质朴、勇敢、智慧的品质。这里是人类最早生活的区域之一,是中华民族的祭祖圣地,加之,孕育中华文明的母亲河——黄河从这里流过,使得这块土地,有着深刻的民族精神和民族传统的印记。在远古时代,我们的先民就曾在延安所在的这块黄土地上开始创造人类文明,被誉为"人文初祖"的轩辕黄帝之陵就在延安辖区的黄陵县,传说黄帝活了117岁葬于桥山。大禹治水的故事在延安流传至今。

在中国历史上,延安虽非历代王朝建都之地,但却是历朝重视的边陲重镇。秦统一中国后,天下分为36郡,郡下设县。那时陕北为上郡,延安为高奴县。秦王朝曾派大将蒙恬驻守陕北,监修长城和驰道。秦驰道就经过延安。汉元帝时,王昭君出嫁匈奴就是沿着秦驰道途经陕北走向塞外的。三国两晋南北朝时期,这里为汉族和少数民族交错杂居之地。隋大业三年(607年),隋炀帝改州为郡,延安为延安郡肤施县。这是历史上最早的延安称谓,距今有1400多年的历史。唐朝时,延安时设州,时设郡,前后变动过几次。被视为延安象征的延安宝塔,建于盛唐末期的代宗大历年间。1944年陈毅在延安曾写《延安宝塔歌》一首:"延安有宝塔,巍巍高山上。高耸入云端,塔尖指方向。红日照白雪,万众齐仰望。"郭沫若1965年写诗称赞延安宝塔:"岭头犹见塔巍峨,不拜菩萨拜荷戈。塔是人民之所造,留为纪念换山河。"北宋时称延州和肤施县,时任陕西经略安抚副使的范仲淹曾奉命知延州。范仲淹在镇守延安时,以"先天下之忧而忧,后天下之乐而乐"的高尚品德,为世传颂。这里也是英雄豪杰辈出之地,宋代抗金名将韩世忠是陕北绥德人,明末农民起义领袖李自成是陕北米脂人。深厚的历史文化底蕴和独特的地理环境结合,形成了这里崇武尚勇、兼收并蓄、开放包容、吃苦耐劳的地域精神文化特质。应当说这种历史传统和鲜明的地域文化,也为延安精神的培育提供了沃土。

从政治影响和贡献看,这里是中共中央所在地,是人民抗战的政治指导中心,是八路军、新四军和其他人民抗日武装的战略总后方。在这里,中国共产党制定了一系列指导全民族抗日战争的路线、方针、政策,进行了伟大的整风运动和大生产运动。在这里,中国工农红军改编为八路军,出师抗日,迎来抗日战争的伟大胜利。在这里,培养和造就了大批干部,成为中国革命和建设的领导骨干。在中共中央和毛泽东的直接领导和关怀下,陕甘宁边区成为中国新民主主义政治、经济、文化、社会建设的示范区,模范的抗日民主根据地。正因为延安和陕甘宁边区这种特殊的历史地位,人们将这里的地位概括为"落脚点、出发点、精神家园、试验区",学界将这里称作出思想、出经验、出干部、出作风、出政策的革命圣地。这里的人民为中国革命做出巨大贡献,抗日战争期间,陕甘宁边区有 3 万青年参加八路军;缴纳救国公粮 100 多万石,做军鞋 20 多万双;支前 154 万人次,组织 150 多万匹牲畜运输物资。解放战争时期,在内线作战时期(1947 年 3 月至 12 月),边区人民全力支援解放军打胜仗,累计动员随军担架 6633 副,临时担架 15582 副,运输牲口 5540 头。全年共献出粮食 24.6 万石,军鞋 58.4 万双。至延安收复以前,有近两万名青壮年光荣参军,有 1 万多人参加地方工作和游击队。从 1947 年 3 月到 1948 年 1 月,仅为解放军带路当向导的群众就有 11720 次。边区各地男女群众积极为部队抬担架,运粮草,修筑工事,送信送情报,制作军鞋,看护伤病员,涌现出大批支前英雄和模范。可以说,在各种要素共同作用下,延安精神在延安和陕甘宁边区培育形成,并辐射和影响到其他抗日根据地,成为中国共产党和各根据地军民的共同精神追求。

除了上述因素外,还要看到客观环境对延安精神培育形成的影响。艰苦环境是磨炼人的意志和品质的最好课堂,中国共产党就是靠艰苦奋斗发展壮大的。陕北是一个贫瘠之地,1935年中共中央到达陕北之后,就面临着异常的困难。全面抗战爆发以后,边区政府实行争取外援、休养民力的财政政策。当时边区财政收入主要依靠外援,其中,绝大部分是国民党政府发给八路军的经费。抗战进入相持阶段后,日本侵略者调整侵华政策,把中国共产党创建的敌后抗日根据地作为军事进攻的重点,国民党顽固派对陕甘宁边区实行军事包围,经济封锁,在边区周围设置五道封锁线,其中第一道封锁线就有碉堡6300个,陈兵40多万,并不断制造磨擦事件。到1940年10月,国民政府停发了给八路军的军费,边区外援断绝,致使1941年到1942年陕甘宁边区和中国共产党领导下的敌后抗日根据地,陷入严重困难之中。毛泽东曾指出:"我们曾经弄到几乎没有衣穿,没有油吃,没有纸,没有菜,战士没有鞋袜,工作人员在冬天没有被盖。国民党用停发经费和经济封锁来对待我们,企图把我们困死,我们的困难真是大极了。"①面对被困死、饿死的局面,中国共产党人并没有灰心丧气、畏缩不前,而是进发出无与伦比的自信、自立、自强、自尊的无产阶级主体精神和创造精神,以"困难比天大,我比天还大"的英雄气概和豪迈之情,响应毛泽东"自己动手,克服困难"的号召,掀起大生产运动。经过大生产运动,到1943年边区经济状况就得到明显改观,渡过了最困难时期。毛泽东指出:"共产党历来提倡坚定正确的政治方向","这种坚定正确的政治方向,是与艰苦奋斗的工作作风不能脱离的,没有坚定正确的政治方向,就不能激发艰苦奋斗的工作作风,没有艰苦奋斗的作风,也就不能执行坚定正确的政治方向。"②中国共产党把艰苦奋斗的工作作风与坚

---

① 《毛泽东选集》第三卷,人民出版社1991年版,第892页。

② 刘益涛:《十年纪事:1937—1947年毛泽东在延安》,中共党史出版社2007年版,第92页。

定正确的政治方向有机结合在一起,崇尚艰苦朴素、勤俭节约的优良作风,倡导不屈不挠、奋发图强的创业精神,培育生机勃勃、乐观向上的精神状态,用延安作风,凝聚了党心和民心,战胜前进道路上难以想象的艰难困苦。据统计,1938 年至 1941 年的 4 年中,国内外友好人士到边区和延安参观、访问的共 7316 人,其中,1938 年 1660 人,1939 年 1738 人,1940 年 1412 人,1941 年 2866 人。① 他们在延安停留的时间长短不一,感受各异,但延安之行几乎无一例外地给他们留下了不可磨灭的记忆。最直观的感受是延安物质条件的艰苦与人们生机勃勃的精神状态之间的强烈对照。事实表明,延安精神正是中国共产党不畏艰险,战胜一切困难,打倒一切凶恶敌人的有力武器和强大精神支柱。

总之,延安精神是中国共产党人革命精神的集中体现,是中华民族精神的升华,是时代精神的彰显,是中国共产党人群体精神风貌的展示。在各种因素综合作用下,延安精神得以培育和形成。延安精神作为共产党人革命价值观念体系中的重要组成部分,是具有强烈革命性和深厚历史文化底蕴与广泛人民性的先进精神文化。

二、延安精神的科学内涵

延安精神是中国共产党在延安时期形成的革命价值观念体系,这是学术界的一致观点。但如何给延安精神进行定义,由于研究角度不同,存在一些歧见。有的学者认为,延安精神是"延安时代的精神文明"。有的学者认为,延安精神是"我们党长期实践所创造的优良传统和作风的一种自然升华了的有机体系"。有的学者认为,延安精神是"几千年来尤其是近代以来民族精神的积淀和升华"。有的学者认为,延安精神是"无产阶级的革命精神"。有的学者从社会存在和社会意识的辩证关系角度,

---

① 魏永理:《中国西北近代开发史》,甘肃人民出版社 1993 年版,第 602 页。

把延安精神界定为"自力更生、艰苦奋斗的创业精神"。还有的学者认为,延安精神是"一种文化现象""一种文化精神",等等。这些概括毫无疑问都有一定道理。笔者认为,"延安"是一个多元集成概念,它是地域名称,但由于延安曾经是中共中央所在地,是驰名中外的革命圣地,中国共产党领导的新民主主义革命赋予其以特殊的政治内涵和历史内涵。延安时期中国共产党培育形成的精神风貌,用"延安"来界定,表明延安精神是延安时期中国共产党精神风貌的总概括。因此,就需要对其进行综合性的系统考察,这对于解读延安精神内涵与特质是必要的。

(一)延安精神是彻底的革命精神

延安精神作为中国共产党在延安时期培育出的宝贵精神财富,其所具有的革命性特征是显而易见的,而其革命性正是延安精神质的规定性。延安精神作为彻底的革命精神,蕴含了中国共产党的理想信念、思维模式、政治理念、价值取向、精神风貌、生机与活力,既是中国共产党在延安时期形成的优良传统和作风的集中体现,也是中国共产党阶级品质和党性的体现,是共产党人在谋求民族独立和国家富强斗争中展示的勇气和品质。在延安精神内容架构中,坚定正确的政治方向是延安精神的灵魂所在,解放思想、实事求是的思想路线是延安精神的精髓与法宝,全心全意为人民服务的根本宗旨是延安精神的本质体现,自力更生、艰苦奋斗是延安精神的显著特征,人民当家作主的民主精神是延安精神的基本理念,批评和自我批评的优良作风是延安精神的生机与活力的显现。可以说,延安精神是中国共产党把握历史发展脉搏,推动社会前进,实现民族独立和人民解放的担当精神,是对人类历史优秀精神文化成果的继承与创新,因而更富有科学性和体现规律性。

延安精神作为中国共产党彻底的革命精神,是以马列主义、毛泽东思想作为其科学的理论基础和指导思想的,是同一切封建思想和迷信思想相对立的,不是空洞地挂在口头上的口号和教条,而是实实在在的真心实意为人民服务的献身精神,是改造世界、改造社会的行动科学。毛泽东思想是中国共产党人关于革命的一种理性认识体系,是一种完备的理论形态,是对于中国革命这个客观事物本质的理性认识、理论思维,是党的指导思想和理论基础。延安精神则是中国共产党人以毛泽东思想为指导,在革命斗争中体现出的一种带有实践性的精神风貌,是一种精神体系,是把理性认识见之于实践的一种实践性思维,是党的指导思想、理论基础的具体体现和外在表现。也可以说,毛泽东思想是关于中国革命问题的根本主张和总体观点,延安精神则是毛泽东思想见之于实践与行动的中介和桥梁,是把中国革命主张和观点变为现实的手段与方式。延安精神作为中国共产党在延安时期培育形成的精神财富,体现了中国共产党人与时俱进、勇于创新的理论品格和实践品格。可以说,延安时期的伟大实践产生了延安精神,反过来看,延安精神又推动了中国革命的伟大实践。全民族抗日战争、解放战争的胜利,从一定意义上来说,就是延安精神伟大力量所产生的效应。

正因为延安精神是共产党人彻底的革命精神,所以中国共产党历代领导人都十分重视对延安精神的传承与弘扬。毛泽东在中华人民共和国成立不久,于 1949 年 10 月 26 日致延安的复电中指出:"延安和陕甘宁边区,从一九三六年到一九四八年,曾经是中共中央的所在地,曾经是中国人民解放斗争的总后方。延安和陕甘宁边区的人民对于全国人民是有伟大贡献的。我庆祝延安和陕甘宁边区的人民继续团结一致,迅速恢复战争的创伤,发展经济建设和文化建设。我并且希望,全国一切革命工作人员永远保持过去十余年间在延安和陕甘宁边区的工作人员中所具有的艰苦奋斗的作风。"[①]1959 年 9 月,周恩来视察刚刚建成的中央广播大楼时,第一次使用了延安精神的概念,他对著名播音员潘捷、齐越说:广播大楼建成了,比起延安的窑洞来条件好多了,你们一定要用延安精神做好工

---

① 《毛泽东文集》第六卷,人民出版社 1999 年版,第 17 页。

作。1970 年 3 月 26 日,周恩来在召集延安地区来京代表座谈会(参加座谈会的有陕西省、延安地区和 12 个县的革命委员会负责人,北京市和所属 7 个区的革命委员会负责人等)上,针对延安地区插队知识青年工作中存在的一些问题,要求与会代表发扬延安精神,把知识青年教育好,发挥他们的作用,做好插队工作。① 中共十一届三中全会之后,邓小平多次强调要恢复和发扬延安传统和作风。1980 年 1 月 16 日,邓小平在《目前的形势和任务》一文中就明确要求:"我们的党员、干部,特别是高级干部,一定要努力恢复延安的光荣传统"。② 1980 年 12 月 25 日,邓小平在《贯彻调整方针,保证安定团结》一文中强调:"要教育全党同志发扬大公无私、服从大局、艰苦奋斗、廉洁奉公的精神,坚持共产主义思想和共产主义道德。我们要建设的社会主义国家,不但要有高度的物质文明,而且要有高度的精神文明。所谓精神文明,不但是指教育、科学、文化(这是完全必要的),而且是指共产主义的思想、理想、信念、道德、纪律,革命的立场和原则,人与人的同志式关系,等等。学习和培养这些革命精神,并不需要多么好的物质条件,也不需要多么高的教育程度。我们不是靠马克思主义的科学理论和上述的革命精神参加革命到现在吗? 从延安到新中国,除了靠正确的政治方向以外,不是靠这些宝贵的革命精神吸引了全国人民和国外友好人士吗? 没有这种精神文明,没有共产主义思想,没有共产主义道德,怎么能建设社会主义?"③江泽民曾先后两次到延安考察,在对延安精神的主要内容、时代价值和现实意义作出概括和阐述的同时,指出:"延安精神体现了我们党马克思主义政党的性质,体现了我们党与时俱进的思想风范,体现了我们党与人民同呼吸、共命运的优良作风,体现了中国共产党人一往无前的奋斗精神。无论过去、现在与未来,延安精神

---

① 《周恩来年谱(一九四九——一九七六)》下卷,中央文献出版社 1997 年版,第 358 页。
② 《邓小平文选》第二卷,人民出版社 1994 年版,第 260 页。
③ 《邓小平文选》第二卷,人民出版社 1994 年版,第 367 页。

都不能丢。"①胡锦涛也曾两次来延安视察。他高屋建瓴地指出:"延安精神是我们党的性质和宗旨的集中体现,是我们党的优良传统和作风的集中体现,是中国共产党人崇高品德和伟大情怀的集中体现。"②2015 年 2 月 15 日,习近平在陕西考察工作结束时的讲话中指出:"延安是革命圣地。延安时期是我们党领导的中国革命事业从低潮走向高潮、实现历史性转折时期。老一辈革命家和老一代共产党人在延安时期留下的优良传统和作风,培育形成的延安精神,是我们党的宝贵精神财富。"他向全党发出了"全面从严治党要继续从延安精神中汲取力量"的号召。③

(二)延安精神是升华了的民族精神

中华民族以爱国主义为核心的勤劳勇敢、团结统一、爱好和平、自强不息的民族精神是延安精神形成的深厚文化底蕴和精神源泉。民族精神是"多数人民所信奉的,能够激励人心,在民族的精神发展过程中起着主导作用"的最高思想原则。失去民族精神就必将失去民族凝聚力和生命力。在中国五千年的历史长河中,中华民族形成了光彩夺目、一以贯之的民族精神。这种民族精神就是反抗侵略、热爱和平的爱国主义精神;刚健有为、自强不息的奋斗精神;反抗强暴、创造历史的造反精神;不怕牺牲、献身正义的道德品质;学以致用、服务社会的现实主义精神。中华民族历史上表现出来的"天下兴亡,匹夫有责"的爱国情操,"刚健奋进,自强不息"的进取精神,"民贵君轻,天下为公"的民本思想,"杀身成仁,舍生取义"的英雄气概,"富贵不能淫,贫贱不能移,威武不能屈"的民族气节,"先天下之忧而忧,后天下之乐而乐"的政治抱负,"为人民利益而死,重于泰山"的高贵品德,"横眉冷对千夫指,俯首甘为孺子牛"的浩然正气,

---

①　江泽民 2002 年 3 月在陕西考察工作时的讲话。

②　胡锦涛 2004 年 4 月在陕西考察工作时的讲话。

③　《习近平春节前夕赴陕西看望慰问广大干部群众:向全国人民致以新春祝福　祝祖国繁荣昌盛人民幸福安康》,《人民日报》2015 年 2 月 17 日。

以及兼容宽厚、世界大同的豁达胸怀,勤劳俭朴、实干力行、任重道远的民族风格,砥砺品学、上求下索的民族气质,等等,就是民族精神的生动体现。毫无疑问,正是在民族精神的凝聚下,中华民族历经磨难而不衰,千锤百炼更坚强,创造出彪炳史册的灿烂文明,为人类历史作出了卓越贡献。

中华民族精神是中华民族在漫长的社会历史发展过程中逐步形成的,它是中国各族人民社会生活的反映,是中华文化最本质、最集中的体现,是各民族生活方式、理想信仰、价值观念的文化浓缩,是中华民族赖以生存和发展的精神纽带、支撑和动力。中国共产党人作为中华民族的优秀分子,继承了中华民族的文化基因,在争取民族独立解放的过程中,成为践行中华民族精神的实践主体。中国共产党人形成的坚定的理想信念、不怕牺牲的革命精神、实事求是的科学态度、为人民服务的崇高人生主旨、保家卫国的爱国主义情感、自力更生艰苦奋斗的创业精神等等,不仅为中华民族精神增添了新内涵,而且是民族精神所具有的传统性和时代性的有机融合,赋予了民族精神与时俱进的内在品质。在中国共产党革命精神中,延安精神作为中国共产党革命精神的集大成,与中华民族在历史上形成的大多数人所认同、接受和追求的思想品格、价值取向和道德规范既一脉相承,又有前所未有的新超越。在延安时期中国共产党人不怕压、不信邪、独立自主、自力更生、艰苦奋斗、奋发图强的革命精神正是对中华民族传统精神的传承和弘扬。与此同时,延安精神在吸收、消化民族精神优秀内核的基础上赋予中华民族精神新的内涵,使之与马克思主义科学理论武装和社会主义、共产主义的奋斗目标与远大理想紧密相连。

中华民族精神犹如民族思想脉动的主旋律,这个主旋律在不同历史条件和不同情况下会形成或悲壮慷慨或昂扬激越的不同乐章。中国共产党人在延安时期培育形成的延安精神就是中华民族精神脉动中的精彩华章。延安精神形成和成熟于全民族抗日战争时期,而全民族抗日战争时期中日民族矛盾成为主要矛盾。中国共产党面对主要矛盾的转化,以拯救民族危亡为己任,表现出救国救民的爱国主义伟大情怀,成为中国抗战的中流砥柱。延安精神就是在抗日救国的革命斗争中、在民族矛盾和阶级矛盾交织在一起的复杂局面中孕育和生成的。它既是共产党人民族情感的凝结和救亡图存社会责任感与历史使命感的体现,也是广大人民群众在外敌入侵下民族意识的新觉醒。众所周知,中华民族曾经长时期走在世界前列,但是,由于封建统治的腐败和束缚,中国渐渐落后了。从1840年起,中国屡遭帝国主义列强的侵略和蹂躏,国家主权和领土完整不断受到侵蚀,中华民族的灾难日益深重。中国人民奋起抗击外敌入侵,又一次次遭到失败。然而,面对日本帝国主义灭亡中国的企图,中国共产党以自己的坚定意志和模范行动,在全民族抗战中发挥了中流砥柱作用。以毛泽东为杰出代表的中国共产党人,把马克思列宁主义同中国革命具体实际相结合,创立和发展了毛泽东思想的科学理论,对全民族抗日战争发挥了重要的思想和战略指导作用。中国共产党坚持抗战、反对妥协,坚持团结、反对分裂,坚持进步、反对倒退,成为引导全民族抗战走向胜利的一面旗帜。中国共产党积极倡导、促成、维护抗日民族统一战线,最大程度地动员了全国军民共同抗战,成为凝聚全民族力量的杰出组织者和鼓舞者。中国共产党坚持全面抗战路线,制定正确的战略策略,实施动员人民、依靠人民的路线政策,提出持久战的战略总方针和一整套人民战争的战略战术,开辟广阔的敌后战场,成为坚持抗战的中坚力量。中国共产党人以自己最富于牺牲精神的爱国主义、不怕流血牺牲的模范行动,支撑起全民族救亡图存的希望,成为夺取抗战胜利的民族先锋。全民族抗日战争的胜利,彻底改变了中国近代以后饱受外来侵略的屈辱历史,捍卫了中华民族数千年发展的文明成果,表明中华民族有同自己的敌人血战到底的气概,有在自力更生的基础上光复旧物的决心,有自立于世界民族之林的能力。全民族抗日战争使中国人民空前团结起来,使中华民族焕发出巨大凝聚力和旺盛生命力。全民族抗日战争,既是一场军事实力和经济实力的较量,更是一场意志和精神的较量。胡锦涛指出:"在那场空前壮阔的伟大斗争中,中华民族进一步弘扬了以爱国主义为核心的伟大民族精神,并表现出许多鲜明的特点,这就是:坚持国家和民族利益至上、誓死不当亡国奴的民族自尊品格,万众一心、共赴国难的民族团结意识,不畏强暴、敢于同敌人血战到底的民族英雄气概,百折不挠、勇于依靠自己的力量战胜侵略者的民族自强信念,开拓创新、善于在危难中开辟发展新路的民族创造精神,坚持正义、自觉为人类和平进步事业贡献力量的民族奉献精神。伟大的民族精神,不仅成为激励中国人民团结一心、血战到底的坚实思想基础和强大精神支柱,而且在抗战的烽火中得到了新的丰富和升华。这是伟大的抗日战争留给我们的最宝贵的精神财富"。① 2014 年9 月 3 日,习近平在抗战胜利 69 周年座谈会上的讲话中把抗战精神概括为:天下兴亡、匹夫有责的爱国情怀,视死如归、宁死不屈的民族气节,不畏强暴、血战到底的英雄气概,百折不挠、坚忍不拔的必胜信念四个方面。他并且指出:"伟大的抗战精神,是中国人民弥足珍贵的精神财富,永远是激励中国人民克服一切艰难险阻、为实现中华民族伟大复兴而奋斗的强大精神动力"。② 可以说,中华民族在全民族抗日战争中形成的抗战精神,正是中华民族精神的生动体现。中国共产党作为民族利益的忠实维护者和全民族抗日战争的中流砥柱,在全民族抗日战争中形成的延安精神不仅与抗战精神相辅相成,而且是其中的优秀代表。

(三)延安精神是共产党人为争取民族独立、人民解放而斗争的时代精神

近代中国面临争取民族独立和实现现代化两大历史任务,而民族独立、人民解放则是推进现代化的基本前提。中国共产党登上历史舞台,开

---

① 胡锦涛:《在纪念中国人民抗日战争暨世界反法西斯战争胜利 60 周年大会上的讲话》,《人民日报》2005 年 9 月 4 日。

② 习近平:《在纪念中国人民抗日战争暨世界反法西斯战争胜利 69 周年座谈会上的讲话》,人民出版社 2014 年版,第 11 页。

辟了民族独立和人民解放斗争的新时代。在反帝反封建的革命斗争进程中,中国共产党始终把民族利益和人民利益作为基本的价值取向,成为捍卫民族利益的脊梁和代表人民利益的柱石。中国共产党人在把马列主义的基本原理同中国革命具体实践相结合的实践中形成宏大的中国作风和中国气派,培育出与争取民族独立和人民解放伟大事业紧密相连的独具特色和魅力的系列精神财富。这些精神财富包括红船精神、井冈山精神、苏区精神、长征精神、延安精神和西柏坡精神。这些精神一道伴随中国革命的光辉历程,共同构成中国共产党在前进道路上战胜各种困难和风险、不断夺取新胜利的强大精神力量和宝贵精神财富。

与中国共产党的创建联系在一起的红船精神,是中国共产党人革命精神的源头。1840 年后中国一步步沦为半殖民地半封建国家,面对帝国主义和封建主义的强大势力,迫切需要坚强的领导力量。中国的农民阶级和资产阶级都纷纷登上历史舞台担负起这个领导责任,但历史表明,他们由于阶级的局限性,没有科学理论指导,提不出解决中国社会问题的正确方案,没有能力承担起领导中国革命的责任,不可能领导中国人民完成反帝反封建的民主革命任务。中国人民和中国革命呼唤着新的领导阶级和新的政党组织。第一次世界大战结束后,随着帝国主义对中国统治的加深和封建军阀割据的黑暗统治,中国人民生活在水深火热之中。一大批先进的知识分子在寻求救国救民的道路中,选择了马克思列宁主义,选择走俄国十月革命的道路。1919 年爆发了以反帝反封建为主要内容的五四爱国运动,推动中国工人阶级登上政治舞台,同时加速了马克思列宁主义的传播,在中国先进知识分子的努力下,马克思列宁主义开始与中国工人运动相结合,这样就为建立一个新型的无产阶级革命政党奠定了基础。以陈独秀、李大钊为代表的先进知识分子按照列宁建党学说创立了中国共产党早期组织,随着各地共产党早期组织的创建和努力工作,建立全国性的统一的无产阶级政党条件成熟。1921 年 7 月 23 日,中国共产党一大在上海法租界望志路 106 号李汉俊之兄李书城的住宅召开,7 月

30 日晚,代表们正在开会时,一名陌生的中年男子突然闯入会场,根据共产国际代表马林的建议,代表们迅速转移,最后转移到浙江嘉兴南湖在一艘游船上召开了最后一天的会议,通过了中国共产党党纲,确定党的名称为"中国共产党",旗帜鲜明地把实现社会主义、共产主义作为自己的奋斗目标,宣告了中国共产党的正式成立。中国共产党的成立,是近代中国革命历史上划时代的里程碑,是中国历史上开天辟地的大事件,为灾难深重的中国人民燃起了希望之光。2005 年 6 月 21 日,时任浙江省委书记的习近平在《光明日报》刊发署名文章《弘扬"红船精神",走在时代前列》提出"红船精神",习近平把红船精神概括为:"开天辟地、敢为人先的首创精神;坚定理想、百折不挠的奋斗精神;立党为公、忠诚为民的奉献精神。"红船精神是对中国共产党建党精神的高度凝练和概括,揭示了中国共产党创建的划时代意义,抓住了中国共产党人为实现社会主义和共产主义而奋斗的政治信念和为理想信念不懈奋斗的鲜明立场,展示了中国共产党人忠实代表中华民族和中国最广大人民根本利益的本质特征。红船精神由于其与中国共产党的创建联系在一起,因此,其所具有的开创性价值是不言而喻的。后来中国共产党培育的一切革命精神的源头都在此。

与中国革命正确道路的开辟联系在一起的井冈山精神,是中国共产党人革命精神的鲜明标志。大革命失败之后,中国革命向何处去,需要年轻的中国共产党人作出抉择。1927 年 8 月在八七会议上,中国共产党制定了开展土地革命和武装反抗国民党反动派的总方针。八七会议后,毛泽东回到湖南领导秋收起义,部队受挫后,毛泽东果断引兵上井冈山,创建了中国第一个农村革命根据地,揭开了中国革命走农村包围城市、武装夺取政权道路的序幕。正是以毛泽东为代表的中国共产党人在井冈山点燃的星星之火最终形成燎原之势,使中国共产党领导中国革命取得最终胜利。江泽民 2001 年 6 月在江西考察时,把井冈山精神概括为:"坚定信念、艰苦奋斗,实事求是、敢闯新路,依靠群众、勇于胜利。"习近平 2016 年

2月1日至3日在江西看望慰问广大干部群众时指出:"今天,我们要结合新的时代条件,坚持坚定执着追理想、实事求是闯新路、艰苦奋斗攻难关、依靠群众求胜利,让井冈山精神放射出新的时代光芒。"坚定信念、艰苦奋斗是井冈山精神的灵魂。正是在共产党人表现出的坚如磐石的革命必胜信念感召激励下,根据地军民以不屈不挠的革命斗志,书写出井冈山革命斗争的辉煌篇章。实事求是、敢闯新路是井冈山精神的精髓。在农村建立根据地,农村包围城市、武装夺取政权的思想,反映了中国革命的基本规律,是以毛泽东为代表的中国共产党人独创性的贡献,指明了中国革命走向胜利的唯一正确道路。如果拘泥于马克思主义"本本",就不可能有这条道路的成功开创,因为在马克思主义"本本"里并没有现成答案。如果照抄别国经验和固守已有模式,同样不可能有这条道路的成功探索,因为别国经验和固有模式并不是适应于中国革命的灵丹妙药。正是以毛泽东为代表的中国共产党人从中国实际出发,以巨大的政治勇气和理论勇气,表现出敢为天下先的革命首创精神,闯出了一条引领中国革命胜利的成功之路。因此,在井冈山斗争时期形成的井冈山精神,因其与中国革命道路开辟紧密相连,所以实事求是、敢闯新路就成为其标志性符号。依靠群众、敢于胜利是井冈山精神的本质。以毛泽东为代表的中国共产党人及其领导下的红军队伍,之所以能够在井冈山站稳脚跟并创建中国第一块农村革命根据地,是与他们相信群众、依靠群众,在工作中始终与人民群众打成一片,形成密切联系群众的优良作风紧密相连的。从1927年10月到1929年1月,井冈山军民在一年多的时间里,连续粉碎江西敌人的4次"进剿",湘、赣两省敌人的3次联合"会剿",经历了"三月失败""八月失败"两次重大挫折,进行大小战斗近百次。面对凶残的敌人,在那样贫瘠的土地上,正是有人民群众作中国共产党的铜墙铁壁,井冈山军民万众一心,众志成城,敢于胜利,使中国共产党在井冈山点燃的星星之火,终成燎原之势,最终燃遍全中国。

与中国共产党执掌政权联系在一起的苏区精神,是中国共产党人革命精神的生动篇章。中国共产党人把马克思主义基本理论与中国革命实际相结合走出了一条农村包围城市、武装夺取政权的革命道路，与此相伴随，中国共产党在革命根据地就执掌政权，事实上中国共产党就是由局部执政走向全面执政的。中国共产党所培育的苏区精神就是中国共产党治党理政精神风范的生动体现。习近平在纪念中央革命根据地创建暨中华苏维埃共和国成立 80 周年座谈会上的讲话中指出："在革命根据地的创建和发展中，在建立红色政权、探索革命道路的实践中，无数革命先辈用鲜血和生命铸就了以坚定信念、求真务实、一心为民、清正廉洁、艰苦奋斗、争创一流、无私奉献等为主要内涵的苏区精神。这一精神既蕴涵了中国共产党人革命精神的共性，又显示了苏区时期的特色和个性，是中国共产党人政治本色和精神特质的集中体现，是中华民族精神新的升华，也是我们今天正在建设的社会主义核心价值体系的重要来源。"①

与中国工农红军创造人间奇迹的万里长征联系在一起的长征精神，是中国共产党人革命精神的壮丽篇章。由于中国共产党内"左"的错误领导，加之客观上国民党反动派力量的强大，中国共产党在土地革命战争时期创建的革命根据地除西北革命根据地之外相继丧失，南方各路红军纷纷踏上战略转移之路，到 1936 年三大主力红军在甘肃和宁夏会师，宣告红军长征胜利结束。各路红军包括一、二、四方面军和红二十五军的长征，行程六万五千里路，翻越重重大山，渡过一条条急流险滩，战胜难以想象的艰难困苦，在中国共产党领导下的英勇红军以无与伦比的英雄气概创造了气吞山河的人间奇迹，谱写了中国革命史的光辉篇章，在中国共产党及其军队乃至中华民族发展史上都具有十分重大而深远的意义。在红军长征这一具有重大意义的战略转移中，中国共产党坚持把自己的命运与中华民族的命运联系在一起，把军事上的战略转移与政治上的战略转变联系在一起，把长征前进的大方向与建立抗日的前进阵地联系在一起，

---

① 习近平：《在纪念中央革命根据地创建暨中华苏维埃共和国成立 80 周年座谈会上的讲话》，《人民日报》2011 年 11 月 5 日。

以长征的胜利推动中国革命转危为安。红军长征作为中国革命从挫折走向胜利的重大转折,为中国共产党团结带领人民打败日本军国主义侵略,争取建设独立、自由、民主、统一、富强的新国家迎来了新的曙光,开辟了光明前景。

红军长征胜利,是中国共产党人和红军将士弘扬伟大革命精神的胜利。毛泽东在《论反对日本帝国主义的策略》一文中总结了中央红军长征的意义,他指出:"长征是历史纪录上的第一次,长征是宣言书,长征是宣传队,长征是播种机。自从盘古开天地,三皇五帝到于今,历史上曾经有过我们这样的长征吗?十二个月光阴中间,天上每日几十架飞机侦察轰炸,地下几十万大军围追堵截,路上遇着了说不尽的艰难险阻,我们却开动了每个人的两只脚,长驱二万余里,纵横十一个省。请问历史上曾有过我们这样的长征吗?没有,从来没有的。长征又是宣言书。它向全世界宣告,红军是英雄好汉,帝国主义者和他们的走狗蒋介石等辈则是完全无用的。长征宣告了帝国主义和蒋介石围追堵截的破产。长征又是宣传队。它向十一个省内大约两万万人民宣布,只有红军的道路,才是解放他们的道路。不因此一举,那么广大的民众怎会如此迅速地知道世界上还有红军这样一篇大道理呢?长征又是播种机。它散布了许多种子在十一个省内,发芽、长叶、开花、结果,将来是会有收获的。总而言之,长征是以我们胜利、敌人失败的结果而告结束。"①2016 年 10 月 21 日,习近平在纪念红军长征胜利 80 周年大会上的讲话中指出:长征这一人类历史上的伟大壮举,留给我们最可宝贵的精神财富,就是中国共产党人和红军将士用生命和热血铸就的伟大长征精神。他从 5 个方面对长征精神作出概括,即:"伟大长征精神,就是把全国人民和中华民族的根本利益看得高于一切,坚定革命的理想和信念,坚信正义事业必然胜利的精神;就是为了救国救民,不怕任何艰难险阻,不惜付出一切牺牲的精神;就是坚持独立自

---

① 《毛泽东选集》第一卷,人民出版社 1991 年版,第 149—150 页。

主、实事求是,一切从实际出发的精神;就是顾全大局、严守纪律、紧密团结的精神;就是紧紧依靠人民群众,同人民群众生死相依、患难与共、艰苦奋斗的精神。"①长征精神的重大意义就在于它是中国共产党人和人民军队革命风范的生动反映,是中华民族自强不息的民族品格的集中展示,是以爱国主义为核心的民族精神的最高体现。长征精神为中国革命不断从胜利走向胜利提供了强大精神动力。

毫无疑义,红船精神是中国共产党人革命精神的开篇与源头,而井冈山精神、苏区精神、长征精神则是延安精神的实践来源,后来形成的西柏坡精神则是对延安精神及以往革命精神的继承与弘扬。而在其中,因为延安精神与中国共产党在思想、理论、政治、组织上的全面成熟相伴而生,可以说是对以往革命精神更富有理性的多维度展开和升华,因而,毫无疑义,延安精神是中国共产党人革命精神的集大成。

同时还要看到,作为中国革命精神典型代表的红船精神、井冈山精神、苏区精神、长征精神、延安精神、西柏坡精神,共同孕育、产生于中国共产党领导的新民主主义革命伟大实践之中,都以实现共产主义远大理想为最终目标,都以坚定的共产主义理想信念为基础,都是共产主义理想信念同发展变化了的革命形势与任务相结合的产物。因此,这些革命精神之间,具有密切相关的联系,即精神内涵的共同性和内在统一性,它们共同构成中国共产党人心系民族、胸怀天下的精神丰碑。

(四)延安精神是整体展示中国共产党人形象的群体精神

延安精神在实践中展开的主体是多层面的。它是党的领袖、党的各级组织、广大党员和党领导下的人民军队与根据地人民精神风貌的集中概括,具有广泛的群众基础。它不仅是中国共产党的优良传统,也是以人民大众为主体的人民军队的优良品格,还是陕甘宁边区和党领导的其他

---

① 《习近平谈治国理政》第二卷,外文出版社 2017 年版,第 47 页。

抗日根据地广大人民群众的革命精神,是属于人民自己的,是党为人民服务的工具和法宝。不可否认,延安和陕甘宁边区是延安精神形成的主体区域,但由于延安精神是延安时期中国共产党精神风貌的总体反映,因而,不能把其他根据地人民群众的精神风采排除在外。正如老一辈革命家、曾任中国延安精神研究会会长的马文瑞所讲:"在一些人的脑子里,延安精精神似乎就是延安地区的一种精神,把延安精神仅仅局限在某一个地域,某一个方面,这种看法当然是不正确的。我出生在陕北,从参加革命到全国解放,基本没离开陕甘宁边区的范围,对延安精神的形成和发展可说是经过耳闻目睹和亲身体验。党中央、毛主席在陕北(主要是延安)13 年,在这里领导全国的革命斗争。延安培训的干部,被派往全国各地开展工作;党的指导思想、政治路线、方针政策、工作作风,从延安影响到全国各抗日根据地。因此,延安精神作为党中央、毛主席身体力行、大力倡导的革命精神,成了当时全党自觉遵循的思想和作风。"①

从延安精神的形成过程来看,也充分证明延安精神是其形成的那个时代的整体精神风貌。延安精神的形成大体经过 3 个阶段:1935 年 10 月中共中央和中央红军长征到陕北至 1938 年 9 月中共六届六中全会召开前后,是延安精神的初步形成阶段,主要标志是抗大精神的培育形成。以抗大为代表在延安的所有干部学校中普遍形成团结、紧张、严肃、活泼的优良作风。抗大作为民族解放和社会解放的一面光辉旗帜,其影响不仅遍布各个抗日根据地,更波及全中国。1938 年中共六届六中全会后至1945 年 4 月中共七大召开前,是延安精神的形成时期,其主要标志是整风运动形成的以理论联系实际、实事求是;坚持真理、修正错误;批评和自我批评为主要内容的整风精神和大生产运动的开展形成的以自力更生、艰苦奋斗、奋发图强的革命英雄主义和革命乐观主义精神为主要内容的南泥湾精神。众所周知,整风运动和大生产运动,是中国共产党在全民族

---

① 中国延安精神研究会编:《马文瑞论延安精神》,中央文献出版社 2000 年版,第 1 页。

抗日战争期间战胜艰难困苦、克敌制胜的两个关键环节,两个运动的开展也不限于延安,都是中国共产党的整体工作部署,涉及中国共产党及其领导的军队、政府等各个层面。1945年中共七大召开至中共中央和毛泽东离开陕北,是延安精神的成熟发展阶段。其主要标志是中国共产党作风建设理论的成熟与毛泽东思想指导地位的确立。毛泽东在中共七大政治报告中对党的优良传统和作风作出概括,因为,作风是精神的外在表现,作风建设的成熟毫无疑义地表明延安精神走向成熟。同时在中共七大上把毛泽东思想写在党的旗帜上。刘少奇在中共七大所作的《关于修改党章的报告》中,高度评价了毛泽东思想,指出:"毛泽东思想,就是马克思列宁主义的理论与中国革命的实践之统一的思想","是唯一正确的救中国的理论与政策"。它既是马克思主义民族化的优秀典型——中国化的马克思主义,又是"我们这个民族的特出的、完整的关于中国人民革命建国的正确理论"。① 由中共七大代表一致通过的新党章规定:"中国共产党,以马克思列宁主义的理论和中国革命的实践之统一的思想——毛泽东思想,作为自己一切工作的指针。"而延安精神正是在毛泽东思想哺育下得以生成的。知名学者郭必选认为:延安精神是整个抗日战争时期,以延安为中心的抗日根据地的社会风尚或党、政、军、民的精神状态,包括人的观念。它贯穿于政治、经济、军事、文化各个领域,体现于党、政、军、民各个阶层,既有对民族、党的传统精神的发扬光大,又有自身的创新。②

综上所述,可以看出延安精神具有革命性、民族性、时代性和人民性四大显著特征。据此,我们认为,延安精神是中国共产党在延安时期领导民族独立和人民解放的伟大斗争中,倡导、培育、形成的把传承中华民族精神与彰显共产党人革命精神有机结合,既体现无产阶级及其政党性质、宗旨,又富有广泛人民性的具有鲜明时代特征的群体精神风貌和道德情操。这种精神作为一种道德情操、精神风貌,是贯穿于党的理论与思想中

---

① 《刘少奇选集》上卷,人民出版社1981年版,第333、334、333页。

② 郭必选:《延安精神论纲》,红旗出版社2005年版,第267页。

的精神气质,是内化在党的优良传统和作风中的灵魂,是中华民族精神与中国共产党人革命精神在全民族抗日战争时空环境下汇流的中国精神。

三、延安精神的内容架构

关于延安精神的研究,长期以来一直是学术界关注的热点领域,已取得不少研究成果。但如何对延安精神的内容进行定位与阐释,解读构成延安精神的基本维度,依然仁者见仁、智者见智。要弄清延安精神的基本内容,应当搞清楚以下两个问题:

首先,要厘清延安精神与延安传统和延安作风的关系。精神是相对物质而言的,是对人的内心世界现象,包括思维、意志、情感等有意识的方面,也包括其他心理活动和无意识的方面,它还具有神志、心神;精力、活力;神采、韵味;内容实质等含义。传统是指历史沿革下来的思想、文化、道德、风俗、艺术、制度以及行为方式等。它对人们的社会行为有无形的影响和控制作用,是历史发展继承性的表现。在有阶级的社会里,传统具有阶级性和民族性。积极的传统对社会发展起促进作用,保守和落后的传统对社会的进步和变革起阻碍作用。作风是指工作和生活上一贯表现的态度和行为。从《辞海》对精神、传统和作风的界定看,三者既紧密联系又相互区别。其联系就在于它们都是人们适应自然、改造世界的主观能动活动,都具有传承性。但其区别也显而易见,精神是内化在传统与作风中的灵魂与气质,而传统与作风则是精神的外在表现。它们之间构成由抽象到具体、由内在到外在的过程。基于上述认识,就延安精神而言,它是对延安传统与作风的浓缩、凝练与升华,而延安传统与作风则是延安精神在实践中展示的风采与形象,概言之,延安精神就是附着在延安传统与延安作风中的魂。

其次,要厘清延安精神的内涵与内容的区别。《辞海》中把内涵界定为:概念中所反映的对象的特有属性。如“人”的这一概念的内涵是:有语言,能思维,会制造生产工具等。在现代内涵逻辑中,指从可能世界到外延的函项。所谓内容则是与"形式"相对,组成一对范畴。内容是构成事物的内在诸要素的总和。形式是内容的存在方式,是内容的结构和组织。任何事物都是内容和形式辩证的统一。没有无形式的内容,也没有无内容的形式。内容决定形式,形式依赖于内容,并随着内容的发展而改变。从《辞海》对内涵和内容的界定可以看出,内涵是回答此事物为什么是此事物而不是彼事物,而内容则是回答此事物之所以是此事物的构成要素,其比内涵所涉及的范围要广泛。当然内涵与内容之间也有着紧密联系,内涵决定内容,内容反映内涵。就延安精神而言,其内涵是要揭示什么是延安精神,内容则主要地反映延安精神所展示的层面。比如说,从内涵上看,延安精神就是在延安时期中国共产党人继承民族优良传统,传承以往形成的革命精神,在全民族抗日战争的大背景下,形成的既体现共产党人的党性又具有广泛的人民性的革命价值观念体系。从内容上看,延安精神就包括了诸如自力更生、艰苦奋斗等多项内容。自力更生、艰苦奋斗,是延安精神的主要内容,这是确定无疑的,但不能说延安精神就是自力更生、艰苦奋斗,因为自力更生、艰苦奋斗不仅是中华民族的显著特点,也是中国共产党的一贯作风,并不是延安时期所专有。但是,自力更生、艰苦奋斗作为延安精神的内容却是可以的,因为延安时期自力更生、艰苦奋斗有着那个时期特有的价值与表现形式。

搞清上述问题之后,究竟应当如何概括延安精神的内容,构建延安精神的内容体系,则需要进行深入研究。毫无疑问,延安时期中国共产党人在争取民族独立、人民解放的伟大实践中,面对异乎寻常的艰难困苦,迸发和形成了开拓进取、不畏艰险、一往无前、昂扬向上的奋斗精神,战胜一个又一个困难,开拓出中国革命的新局面,使得自力更生、艰苦奋斗成为那个时代中国共产党人精神风貌的显著特征。正因为如此,人们往往把延安精神理解为自力更生、艰苦奋斗的精神。从目前学界的研究看,最权威的是江泽民的概括。他把延安精神的内容表述为:坚定正确的政治方向,解放思想、实事求是的思想路线,全心全意为人民服务的根本宗旨,自力更生、艰苦奋斗的创业精神。这也是目前关于延安精神内容表述上得到普遍认可的主流观点。但也有学者认为,思想路线、根本宗旨不能等同于精神,从精神层面看,应该是在正确的思想路线指引下形成的求实精神,在全心全意为人民服务根本宗旨下形成的公仆精神。

然而,究竟如何概括和梳理延安精神的内容,延安精神的培育者毛泽东等人并没有给出一个明确的答案。虽然延安精神在延安时期表现出的原生形态是与毛泽东的大力倡导分不开的,但由于当年并没有明确提出延安精神这一概念,延安精神应该包括哪些内容,毛泽东并没有论述过。1942 年,毛泽东曾经提出过"延安县同志们的精神",有不少学者认为这是中国共产党历史上第一次提出延安精神。事实上延安县同志们的精神仅是延安精神的原生形态之一,虽然其中包括了对工作积极负责、不怕困难、实事求是、和群众打成一片等内容,这些都是延安精神的主要表现,但并不是站在延安时期整体的时代的高度对延安精神的抽象与概括。毛泽东对井冈山精神曾作过论述。1965 年他重上井冈山时曾指出:井冈山精神不仅仅是艰苦奋斗,士兵委员会和支部建在连上一样深远。它们都是井冈山革命精神。① 显然,毛泽东对井冈山精神的论述,包含了制度层面上的内容与考量。这无疑对研究延安精神有着重要的启示意义。

在对延安精神内容的把握上,不能把延安精神无限放大,将其当作一个筐,什么都往里装,要抓住延安时期丰富生动的历史实践和共产党人精神境界与时代风采中的本质与亮点,进行梳理与归类,搞清楚延安精神蕴含的理想信念、思维模式、政治理念、价值取向、道德风范、活力机制 6 个维度的问题,并予以理论解析和实践阐释,依此构建起科学的延安精神内容体系。

---

① 转引自马社香:《井冈山的革命精神不要丢了——王卓超回忆 1965 年毛泽东重上井冈山期间的一次谈话》,《党的文献》2006 年第 3 期。

(一)坚定正确的政治方向是延安精神的理想信念维度

任何一种精神都有支撑其存在的理想与信念,都需要奋斗目标为之导航。无论是一个民族、一个政党还是一个团队、一个人所展示的精神风貌,都蕴含着其价值判断、目标定位,否则,其精神就会陷入无厘头的盲目性。当然,理想信念和奋斗目标具有正向和负向之分,如果是正向的,其精神就会产生正效应;如果是负向的,其精神就会产生负效应。一个民族、一个政党、一个人,其精神的正效应越大,那么,这个民族、这个政党、这个人对社会的影响和贡献就越大;反之,如果其精神的负效应越大,那么,对社会造成的影响与危害就越大。因此,可以看出,有什么样的理想信念和政治方向,就有什么样的精神状态,在研究一种精神时离不开对其理想信念和政治方向的分析与探究。事实上,理想信念和政治方向正是一种精神存在的政治灵魂所在。就延安精神而言,就与中国共产党坚持为实现民族独立、社会解放而奋斗的坚定信念和打倒日本侵略者、建设新民主主义的中国的政治方向联系在一起。

(二)实事求是的求实精神是延安精神的科学理性维度

中国共产党作为一个马克思主义政党,马克思主义的辩证唯物主义和历史唯物主义是中国共产党认识世界、改造世界的世界观、认识论和方法论。这就要求中国共产党在认识世界、改造世界过程中,遵循客观规律,一切从实际出发,坚持理论联系实际,善于发现真理、坚持真理。如果从主观臆想出发,脱离实际,必然导致主观和客观相分离,理论和实践相脱离。为什么中国共产党历史上会一而再、再而三地出现"左"的和右的错误?为什么王明等人在土地革命战争后期犯"左"的错误,到全面抗战时期又犯右的错误?"左"和右看似两个极端,但由"左"转到右,则说明"两极相通"。非"左"即右都同源于一个思想方法,即不了解中国具体实际,不能把马克思主义的基本理论同中国具体实际相结合,主观与客观相分裂,理论与实际相脱离的主观主义。延安时期,在总结历史经验和教训基础上,毛泽东把中国共产党的思想路线概括为实事求是。历史也充分证明延安时期是贯彻落实实事求是思想路线最好的时期之一。实事求是不仅体现在中国共产党的思想理论中,使其把握住马克思主义中国化这一正确方向,并取得推进马克思主义中国化的巨大成功,开创出马克思主义中国化的新境界,成功解决了在半殖民地半封建的中国进行革命到底如何举好马克思主义旗帜这一重大课题。而且体现在中国共产党的路线、方针、政策和革命的战略、策略中。同时还体现在中国共产党为实现民族独立、人民解放而奋斗的作风中。实事求是思想路线转化为一种精神,就是要有说实话、办实事、鼓实劲、求实效的品格与作风。当年在延安时期就提出要"贯彻实事求是的精神"。1944 年 12 月 28 日,《解放日报》登载《贯彻实事求是的精神》的社论,专论实事求是精神。社论针对边区英雄的选举认为:应该实行民主竞选,但我们的竞选是新英雄主义的竞选。这种竞选不是为了个人或少数人的虚名,而是为了人民的利益,这种竞选,是要对全边区的老百姓负责的。因此当选为边区英雄的人,必须合于一定的标准,堪当全边区某一重要行业的旗帜。选举这样人物的时候,就应当打破各地区、各单位的限制。一方面固然应当激烈竞选,不用客客气气,有多少成绩就说出多少来,另一方面不要故意夸大成绩,并且有缺点也应指出。这就是毛主席所说的实事求是精神。有了这样的精神,就可以克服本位主义和锦标主义的毛病。有了这样的精神,选上了不会骄傲,选不上也不会丧气,而只有不断努力,争取下次群英会当选。社论最后说:在边区群英会发扬实事求是的精神,将来英雄们又用这样精神去办事,就一定能使我们边区明年的各项建设取得更大的成就。① 就延安精神而言,解放思想、实事求是的思想路线无疑为其提供了思想基石,是渗透在延安精神中的精髓,也体现在延安时期的各项工作实践中。这正是

---

① 《贯彻实事求是的精神》,《解放日报》1944 年 12 月 28 日。

延安精神所具有的科学性之所在。

(三)全心全意为人民服务的公仆精神是延安精神的伦理价值维度

马克思指出:"历史的活动和思想就是'群众'的思想和活动","历史活动是群众的活动,随着历史活动的深入,必将是群众队伍的扩大"①。人民群众对历史发展的决定作用,体现在其作为生产力中最活跃、最革命的因素,是社会物质财富的创造者,是社会精神财富的创造者,是社会变革的决定力量,这是马克思主义唯物史观的基本原理和核心观点。毛泽东将其概括为:"人民,只有人民,才是创造世界历史的动力。"②中国共产党作为彻底的马克思主义政党,自诞生之日起就自觉担负起了忠实代表中国最广大人民根本利益的历史使命,明确规定党的一切奋斗和工作都是为了造福人民。中国共产党的根本性质在于它是中国工人阶级的先锋队,同时是中国人民和中华民族的先锋队,它的根本宗旨是全心全意为人民服务,这二者是统一不可分的,党的性质决定党的宗旨,党的宗旨体现党的性质。作为工人阶级先锋队的中国共产党,之所以能够成为最广大人民利益的忠实代表,最根本的原因则在于中国共产党所代表的工人阶级同其他劳动人民的根本利益是完全一致的。正如毛泽东所指出的:中国"共产党是为民族、为人民谋利益的政党,它本身决无私利可图"③。全心全意为人民服务作为中国共产党的根本宗旨,是中国共产党一切工作的出发点和归宿。确立这一根本宗旨,就使中国共产党的道德观建立在完全彻底地为最广大人民群众服务的基础之上,使全心全意为人民服务成为中国共产党基本的价值追求和检验党性强弱的根本标准。就延安精神而言,从理论上看,延安时期无疑是中国共产党历史上以什么样的态度和观点对

---

① 《马克思恩格斯文集》第 1 卷,人民出版社 2009 年版,第 286、287 页。
② 《毛泽东选集》第三卷,人民出版社 1991 年版,第 1031 页。
③ 《毛泽东选集》第三卷,人民出版社 1991 年版,第 809 页。

待人民群众、以什么样的作风赢得人民群众的拥护、以什么样的方法做好群众工作,在理论上进行系统概括和总结并走向成熟的重要时期。从实践上看,延安时期也是中国共产党正确处理与人民群众的关系,构建令人称道的密切的党群关系的最好时期之一。也正因为如此,延安时期中国共产党才得以由小到大、由弱变强。为什么中国共产党要培育和弘扬延安精神? 从本质上看,就是为了真正地、更好地为人民服务。而全心全意为人民服务正是贯穿于延安精神体系中的本质属性,是中国共产党坚持唯物史观的历史自觉,是培育、践行和发扬延安精神的出发点和归宿。

(四)自力更生、艰苦奋斗的创业精神是延安精神的实践意志维度

如果说坚持坚定正确的政治方向是延安精神的灵魂,解放思想、实事求是的求实精神是延安精神的精髓,全心全意为人民服务是延安精神的本质,那么,自力更生、艰苦奋斗则是延安精神的鲜明特征。自力更生、艰苦奋斗作为中国共产党人的政治本色,是由中国共产党的性质、宗旨和奋斗目标与远大理想决定的。因为,党的先进性只有通过党长期艰苦奋斗的实际行动才能体现出来;党的全心全意为人民服务宗旨,只有通过党长期艰苦奋斗的实际行动才能表现出来;党的奋斗目标和远大理想,只有通过党长期艰苦奋斗的实际行动才能实现。中国共产党就是靠艰苦奋斗起家的,也是靠艰苦奋斗发展壮大并创造辉煌、成就伟业的。在延安时期,自力更生、艰苦奋斗精神,反映了中国共产党自主、自强、自立、自信的意志品格和精神风范,体现在中国共产党一切工作中。在思想理论建设上,中国共产党冲破把马克思主义教条化、把共产国际指示和苏联经验神圣化的束缚,深信中国的问题需要中国同志解决,以强烈的理论自信,使马克思主义理论与中国革命实际和中国传统文化相结合,开创出马克思主义新境界。在抗日民族统一战线上,中国共产党作为抗日民族统一战线的发起人、维护者,粉碎国民党顽固派掀起的三次反共高潮,同时,抵制共

产国际"一切经过统一战线、一切服从统一战线"的错误指示,克服抗战初期来自党内的右的干扰,坚定不移地坚持统一战线中的独立自主原则,成为民族利益的坚决捍卫者。在根据地建设和武装斗争上,中国共产党领导的陕甘宁边区军民面对国民党顽固派的军事包围和经济封锁,在被"困死、饿死"面前,迸发出前所未有的斗志,战胜困难,创造出奇迹。在各敌后抗日根据地,中国共产党领导的根据地人民和军队面对日本帝国主义野蛮的"囚笼政策"和"烧光、抢光、杀光"的"三光"政策,以英勇顽强的战斗精神,大量歼灭日军,使敌后战场成为中国全民族抗战的主战场之一,使人民军队成为中国全民族抗战的台柱子。正是凭借着自力更生、艰苦奋斗精神,中国共产党在推动民族独立、人民解放的历史进程中,展现出不信邪、不怕压、敢于胜利的政治勇气,奋发有为的顽强斗志,藐视一切困难、克勤克俭、无私奉献的优秀品质和作风。这样的勇气、斗志、品格、作风,是那个时代包括中国共产党领袖群体、各级组织、广大党员、各根据地人民和军队在内的共同意志和一以贯之的精神风范。

(五)人民当家作主的民主精神是延安精神的政治理念维度

马克思主义自产生以来,就以推翻资本主义剥削制度,建立人民民主和每个人都能够得到自由全面发展的公平正义的社会为己任。而且,马克思主义从来没有把民主看作是资产阶级的专利,而是追求更高程度的实质而全面的民主。延安时期中国共产党的成功,当然与中国共产党走历史发展必由之路,在民族处于生死存亡的危急关头,高举抗日救国大旗,站在民族利益最前沿密不可分。但是,也要看到民主政治的巨大威力,正是在抗日和民主的结合上,中国共产党把抗日民族统一战线的理论和中国民主革命的理论统一起来了,把抗日救国的民族革命和争取人民解放的民主革命有效衔接,使得中国共产党不仅在全民族抗日战争时期有效地激发和调动了民众救亡图存的政治热情,奠定了战胜日本帝国主义的政治基础,而且也使得中国共产党在与国民党的博弈中赢得民心,奠定了中国共产党夺取全国政权的政治基础。当年谢觉哉曾讲:"为什么全国进步人士如潮水般奔向边区? 因为边区有民主。全世界进步人士为什么称赞边区,说到中国不到延安,等于没有到中国? 因为边区有民主。抗战以来,边区的文化、经济、军事各方面的进步和动员,为什么为全国所不及? 因为边区有民主。"①延安时期的民主政治无论在理论上还是实践上对中国社会的影响都是巨大的。撇开中国共产党在延安时期治党理政的政治架构不论,仅从精神层面看,延安时期的民主精神、民主作风,都是那个时代贯穿于中国共产党政治生活、政权建设中的显著标志。因此,将民主政治建设作为延安精神内容中的一个维度,加以研究,无疑是必要的。

(六)批评和自我批评的作风是延安精神的活力机制维度

列宁曾经讲过:勇于开展批评和自我批评是一个郑重的党的标志。任何一个政党、一个团体或一个人,不可能不犯错误,问题的关键于以什么样的态度对待错误。中国共产党作为一个马克思主义政党,之所以能够不断取得成功,不是说中国共产党没有犯过错误,而关键在于中国共产党能够坚持真理、修正错误,随时清除自身存在的政治微生物,保证肌体的健康。在延安时期,中国共产党汲取历史的经验和教训,在解决党内矛盾和问题中,形成一整套开展批评和自我批评行之有效的原则与方法,并且在实践中得以成功运用,使得批评和自我批评成为中国共产党的优良作风之一。著名的延安整风运动成功的一个主要原因,就在于在这个运动中全党上下有效拿起了批评和自我批评的武器。历史证明,批评和自我批评是坚持真理、修正错误的法宝,是发扬党内民主、增进党的团结的法宝,是执行党的纪律、维护党的形象的法宝,是践行党的宗旨、密切联

① 谢觉哉:《民主政治的实际》,原载1940年4月第6期《共产党人》,并于6月18日转载于《新中华报》。参见《延安民主模式研究》课题组编:《延安民主模式研究资料选编》,西北大学出版社2004年版,第39页。

系群众的法宝。批评和自我批评作为中国共产党保持生机与活力的有效机制,可以使中国共产党保持清洁的面貌、健康的肌体、旺盛的斗志,避免犯错误或少犯错误,犯了错误之后能够随时纠正错误,从而不至于犯大错误。邓小平曾讲:"一个革命政党,就怕听不到人民的声音,最可怕的是鸦雀无声。"①如果大家对错误见怪不怪,不批评,不斗争,犯了错误不承认,不改正,麻木不仁,是非不分,那么这个政党的生命就会窒息。在延安时期,正是在批评和自我批评中实事求是的思想路线得以确立,在批评和自我批评中构建起和谐的党群干群关系,在批评和自我批评中,使中国共产党战胜困难、走向光明。把批评和自我批评纳入延安精神的内容体系中不仅是必要的,而且正是有了批评和自我批评,才使得延安精神更加具有鲜活性,更加具有说服力,更加放射出真理的光芒。

①　《邓小平文选》第二卷,人民出版社 1994 年版,第 144—145 页。

第三章　坚定正确的政治方向

精神的动力源泉是理想信念,而理想信念又是精神追求的最高境界。没有理想信念就没有主心骨,精神就无所寄托,就失去了奋斗目标和行动指南,迷失前进的方向。没有坚定正确的理想信念,就不会有正确的政治方向、政治立场、政治观点。由此可见,理想信念与坚定正确的政治方向并行不悖、密切相关。理想信念并不是虚无缥缈、不可捉摸的东西,而是有客观评价标准的。就延安时期而言,中国共产党正是把为实现社会主义的奋斗目标和共产主义的远大理想,落实到拯救民族危亡、争取民族独立、实现人民解放的坚定正确的政治方向和使命担当上,肩负领导争取民族独立和人民解放神圣使命,领导人民完成了打倒日本帝国主义、解放全中国的历史任务。正如毛泽东在中共七大开幕词中所讲:"我们的任务是什么呢? 我们的任务不是别的,就是放手发动群众,壮大人民力量,团结全国一切可以团结的力量,在我们党领导之下,为着打败日本侵略者,建设一个光明的新中国,建设一个独立的、自由的、民主的、统一的、富强的新中国而奋斗。"①可以说,正是在完成这一历史任务的过程中,中国共产党把坚定的理想信念转化成代表中华民族和最广大人民的根本利益,走历史发展必由之路,成功解决了引领中国革命的理论旗帜问题,解决了战胜日本帝国主义和夺取人民解放战争胜利的一系列重大问题,使得中国革命最终走向胜利。在延安精神的内容架构中,把坚持坚定正确的政治方向作为主要内容,就是从坚定正确的政治方向所蕴含的中国共产党

---

① 《毛泽东选集》第三卷,人民出版社 1991 年版,第 1026 页。

理想信念维度把握的。中国共产党人的坚定正确的政治方向,事实上就是其理想信念在一定历史时期的落地生根,是理想信念的现实聚焦。因此,坚定正确的政治方向不仅可以作为延安精神的主要内容,而且更是其灵魂和核心。

一、坚持党的最低纲领和最高纲领相统一,系统形成新民主主义革命理论

在延安时期,为了向全党和全国人民说明中国共产党对于中国革命和新中国建设的全部见解,毛泽东集中全党智慧,对中国革命经验进行系统总结,在科学分析中国国情基础上,系统回答了中国革命的一系列重大问题,廓清了人们认识上的误区,为中国革命指明了正确方向和道路。

(一)延安时期中国共产党深刻认识到弄清国情是马克思主义中国化的起点

马克思主义基本理论必须同中国具体实际相结合,这个具体实际就是中国国情。只有弄清中国国情,对马克思主义进行文化重构和实践诠释,找准马克思主义与中国国情相结合的结合点,马克思主义理论才能在中国这样的东方大国生根开花结果。否则,不但不能指导中国革命走向胜利,而且还会成为阻碍革命的绊脚石。认清国情还是制定正确的路线方针政策,做好一切领导工作的基础。正如毛泽东所讲:"中国革命的对象、中国革命的任务、中国革命的动力,这些都是由于中国社会的特殊性质,由于中国的特殊国情而发生的关于现阶段中国革命的基本问题。"[①]"只有认清中国社会的性质,才能认清中国革命的对象、中国革命的任务、中国革命的动力、中国革命的性质、中国革命的前途和转变。所以,认清中国社会的性

---

① 《毛泽东选集》第二卷,人民出版社1991年版,第646页。

质,就是说,认清中国的国情,乃是认清一切革命问题的基本的根据。"①因此,研究中国基本国情,就成为必须首先解决好的一个重要问题。这个问题不解决,其他问题就无从谈起。

认清国情关键是要认清中国社会的性质和特点,进而厘清中国革命的性质,这是把握中国革命规律的基本要求。中国共产党成立之后,按照列宁关于民族和殖民地问题的理论,认为中国是一个半殖民地半封建的国家。但 1927 年 4 月蒋介石南京政府成立之后,一些人认为中国社会的性质已发生变化。1928 年中共六大分析了大革命失败以后中国社会的政治经济状况,肯定了中国的半殖民地半封建社会性质。但在中共六大前后,中国共产党内曾连续三次出现"左"的错误,特别是王明"左"倾教条主义错误。他们在社会性质和阶级关系上,混淆民主革命和社会主义革命的界限,主张整个地反对资产阶级和上层小资产阶级;在革命形势和党的任务上,认为革命形势处于高潮,因而党的任务是在全国采取"进攻路线";在革命道路问题上,低估红军游击战争和农村革命根据地的作用,坚持"城市中心"论,给中国革命造成严重危害和损失。究竟中国社会的性质和中国革命的性质是什么? 以毛泽东为代表的中国共产党人在延安时期对此做出了深刻解答。毛泽东在 1939 年 12 月发表的《中国革命和中国共产党》一文中对中国社会的性质进行了全面系统的论述。他指出:"帝国主义列强侵略中国,在一方面促使中国封建社会解体,促使中国发生了资本主义因素,把一个封建社会变成了一个半封建的社会;但是在另一方面,它们又残酷地统治了中国,把一个独立的中国变成了一个半殖民地和殖民地的中国。"②接着,毛泽东分析了半殖民地半封建社会的特点:"一、封建时代的自给自足的自然经济基础是被破坏了;但是,封建剥削制度的根基——地主阶级对农民的剥削,不但依旧保持着,而且同

---

① 《毛泽东选集》第二卷,人民出版社 1991 年版,第 633 页。
② 《毛泽东选集》第二卷,人民出版社 1991 年版,第 630 页。

买办资本和高利贷资本的剥削结合在一起,在中国的社会经济生活中,占着显然的优势。二、民族资本主义有了某些发展,并在中国政治的、文化的生活中起了颇大的作用;但是,它没有成为中国社会经济的主要形式,它的力量是很软弱的,它的大部分是对于外国帝国主义和国内封建主义都有或多或少的联系的。三、皇帝和贵族的专制政权是被推翻了,代之而起的先是地主阶级的军阀官僚的统治,接着是地主阶级和大资产阶级联盟的专政。在沦陷区,则是日本帝国主义及其傀儡的统治。四、帝国主义不但操纵了中国的财政和经济的命脉,并且操纵了中国的政治和军事的力量。在沦陷区,则一切被日本帝国主义所独占。五、由于中国是在许多帝国主义国家的统治或半统治之下,由于中国实际上处于长期的不统一状态,又由于中国的土地广大,中国的经济、政治和文化的发展,表现出极端的不平衡。六、由于帝国主义和封建主义的双重压迫,特别是由于日本帝国主义的大举进攻,中国的广大人民,尤其是农民,日益贫困化以至大批地破产,他们过着饥寒交迫的和毫无政治权利的生活。中国人民的贫困和不自由的程度,是世界所少见的。"①毛泽东在精辟地论述了中国社会的特点基础上,明确提出:"帝国主义和中华民族的矛盾,封建主义和人民大众的矛盾,这些就是近代中国社会的主要的矛盾。当然还有别的矛盾,例如资产阶级和无产阶级的矛盾,反动统治阶级内部的矛盾。而帝国主义和中华民族的矛盾,乃是各种矛盾中的最主要的矛盾。这些矛盾的斗争及其尖锐化,就不能不造成日益发展的革命运动。伟大的近代和现代的中国革命,是在这些基本矛盾的基础之上发生和发展起来的。"②

(二)伴随着对中国国情和社会性质认识的深化,在延安时期中国共产党进一步明确了中国革命的性质

毛泽东在中国共产党内首次创造性地提出新民主主义的科学概念。

---

① 《毛泽东选集》第二卷,人民出版社 1991 年版,第 630—631 页。
② 《毛泽东选集》第二卷,人民出版社 1991 年版,第 631 页。

他在《中国革命和中国共产党》一文中第一次把资产阶级民主革命区分为旧民主主义革命和新民主主义革命，并且明确指出："所谓新民主主义的革命，就是在无产阶级领导之下的人民大众的反帝反封建的革命。"由于中国特殊的国情，决定"现阶段中国革命的性质，不是无产阶级社会主义的，而是资产阶级民主主义的"。但是，"现时中国的资产阶级民主主义的革命，已不是旧式的一般的资产阶级民主主义的革命，这种革命已经过时了，而是新式的特殊的资产阶级民主主义的革命。这种革命正在中国和一切殖民地半殖民地国家发展起来，我们称这种革命为新民主主义的革命"。"中国的社会必须经过这个革命，才能进一步发展到社会主义的社会去，否则是不可能的。"①中国特殊的国情，还决定中国革命必须分两步走："第一步，改变这个殖民地、半殖民地、半封建的社会形态，使之变成一个独立的民主主义的社会。第二步，使革命向前发展，建立一个社会主义的社会。"②民主主义革命是社会主义革命的必要准备，社会主义革命是民主主义革命的必然趋势。只有完成前一个革命才有可能去完成后一个革命，不能"毕其功于一役"，想要在两个革命中间横插一个资产阶级专政，也是"走不通的"。因为新民主主义革命已经不是资产阶级领导的、以建立资本主义的社会和资产阶级专政的国家为目的的革命，而是无产阶级领导的、以在第一阶段建立新民主主义社会和各个革命阶级联合专政的国家为目的的新民主主义革命。新民主主义革命已经包含有社会主义的因素，它属于世界无产阶级社会主义革命的一部分。本来在中共二大上，已经认识到现阶段的中国革命，是要完成反帝反封建的民主革命任务，社会主义革命是下一阶段的任务，但没有说明达到这个目标的具体途径。在中国共产党内，长期以来，犯右倾错误的人不了解无产阶级领导的民主革命同资产阶级领导的民主革命的区别，因而也就不了解民主革命与社会主义革命之间的联系；犯"左"的错误的人混淆民主革命与社会主义

---

① 《毛泽东选集》第二卷，人民出版社 1991 年版，第 647 页。
② 《毛泽东选集》第二卷，人民出版社 1991 年版，第 666 页。

革命的界限,在民主革命阶段内不适当地提出某些社会主义的任务。党内曾出现主张"二次革命"论和"一次革命"论,都给革命事业带来极大危害。延安时期对于这个问题的成功解决,廓清了人们认识上的迷雾,为党防止和纠正"左"的和右的错误,制定和执行正确的政策,奠定了理论基础。

(三)在对中国革命对象、任务、动力和前途的认识上延安时期更加系统化、科学化

毛泽东指出:中国革命的对象,"不是别的,就是帝国主义和封建主义,就是帝国主义国家的资产阶级和本国的地主阶级。因为,在现阶段的中国社会中,压迫和阻止中国社会向前发展的主要的东西,不是别的,正是它们二者。二者互相勾结以压迫中国人民,而以帝国主义的民族压迫为最大的压迫,因而帝国主义是中国人民的第一个和最凶恶的敌人"[1]。由中国革命的对象决定,中国革命的任务就是"对外推翻帝国主义压迫的民族革命和对内推翻封建地主压迫的民主革命,而最主要的任务是推翻帝国主义的民族革命"[2]。那么,由谁来完成这个革命任务呢?毛泽东依据中国社会各阶级在中国社会经济中所占的地位以及政治状况,通过分析认为:中国无产阶级除了具有一般无产阶级的特点之外,还具有自身特殊的优点。第一,中国无产阶级身受三种压迫(帝国主义的压迫、资产阶级的压迫、封建势力的压迫),而这些压迫的严重性和残酷性,是世界各民族中少见的;因此,他们在革命斗争中,比任何别的阶级都来得坚决和彻底。在殖民地半殖民地的中国,没有欧洲那样的社会改良主义的经济基础,所以除极少数的工贼之外,整个阶级都是最革命的。第二,中国无产阶级开始走上革命的舞台,就在本阶级的革命政党——中国共产党领导之下,成为中国社会里比较最有觉悟的阶级。第三,由于从破产农民出身的成份占多数,中国无产阶级和广大的农民有一种天然的联系,便利

---

① 《毛泽东选集》第二卷,人民出版社1991年版,第633页。
② 《毛泽东选集》第二卷,人民出版社1991年版,第637页。

于他们和农民结成亲密的联盟。因此,虽然中国无产阶级有其不可避免的弱点,例如人数较少(和农民比较),年龄较轻(和资本主义国家的无产阶级比较),文化水准较低(和资产阶级比较);然而,他们终究成为中国革命的最基本的动力。"中国革命如果没有无产阶级的领导,就必然不能胜利。"①由于中国革命的敌人是异常强大的,如果仅凭无产阶级一个阶级的力量是不能胜利的,必须在不同的情况下团结一切可能的革命阶级和阶层,组成革命的统一战线。在中国社会的各阶级中,农民是工人阶级坚固的同盟军,城市小资产阶级是可靠的同盟军,民族资产阶级是在一定时期和一定程度上的同盟军。

可以说,在农村抓住农民,在城市抓住民族资产阶级,正确认识农民和民族资产阶级是事关中国革命成败的关键。

在对待农民问题上,中国共产党内,最早在实践上致力于农民运动的是彭湃。1922年他就开始在广东海陆丰老家开展活动。1923年1月领导成立了海丰县总农会,使这里成为大革命前期农民运动发展得最好的地区。毛泽东也是中国共产党内最早重视农民问题的领导人之一。在中共三大上,毛泽东就提出重视农民问题。据张国焘回忆说:毛泽东在会上提出一个新问题——农民运动,是"这个农家子弟对于中国共产党极大的贡献"。他说:毛泽东向大会提出,"湖南工人数量很少,国民党员和共产党员更少,可是满山遍野都是农民。因而他得出结论:任何革命,农民问题都是最重要的。他还证以中国历代的造反和革命,每次都是以农民暴动为主力。中国国民党在广东有基础,无非是有些农民组成的军队,如果中国共产党也注重农民运动,把农民发动起来,也不难形成像广东这类的局面"。②1926年毛泽东担任广州农民运动讲习所所长期间,曾亲自讲授《中国农民问题》《农村教育》等课程。在《中国农民问题》课程中,认为"中国国民革命是农民革命","解决农民的土

---

① 《毛泽东选集》第二卷,人民出版社1991年版,第645页。
② 张国焘:《我的回忆》第1册,现代史料编刊社1980年版,第294页。

地问题是革命党的一个中心问题"。① 1926 年 9 月 1 日,他在《国民革命
与农民运动——〈农民问题丛刊〉序》中再次强调:"农民问题乃国民革命
的中心问题","所谓国民革命运动,其大部分即是农民运动"。② 1927 年
3 月,针对党内有人对农民运动的责难,毛泽东专门写作了《湖南农民运
动考察报告》,反映了中国共产党当时对农民问题的认识深度。当时中
国共产党主要负责人瞿秋白曾称赞毛泽东是"农民运动的王"。大革命
失败之后,毛泽东领导秋收起义,在受挫折后率部上井冈山,创建了中国
第一块农村革命根据地。在革命实践中,毛泽东对农民问题的认识进一
步深化,发动广大农民,开展轰轰烈烈的土地革命和武装斗争。到延安时
期之后,毛泽东对农民问题的认识更加系统化。1939 年 12 月,毛泽东在
《中国革命和中国共产党》一文中,进一步强调:农民在全国总人口中大
约占 80%,是现时中国国民经济的主要力量,其中贫农是中国革命最广
大的动力,是无产阶级的天然的和最可靠的同盟者,是中国革命队伍中的
主力军,无产阶级只有和贫农、中农结成坚固联盟,才能领导革命达到胜
利,否则是不可能的。1940 年 1 月,毛泽东在《新民主主义论》中再次强
调:"中国革命实质上是农民革命"。在中共七大上,毛泽东对农民的伟
大作用作了更加全面的论述。他强调:农民是中国工人的前身,中国工业
市场的主体,现阶段中国民主政治的主要力量和中国文化的主要对象,中
国的民主主义者如不依靠三亿六千万农民的援助,他们就将一事无成;农
民还是中国军队的来源,士兵就是穿起军服的农民,他们是日本侵略者的
死敌。他指出:"所谓人民大众,主要的就是农民","忘记了农民,就没有
中国的民主革命;没有中国的民主革命,也就没有中国的社会主义革命,
也就没有一切革命。我们马克思主义的书读得很多,但是要注意,不要把
'农民'这两个字忘记了;这两个字忘记了,就是读一百万册马克思主义

---

① 《毛泽东年谱(一八九三——一九四九)》上卷,人民出版社、中央文献出版社 1993 年
版,第 165 页。
② 《毛泽东文集》第一卷,人民出版社 1993 年版,第 37、38 页。

的书也是没有用处的,因为你没有力量".① 对农民问题的深刻认识和正确解决,是中国共产党对马克思主义的卓越贡献。历史表明,农民问题是中国革命的基本问题,中国革命战争实质上就是农民战争,谁赢得农民谁就赢得革命胜利。

在对待民族资产阶级问题上,怎样认识和对待资产阶级是一个十分复杂的问题。中共一大认为资产阶级都是革命的对象。中共二大认为资产阶级民主派是可以联合的力量。中共三大在一定程度上认识到中国资产阶级的大部分有两面性。到中共四大,明确把中国资产阶级分为反革命的"大商买办阶级"和"新兴的民族工业资产阶级"两部分。1925 年 12月,毛泽东发表《中国社会各阶级的分析》,运用马克思主义阶级分析法分析了中国社会各阶级的经济地位和政治态度,其中把中国资产阶级分为买办阶级和民族资产阶级,精辟地论述了民族资产阶级的两面性和对于革命的矛盾态度,指出民族资产阶级的左翼可能参加革命,其右翼可能是革命的敌人,因此,可以把他们当做我们的朋友,但要时常提防他们,不要让他们扰乱了我们的阵线。毛泽东的这一论断为中国共产党后来深入认识并正确处理同民族资产阶级的关系,提供了重要理论依据。1935 年12 月 17 日至 25 日,中共中央在陕北安定县(今子长县)瓦窑堡召开政治局扩大会议,着重讨论全国政治形势和党的策略路线、军事战略,确立了建立抗日民族统一战线的新策略,并相应地调整了各项新政策。毛泽东在会上作了主题发言,会后于 12 月 27 日在党的活动分子会议上又作了《论反对日本帝国主义的策略》报告,对于民族资产阶级的两面性和利用地主买办营垒内部矛盾的可能性,作了深刻分析。他指出:民族资产阶级与地主买办阶级是有区别的。民族资产阶级的特点是动摇。其表现就是软弱性、妥协性和革命的不彻底性。中国民族资产阶级的这些特点"是

---

① 《毛泽东在七大的报告和讲话集》,中央文献出版社 1995 年版,第 106—107 页。

他们从娘肚子里带出来的"。①"他们一方面不喜欢帝国主义,一方面又怕革命的彻底性,他们在这二者之间动摇着。""但在斗争的某些阶段,他们中间的一部分(左翼)是有参加斗争的可能性的。其另一部分,则有由动摇而采取中立态度的可能。"②同时,毛泽东还指出:"即使在地主买办阶级营垒中也不是完全统一的。这是半殖民地的环境,即许多帝国主义争夺中国的环境所造成的。当斗争是向着日本帝国主义的时候,美国以至英国的走狗们是有可能遵照其主人的叱声的轻重,同日本帝国主义者及其走狗暗斗以至明争的。""我们要把敌人营垒中间的一切争斗、缺口、矛盾,统统收集起来,作为反对当前主要敌人之用。"③毛泽东还批驳了党内长期存在的关门主义错误及其危害。他指出:"只有统一战线的策略才是马克思列宁主义的策略。关门主义的策略则是孤家寡人的策略。关门主义'为渊驱鱼,为丛驱雀',把'千千万万'和'浩浩荡荡'都赶到敌人那一边去,只博得敌人的喝采。""关门主义的所谓'纯粹'和'笔直',是马克思列宁主义向之掌嘴,而日本帝国主义则向之嘉奖的东西。我们一定不要关门主义,我们要的是制日本帝国主义和汉奸卖国贼的死命的民族革命统一战线。"④毛泽东对民族资产阶级的深刻分析表明,中国共产党对民族资产阶级的认识走向成熟。中国的资产阶级是一个极其复杂的问题。在全民族抗日战争时期,民族矛盾和国内阶级矛盾交织在一起的复杂局面下,中国共产党对中国资产阶级的认识不断深化,根据打退国民党顽固派发动的第一次反共高潮的经验,毛泽东在1940年3月11日撰写的《目前抗日统一战线中的策略问题》中,第一次把大资产阶级与民族资产阶级、亲日派大资产阶级与非亲日派(即英美派)大资产阶级、大地主与中小地主及开明绅士作出明确区分。随后,1940年4月,毛泽东对

---

① 《毛泽东选集》第一卷,人民出版社1991年版,第147页。
② 《毛泽东选集》第一卷,人民出版社1991年版,第145页。
③ 《毛泽东选集》第一卷,人民出版社1991年版,第148页。
④ 《毛泽东选集》第一卷,人民出版社1991年版,第155页。

《中国革命和中国共产党》一文作了重要修改,在"中国革命的动力"部分加写了三段话,主要内容是:将大资产阶级与民族资产阶级加以区别;将亲日派大资产阶级与英美派大资产阶级加以区别;将大地主与中小地主及开明绅士加以区别。其目的在于更加有效地争取中间力量,这为中国共产党在后来的解放战争中同国民党的较量并用不到4年时间夺得全国政权,奠定了坚实基础。

(四)延安时期明确回答了中国革命走"农村包围城市、武装夺取政权"道路的必要性和可能性

在农村建立根据地,农村包围城市、武装夺取政权的思想,反映了中国革命的基本规律,是以毛泽东为代表的中国共产党人独创性的贡献,指明了中国革命走向胜利的唯一正确道路。在延安时期,毛泽东进一步在理论上论证了农村包围城市、武装夺取政权思想,形成完整的中国革命道路理论。毛泽东在1938年11月中共扩大的六届六中全会上作《战争和战略问题》的结论报告,科学论证了在中国为什么必须走农村包围城市、武装夺取政权的道路。他认为,"革命的中心任务和最高形式是武装夺取政权,是战争解决问题。这个马克思列宁主义的革命原则是普遍地对的"。在资本主义各国,在没有法西斯和没有战争的时期内,国家内部没有封建制度,有的是资产阶级的民主制度;外部没有民族压迫,有的是自己民族压迫别的民族。基于这些特点,资本主义各国的无产阶级政党的任务,在于经过长期的合法斗争,教育工人,生息力量,准备最后地推翻资本主义。而中国则不同,中国"不是一个独立的民主的国家,而是一个半殖民地的半封建的国家;在内部没有民主制度,而受封建制度压迫;在外部没有民族独立,而受帝国主义压迫。因此,无议会可以利用,无组织工人举行罢工的合法权利。在这里,共产党的任务,基本地不是经过长期合法斗争以进入起义和战争,也不是先占城市后取乡村,而是走相反的道路"。"在中国,主要的斗争形式是战争,而主要的

组织形式是军队。"①1939年12月,毛泽东在《中国革命和中国共产党》一文中进一步指出:中国革命的敌人是异常强大的,不但有强大的帝国主义,而且有强大的封建势力,而且在一定时期之内还有勾结帝国主义和封建势力以与人民为敌的资产阶级的反动派。在这样的敌人面前,必须建立巩固的农村革命根据地。毛泽东指出:"因为强大的帝国主义及其在中国的反动同盟军,总是长期占据着中国的中心城市,如果革命的队伍不愿意和帝国主义及其走狗妥协,而要坚持地奋斗下去,如果革命的队伍要准备积蓄和锻炼自己的力量,并避免在力量不够的时候和强大的敌人作决定胜负的战斗,那就必须把落后的农村造成先进的巩固的根据地,造成军事上、政治上、经济上、文化上的伟大的革命阵地,借以反对利用城市进攻农村区域的凶恶敌人,借以在长期战斗中逐步地争取革命的全部胜利。"②那么,以农村为中心是否就不要重视城市工作呢? 对此毛泽东强调:把工作重点放到农村,并不是不要城市斗争,更不是除了武装斗争之外,就不要其他形式的斗争了。没有武装斗争以外的各种形式的斗争相配合,武装斗争也不能取得胜利。同样,没有城市工作和其他工作,农村根据地就处于孤立,革命就会失败。农村斗争和城市斗争的关系是以农村为主,城市为辅,城市斗争配合农村斗争。

(五)延安时期明确提出新民主主义革命的政治、经济、文化纲领和中国共产党克敌制胜的"三大法宝"

全民族抗战开始后,国共两党围绕三民主义问题,展开了激烈论战。1938年初,国民党顽固派在武汉发动鼓吹"一个主义""一个政党""一个领袖"的宣传活动,攻击中国共产党和马克思主义。一些国民党御用文人叫嚣:"国民党是一切党派中的骄子,它以外的党派,根本不能与它讲平等"。中国共产党的叛徒、号称国民党"理论家"的叶青(任卓宣)公开

---

① 《毛泽东选集》第二卷,人民出版社1991年版,第541、542、543页。
② 《毛泽东选集》第二卷,人民出版社1991年版,第635页。

主张："三民主义可以满足中国现在和将来的一切要求。它的实现,中国便不需要社会主义了,从而组织一个党来为社会主义而奋斗的事也就不必要了。"他还说:国民党外的一切党派,不只今天,就是将来也"没有独立存在的理由"。① 全民族抗战进入相持阶段之后,国民党顽固派的反共宣传变本加厉。1939 年 1 月,蒋介石在国民党五届五中全会上作题为《唤醒党魂,发扬党德,巩固党基》的报告,并作题为《整理党务之要点》的讲话,鼓吹实行"一个主义""一个政党""一个领袖"的专制主义。一些人叫嚣"共产主义不适合中国","中国有了三民主义就够了,用不着社会主义"。社会党的张君劢也发表致毛泽东的一封公开信,主张取消边区、取消八路军和新四军,"将马克思主义暂搁一边"。② 在这样的严重斗争面前,中国共产党必须从根本上向全国人民说明自己对中国革命的见解,回答中国向何处去的问题。为此,毛泽东对中国应该建立一个怎样的国家,这个国家的政治制度、经济制度、文化制度应该是怎样的,这个国家的前途是什么等问题,作了系统的回答,明确地阐述了中国共产党的观点。

中国共产党认为中国的民主主义革命在 1919 年五四运动以后,已经不是一般的民主主义革命,而是新民主主义革命。新民主主义的革命,是无产阶级领导的人民大众的反帝反封建的革命。区别新民主主义革命和旧民主主义革命的根本标志,是无产阶级的领导权问题。在无产阶级领导的工农联盟的基础上联合民族资产阶级,在特殊条件下还联合一部分大资产阶级,结成广泛的统一战线,以孤立并打击最主要的敌人。

新民主主义革命的目标是建立新民主主义的社会制度。毛泽东描绘了新民主主义社会制度的蓝图。

关于新民主主义的政治。毛泽东指出,"在中国,事情非常明白,谁能领导人民推翻帝国主义和封建势力,谁就能取得人民的信仰"。历史已经证明:中国资产阶级是不能尽此责任的,这个责任就不能不落在无产

---

① 叶青:《关于政治党派》,《扫荡报》1938 年 1 月 22 日。
② 张君劢:《致毛泽东先生一封公开信》,《再生》1938 年第 10 期。

阶级的肩上了。他说:"中国无产阶级、农民、知识分子和其他小资产阶级,乃是决定国家命运的基本势力","他们必然要成为中华民主共和国的国家构成和政权构成的基本部分,而无产阶级则是领导的力量"。"现在所要建立的中华民主共和国,只能是在无产阶级领导下的一切反帝反封建的人们联合专政的民主共和国,这就是新民主主义的共和国。"①这是国体问题,就是社会各阶级在国家中的地位。还有一个政体问题,即政权构成的形式问题,可以采取人民代表大会制度,实行真正普遍平等的选举,并由各级代表大会选举各级政府,这种制度即民主集中制。只有民主集中制的政府,才能充分地发挥一切革命人民的意志,也才能最有力量地去反对革命的敌人。总之,"国体——各革命阶级联合专政。政体——民主集中制。这就是新民主主义的政治"②。

关于新民主主义的经济。毛泽东指出:"大银行、大工业、大商业,归这个共和国的国家所有。""在无产阶级领导下的新民主主义共和国的国营经济是社会主义性质的,是整个国民经济的领导力量,但这个共和国并不没收其他资本主义的私有财产,并不禁止'不能操纵国民生计'的资本主义生产的发展,这是因为中国经济还十分落后的缘故。"在农村,没收地主的土地,分配给无地和少地的农民,实行"耕者有其田",容许富农经济的存在。在"耕者有其田"基础上发展起来的各种合作经济,也是社会主义的因素。"中国的经济,一定要走'节制资本'和'平均地权'的路,决不能是'少数人所得而私',决不能让少数资本家少数地主'操纵国民生计',决不能建立欧美式的资本主义社会,也决不能还是旧的半封建社会。谁要是敢于违反这个方向,他就一定达不到目的,他就自己要碰破头的。"③毛泽东强调:"这就是革命的中国、抗日的中国应该建立和必然要

---

① 《毛泽东选集》第二卷,人民出版社 1991 年版,第 674—675 页。
② 《毛泽东选集》第二卷,人民出版社 1991 年版,第 677 页。
③ 《毛泽东选集》第二卷,人民出版社 1991 年版,第 678—679 页。

建立的内部经济关系。这样的经济,就是新民主主义的经济。"①

　　关于新民主主义的文化。毛泽东指出:"所谓新民主主义的文化,一句话,就是无产阶级领导的人民大众的反帝反封建的文化。"②"在现时,毫无疑义,应该扩大共产主义思想的宣传,加紧马克思列宁主义的学习,没有这种宣传和学习,不但不能引导中国革命到将来的社会主义阶段上去,而且也不能指导现时的民主革命达到胜利。但是我们既应把对于共产主义的思想体系和社会制度的宣传,同对于新民主主义的行动纲领的实践区别开来;又应把作为观察问题、研究学问、处理工作、训练干部的共产主义的理论和方法,同作为整个国民文化的新民主主义的方针区别开来。"③毛泽东认为:新民主主义的文化是民族的科学的大众的文化。所谓民族的,是指它是反对帝国主义压迫,主张中华民族的尊严和独立的,带有我们民族的特性的文化。同时,这种文化应该大量吸收外国的进步文化,作为自己文化食粮的原料。所谓科学的,是指它是反对一切封建思想和迷信思想,主张实事求是,主张客观真理,主张理论和实践相一致的。对于中国古代文化,应剔除其封建性的糟粕,吸收其民主性的精华。所谓大众的,是指它应为全民族中90%以上的工农劳苦民众服务,并逐渐成为他们的文化。这种文化因为是大众的,因而即是民主的。

　　新民主主义革命离不开无产阶级及其政党的领导。那么,无产阶级及其政党如何能够始终掌握领导权、实现自己的领导呢? 毛泽东在《〈共产党人〉发刊词》一文中对此作了全面的论述。他指出:"十八年的经验,已使我们懂得:统一战线,武装斗争,党的建设,是中国共产党在中国革命中战胜敌人的三个法宝,三个主要的法宝。""统一战线和武装斗争,是战胜敌人的两个基本武器。统一战线,是实行武装斗争的统一战线。而党的组织,则是掌握统一战线和武装斗争这两个武器以实行对敌冲锋陷阵

---

① 《毛泽东选集》第二卷,人民出版社1991年版,第679页。
② 《毛泽东选集》第二卷,人民出版社1991年版,第698页。
③ 《毛泽东选集》第二卷,人民出版社1991年版,第706页。

的英勇战士。""正确地理解了这三个问题及其相互关系,就等于正确地领导了全部中国革命。"①

到 1945 年中共七大召开,进一步发展了新民主主义的理论。中共七大确定了"放手发动群众,壮大人民力量,在我党的领导下,打败日本侵略者,解放全国人民,建立一个新民主主义的中国"的政治路线。强调为了建立新中国,当前最重要、最迫切的任务,就是立即废止国民党一党专政,建立民主联合政府。中共七大主张新民主主义经济,必须是由国家经济、私人经济和合作社经济三部分组成。要允许资本主义在新民主主义社会中得到比较大的发展。对此,毛泽东解释道:"有些人不了解共产党人为什么不但不怕资本主义,反而在一定的条件下提倡它的发展。我们的回答是这样简单:拿资本主义的某种发展去代替外国帝国主义和本国封建主义的压迫,不但是一个进步,而且是一个不可避免的过程。它不但有利于资产阶级,同时也有利于无产阶级,或者说更有利于无产阶级。"②中共七大在党的文件上首次明确提出要以生产力标准来判断一个政党的历史作用。毛泽东在《论联合政府》政治报告中指出:"中国一切政党的政策及其实践在中国人民中所表现的作用的好坏、大小,归根到底,看它对于中国人民的生产力的发展是否有帮助及其帮助之大小,看它是束缚生产力的,还是解放生产力的。"③据胡乔木回忆,毛泽东在关于国际形势和涉外关系方面还提出了一些重要思想,其中有这样一段话:"为着发展工业,需要大批资本。从什么地方来呢? 不外两方面:主要地依靠中国人民自己积累资本,同时借助于外援。在服从中国法令,有益中国经济的条件之下,外国投资是我们所欢迎。对于中国人民与外国人民都有利的事业,是中国在得到一个巩固的国内和平与国际和平,得到一个彻底的政治改革与土地改革之后,能够蓬蓬勃勃地发展大规模的轻重工业与

① 《毛泽东选集》第二卷,人民出版社 1991 年版,第 606、613、605—606 页。
② 《毛泽东选集》第三卷,人民出版社 1991 年版,第 1060 页。
③ 《毛泽东选集》第三卷,人民出版社 1991 年版,第 1079 页。

近代化的农业。在这个基础上,外国投资的容量将是非常广大的。一个政治上倒退与经济上贫困的中国,则不但对于中国人民非常不利,对于外国人民也是不利的。"①

新民主主义革命一系列重大理论问题的提出和成功解决,是中国共产党历史上的一件大事。它使全党对中国革命的性质、内容、领导权和发展前途有了一个明确而完整的认识。新民主主义理论使广大党员和人民群众清楚地看到中国革命的发展规律和前景,极大地鼓舞了他们的胜利信心,有力地指导和促进了全民族抗日战争与中国革命的胜利发展,成为引导中国人民自觉地在复杂环境中不断前进的旗帜,对中国革命的胜利发展起到了难以估量的重大指导作用。正是以毛泽东为代表的中国共产党人成功解决了举什么旗、走什么路的一系列事关中国革命兴衰成败的重大问题,从而奠定了中国革命走向胜利的政治基础。

二、忠实代表中华民族根本利益,成为中国人民抗日战争的中流砥柱

政治方向是实实在在的,并不是空泛的。要反对那种把政治方向空泛化、虚无化的倾向。毛泽东在中共七大《论联合政府》报告中曾指出:"如果看不起这个资产阶级民主革命而对它稍许放松,稍许怠工,稍许表现不忠诚、不热情,不准备付出自己的鲜血和生命,而空谈什么社会主义和共产主义,那就是有意无意地、或多或少地背叛了社会主义和共产主义,就不是一个自觉的和忠诚的共产主义者"。② 刘少奇在《论共产党员的修养》一文中也曾指出:"我们共产党员,要有最伟大的理想、最伟大的奋斗目标,同时,又要有实事求是的精神和最切实的实际工作。这是我们共产党员的特点。如果只有伟大而高尚的理想,而没有实事求是的精神

---

① 《胡乔木回忆毛泽东》,人民出版社2014年版,第378页。
② 《毛泽东选集》第三卷,人民出版社1991年版,第1059—1060页。

和切实的实际工作，那就不是一个好共产党员，那只能是空想家、空谈家或学究。相反，如果只有实际工作，没有伟大而高尚的共产主义理想，那也不是好共产党员，而是庸庸碌碌的事务主义者。只有把伟大而高尚的共产主义理想和切实的实际工作、实事求是的精神统一起来，才能成为一个好的共产党员。"①面对日本帝国主义妄图灭亡中国的企图，在中华民族处于生死存亡的危急关头，什么样的政治方向才是正确的政治方向呢？毫无疑义，高举抗日救国大旗，忠实代表中华民族利益，驱逐日本帝国主义出中国，实现民族独立和社会解放，才是正确的选择。

延安时期，中国共产党在民族危亡之际，以抗日救国、复兴民族为己任，正确分析阶级矛盾与民族矛盾的变化，推动国共两党二度合作，坚持全面抗战路线，发挥中流砥柱作用，使中华民族赢得抗日战争的伟大胜利。

（一）中国共产党倡导建立的抗日民族统一战线，最大程度地动员了全国的军队和老百姓，成为全民族抗战最有效的组织形式，是打败日本侵略者的决定因素

在中华民族面临生死存亡的紧要关头，如何挽救民族危亡，如何联合一切可以联合的力量进行抗日民族战争，成为摆在中国共产党和中国人民面前最紧迫的问题。中国共产党顺应时代要求，适时地提出建立抗日民族统一战线的主张。1935 年 8 月 1 日，根据华北事变以来的民族危机加剧的形势和共产国际七大精神，中共驻共产国际代表团草拟了《中华苏维埃政府、中国共产党中央为抗日救国告全体同胞书》（即《八一宣言》），10 月 1 日正式以中华苏维埃共和国中央政府和中国共产党中央委员会的名义在法国巴黎出版的《救国时报》上发表。《八一宣言》呼吁停止内战、一致抗日，主张一切愿意参加抗日救国的党派、团体、名流学者、

---

① 《刘少奇选集》上卷，人民出版社 1981 年版，第 128—129 页。

政治家和地方军政机关进行谈判,共同成立国防政府;在国防政府领导下,一切抗日军队组成统一的抗日联军。中华苏维埃共和国政府和中国共产党愿意做国防政府的发起人,工农红军首先加入抗日联军,以尽抗日救国的天职。

中共中央长征到达陕北后,1935 年 12 月,在陕北瓦窑堡召开政治局扩大会议,通过了张闻天起草的《中央关于目前政治形势与党的任务决议》,27 日,毛泽东在党的活动分子会议上作《论反对日本帝国主义的策略》报告。决议和报告解决了中国共产党政治路线问题,确立了建立抗日民族统一战线的策略路线。同时为适应建立广泛的抗日民族统一战线的要求,瓦窑堡会议决定将"工农共和国"改为"人民共和国"。

1936 年 3 月,刘长胜带着共产国际七大决议和《八一宣言》等文件,从苏联回国到达陕北。4 月 25 日,中共中央发表《为创建全国各党各派的抗日人民阵线宣言》,首次公开把国民党列为抗日民族统一战线的对象。5 月 5 日,中国共产党发表的《停战议和一致抗日通电》不再称蒋介石为卖国贼,而称其为蒋介石氏。这实际上是公开宣布中国共产党抗日反蒋政策已开始向逼蒋抗日政策转变。

为了使全党了解放弃反蒋口号的必要性,1936 年 9 月 1 日和 17 日,中共中央先后向党内发出《关于逼蒋抗日问题的指示》和《关于抗日救亡运动的新形势与民主共和国的决议》。在《指示》中明确提出:"目前中国的主要敌人,是日帝,所以把日帝与蒋介石同等看待是错误的,'抗日反蒋'的口号,也是不适当的。""我们的总方针,应是逼蒋抗日"。"推动国民党南京政府及其军队参加抗日战争,是实行全国性大规模的严重的抗日武装斗争之必要条件。"①中共中央 1936 年 8 月致国民党信中,改用了民主共和国的口号,在 9 月 17 日的《决议》中对民主共和国的口号作了具体的说明。②

1936 年 12 月 12 日,张学良、杨虎城发动西安事变,中共中央作出力

---

①　《建党以来重要文献选编》第十三册,中央文献出版社 2011 年版,第 276、283 页。
②　参见《毛泽东选集》第一卷,人民出版社 1991 年版,第 267—268 页。

促和平解决西安事变的正确决策,17日派周恩来、叶剑英、秦邦宪等赴西安协助张、杨处理事变善后工作,促成了西安事变的和平解决。西安事变和平解决成为时局转换的关键,标志抗日民族统一战线初步形成。西安事变爆发后,东北军退出延安城,中共中央派王观澜为首的工作团接管了延安。1937年1月13日,中共中央、毛泽东从延安城北门口走进延安。从此,延安成为中共中央所在地,中国革命的指导中心和总后方,成为全国人民向往的革命圣地。

西安事变和平解决后,中国共产党面临的主要任务,是动员全党和全国人民巩固和平,争取民主,早日实现抗日。为此,中共中央进驻延安前就做了大量的工作。1937年2月10日,中国共产党发表《致国民党三中全会电》,向国民党提出五项要求,并作出四项保证,得到了社会各界的赞同。从1937年2月开始到7月全面抗战爆发前,中共中央派代表同国民党进行直接谈判,虽然没有达成实质性的协议,但国共合作的形势已渐趋明朗化。

1937年7月7日,卢沟桥事变爆发。第二天中共中央就发出《中国共产党为日军进攻卢沟桥通电》,向全国人民发出呼吁:"平津危急!华北危急!中华民族危急!只有全民族实行抗战,才是我们的出路"。明确表示红军将士愿"为国效命,与敌周旋,以达保土卫国之目的"。并提出:"在国共两党合作的基础上,建立全国各党各派各界各军的抗日民族统一战线,领导抗日战争,精诚团结,共赴国难"。在中国共产党的倡导和呼吁下,蒋介石于7月17日发表著名的庐山谈话,表示:"如果战端一开,就是地无分南北,年无分老幼,无论何人,皆有守土抗战之责任"。9月22日,国民党中央通讯社发表《中共中央为公布国共合作宣言》;次日,蒋介石发表实际上承认中国共产党合法地位的谈话,标志着以国共两党合作为基础的抗日民族统一战线正式建立。

抗日民族统一战线是中国共产党主张建立的,以国共两党合作为基础,包括一切抗日的阶级、阶层、政党、团体、爱国人士、少数民族、港澳台同胞、海外华侨的广泛同盟。它"对于两党联合救国的伟大事业,建立了必要的基础。共产党的宣言,不但将成为两党团结的方针,而且将成为全国人民大团结的根本方针"①。"历史的车轮将经过这个统一战线,把中国革命带到一个崭新的阶段上去。""这将给予中国革命以广大的深刻的影响,将对于打倒日本帝国主义发生决定的作用。"②

抗日民族统一战线使两个代表不同阶级利益的政党和军队形成了共同抗日的局面,但维护这一局面把全民族抗日战争进行到底,其任务却是极其艰巨和复杂的。在抗战期间,国民党顽固派不断制造磨擦,曾掀起三次反共高潮,几乎使抗日民族统一战线破裂,但中国共产党始终以民族利益为重,坚持"发展进步势力,争取中间势力,孤立顽固势力"方针,采取"有理、有利、有节"原则,妥善处理国共两党关系,使得以国共合作为基础的抗日民族统一战线能够坚持到抗战胜利,成为中华民族抗日战争胜利的基本条件。

习近平指出:"中国共产党的中流砥柱作用是中国人民抗日战争胜利的关键。近代以后,中国人民历次反侵略战争失败的一个重要原因,是政治统治集团的腐朽无能和民族内部软弱涣散。在内忧外患中诞生和成长起来的中国共产党,自成立之日起就把实现中华民族伟大复兴作为自己的历史使命,捍卫民族独立最坚定,维护民族利益最坚决,反抗外来侵略最勇敢。中国共产党坚持全面抗战路线,制定正确战略策略,开辟广大敌后战场,成为坚持抗战的中坚力量。无论条件多么艰苦、形势多么险恶、战争多么残酷,中国共产党始终坚持抗战、反对投降,坚持团结、反对分裂,坚持进步、反对倒退,同各爱国党派团体和广大人民一起,共同维护团结抗战大局。中国共产党人以自己的政治主张、坚定意志、模范行动,支撑起全民族救亡图存的希望,引领着夺取战争胜利的正确方向,成为夺

---

① 《毛泽东选集》第二卷,人民出版社 1991 年版,第 363—364 页。
② 《毛泽东选集》第二卷,人民出版社 1991 年版,第 364 页。

取战争胜利的民族先锋。"①

历史表明,如果没有抗日民族统一战线,就没有中国抗日战争的胜利。而中国共产党正是抗日民族统一战线的倡导者、推动者、维护者。

(二)中国共产党主张实行全面抗战路线,提出持久战的战略总方针和一整套作战原则,对抗日战争实施了正确战略指导,是夺取全民族抗战胜利的基本保证

毛泽东指出:"中日战争不是任何别的战争,乃是半殖民地半封建的中国和帝国主义的日本之间在二十世纪三十年代进行的一个决死的战争。"②全民族抗日战争爆发时,日本占有绝对优势。在经济方面,到 1937 年日本工业可以与英美抗衡,而中国尚停留在农业时代,整个现代工业在国民经济总产值中仅占 10%,生产力水平极为低下。在军事方面,日本 1937 年生产飞机 1580 架、火炮 744 门、坦克 330 辆、舰艇 52422 吨,1941 年生产飞机 6260 架、火炮 3388 门、坦克 1190 辆、舰艇 191450 吨;③而中国除能自制一部分轻兵器外,所有军舰、飞机、战车、火炮都不能自制,均购自国外。1937 年日本有常备师 17 个,共约 38 万人,但可以 3 倍动员;中国有 191 个师,59 个旅,20 个独立团,总兵力为 210 万人。日本有大舰艇 200 余艘,共 190 万吨,其力量仅次于英美而属世界第三位;中国拥有新旧舰艇共计 66 艘,其中最大吨位为 3000 吨,小者为 300 吨,总吨位为 59034 吨。日本共有飞机 2700 架;中国仅有各式飞机 600 架,但作战飞机只有 305 架,其余为教练机及运输机。④ 面对强敌,中国如何能制敌于死

---

① 习近平:《在纪念中国人民抗日战争暨世界反法西斯战争胜利 69 周年座谈会上的讲话》,人民出版社 2014 年版,第 8—9 页。

② 《毛泽东选集》第二卷,人民出版社 1991 年版,第 447 页。

③ 《外国军事学术》1976 年增刊第 3 期。

④ 蒋纬国总编:《国民革命战史》第 3 部《抗日御侮》第 10 卷,台湾黎明文化事业股份有限公司 1978 年版。

地？这是必须做出回答的一个重要问题。国民党坚持一党专政，不愿意发动群众抗战，而实行单纯依靠政府和军队进行抗战的片面抗战路线。在这样的关键时刻，1937 年 8 月 22 日至 25 日，中共中央在洛川县冯家村召开了政治局扩大会议，毛泽东在会上作军事问题和国共两党关系问题的报告，会议通过了《中央关于目前形势与党的任务的决定》。《决定》指出：中国的抗战是一场艰苦的持久战。争取抗战胜利的关键在于使已经发动的抗战发展为全面的全民族的抗战。会议通过了《中国共产党抗日救国十大纲领》。即：(1)打倒日本帝国主义；(2)全国军事的总动员；(3)全国人民的总动员；(4)改革政治机构；(5)抗日的外交政策；(6)战时的财政经济政策；(7)改良人民生活；(8)抗日的教育政策；(9)肃清汉奸卖国贼亲日派，巩固后方；(10)抗日的民族团结。洛川会议制定的全面抗战路线，把实行全民族抗战与争取人民民主、改善人民生活结合起来，把反对外敌入侵与推进社会进步统一起来，正确处理了民族矛盾与阶级矛盾的关系。会议通过的十大纲领，阐明了中国共产党在全民族抗日战争时期的基本政治主张，指明了坚持长期抗战、争取最后胜利的具体道路。

全民族抗日战争应当采取什么样的军事战略方针？早在七七事变前，中共中央就预见到这场战争将是一场持久的战争。1935 年 12 月，毛泽东在陕北瓦窑堡党的活动分子会议上指出："要打倒敌人必须准备作持久战"①。1936 年 7 月，毛泽东在同美国记者埃德加·斯诺的谈话中，就已经一般地估计抗日战争的形势，提出了通过持久抗战争取胜利的方针。1937 年 7 月，朱德在《实行对日抗战》一文中，指出中国的抗日战争"将是一个持久的艰苦的抗战"。② 卢沟桥事变后，中国共产党及时提出关于全国抗战的战略方针和作战原则。在 8 月 11 日举行的国民政府军

---

① 《毛泽东选集》第一卷，人民出版社 1991 年版，第 153 页。
② 转引自曲青山、高永中主编：《抗日战争回忆录》，党建读物出版社 2015 年版，第 15 页。

委会军政部谈话会上,中国共产党代表周恩来、朱德指出:全国抗战在战略上要实行持久防御,在战术上应取攻势,即实行积极防御的方针;华北战区须培养独立持久的作战能力,并由阵地战转为运动战,同时在敌人侧翼和后方发动民众,开展游击战争。在政治上,要动员全国军民,方能取得最后胜利。洛川会议后,张闻天、周恩来、刘少奇、彭德怀等相继发表文章,论述抗日战争的持久性,以及实行持久战和争取抗战胜利的条件、方法等问题。与此同时,国民党当局也确立以"持久战"作为全国抗战的基本战略方针。8 月 20 日,国民政府以大本营名义颁发的《国军作战指导计划》提出:全国抗战"以达成'持久战'为作战指导之基础主旨"。蒋介石等人还先后提出"持久消耗战""以空间换时间""积小胜为大胜"等口号。

然而,全民族抗日战争究竟将如何发展?如何实行持久抗战?中国能否取得胜利?这些问题,在国统区甚至中国共产党一些人中还没有得到明确解决。"亡国论"和"速胜论"的错误观点,都还有着相当大的市场。毛泽东 1938 年 5 月写了《论持久战》这篇论文,并于 1938 年 5 月 26日至 6 月 3 日,在延安抗日研究会上作讲演,批驳了当时流行的种种错误观点,系统地阐明了中国共产党的抗日持久战方针。毛泽东深入分析了在这场战争中,中日双方存在着互相矛盾的 4 个特点:第一,日本是帝国主义强国,中国是个半殖民地半封建弱国;第二,日本的侵略战争是退步的、野蛮的,中国的反侵略战争是进步的、正义的;第三,日本战争力量虽强,但它是个小国,人力、军力、财力、物力均感缺乏,经不起长期的战争,中国是个大国,地大、物博、人多、兵多,能够支持长期的战争;第四,日本的非正义战争在国际上是失道寡助的,中国的正义战争却是得道多助的。第一个特点决定了日本的进攻在中国横行一时,中国不能速胜,中国抗战不可避免地要走一段艰难的路程。后三个特点决定了中国不会亡国,经过长期抗战,最后胜利属于中国。《论持久战》科学地预见到全民族抗日持久战争将经过战略防御、战略相持、战略反攻三个阶段。强调"兵民是胜利之本"①。《论持久战》在全面抗战开始不久,人们对战争将如何发展还不甚明了的时候,在人们面前清晰而有说服力地描绘出战争发展全过程的完整蓝图,回答了人们头脑中存在的种种问题。一篇论文有如此强大的说服力量和震撼人心的力量,在历史上是少有的。以后全民族抗日战争的发展,充分证明《论持久战》中的预见是完全正确的。

（三）中国共产党领导抗日军民开展独立自主的游击战争,建立巩固的抗日民主根据地,成为坚持抗战、坚持团结、坚持进步的中坚力量

中国全民族抗日战争形成正面战场和敌后战场,这是战争史上的奇观。在中国人民抗日战争胜利 60 周年之际,胡锦涛指出:"中国国民党和中国共产党领导的抗日军队,分别担负着正面战场和敌后战场的作战任务,形成了共同抗击日本侵略者的战略态势。以国民党军队为主体的正面战场,组织了一系列大仗,特别是全国抗战初期的淞沪、忻口、徐州、武汉等战役,给日军以沉重打击。中国共产党领导的敌后战场,广泛发动群众,开展游击战争,八路军、新四军、华南游击队、东北抗日联军和其他人民抗日武装力量奋勇作战。平型关大捷打破了'日军不可战胜'的神话,百团大战振奋了全国军民争取抗战胜利的信心。敌后战场钳制和歼灭日军大量兵力,歼灭大部分伪军,逐渐成为中国人民抗日战争的主战场。"②2014 年 9 月 3 日,在纪念中国人民抗日战争暨世界反法西斯战争胜利 69 周年座谈会上,习近平强调指出:"全民族抗战是中国人民抗日战争胜利的重要法宝。人民群众是战争胜利最深厚的伟力。中国共产党坚持动员人民、依靠人民,提出和实施持久战的战略总方针和一整套人民战争的战略战术,广泛开展伏击战、破袭战、地雷战、地道战、麻雀战等游击战的战

---

① 《毛泽东选集》第二卷,人民出版社 1991 年版,第 509 页。
② 胡锦涛:《在纪念中国人民抗日战争暨世界反法西斯战争胜利 60 周年大会上的讲话》,人民出版社 2005 年版,第 5 页。

术战法,使日本侵略者陷入了人民战争的汪洋大海之中。中国共产党领导开辟的敌后战场和国民党指挥的正面战场协力合作,形成了共同抗击日本侵略者的战略局面。中国人民抗日战争胜利是全民族抗战的胜利,是全体中华儿女的荣光!"①

中国共产党领导的人民军队和开辟的敌后战场在抗日战争中作出了重大贡献。在中共中央正在召开洛川会议之际,1937 年 8 月 22 日,国民政府军事委员会发布命令,将红军改编为八路军。8 月 25 日,中共中央军委发布命令:红军改编为八路军,朱德为总指挥,彭德怀为副总指挥,叶剑英为参谋长,左权为副参谋长,任弼时为政治部主任,邓小平为政治部副主任。全军 4.6 万人,下辖 3 个师。8 月底,八路军总部和一一五师部分部队,在陕西泾阳县云阳镇举行改编抗日誓师动员大会。9 月 2 日,一二〇师在陕西富平县庄里镇永安村举行抗日誓师大会。9 月 6 日,一二九师在泾阳县桥底镇召开抗日誓师动员大会。从 8 月下旬到 10 月底,用 40 天时间,从韩城芝川镇渡过黄河,奔赴华北抗日前线。在八路军开赴前线抗日过程中,国民党和共产党于 1937 年 10 月在南京达成协议,将南方的红军和游击队改编为国民革命军陆军新编第四军,12 月在汉口组建新四军军部,叶挺任军长,项英任副军长,全军共 10300 人。在中国共产党领导下,八路军、新四军在华北、华中英勇杀敌,屡立战功。八路军一一五师 1937 年 9 月 25 日首战平型关,歼敌 1000 余人,取得全国抗战以来第一个大胜仗,驳斥了"日军不可战胜"的神话,振奋了全国军民的抗日斗志和信心。一二〇师、一二九师攻取雁门关,夜袭阳明堡,烧毁敌机 24 架,有力地配合了友军作战。1937 年 11 月 8 日,太原失陷后,国民党军大部分溃退到黄河以南以西地区,在华北以国民党军队为主体的正规战结束,以共产党所领导的人民军队为主体的游击战上升到主要地位。按照中共中央的部署,八路军在山西实行战略展开,广泛地发动人民群众,开

---

① 习近平:《在纪念中国人民抗日战争暨世界反法西斯战争胜利 69 周年座谈会上的讲话》,人民出版社 2014 年版,第 9—10 页。

辟敌后抗日根据地,开展独立自主的游击战争。从 1938 年 4 月起,八路军各部又逐渐将抗日游击战争由山区推向冀鲁豫平原和察绥地区,开辟广阔的华北敌后解放区战场。在华中,新四军各部挺进华中敌后,先后在苏南、皖中、豫皖苏等地区开展游击战争,创建抗日根据地。到 1938 年 10 月武汉失守,八路军、新四军在敌后战场对日军作战 1600 多次,毙伤敌军 6 万余人。八路军、新四军由出师敌后时的 5 万余人,发展到 18.1 万余人。敌后战场的开辟,对于阻止敌人的进攻、使战争转入相持阶段,起了重要作用。同时,形成敌后战场与正面战场并存的局面,对敌构成了两面夹击的战略态势。

1938 年 10 月,中国全民族抗日战争战略相持阶段到来,日本帝国主义调整其侵华战略,对国民党采取政治诱降为主、军事打击为辅政策,逐渐将其主要兵力用于敌后战场。这时国民党也由全面抗战爆发后一段时间内的积极抗日转变为消极抗日、积极反共。在这样的形势下,中国共产党领导的敌后战场逐渐转变为中国抗日的重心。中国共产党及其人民武装力量担负起了抗击日本侵略军的主要责任,人民军队所进行的游击战也就成为全民族抗日战争的主要作战形式。这一阶段消灭敌人、壮大自己,逐步改变敌强我弱态势的任务,主要由人民军队所进行的游击战来完成。1939 年日军对敌后解放区作战使用的兵力达 54 万人,占其侵华(不含东北)总兵力的 62%,伪军 14.5 万人,达 100%。1940 年日军对敌后解放区作战使用的兵力 47 万人,占全部侵华日军的 58%。敌后解放区军民面对日本帝国主义实行的所谓"总力战",以及"扫荡""蚕食""清乡""治安强化""囚笼政策"和惨绝人寰的"三光"政策,加上国民党的反共磨擦,不屈不挠,坚守华北和华中广大地区。到 1940 年底,敌后解放区军民共毙伤俘日伪军近 40 万人,人民抗日武装部队发展到 50 万人,创建了 16 块根据地(晋察冀、晋冀豫、晋绥、冀鲁豫、豫鄂边、山东、皖东北、皖东、皖南、皖中、苏南、苏中、苏北、豫皖苏、东江、琼崖),加上陕甘宁边区,中国共产党领导的抗日根据地已拥有近 1 亿人口。

1941 年至 1942 年,中国共产党领导的敌后解放区战场面临严重困难。一方面日本帝国主义实施"南进"计划,将华北作为其"南进"的战略后方基地,加大对敌后解放区战场用兵。两年中,使用其侵华(不含东北)兵力的70%左右 40 余万人,对敌后各抗日根据地实施残酷的"扫荡"和"清乡"。日军对敌后解放区进行的数千人兵力的"扫荡"共 1322 次,1 万人至 7 万人兵力的"扫荡"27 次,所到之处,烧杀抢掠,无恶不作,使敌后抗日根据地遭到严重摧残。另一方面,国民党顽固派不去积极抗日,却发动第二次反共高潮,于 1941 年 1 月制造了震惊中外的皖南事变。在严峻的局势面前,中国共产党及其领导的敌后军民并没有被困难所吓倒,畏首畏尾,裹足不前,虽然,解放区人口由 1 亿人下降到 5000 万人以下,军队由 50 万人缩减到 30多万人,根据地缩小了六分之一,但依然以顽强的意志和不屈的品格,坚持敌后抗战,挺起了民族的脊梁,与日伪军作战 4 万余次,毙伤日伪军 27 万余人,消耗和牵制大量日军,有力支援了太平洋战场上的对日作战。

1943 年至 1944 年,世界反法西斯战争形势发生了根本性变化。在欧洲战场,1943 年 2 月,苏联红军取得斯大林格勒战役胜利后,转入全面反攻,把战争推进到德国本土及其占领区;英美军队在法国诺曼底登陆,开辟了欧洲第二战场。1945 年 5 月 8 日,德国法西斯无条件投降。在亚洲和太平洋战场,美国在太平洋发动越岛进攻,中美军队组织缅北战役,取得攻占密支那的胜利。中国共产党领导的敌后抗战在渡过 1941 年至1942 年的最困难时期后,进入再发展时期。1943 年,华北敌后军民在有利条件下,发起对日军的进攻性战役。1944 年春季,八路军、新四军抗击侵华日军的 64%。华北、华中、华南各根据地普遍发起对日伪军的局部反攻,扩大原有的根据地,并开辟新的抗日根据地。到 1945 年,中国共产党领导的抗日根据地军民抗击 69%的侵华日军和 95%的伪军,而国民党正面战场所担负的是抗击侵华日军的 31%和伪军的 5%而已。由于敌后解放区军民积极对日作战,到 1945 年春夏,敌后抗日根据地发展到 19块,总面积 95 万平方公里,人口达 9550 万人,八路军、新四军及其他人民抗日武装力量上升到 91 万人,民兵有 220 万人。

在整个抗战中,中国共产党领导的人民抗日武装对敌作战 12.5 万次,消灭日伪军 171.3 万人,其中日军 52.7 万人(东北抗联先后歼敌 17 万余人不在内)、伪军 118.6 万人。缴获各种枪 69 万余支(挺)、各种炮 1800 多门。八路军、新四军和其他人民抗日武装伤亡 60 余万人,各抗日根据地人民群众伤亡 600 余万人。

正是中国共产党始终站在民族利益最前沿,积极倡导、努力建立和扩大以国共合作为基础的,包括各民主党派、人民团体,以及一切爱国阶级、阶层的广泛的抗日民族统一战线,最大限度地动员了全国人民参加抗战,使日本帝国主义陷入人民战争的汪洋大海,遭到灭顶之灾。中国共产党虽然还没有掌握全国政权,但根据抗日战争的特点,提出了全面抗战的正确路线和持久战的方针,成为团结抗战的坚强核心,可以说,抗日战争的胜利就是中国共产党全面抗战路线指引下的人民战争的胜利。中国共产党领导的敌后战场和军民,坚持抗战,有力地打击了日本侵略者,吸引了大量日军,减轻了国民党正面战场的压力。同时,中国共产党领导的敌后战场也是中国抗日战争战略反攻的前沿阵地,为赢得中国抗日战争的胜利作出了重要贡献。

全民族抗日战争的历史表明,正是在中国共产党倡导建立的抗日民族统一战线旗帜凝聚下,中华民族万众一心,同仇敌忾,共赴国难,取得了近代以来中国反对外敌入侵的第一次完全胜利,创造了半殖民地弱国打败帝国主义强国的奇迹。中国共产党作为全民族抗战的一面旗帜,在中国抗战的不同阶段,始终坚持抗日主张,发挥了中流砥柱的作用。

(四)延安作为中国抗战的政治指导中心和坚强堡垒,具有极强的政治吸引力和政治号召力

在民族危亡之际,谁能够站在民族利益最前沿,谁就能够赢得人民群众的信赖、爱戴和拥护。正是中国共产党高举抗日救国、民族独立的大旗,使延安成为全中国最进步、最革命、最民主的革命圣地。在当年,"到延安去!"曾经是一代青年的心灵呼唤和强烈愿望。在中华民族处于生死存亡的关头,数以万计的革命青年为报效祖国,拯救民族危亡,寻求革命真理,排除千阻万难,从海外、从沦陷区、从大后方,千里迢迢奔赴延安。仅 1938 年 5 月至 8 月统计,经西安八路军办事处介绍送往延安的革命青年就达 2288 名。当时有人称,青年像潮水般涌向延安。1938 年 10 月武汉失守后,国民党消极抗战积极反共,对边区封锁禁运,重兵包围,沿途设立关卡,阻拦、杀害革命青年,致使不少革命青年身陷囹圄,惨遭杀害。但是,马列主义的真理是封锁不住的,信仰的力量是不可抗拒的。伟大的理想在召唤着有志的男女青年。一批上海青年曾宣誓:"打断骨头还有肉,割了皮肉还有筋,只要还有一口气,爬也爬到延安去。"有个姓吴的华侨青年,是个资本家的独生子,他冲破家庭的阻拦回到祖国,并闯过层层封锁线来到延安。当他步入三十里铺,从哨兵口里得知"已是延安地界"时,他激动万分,面朝北跪在地上,双手捧起一把黄土,紧紧地贴在脸上说:"亲爱的土地,祖国只剩下你这一片了。"中共中央为使革命青年顺利到达延安,依靠各级地下党组织秘密护送,八路军办事处利用各种机会和渠道,采取各种方式秘密护送。正如两位十六七岁的女青年从家乡四川和安徽徒步来到延安后,向印度援华医生柯棣华所说:"怎能不害怕呢?走了好几个月,又累又怕,可是一想到被国民党反动派杀害的父母亲,想到去延安就能找到共产党、毛泽东,就能呼吸到自由的空气,苦和累又算得了什么呢?"柯棣华明白了:信仰的力量是巨大的,在黑暗的岁月里生活的中国人,特别是青年,终于从共产党人身上找到了希望,看到了光明。

到底有多少革命青年投奔延安,投奔共产党的学校? 很难说出一个精确的数字。《胡乔木回忆毛泽东》中有一个说法:在 1943 年 12 月 22 日中央书记处工作会议的讨论中,任弼时专门就如何看待来延安的新知识分子问题作了发言说:抗战后到延安的知识分子总共 4 万余人,就文化程度而言,高中以上占 19%,高中 21%,初中 31%,初中以下约 30%,多数是在 1937 年和 1938 年来的。

对当年革命青年热切向往延安,积极投奔延安的情景,王云风 1938 年在《奔向光明》一诗中写道:"万重山,难又险,仰望圣地上青天。延安路上人如潮,青年男女浪滔滔。"全国青年为什么来延安? 柯仲平 1939 年在《延安与青年》一诗中说:"青年,中国青年,延安吃的小米饭,延安穿的麻草鞋,为什么你要爱延安? 青年回答:我们不怕走烂脚底板,也不怕遇上'水妖十八怪',怕只怕吃不上延安的小米饭,不能到前方抗战,只怕取不上延安的经典,不能变成最革命的青年……"抗大政治部主任张际春在一篇题为《抗大为中华民族与中国人民奋斗的三周年》的纪念文章中讲到当年革命青年向往、投奔延安的情景时说:他们有母女相约、夫妻相约、姐妹相约、兄弟相约、亲友相约、师生相约以至于官长与部属相约,结队成群地来到延安抗大,如孙炳文烈士的女儿孙维世,于 1937 年经周恩来介绍从国统区来抗大学习,同她的母亲任锐同队。浙江上虞县女学生们燊年仅 19 岁,携弟、妹辗转千余里来延安抗大学习。这些感人的事迹在延安传为佳话。曾在抗大第四期上学后留校工作的孙毅民回忆:1938 年 4 月 16 日,抗大第四期开学,学员中有作曲家郑律成、贺绿汀;有演员欧阳山尊、莫耶、史若虚、汪洋、张平等;还有东北军、西北军将领的子弟,如张学良之弟张学思,张作相之子张蔚九,杨虎城之子杨拯民,冯玉祥之侄冯文华,傅作义之弟傅作良,赵寿山之子赵元杰,武昌起义军总司令黄兴之子黄鼎。此外,还有 5 名国民党县长。还有来自世界各地的 64 名华侨以及朝鲜、越南和日本的国际友人。① 曾任抗大、泽东干部学校、延安民族学院教员的王仲方回忆:有全家一起到延安来的,如汪道涵的父亲汪雨相老夫妇,带着 6 个儿子 1 个女儿,加上儿媳、女婿 20 多人;李琦的母亲李之光带着 4 个女儿,小女儿还未成年,都分别到了延安。他本人从1937 年至 1945 年在延安生活工作了 8 年时间。他回忆延安时动情地说:

---

　　①　《红色延安口述·历史:延安时期的日常生活》,陕西师范大学出版社 2014 年版,第90 页。

延安是母亲,她用小米和延河水把我们哺育。延安是熔炉,她用思想的火焰把我们锻炼成钢。延安是灯塔,她的光芒指引我们走向胜利和解放。延安是圣地,是我们永远崇拜、永远向往的地方。[①]

毛泽东对革命青年投奔延安给予极大的关怀和很高的评价。1937年2月,毛泽东在接见北平来的一批知识分子时说:延安的抗大和北大、清华、燕京大学不一样,物质条件比较差。但是,它是研究民族解放、社会解放的大学校。我们的理想大、奋斗目标大,我们这个大学在中国过去是没有的,世界上也是很少的。

"百年积弱叹华夏,八载干戈仗延安。试问九州谁做主,万众瞩目清凉山。"陈毅的这首诗生动地反映了那段难忘的历史画卷。

三、坚持"走历史发展必由之路",通过人民战争打出一个新中国

全面抗战胜利后,中华民族再一次面临向何处去的问题。中国共产党主张团结一切爱国民主力量,把中国建设成为独立、自由、民主、统一、富强的新中国。而国民党统治集团则企图依靠美国政府支持,在中国继续维持国民党一党专政的统治。在中国面临两种前途、两种命运的较量中,中国共产党始终以人民利益为重,审时度势,最终通过人民战争打出了一个新中国,完成了争取民族独立和人民解放的历史使命,使中华民族自立于世界民族之林,使人民成为国家的主人。

(一)制定正确方针,争取国内和平民主

全民族抗日战争的胜利洗雪了中华民族近代一百多年以来备受凌辱的屈辱史,是中华民族由衰败到强盛的转折点。抗战胜利后亿万华夏儿

---

① 《红色延安口述·历史:我要去延安》,陕西师范大学出版社2014年版,第13页。

女期盼和平,希望休养生息,过上安宁的日子。但是,在中国到底应建设一个什么样的国家? 却面临着两种前途、两种命运的抉择。其实,早在全民族抗日战争胜利之前,中国共产党就提出组建联合政府、实行民主建国的主张。1944 年 8 月 17 日,毛泽东在董必武给周恩来的电报上批示:"应与张、左商各党派联合政府。"(电文中的"张、左",指中国民主政团同盟主席张澜和秘书长左舜生。)9 月 1 日,毛泽东在中共六届七中全会主席团会议上说明,中国共产党的主张是:"召集各党派代表会,成立联合政府,共同抗日将来建国。"9 月 15 日,林伯渠代表共产党在国民参政会上正式提出废除国民党一党专政,建立民主联合政府的主张。随后,共产党又以书面形式向国民党当局提出成立民主联合政府的方案。成立民主联合政府主张的提出,在国内外引起强烈反响,赢得了各民主党派和民主人士的广泛支持。1945 年 2 月 18 日,在中央全会讨论周恩来关于联合政府问题的国共两党谈判报告时,毛泽东曾讲过联合政府的几种可能性:"以蒋介石为主,希腊式;以我们为主,波兰式;还有第三种可能,即蒋与我们合作的政府,这要看政府设在什么地方,若设在重庆蒋介石的刀尖上则本质上仍是蒋介石的,独裁加若干民主,这样的政府我们也要,因为可以宣传,可以做工作,但不要幻想。只要成立了联合政府,一切要由国民党、共产党、民主同盟商决。这样,他们的文章就不好做,我们的文章就好做。"毛泽东说:"第一种坏的,我们不希望的可能,即要我们交军队而做官。军队我们当然是不交的,官做不做呢? 我们不要宣传做,也不要就拒绝。要准备这种可能性,其坏处是在独裁政府做官,这是可以向群众解释的;但也有好处,可以宣传。第二种可能是以蒋介石为首,形式是民主,承认解放区,实质蒋介石的政府仍是独裁的。第三种可能是以我们为中心,在我们有 150 万军队、1 亿 5 千万人民时,在蒋介石更加削弱无联合可能时,就要如此做。这是中国发展的基本趋势和规律,我们要建设的国家就是这样一个国家。"①

---

① 《胡乔木回忆毛泽东》,人民出版社 2014 年版,第 372—373 页。

在日本政府宣布无条件投降前夕,1945年8月13日,毛泽东在延安干部会上作《抗日战争胜利后的时局和我们的方针》报告。报告分析了国际国内形势,明确地提出中国共产党争取和平、民主,反对独裁、内战的主张,制定了应对时局的"针锋相对,寸土必争"方针。日本政府宣布无条件投降后,由于国内人民有强烈的和平建国愿望,苏、美、英也需要和平,不赞成中国内战,加之国民党统治集团垄断抗战胜利果实的行径,遭到全国人民尤其是解放区军民强烈反对,国民党要发动大规模内战也面临着种种困难。在这样的形势下,蒋介石于1945年8月14日、20日、23日连续发出3封电报,邀请毛泽东到重庆进行和平谈判,共同商讨国际国内各种重要问题。8月23日,中共中央政治局召开扩大会议,讨论同国民党进行谈判的问题。在会上,毛泽东在论及关于中国共产党今后的斗争道路时指出:"七大时讲的长期迂回曲折,准备最大困难,现在就要实行了。希腊、法国的共产党人得了雅典、巴黎,但政权落在或主要落在别人手里;我们现在在全国范围内大体要走法国的路,即资产阶级领导而有无产阶级参加的政府。中国的局面,联合政府的几种形式,现在是独裁加若干民主,并将占相当长的时期。我们还是钻进去给蒋介石洗脸,而不要砍头。这个弯路将使我们党在各方面达到更成熟,中国人民更觉悟,然后实现新民主主义的中国。"①8月25日,中共中央发表《对目前时局的宣言》,明确提出"和平、民主、团结"三大口号。当晚中央政治局决定毛泽东、周恩来、王若飞赴重庆同国民党进行谈判。8月28日,毛泽东、周恩来、王若飞在张治中、赫尔利陪同下乘专机抵达重庆。经43天的谈判,10月10日双方签订《政府与中共代表会谈纪要》即"双十协定",并公开发表。国共双方在和平建国、实现政治民主化、承认人民享有民主自由权利、党派平等合法、取消特务机关、释放政治犯、实行普选等方面达成协议。但在解放区政权问题、国民大会问题、军队整编问题上未达成协议。

---

① 《胡乔木回忆毛泽东》,人民出版社2014年版,第399页。

虽然如此,但重庆谈判确曾为中国的和平与统一提供了一次可贵的机会。

重庆谈判后,因为蒋介石无意执行"双十协定",国共双方军事冲突愈演愈烈。但蒋介石还没有做好向解放区大举进攻的准备,加之人民军队坚决反击,双方在军事上形成僵持状态。1945 年 11 月 27 日,赫尔利宣布辞职,美国总统杜鲁门任命马歇尔为驻华特使。12 月 25 日,杜鲁门发表对华政策声明,表示希望中国停止武装冲突,协商解决内部分歧,保证美国不会使用武力干涉的方式影响中国内争过程。16 日,苏、美、英三国外长会议在莫斯科召开。27 日,在会议结束时发表的公告中,三国一致表示支持中国的统一与民主,赞成国民政府的各级机构应有"民主党派之广泛参与",并要求中国立即停止内部冲突。三国重申,坚持不干涉中国内部事务的政策。形势的变化使中国大地再次露出和平曙光。在马歇尔调停和国内外各种因素推动下,1946 年 1 月 10 日,国共双方分别颁布了停战令。当天,政治协商会议在重庆开幕。经过 21 天努力,1 月 31 日,会议闭幕时通过了《关于军事问题的协议》《关于宪草问题的协议》《和平建国纲领》《关于政府组织问题的协议》《关于国民大会的协议》。这些协议规定:成立联合政府,国府委员的半数由国民党人充任,其余半数由其他党派及社会贤达充任;规定国共军队在 6 个月内按五比一的比例整编,然后全国军队再统一整编为五六十个师;规定实行地方自治,这些地方可以保留人民的武装等。对于政协会议达成的各项协议,中国共产党准备坚决为之实现而奋斗。2 月 1 日,中共中央发出关于目前形势与任务的指示,指出:重庆政治协商会议"已获得重大结果","从此中国即走上了和平民主建设的新阶段"。"中国革命的主要斗争形式,目前已由武装斗争转变为非武装的群众的议会斗争,国内问题由政治方式来解决。"①"我党即将参加政府","我们的军队即将整编"。毛泽东于 2 月 6 日为中共中央起草致重庆中共代表团电,同意周恩来、董必武、吴玉章、秦

①　《毛泽东年谱(一八九三——一九四九)》(修订本)下卷,中央文献出版社 2013 年版,第 56 页。

邦宪和何思敬(中共代表团法律顾问)5 人为宪草审议委员我方人选,毛泽东、林伯渠、董必武、吴玉章、周恩来、刘少奇、范明枢(解放区山东省临时参议会议长,如范不能去则提彭真)、张闻天,为国民政府委员的我方人选,以便将来指导中心移至外边。并指出:"同意以周、林、董、王(若飞)分任行政院副院长、两部长及不管部。"①2 月 9 日,毛泽东与美联社记者谈话时说:"政治协商会议成绩圆满,令人兴奋。但来日大难,仍当努力,深信各种障碍都可加以扫除。""总的方面,中国走上民主舞台的步骤,已经部署完成"。"各党当前的任务,最主要的是在履行政治协商会议的各项决议,组织立宪政府,实行经济复兴。共产党于此准备出力拥护"。② 当时,中共中央根据形势的需要还曾考虑搬家问题,搬到淮阴办公,那里离国民政府近一些。3 月 4 日傍晚,毛泽东、朱德宴请来延安的三人军事小组成员(马歇尔、张治中、周恩来)和军调部三委员(罗伯逊、郑介民、叶剑英)。在晚会上张治中说:"你们将来写历史的时候,不要忘记'张治中三到延安'这一笔!"毛泽东立即插话:"将来你也许还要四到延安、五到延安,怎么只说三到呢?"张治中回答:"和平实现了,政府改组了,中共中央就应该搬到南京去,你也应该到南京去,延安这地方,我不会再有第四次的机会了!"毛泽东为张治中的话所感动,他说:"是的,我们将来当然要到南京去,不过,听说南京热得很,我怕热,希望常住在淮安,开会就到南京。"3 月 12 日至 25 日,中国民主同盟秘书长梁漱溟访问延安。梁漱溟回忆说,在访问延安期间,毛泽东曾同他说:"中共中央准备搬到清江浦,我也准备参加国民政府,做个委员,预备在南京住几天,在清江浦住几天,来回跑。"③

―――――――――

① 《毛泽东年谱(一八九三――一九四九)》(修订本)下卷,中央文献出版社 2013 年版,第 57 页。

② 《毛泽东年谱(一八九三――一九四九)》(修订本)下卷,中央文献出版社 2013 年版,第 57 页。

③ 刘益涛:《十年纪事:1937—1947 年毛泽东在延安》,中共党史出版社 2007 年版,第 387 页。

综上所述,可以看出,中国共产党争取和平民主、反对内战的主张是真诚的,并做出巨大让步,付出极大努力。但是,国民党蒋介石集团消灭共产党的企图始终都没有改变。加之在国际上,美、苏两国关系由合作演变为对抗,美国公开支持国民党及其军队,最终蒋介石集团撕毁政协决议,悍然发动反共反人民的战争,全民族抗战胜利后中国走向和平建国的希望最终破灭。

延安时期的中国共产党已经走向成熟,深知:"蒋介石想消灭共产党的方针没有改变,也不会改变"。在国共两党博弈中,中国共产党一方面争取国内和平、民主,反对内战;另一方面也积极地做好应付内战的准备。早在中共七大召开时,中国共产党就把东北作为战略关注点。重庆谈判期间,9月14日至15日由刘少奇主持中共中央在延安召开政治局会议,讨论研究东北形势和中国共产党对东北的方针。1945年9月19日,中共中央向各中央局发出指示信,明确规定"向南防御,向北发展"是党的一项"全国战略方针"。其主要内容是:在南方做出让步,收缩南部防线;巩固华北、华东、华中解放区;控制热河、察哈尔两省,集中力量争取控制具有重要战略地位的东北地区。中共中央先后从各解放区抽调11万人的军队和2万名干部进入东北,并成立以彭真为书记、陈云等为委员的中共中央东北局,统一领导东北地区的工作。与此同时,在各解放区广泛开展练兵、减租和生产运动,通过练兵,提高人民军队的战斗力;通过减租和生产运动,奠定粉碎国民党军事进攻的物质基础。

(二)进行自卫战争,粉碎国民党军队的全面进攻

尽管中国共产党为争取和平民主进行了不懈努力,终未能制止全面内战。1946年6月26日,国民党军队以22万兵力围攻中原解放区,中原军区主力,在李先念、郑位三率领下分路从中原突围,全面内战爆发。

国民党蒋介石发动内战时,军队总兵力约430万人,其中正规军约200万人;人民解放军总兵力只有127万人,其中野战军61万人。双方总

兵力的对比为3.4：1。国民党军队拥有装备较好的陆、海、空军;人民解放军不仅没有海军和空军,就是陆军的装备也很差。国民党政府统治着约占全国76%的面积、有3.93亿人口的地区,控制着几乎所有的大城市和绝大部分铁路交通线,拥有全国大部分近代工业和人力、物力资源;解放区的土地面积只约占全国的24%,人口约1.36亿,近代工业很少,基本上依靠传统的农业经济。国民党得到美国的支持,而这个拥有强大的经济、军事实力并垄断着原子武器的美国,似乎是不可战胜的。发动内战时,蒋介石声称,只需3个月到6个月,他就可以取得胜利。国民党军参谋总长陈诚也吹嘘,"也许三个月至多五个月便能解决"①中共问题。

在这种严峻形势面前,敢不敢以革命战争反对反革命战争,能不能打败国民党反动派,便成了中国共产党必须迅速回答和解决的两个带根本性的问题。

在错综复杂的国际国内形势面前,毛泽东以其雄才大略,集中全党智慧,科学地解答了人们的疑惑。1946年上半年,国际国内形势发生了重要变化,2月9日,斯大林在莫斯科的一个选民大会上发表演说,强调只要资本主义制度存在,战争就不可避免,要求苏联人民对此有所准备。3月5日,英国前首相丘吉尔在美国密苏里州富尔顿发表以"铁幕"一词闻名于世的讲演,鼓吹"所有讲英语的民族结成兄弟联盟"对抗共产主义。这两篇演说后来被看作东、西方的两纸"冷战"宣言。苏美当时在亚洲和欧洲一些地方甚至出现军事对峙。对此,一些人担心第三次世界大战就要来临。"美苏必战"和"第三次世界大战不可避免"的观点不仅在社会上广为流传,就是在中国共产党内也有相当影响。针对一些人对国际形势的悲观估计和不敢用革命手段反击国内反动派的倾向,毛泽东在全面内战爆发前夕,于1946年4月,撰写了《关于目前国际形势的几点估计》一文。毛泽东在文中谈了三点看法:第一,"世界反动力量确在准备第三

---

① 《陈诚对记者的谈话(1946年10月17日)》,《中央日报》1946年10月18日。

次世界大战,战争危险是存在着的。但是,世界人民的民主力量超过世界反动力量,并且正在向前发展,必须和必能克服战争危险。因此,美、英、法同苏联的关系,不是或者妥协或者破裂的问题,而是或者较早妥协或者较迟妥协的问题"。第二,"这种妥协,是说在若干问题上,包括在某些重大问题上。但是,这一类的妥协在目前短时期内还不会很多"。第三,"美、英、法同苏联之间的这种妥协,只能是全世界一切民主力量向美、英、法反动力量作了坚决的和有效的斗争的结果。这种妥协,并不要求资本主义世界各国人民随之实行国内的妥协。各国人民仍将按照不同情况进行不同斗争"。[①] 毛泽东对国际形势的估计说明,中国人民坚决地以革命战争反对蒋介石的反革命战争,并不会因此而导致第三次世界大战,恰恰相反,中国人民以自己的情况进行斗争,取得革命战争胜利,将成为阻碍新的世界战争的重要因素。

1946 年 8 月,毛泽东在延安杨家岭接见美国记者安娜·路易斯·斯特朗并发表谈话。毛泽东在谈话中提出帝国主义和一切反动派都是纸老虎的著名论断。他指出:"一切反动派都是纸老虎。看起来,反动派的样子是可怕的,但是实际上并没有什么了不起的力量。从长远的观点看问题,真正强大的力量不是属于反动派,而是属于人民。""蒋介石和他的支持者美国反动派也都是纸老虎。""拿中国的情形来说,我们所依靠的不过是小米加步枪,但是历史最后将证明,这小米加步枪比蒋介石的飞机加坦克还要强些。虽然在中国人民面前还存在着许多困难,中国人民在美国帝国主义和中国反动派的联合进攻之下,将要受到长时间的苦难,但是这些反动派总有一天要失败,我们总有一天要胜利。这原因不是别的,就在于反动派代表反动,而我们代表进步"。[②] 在斯特朗提出如果美国使用原子弹问题时,毛泽东回答:"原子弹是美国反动派用来吓人的一只纸老虎,看样子可怕,实际上并不可怕。当然,原子弹是一种大规模屠杀的武

① 《毛泽东选集》第四卷,人民出版社 1991 年版,第 1184—1185 页。
② 《毛泽东选集》第四卷,人民出版社 1991 年版,第 1195 页。

器,但是决定战争胜败的是人民,而不是一两件新式武器。"①在这里毛泽东阐明了一个重大的战略思想,这就是在战略上藐视敌人、在战术上重视敌人的思想。斯特朗认为毛泽东的谈话特别是"帝国主义和一切反动派都是纸老虎"的观点,是"划时代的著名论断"。还需特别强调的是,毛泽东在同斯特朗谈话中还首次提出"中间地带"的观点。斯特朗向毛泽东提出:"你对于美国是否可能举行反苏战争如何看法?"毛泽东在回答中指出:"美国和苏联中间隔着极其辽阔的地带,这里有欧、亚、非三洲的许多资本主义国家和殖民地、半殖民地国家。美国反动派在没有压服这些国家之前,是谈不到进攻苏联的。"②"中间地带"理论的提出,为中国人民以革命战争对付反革命战争提供了重要理论依据。正是毛泽东关于国际国内形势的科学分析,回答了敢不敢进行革命战争来反对反革命战争问题,从理论上武装了中国共产党人和中国人民,极大地增强了他们同帝国主义支持的国民党反动派进行斗争的勇气和信心。

既然敢以革命战争对付反革命战争,那么,能不能战胜国民党蒋介石集团夺取胜利呢? 对此,中共中央同样具有清醒的认识和判断。1946年7月20日,中共中央发出毛泽东起草的《以自卫战争粉碎蒋介石的进攻》的党内指示,明确指出:"只有在自卫战争中彻底粉碎蒋介石的进攻之后,中国人民才能恢复和平"。"蒋介石虽有美国援助,但是人心不顺,士气不高,经济困难。我们虽无外国援助,但是人心归向,士气高涨,经济亦有办法。因此,我们是能够战胜蒋介石的。全党对此应当有充分的信心。"③对为什么必须打败蒋介石和能够打败蒋介石作了回答。与此同时,为了粉碎国民党军队的进攻,中共中央制定了一系列正确的方针和政策。在政治上,确定了放手发动群众,团结一切可以团结的力量,建立最广泛的民族民主统一战线,彻底孤立国民党反动集团的原则。在军事上,

---

① 《毛泽东选集》第四卷,人民出版社1991年版,第1194—1195页。
② 《毛泽东选集》第四卷,人民出版社1991年版,第1193页。
③ 《毛泽东选集》第四卷,人民出版社1991年版,第1186、1187页。

确定了"以歼灭敌军有生力量为主要目标,不以保守或夺取地方为主要目标"的作战原则和"以集中兵力打运动战为主,以分散兵力打游击战为辅"的作战方法。在经济上,强调一切依靠自力更生,作持久打算。

由于有一整套正确的方针、原则和办法,中国共产党领导的人民军队以自卫战争奋起反击国民党的军事进攻不断取得胜利。在内战爆发后的头4个月,即从1946年6月下旬到10月,虽然国民党军队占领了解放区的城市153座,人民军队也收复了城市48座,并歼敌29.8万人。国民党军队用于一线作战的攻击兵力逐渐下降。从1946年11月至1947年2月,又经过4个月作战,被歼灭的国民党军队共41万人,国民党军队侵占解放区城市87座,人民军队则收复和解放城市87座,国民党的军事进攻进一步受挫。到1947年2月,人民军队粉碎了国民党军队的全面进攻,取得战略防御的重大胜利。

(三)转战陕北,迎接中国革命最后胜利

国民党军队在全面进攻受挫情况下,对解放区实行重点进攻,企图首先消灭陕北、山东两解放区的人民军队。1947年2月下旬,蒋介石飞抵西安,部署进攻延安,决定以胡宗南部15个旅由宜川、洛川一线向北担任主攻,另以5个旅为第二线兵力随后跟进;以马鸿逵、马步芳部3个整编师向东,以榆林邓宝珊部一个军向南,以资配合。全部兵力达34个旅约25万人。而西北人民解放军彭德怀、习仲勋部仅有6个旅2.6万余人,另有3个地方旅和1个骑兵师1.6万余人,兵力上处于绝对劣势。3月16日,胡宗南率部在100架飞机配合下向中共中央和人民解放军总部所在地延安发起大规模进攻。3月18日,中共中央和毛泽东离开延安,踏上了转战陕北的征途。3月19日,西北人民解放军主动撤离延安,胡宗南部占领延安。

延安是中国共产党中央所在地,是红色首都。中共中央、毛泽东主动放弃延安,当时许多人想不通。1947年3月14日傍晚,毛泽东在王家坪

的窑洞里接见新四旅部分旅、团领导干部时,给大家分析为什么要主动放弃延安的道理。他说:延安是党中央所在地。我们在这里住了 10 年,挖了窑洞,吃了小米,学了马克思列宁主义,培养了干部,指导了全国革命,全中国、全世界都知道有个延安。现在我们要主动放弃它,战士们是会有些反映的。但是,我们历来不在于一城一地的得失,主要是消灭敌人的有生力量。要懂得"存人失地,人地皆存;存地失人,人地皆失"的道理。他强调把延安让出来是暂时的,人们很快就会看到,蒋介石占领延安,绝不是他的胜利,而是他失败的开始。我们要拿一个延安换一个全中国。当干部们告辞时,毛泽东十分明确而坚定地告诉大家:回去给全体指战员讲清楚,延安永远是我们的。少则一年,多则两年,我们还要回来的!

离开延安后,1947 年 3 月 24 日,中共中央机关到达子长县的任家山。3 月 25 日,西北人民解放军取得青化砭战役胜利,消灭敌 31 旅旅部和 1 个团,活捉敌旅长李纪云。3 月 28 日,中共中央机关到达陕北清涧县枣林沟村。29 日,中共中央举行政治局会议,决定中央书记处书记毛泽东、周恩来、任弼时率中共中央和人民解放军总部机关继续留在陕北,指挥全国各战场的作战;中央书记处书记刘少奇、朱德和董必武等率一部分中央机关人员转移到华北,组成中央工作委员会,刘少奇为书记,进行中央委托的工作。随后,到 4 月 11 日,中共中央又决定中央和军委大部分机关工作人员暂住晋西北的临县地区,组成以叶剑英为书记、杨尚昆为后方支队司令员的中央后方委员会,统筹后方工作。枣林沟会议后,毛泽东化名为李德胜,周恩来化名为胡必成,任弼时化名为史林,中共中央机关 200 多人组成昆仑纵队,由任弼时任司令员,政委为陆定一(化名为郑位),参谋长为叶子龙,副参谋长为汪东兴。

毛泽东坚持留在陕北,不打败胡宗南决不过黄河,表现出一往无前的英雄气概和战胜一切困难的坚定信心。毛泽东离开延安不久,3 月 25 日,国民党的《中央日报》就造谣说毛泽东、周恩来等"已迁佳木斯,或已潜逃出国"。中国共产党的一些战略区领导人也希望毛泽东到他们那里

去。毛泽东认为，陕北地形险要，群众条件好，回旋余地大，安全方面完全
有保障。同时，毛泽东也是基于战略考虑不离开陕北。杨尚昆回忆说：
"毛主席说了一句形象的话：中央好比一块招引绿头苍蝇的肉，放到哪
里，都会引许多苍蝇来叮，可以把人家搞乱。陕北群众条件好，地形好，我
们熟悉，可以在这里搞一个战略上的作战方面，钳制敌人的力量。"①中共
中央和毛泽东留在陕北是要起到战略牵制作用，把胡宗南部队吸引到自
己周围，以便减轻其他战区和部队的作战压力。

　　1947 年 3 月底，中共中央前委离开枣林沟，于 4 月 13 日到达安塞县
王家湾，这时中央代号由"昆仑纵队"变为"三支队"。在王家湾毛泽东共
居住了 58 天时间。其间，部署了羊马河战役和蟠龙战役。4 月 14 日，敌
135 旅在羊马河地区被人民解放军全歼，活捉旅长麦宗禹，首创西北全歼
一个整旅的范例。15 日，毛泽东致电彭德怀、习仲勋，提出《关于西北战
场的作战方针》。5 月 3 日至 4 日人民解放军发动蟠龙战役，歼敌 6700
余人，俘获敌旅长李昆岗。至此，在陕北取得三战三捷。

　　在王家湾中共中央和毛泽东遇到了留在陕北的第一次最大危险。由
于胡宗南部携带的美国电台测向仪发现王家湾一带有电台群，蒋介石判
断毛泽东在这里，要胡宗南不惜一切代价予以围追。6 月 7 日，刘戡率 4
个半旅从西边和南边向王家湾扑来，其先头部队离王家湾仅有 40 余华里
山路。而这时，彭德怀、习仲勋等率领西北人民解放军主力部队在陇东作
战，中央跟前只有中央警卫团 4 个半连，才 200 多人。危急时刻，毛泽东、
周恩来、任弼时在毛泽东居住的窑洞里开会，研究转移方向。毛泽东与任
弼时发生激烈争吵，毛泽东主张向西走，任弼时主张向东走，认为向西太
危险。毛泽东和任弼时差不多争吵了一天，最后还是周恩来提出先向北
走一段，然后再向西北方向转移，获得大家同意。6 月 9 日，中共中央到
达靖边县小河村，由于敌机侦察和敌人越来越近，又离开小河村向天赐湾

---

① 《杨尚昆回忆录》，中央文献出版社 2007 年版，第 237 页。

转移。队伍离村不久,天下起雨来,夜里雨停,国民党部队在山沟里和山头上燃起一堆堆大火,连敌人的人马喊叫都听得清清楚楚,队伍就在敌人的眼皮子底下悄悄地走过。由于向导迷失方向,找不到到天赐湾的路。任弼时下令:不许打手电,不许吸烟,不许有喧哗声。据时任中央警卫团手枪连连长的高富有回忆,道路狭窄,天色漆黑加之路滑,一个人从小路上掉下去了,另一个去拉也掉下去了。掉下去的人发现沟里有条路,最后才走出去。6月10日,天快亮时到达天赐湾。遇险的那几天,中央和各战场的电台联络中断,加上国民党中央社大肆造谣,说"周恩来受了重伤,毛泽东下落不明",等等。刘少奇、朱德和各解放区领导都为中央机关和毛泽东焦虑。

中共中央和毛泽东等在天赐湾居住了一段时间后,又转移到小河村。7月21日至23日,中共中央在小河村召开前委扩大会议(又称"小河会议")。会议讨论了战争形势,部署了人民解放军的战略反攻。根据小河会议精神,人民军队形成了"三军出击,两翼牵制"的战略进攻态势。

小河会议结束后,西北野战军主力直逼榆林,蒋介石飞往延安督战。8月20日,人民军队取得沙家店战役胜利,全歼敌123旅,活捉旅长刘子奇。敌整编36师6000余人被歼。沙家店战役的胜利,标志着蒋介石对陕甘宁边区的重点进攻彻底失败和西北野战军战略反攻的开始。8月24日,中共中央机关和毛泽东到达佳县的朱官寨。9月1日发出了《解放战争第二年的战略方针》的指示。9月23日,中共中央机关和毛泽东转移到佳县神泉堡。10月10日,中共中央公布了《中国土地法大纲》,解放军总部发布了毛泽东起草的《中国人民解放军宣言》,明确提出了"打倒蒋介石,解放全中国"的口号。

1947年11月23日,毛泽东率以"亚洲部"为代号的中共中央机关到达米脂县杨家沟。为了全面制定中国共产党的行动纲领,准备夺取全国胜利,12月25日至28日,中共中央在杨家沟村召开会议。会议讨论并通过了毛泽东《目前形势和我们的任务》的书面报告,制定了中国共产党彻底打败蒋介石,夺取全国胜利的军事、经济、政治等方面的纲领和政策。在军事上,毛泽东总结人民革命战争特别是 18 个月以来解放战争经验,提出十大军事原则,阐明了人民战争的一系列战略战术思想,使人民解放军的作战指导思想更加系统化、理论化。在政治上,提出党的最基本纲领是:"联合工农兵学商各被压迫阶级、各人民团体、各民主党派、各少数民族、各地华侨和其他爱国分子,组成民族统一战线,打倒蒋介石独裁政府,成立民主联合政府。"①在经济上,明确宣布了新民主主义革命的三大经济纲领,即:"没收封建阶级的土地归农民所有,没收蒋介石、宋子文、孔祥熙、陈立夫为首的垄断资本归新民主主义的国家所有,保护民族工商业。"②

　　毛泽东《目前形势和我们的任务》的报告,是整个打倒蒋介石反动统治集团,建立新民主主义中国的时期内,在政治、军事、经济各方面带纲领性的文件。毛泽东在报告中指出:"中国人民解放军已经在中国这一块土地上扭转了美国帝国主义及其走狗蒋介石匪帮的反革命车轮,使之走向覆灭的道路,推进了自己的革命车轮,使之走向胜利的道路。这是一个历史的转折点。这是蒋介石的二十年反革命统治由发展到消灭的转折点。这是一百多年以来帝国主义在中国的统治由发展到消灭的转折点。这是一个伟大的事变。这个事变所以带着伟大性,是因为这个事变发生在一个拥有四亿七千五百万人口的国家内,这个事变一经发生,它就将必然地走向全国的胜利。"③毛泽东在报告的最后强调指出:"只要我们能够掌握马克思列宁主义的科学,信任群众,紧紧地和群众一道,并领导他们前进,我们是完全能够超越任何障碍和战胜任何困难的,我们的力量是无敌的。……曙光就在前面,我们应当努力。"④

------

① 《毛泽东选集》第四卷,人民出版社 1991 年版,第 1256 页。
② 《毛泽东选集》第四卷,人民出版社 1991 年版,第 1253 页。
③ 《毛泽东选集》第四卷,人民出版社 1991 年版,第 1244 页。
④ 《毛泽东选集》第四卷,人民出版社 1991 年版,第 1260 页。

1948 年 3 月 21 日,中共中央离开杨家沟,23 日在吴堡县的川口渡过黄河,离开陕北进入华北。至此,中共中央和毛泽东在陕北 13 年战斗历程胜利结束。中共中央离开陕北后,1948 年 4 月 22 日,人民军队收复延安。从中共中央离开陕北算起,人民军队经过一年半的作战,中国革命走向胜利,中华人民共和国成立。

中国共产党在不到 4 年的时间内,用小米加步枪打败国民党及其军队的飞机加大炮,使中国革命赢得了最后胜利。这个伟大胜利充分表明,中国共产党把握住了历史发展规律,代表了中华民族和最广大人民的根本利益,因而历史和人民选择了中国共产党。

第四章　实事求是的科学精神

马克思主义的辩证唯物主义和历史唯物主义为无产阶级及其政党提供了认识世界和改造世界的世界观、认识论和方法论，其核心要义在于一切从实际出发，理论联系实际，在实践中检验真理、发展真理，具体问题具体分析，而不是照抄本本，从固有的模式和经验出发。以毛泽东为代表的中国共产党人在推进马克思主义中国化过程中，以宏大的"中国作风"和"中国气派"，赋予实事求是这个中国古语以马克思主义科学内涵，将其概括为中国共产党的思想路线，经过延安整风得到全党认可。实事求是是以辩证唯物主义和历史唯物主义为思想基石，把实践作为认识的来源，以研究中国这个客观世界为依据，在实践中追求真理、检验真理、发展真理的科学精神。而上升到思想路线层面的实事求是则是以实事求是作为科学精神的逻辑归宿和最高形态。就是说有了实事求是的科学精神，才有可能形成实事求是的思想路线，同样，确立了实事求是的思想路线还需要将其转化为各级组织和党员干部的具体行动，具有把实事求是思想路线落到实处的科学精神。事实上，作为思想路线层面的实事求是和作为精神层面的实事求是相辅相成统一于中国共产党领导中国革命的伟大实践中。中国革命的实践充分证明，如果说没有以毛泽东为代表的中国共产党人把马克思主义基本理论与中国革命具体实际相结合的巨大勇气和科学精神，就不可能有实事求是思想路线的确立。如果没有实事求是思想路线的确立，就难以形成全党共同遵循的思想原则和方法，使实事求是的科学精神成为全党上下普遍践行的思想方法和行为选择。在延安时期正是既确立起实事求是的思想路线,又展示出全党上下实事求是的科学精神,才取得"几乎是不可想象的""难以置信的"伟大成就①。

一、确立起实事求是思想路线,把握住马克思主义中国化正确方向

一个政党的思想路线是这个政党的政治路线以及各项方针政策的基础。确立并执行正确的思想路线,对于马克思主义政党来讲,具有决定性的意义。纵观中国共产党的奋斗历程,可以看出,实事求是思想路线是中国共产党在同党内存在的严重的主观主义特别是教条主义斗争过程中逐渐确立的。

(一)延安时期确立实事求是思想路线

早在井冈山革命根据地时期,毛泽东就提出党内要加强无产阶级思想领导问题。1928 年 11 月,毛泽东在《井冈山的斗争》一文中指出:"我们感觉无产阶级思想领导的问题,是一个非常重要的问题。边界各县的党,几乎完全是农民成分的党,若不给以无产阶级的思想领导,其趋向是会要错误的。"②这里提出"思想领导"概念,这是思想路线提出的思想基础。1929 年 6 月,毛泽东在一封信中分析红四军党内存在着个人主义、小团体主义、形式主义、流寇思想、单纯军事观点等错误思想的原因时指出:"我们是唯物史观论者,凡事要从历史和环境两方面考察才能得到真相。"他说:那些错误思想,"只是历史的结穴,历史上一种错误的思想路线上的最后挣扎"③。在这里,毛泽东第一次使用了"思想路线"这个概念。1929 年 12 月,毛泽东在其主持起草的《古田会议决议》中强调:"主

---

① [美]费正清:《美国与中国》第四版,张理京译,世界知识出版社 2000 年版,第 258 页。
② 《毛泽东选集》第一卷,人民出版社 1991 年版,第 77 页。
③ 《毛泽东文集》第一卷,人民出版社 1993 年版,第 74 页。

观主义,在某些党员中浓厚地存在,这对分析政治形势和指导工作,都非常不利。因为对于政治形势的主观主义的分析和对于工作的主观主义的指导,其必然的结果,不是机会主义,就是盲动主义。"①对于如何克服主观主义,毛泽东认为:要"教育党员用马克思列宁主义的方法去作政治形势的分析和阶级势力的估量,以代替主观主义的分析和估量"。即要"使党员注意社会经济的调查和研究,由此来决定斗争的策略和工作的方法,使同志们知道离开了实际情况的调查,就要堕入空想和盲动的深坑"。②这实际上是马克思主义基本原理同中国具体实际相结合思想的雏形。1930年5月,毛泽东为反对红军内部存在的教条主义撰写了《反对本本主义》(原题为《调查工作》。1964年在编辑出版《毛泽东著作选读》时,毛泽东将此文的题目改为《反对本本主义》)一文。毛泽东在文中强调:"中国革命斗争的胜利要靠中国同志了解中国情况"。"共产党的正确而不动摇的斗争策略,决不是少数人坐在房子里能够产生的,它是要在群众的斗争过程中才能产生的,这就是说要在实际经验中才能产生。"③共产党人要实行"从斗争中创造新局面的思想路线"④。这里对共产党人的思想路线作了初步界定。所谓"从斗争中",就是从实际出发,而不是从"本本"出发。所谓"创造新局面",就是不能照抄照搬固守"本本"和以往经验,而要善于开创新局面,富有创造性。但是,毛泽东的这些重要思想并没有被当时的中央所接受,毛泽东反被指责为"狭隘经验论"者。

由于中国共产党内曾在很长一段时间内存在着严重的教条主义错误,使中国革命遭受了严重挫折。遵义会议之后,如何把中国共产党从"把马克思主义教条化,把共产国际指示和苏联经验神圣化"的迷信中解放出来,成为中国共产党所面临的最迫切的历史任务。中共中央长征到

① 《毛泽东选集》第一卷,人民出版社1991年版,第91页。
② 《毛泽东选集》第一卷,人民出版社1991年版,第92页。
③ 《毛泽东选集》第一卷,人民出版社1991年版,第115页。
④ 《毛泽东选集》第一卷,人民出版社1991年版,第116页。

陕北后,1935 年 12 月 27 日,毛泽东在陕北瓦窑堡党的活动分子会议上作《论反对日本帝国主义的策略》的报告,系统地解决了第二次国内革命战争时期党的政治路线上的问题。1936 年 12 月,毛泽东在陕北保安(今志丹县城)为总结第二次国内革命战争的经验写作了《中国革命战争的战略问题》,系统地说明了有关中国革命战争战略方面的一系列问题。这篇著作以辩证唯物主义和历史唯物主义为指导,从中国社会和敌我双方的基本情况出发,阐述了中国革命战争的规律和特点。它既是一篇马克思主义的军事著作,也是一篇重要的马克思主义哲学著作。

中共中央进驻延安城后,毛泽东于 1937 年七八月撰写了《实践论》《矛盾论》①两篇哲学著作,从思想路线的高度总结党的历史经验,力求在全党范围确立实事求是的思维方式和行为准则。

《实践论》作为一篇重要的哲学著作,首先,把马克思主义关于实践是认识的基础的理论系统化了。毛泽东对实践作了概念上的科学界定。他指出:实践的观点是辩证唯物论的认识论之第一和基本的观点;实践是人们有目的、有意识和有计划的活动,是主观见之于客观的东西;实践是社会的活动,是包括人们社会生产和生活一切领域的认识世界和改造世界的活动;实践的形式虽然多种多样,但最基本的是生产斗争、阶级斗争以及科学实验这三大革命实践。在关于实践在认识过程中的地位上,他强调:实践是认识的来源。要实现主观对客观的认识,唯一的途径就是依靠实践作为沟通两者的桥梁。实践是认识发展的动力。人的正确认识不仅是从实践中来,而且要回到实践中才能得到发展。实践是检验真理的唯一标准。人们的认识是否正确,在意识本身的范围内是得不到证明的,客观事物本身也不能直接回答这个问题。它必须回到实践中去加以检

---

① 注:《实践论》《矛盾论》是毛泽东为中国人民抗日军事政治大学讲授哲学课而写的《辩证法唯物论(讲授提纲)》中的一部分。新中国成立后在编辑《毛泽东选集》时,将讲授提纲的第二章第十一节"实践论"单独成篇,以原题收入 1951 年 10 月出版的《毛泽东选集》第一卷,将第三章第一节"矛盾统一法则"以《矛盾论》为篇名,收入 1952 年 3 月出版的《毛泽东选集》第二卷,不久又改收入 1952 年 7 月第二次印刷的《毛泽东选集》第一卷。

验,看它是否能够达到预期的目的。因此,认识的是与非,即认识是否符合客观实际,最终只有通过社会实践才能得以解决。实践是认识的目的。无产阶级认识世界的目的,就是为了改造世界。承认认识的目的是为了改造客观世界,这是马克思主义哲学区别于其他哲学的一个重要标志。毛泽东说:"马克思主义的哲学认为十分重要的问题,不在于懂得了客观世界的规律性,因而能够解释世界,而在于拿了这种对于客观规律性的认识去能动地改造世界。"其次,把马克思主义关于认识发展过程的理论具体化了。《实践论》科学阐明了感性认识与理性认识及它们之问的辩证统一关系。感性认识是人类认识发展的初级阶段,理性认识是认识的高级阶段。人们在实践过程中,在掌握大量感性材料基础上,经过去粗取精、去伪存真、由此及彼、由表及里的改造制作功夫,就能达到对事物全面的、本质的和内部联系的认识,这是认识发展过程中的第一次飞跃。《实践论》全面分析了感性认识上升到理性认识所必须具备的两个必要条件,即一方面感性材料必须十分丰富和合乎客观实际,另一方面又必须将这些材料进行综合整理和改造制作。《实践论》特别强调了理性认识必须回到革命实践中去,即认识过程中的第二次飞跃的伟大意义。认识的目的是为了改造世界。理论一旦掌握了群众就能转化为改造世界的物质力量。如果有了正确的理论却不用它指导实践,而是放在那里空谈一气,那么这种理论再好也没有什么实际意义。再次,《实践论》深刻地揭示了人类认识发展的总规律。完整地表述了人类认识发展过程中的两次飞跃,即从感性认识到理性认识的飞跃和从理性认识到实践的飞跃,体现了马克思主义关于认识世界和改造世界的统一。说明了人类认识的总过程是一个"实践、认识、再实践、再认识"的无限发展过程,形式上表现为循环往复以至于无穷,内容上则不断由浅入深,由相对真理走向绝对真理。

　　《矛盾论》一文,首先,全面系统地阐述了唯物辩证法的实质和核心——对立统一规律。毛泽东在论述了辩证法和形而上学是两种根本对立的世界观基础上,强调了对立统一规律在辩证法中的核心地位和作用,指出事物的矛盾法则即对立统一法则,是唯物辩证法最根本的法则,弄清了这一法则所包含的各个方面的问题,就从根本上懂得了唯物辩证法。其次,系统地阐发了矛盾问题的精髓及普遍性和特殊性关系的原理。毛泽东认为:矛盾存在于一切事物的发展过程中;每一事物的发展过程中存在着自始至终的矛盾运动。没有矛盾就没有世界。世界上的事物千差万别,各有其特殊的本质,而这种特殊的本质便构成了矛盾的特殊性。认识矛盾的特殊性,乃是我们认识事物的基础。只有认识矛盾的特殊性,才能正确解决矛盾。共性与个性关系的理论是矛盾问题的精髓。是理解整个矛盾规律的一把钥匙,不懂得它,就等于抛弃了辩证法,也就不可能有科学的思想方法、工作方法。马克思主义普遍真理同具体实践相结合这一原则,从辩证法的观点来说,就是建立在矛盾的普遍性和特殊性相互连接这个理论基础之上的。再次,深入地论述了抓主要矛盾和矛盾主要方面的重要意义。毛泽东指出:研究矛盾的特殊性的一个重要任务,就是为了要区分主要矛盾和次要矛盾、矛盾的主要方面和次要方面。这是革命政党正确地决定其政治上和军事上的战略战术方针的重要方法之一,是一切共产党人都应当注意的。在关于主要矛盾和非主要矛盾的关系上,毛泽东认为:在复杂的事物发展过程中,有许多矛盾存在,其中必有一种矛盾起着主导的、决定的作用。由于它的存在和发展,规定和影响着其他矛盾的存在和发展,这个矛盾就是主要矛盾。而其他处于次要的和服从地位的矛盾,则是非主要矛盾。抓住了主要矛盾,一切问题也就迎刃而解了。因此,抓主要矛盾便成为制定正确的战略策略的一个重要原则。主要矛盾与次要矛盾不仅是互相区别的,同时也是互相制约、互相影响的。随着客观事物的不断发展变化,主要矛盾和非主要矛盾在一定条件下还会互相转化。这就要求共产党人在领导中国革命的过程中必须注意随着事物发展过程和阶段的推移以及主要矛盾的变化,及时地转移自己的工作重心或斗争的主次方向。在关于矛盾的主要方面和非主要方面的关系上,毛泽东说:就众多的矛盾来说,有主次之分;而就同一事物的矛盾来说,又有矛盾主要方面和矛盾次要方面的区别。一般来说,矛盾的主要方面是处于支配地位、起主导作用的方面,而矛盾的次要方面则是处于次要的、被支配地位的方面。事物的性质"主要地是由取得支配地位的矛盾的主要方面所规定的"。因此,要正确地认识事物的性质,不仅要看到其内部固有矛盾的两个方面,而且要看到这两个方面哪一个居于主要地位。在一定条件下,主要矛盾方面和非主要矛盾方面也会发生互相转化。最后,深入阐述了矛盾同一性和斗争性的关系,充分发挥了列宁关于同一性是相对的、斗争性是绝对的思想。毛泽东认为:同一性和斗争性是一切矛盾都具有的两个基本属性,是反映矛盾诸方面相互关系的两个基本哲学范畴。所谓同一性,包括两个方面:即在事物发展过程中的每一种矛盾的两个方面,各以和它对立面的方面为自己存在的前提,双方共处于一个统一体之中;矛盾着的双方,依据一定的条件,各向着其相反的方面转化。所谓斗争性,指的是矛盾双方互相排斥、互相对立、互相否定这样一种性质和趋势。毛泽东指出:"斗争性即寓于同一性之中,没有斗争性就没有同一性","有条件的相对的同一性和无条件的绝对的斗争性相结合,构成了一切事物的矛盾运动。"

《实践论》《矛盾论》具有重大理论与实践价值,是从哲学上进一步对于中国社会的矛盾运动和中国革命的基本经验进行概括和总结,以便指导日后的中国革命特别是正在到来的伟大的全民族抗日战争。《矛盾论》可以说是当年中国现实社会矛盾运动的理论形态。它以矛盾的普遍性与特殊性的关系为主线展开论述,反映了共产党人正确认识和解决中国革命过程中所遇到的这种矛盾的基本经验。《实践论》则是从认识论的视角来阐述矛盾的普遍性与特殊性的关系,解决认识的一般与个别的关系。它阐述的认识过程的辩证法,是中国共产党人把马列主义理论与中国革命实践相结合的认识运动在认识论上的升华。毛泽东发表"两论"时写的题解明确指出:《实践论》是为着用马克思主义的认识论观点去揭露党内的教条主义和经验主义——特别是教条主义——这些主观主义的错误而写的。因为重点是揭露看轻实践的教条主义,故题为《实践论》。《矛盾论》也是为了同一目的而写的。

《实践论》《矛盾论》从马克思主义认识论和辩证法的大视角,为确立实事求是的思想路线作了理论论证。《实践论》强调认识要以科学的革命实践为基础,揭露"左"、右倾错误的认识论根源都是以主观和客观相分裂、认识和实践相脱离为特征的。阐明了"主观和客观、理论和实践、知和行的具体的历史的统一"的问题,为党的思想路线确立奠定了认识论基础。《矛盾论》通过论述矛盾的特殊性,批判了教条主义者不懂得矛盾的普遍性和特殊性的对立统一关系,阐明了"共性个性、绝对相对的道理",奠定了党的思想路线的辩证法基础。

1938 年,在中国共产党扩大的六届六中全会上,毛泽东鲜明地提出了马克思主义"中国化"的命题和任务。他在《论新阶段》的政治报告中"中国共产党在民族战争中的地位"一节里指出:"共产党员是国际主义的马克思主义者,但马克思主义必须通过民族形式才能实现。没有抽象的马克思主义,只有具体的马克思主义。所谓具体的马克思主义,就是通过民族形式的马克思主义,就是把马克思主义应用到中国具体环境的具体斗争中去,而不是抽象地应用它。成为伟大中华民族之一部分而与这个民族血肉相连的共产党员,离开中国特点来谈马克思主义,只是抽象的空洞的马克思主义。因此,马克思主义的中国化,使之在其每一表现中带着中国的特性,即是说,按照中国的特点去应用它,成为全党亟待了解并亟须解决的问题。洋八股必须废止,空洞抽象的调头必须少唱,教条主义必须休息,而代替之以新鲜活泼的,为中国老百姓所喜闻乐见的中国作风与中国气派。把国际主义的内容与民族形式分离起来,是一点也不懂国际主义的人们的干法,我们则要把二者紧密地结合起来。在这个问题上,我们队伍中存在着的一些严重的缺点,是应该认真除掉的。"[①]同时,首次使用了"实事求是"

---

① 《毛泽东选集》,东北书店 1948 年版,第 928 页。

这个概念。他指出:"共产党员应是实事求是的模范"①。

"实事求是"一语本意是讲务实的学风。西汉时,汉景帝刘启的儿子刘德被封为河间王。刘德以好学著称。他的治学态度严肃不苟,受到很多人的赞扬,东汉史学家班固在撰写《汉书》的时候,为刘德立《河间献王传》,称赞他的治学态度是"修学好古,实事求是"。唐人颜师古把这句话注释为:"务得事实,每求真也。"1941 年 5 月,毛泽东在《改造我们的学习》一文中从无产阶级的世界观高度,赋予实事求是新的时代内容和科学含义。他指出:"'实事'就是客观存在着的一切事物,'是'就是客观事物的内部联系,即规律性,'求'就是我们去研究。我们要从国内外、省内外、县内外、区内外的实际情况出发,从其中引出其固有的而不是臆造的规律性,即找出周围事变的内部联系,作为我们行动的向导。而要这样做,就须不凭主观想象,不凭一时的热情,不凭死的书本,而凭客观存在的事实,详细地占有材料,在马克思列宁主义一般原理的指导下,从这些材料中引出正确的结论。这种结论,不是甲乙丙丁的现象罗列,也不是夸夸其谈的滥调文章,而是科学的结论。这种态度,有实事求是之意,无哗众取宠之心。这种态度,就是党性的表现,就是理论和实际统一的马克思列宁主义的作风。这是一个共产党员起码应该具备的态度。"②

从 1942 年 2 月开始,全党进行普遍整风,毛泽东吸纳张闻天的意见,将党内长期存在的主观主义学风概括为教条主义和经验主义两种形式。经过整风运动,在全党范围内确立起实事求是的思想路线。

(二)确立实事求是思想路线为从世界观、认识论、方法论高度正确处理理论与实践的关系提供了武器

理论和实践相结合的作风,就是一切从实际出发,实事求是,主观和

---

① 《毛泽东选集》第二卷,人民出版社 1991 年版,第 522 页。
② 《毛泽东选集》第三卷,人民出版社 1991 年版,第 801 页。

客观相一致,认识和实践相统一的辩证唯物主义思想原则。它要求共产党人研究问题,开展工作,必须坚持理论联系实际。历史证明,什么时候马克思列宁主义的普遍真理与中国革命的具体实践结合得好,党的事业就健康发展、胜利前进。反之,就会遭受挫折和损失。

首先,明确提出检验真理的标准只能是实践。毛泽东指出:"马克思主义者认为,只有人们的社会实践,才是人们对于外界认识的真理性的标准。……辩证唯物论的认识论把实践提到第一的地位,认为人的认识一点也不能离开实践,排斥一切否认实践重要性、使认识离开实践的错误理论。……真理的标准只能是社会的实践。"[1]在马克思主义看来,理论是重要的。列宁曾说过:"没有革命的理论,就不会有革命的运动。"然而马克思主义看重理论,正是,也仅仅是,因为它能够指导行动。如果有了正确的理论,只是把它空谈一阵,束之高阁,并不实行,那么,这种理论再好也是没有意义的。"认识从实践始,经过实践得到了理论的认识,还须再回到实践去。认识的能动作用,不但表现于从感性的认识到理性的认识之能动的飞跃,更重要的还须表现于从理性的认识到革命的实践这一个飞跃。"[2]这就是说,理论只有与实践相结合才是有价值的理论,正确的理论必须通过实践检验,也只有通过实践检验的理论才是真正的科学的理论。

其次,科学揭示了通过实践而发现真理,又通过实践而证实真理和发展真理的认识规律。毛泽东指出:"从感性认识而能动地发展到理性认识,又从理性认识而能动地指导革命实践,改造主观世界和客观世界。实践、认识、再实践、再认识,这种形式,循环往复以至无穷,而实践和认识之每一循环的内容,都比较地进到了高一级的程度。这就是辩证唯物论的全部认识论,这就是辩证唯物论的知行统一观。"[3]毛泽东的论述科学阐

---

[1] 《毛泽东选集》第一卷,人民出版社1991年版,第284页。
[2] 《毛泽东选集》第一卷,人民出版社1991年版,第292页。
[3] 《毛泽东选集》第一卷,人民出版社1991年版,第296—297页。

明了感性认识与理性认识及它们之间的辩证统一关系,为中国共产党一切从实际出发的思想方法和理论联系实际的思想作风形成并进而确立起党的实事求是的思想路线奠定了重要基础。一切从客观的实际出发而不能从主观的愿望出发,是一个真正的唯物论者必须遵循的基本原则。正如张闻天所讲:"客观的实际,并不因为我们的'熟视无睹',我们的不理会或不承认而消极退休。相反的,我们愈是不理会它,愈是不承认它,它愈是积极的同我们捣乱,使我们到处碰钉子,到头来只弄得我们头破血流,家破人亡。我们在很久的时期内,简直像一个天真烂漫的小孩子一样,受了这许多痛苦,还不知道这钉子从何而来。只在经过许多牺牲与损失之后,经过毛泽东同志许多次的指出以后,我们才开始觉悟到,这钉子是客观的实际的钉子,如果我们再不理会它,再不承认它,我们就有亡国灭种的危险。"①

再次,深刻回答了合乎中国需要的理论性的创造才叫作理论和实际相联系。究竟关于中国革命的正确主张是从"本本"里来还是从实践中来? 究竟以什么样的态度对待马克思主义理论和苏联经验与共产国际的指示? 是事关中国共产党生死存亡和中国革命兴衰成败的大问题。毛泽东指出:"中国共产党人只有在他们善于应用马克思列宁主义的立场、观点和方法,善于应用列宁斯大林关于中国革命的学说,进一步地从中国的历史实际和革命实际的认真研究中,在各方面作出合乎中国需要的理论性的创造,才叫做理论和实际相联系。如果只是口头上讲联系,行动上又不实行联系,那末,讲一百年也还是无益的。我们反对主观地片面地看问题,必须攻破教条主义的主观性和片面性。"②中国共产党在延安整风中旗帜鲜明地把理论联系实际的学风作为第一个重要的问题。强调马克思列宁主义的伟大力量,就在于它是和各个国家具体的革命实践相联系的。离开中国特点来谈马克思主义,只是抽象的空洞的马克思主义。我们说

---

① 《张闻天文集》第三卷,中共党史出版社 2012 年版,第 131 页。
② 《毛泽东选集》第三卷,人民出版社 1991 年版,第 820 页。

的马克思主义,是要在群众生活群众斗争中实际发生作用的活的马克思主义,不是口头上的马克思主义。"公式的马克思主义者,只是对于马克思主义和中国革命开玩笑,在中国革命队伍中是没有他们的位置的。"①"真正的理论在世界上只有一种,就是从客观实际抽出来又在客观实际中得到了证明的理论,没有任何别的东西可以称得起我们所讲的理论。"②

(三)伴随实事求是思想路线的确立和对理论与实践二者关系的正确把握,中国共产党认识到推进马克思主义中国化的极端重要性

尽管中国共产党是用马克思列宁主义武装起来的马克思主义政党,但在马克思主义这面旗帜究竟如何举这个问题上却经历了长期艰难的探索。伴随着实事求是思想路线的确立,以毛泽东为代表的中国共产党人,深刻总结领导土地革命和全民族抗日战争的历史经验,在把马克思主义同中国革命实际结合过程中,使党在理论上走向成熟,全党上下深刻认识到把马克思主义中国化和把中国实际马克思主义化,开拓马克思主义新境界的极端重要性。

毛泽东是中国共产党最杰出的理论创新巨匠,在陕北简陋的窑洞里,在昏暗的油灯下,博览群书,艰辛探索,奋笔疾书,写下了卷卷雄文,成为中国共产党把马克思主义中国化的杰出代表。《毛泽东选集》一至四卷收录毛泽东的著作 159 篇,其中在延安 13 年中撰写的多达 112 篇,占一至四卷的 70%以上。《毛泽东文集》共 8 卷,收录其著作共 802 篇,其中在延安写作的达 385 篇。《毛泽东军事文集》共 6 卷,总篇数为 1628 篇,其中在延安写作的达 938 篇。中共七大把毛泽东思想的主要内容概括为:"毛泽东同志关于现代世界情况及中国国情的分析,关于新民主主义

---

① 《毛泽东选集》第二卷,人民出版社 1991 年版,第 707 页。
② 《毛泽东选集》第三卷,人民出版社 1991 年版,第 817 页。

的理论与政策,关于解放农民的理论与政策,关于革命统一战线的理论与政策,关于革命战争的理论与政策,关于革命根据地的理论与政策,关于建设新民主主义共和国的理论与政策,关于建设党的理论与政策,关于文化的理论与政策等。"①

毛泽东思想全面展开并走向成熟,是中国共产党总结中国革命的成功经验与失败教训,把握中国革命规律,实现理论自觉与理论自信的结果。毛泽东在 1962 年 1 月《在扩大的中央工作会议上的讲话》中讲道:"在民主革命时期,经过胜利、失败,再胜利、再失败,两次比较,我们才认识了中国这个客观世界。在抗日战争前夜和抗日战争时期,我写了一些论文,例如《中国革命战争的战略问题》《论持久战》《新民主主义论》《〈共产党人〉发刊词》,替中央起草过一些关于政策、策略的文件,都是革命经验的总结。那些论文和文件,只有在那个时候才能产生,在以前不可能,因为没有经过大风大浪,没有两次胜利和两次失败的比较,还没有充分的经验,还不能充分认识中国革命的规律。"②人们对客观规律的认识需要有一个艰难的探索过程,这个过程往往是非常复杂的,有时甚至会碰得头破血流。中国共产党正是在经过了北伐战争的胜利和失败、土地革命战争的胜利和失败及再走向新的胜利的比较中,积累了丰富的革命实践经验,对中国革命规律有了完整、准确、科学的认识和把握。在中国这样一个半殖民地半封建的东方大国进行革命,必然遇到许多特殊的复杂问题。研究和解决中国革命问题,需要有在实践中开辟马克思主义新境界的政治气魄和理论勇气,还需要经过艰苦复杂的环境锤炼。经过土地革命战争后期,特别是到了全民族抗日战争时期,中华民族处于生死存亡的危急时刻,中国社会民族矛盾和阶级矛盾交织在一起,其尖锐性和复杂性展现在中国共产党面前。解决这些尖锐、复杂的矛盾,既需要政治上的坚定,还需要理论上的清醒,正是在这样的历史环境和条件下,毛泽东思

---

① 《刘少奇选集》上卷,人民出版社 1981 年版,第 335 页。
② 《毛泽东文集》第八卷,人民出版社 1999 年版,第 299 页。

想得以多方面展开并走向成熟。

毛泽东思想全面展开并走向成熟,也是以毛泽东为代表的中国共产党人宏大的中国作风与中国气派的体现。正如学者胡为雄认为:毛泽东思想既来源于外邦文化的精华马克思主义和列宁主义,也来源于中国传统文化及近代文化中的优秀成果。两者相比,对马克思列宁主义的继承与发展则居于主要地位,而对中国优秀传统文化的批判性传承,则是为了使马克思列宁主义基本理论与中国实际相结合,并在中国大地上生根、开花、结果。可以说,对中国优秀传统文化的批判性传承,充当了马克思列宁主义基本理论与中国实际相结合的中介和桥梁。从文化形态上看,马克思主义与中国革命的具体实践相结合,实际上是一个文化重构的过程。马克思列宁主义中国化,实质上是中西文化交汇、合流而形成的具有全球性的地域文化,一种特殊的文化形态。以毛泽东为代表的中国共产党人,把马克思列宁主义创造性地运用于一个东方农业大国,实现了它从西方形态到中国形态的转换,开拓了马克思列宁主义传播与发展的新境界。另外,从中国文化发展史来看,毛泽东思想的诞生结束了中国文化以自我为中心的发展历史,找到了从传统到现代转化的途径。毛泽东思想是中华民族走向现代、面向世界的精神旗帜。①

1944年6月9日,中外记者西北参观团一行21人到达延安。其中外国记者有:美联社、美国《基督教科学箴言报》的斯坦因,美国《时代》周刊、《纽约时报》、同盟劳动新闻的爱泼斯坦,合众社、伦敦《泰晤士报》的福尔曼,路透社、《多兰多明星周刊》的武道,美国《天主教信号杂志》、中国通讯社的夏南汉神甫,苏联塔斯社的普金科等。中国记者有:《中央日报》的张文伯,中央社记者徐兆镛、杨家勇,《扫荡报》采访主任谢爽秋,《大公报》记者孔昭恺,《时事新报》记者赵炳烺,《国民公报》编辑周本渊,《新民报》主笔赵超构,《商务日报》总编金东平,等等。7月14日,毛

---

① 胡为雄:《毛泽东思想研究史略》,中央文献出版社2004年版,第307—308页。

泽东单独会见了斯坦因。谈话从下午 3 时持续到次日凌晨 3 时。毛泽东在回答斯坦因提出的问题时说：各国的共产党只有一件共同的东西，那就是马克思主义的政治思想方法。中国共产党特别需要严格地把共产主义观察、研究、解决社会问题的方法和新民主主义的实际政策相区别。没有共产主义的思想方法，我们将不能指导中国社会革命的民主阶段；没有新民主主义的政治制度，我们就不能把共产主义哲学正确地适用于中国社会。在回答关于"中国第一"还是"共产党第一"的问题时，毛泽东说：没有中国，就没有中国共产党。你提的问题等于是问，是先有孩子还是先有父亲，这不是一个理论问题，而是一个实际问题。我们相信马克思主义是正确的思想方法，并不是说我们就忽略了中国文化遗产及非马克思主义思想的价值。接受中国古代思想或外国思想，并不是无条件地接受过来；它们必须和中国实际情形结合，根据实际情形而实行。我们的态度是批判地接受中国历史遗产和外国思想。盲目地接受和盲目地拒绝，我们都反对。我们中国人必须以自己的头脑来思想，并决定什么东西能在中国土地上生长起来。①

　　7 月 18 日，毛泽东又单独会见了留下来继续参观访问的外国记者武道。毛泽东说：我们批判地接受中国长期的传统，继承那些好的传统，而抛弃那些坏的传统。我们以同样的态度对待来自国外的事物。我们曾经接受了诸如达尔文主义、华盛顿和林肯树立的民主政治、18 世纪的法国哲学、费尔巴哈的唯物主义、德国的马克思主义以及俄国的列宁主义。我们接收一切来自国外的、对中国有益和有用的东西。我们抛弃坏的东西，例如法西斯主义。② 正是中国共产党把"民族特点"和"民族形式"看作是马克思主义普遍真理在中国大地上发挥作用的必经环节，解决了马克

---

　　① 刘益涛：《十年纪事：1937—1947 年毛泽东在延安》，中共党史出版社 2007 年版，第310—312 页。

　　② 刘益涛：《十年纪事：1937—1947 年毛泽东在延安》，中共党史出版社 2007 年版，第312 页。

思主义中国化面临的文化认同与重构问题。

历史表明,毛泽东思想正是马克思主义理论与中国国情、中国革命相结合的经验凝结和理论概括,因而也成为全党以马克思主义之"矢"射中国革命之"的"、形成理论联系实际优良作风的旗帜与典范。经过整风运动,到中共七大召开,毛泽东思想已成为全党公认的中国化了的马克思主义。广大党员干部对毛泽东的领导心悦诚服,对他将马克思主义中国化的独特理论创造赞佩有加。这样在中共七大全党形成共识,决定以他的名字命名的"毛泽东思想"为党的指导思想。中共七大把毛泽东思想写进党章,使其成为中国共产党领导中国革命和建设的伟大旗帜。

(四)确立毛泽东思想指导地位,表明中国共产党牢牢把握住马克思主义中国化的正确方向

确立毛泽东思想为全党的指导思想,是近代中国历史和人民革命斗争发展的必然选择。中华民族是一个伟大的民族,在五千年的历史长河中,创造了辉煌灿烂的古代文明,为人类历史作出了重大贡献。但是,当欧洲一些国家建立资本主义的生产方式,推进工业革命的时候,中国的清王朝统治者则陶醉于"康乾盛世"的辉煌中,以天朝自居,闭关锁国,在短短的一百年时间内,使中国远远落后于西方。1840 年英国殖民主义者发动了侵略中国的鸦片战争,用他们的坚船利炮,打开了中国的大门。从此之后,中国一步一步地沦为半殖民地半封建国家。几乎所有的西方列强都侵略过中国。中国被列强侵占的领土就达一百六十多万平方公里,损失白银达数亿两。面对列强的入侵,中国人民进行了不屈不挠的英勇抗争和努力,但最终都没有获得成功。中华民族是带着历史的屈辱进入 20 世纪的。从鸦片战争时期的林则徐、魏源,到戊戌变法时期的康有为、梁启超,从太平天国时期的洪秀全、洪仁玕,到辛亥革命时期的孙中山,无不努力探寻挽救民族危亡的思想与道路,但是最终都以失败而告终。近代

中国的历史表明,中国的农民阶级和资产阶级都没有能力承担起领导中国革命的责任,不可能领导中国人民完成反帝反封建的民主革命任务。中国人民和中国革命呼唤着新的领导阶级和新的政党组织。正是在这样的历史背景下,中国共产党得以诞生,并成为灾难深重的中国人民可以信赖的组织者和领导者。

中国共产党一经诞生,就使中国革命的面貌焕然一新。中国共产党从登上历史舞台起,就以实现民族独立和人民解放为己任,投入到火热的革命斗争中。但历史同时表明,在中国共产党还处于幼年时期,究竟马克思主义这面旗帜怎么举? 中国的特殊国情是什么? 马克思主义基本理论要不要同中国国情和中国革命的具体实际相结合? 如果需要结合,二者的结合点又在哪里? 对于这些问题的正确解决,需要经历艰难曲折的过程,不可能一蹴而就。事实上从中国共产党创立之初,就开始了艰辛的探索,并形成了一系列初步成果。如中共二大提出中国革命的最高纲领和最低纲领,中共三大决定同国民党建立反帝反封建的统一战线,中共四大提出无产阶级领导权和建立工农联盟思想,等等。但由于那时总体上看中国共产党马克思主义水平并不高,对中国国情也缺乏深刻了解,特别是中共二大决定加入共产国际,成为共产国际领导下的一个支部,不能否认共产国际在它存在期间曾对中国革命的正确指导和对中国共产党的支持与帮助,但是,也不能讳言共产国际在对中国革命指导上曾经犯过的错误。大革命的失败,一方面与中国共产党领导人所犯的右倾错误有关,另一方面也与共产国际指导上的严重失误相关。大革命失败之后,中国共产党内又连续出现三次"左"的错误,一度在中国共产党内盛行把马克思主义教条化和把共产国际决议与苏联经验神圣化的倾向,使得中国革命又一次几乎陷入绝境。在历史的比较和反复实践探索中,中国共产党认识到,只有把马克思列宁主义的基本原理同中国革命的具体实践正确地结合起来,制定出符合中国国情的革命纲领,找到中国独特的革命道路,创造出富有中国特色的革命理论,才能引领革命取得胜利。

在延安时期,中国共产党在总结土地革命和全民族抗日战争的历史经验过程中,获得两条重要收获:一条是以毛泽东为代表的中国共产党人探索的农村包围城市、最后夺取全国政权的中国革命道路得到全党的认同;一条是全党弄清楚了什么是真正的马克思主义。由于在以上两个方面形成共识,1945年中共七大把毛泽东思想写在了党的旗帜上,实现了把马克思主义同中国实际相结合的第一次历史性飞跃,表明中国共产党已经牢牢把握住马克思主义中国化这一正确方向。正如1945年4月20日在中共六届七中全会上通过的《关于若干历史问题的决议》所指出的:"到了今天,全党已经空前一致地认识了毛泽东同志的路线的正确性,空前自觉地团结在毛泽东的旗帜下了。以毛泽东同志为代表的马克思列宁主义的思想更普遍地更深入地掌握干部、党员和人民群众的结果,必将给党和中国革命带来伟大的进步和不可战胜的力量。"①邓小平也曾指出:"七大规定毛泽东思想为全党的指导思想。我们党用毛泽东思想教育了整整一代人,使我们赢得了革命战争的胜利,建立了中华人民共和国。"②

确立毛泽东思想在全党的指导地位,反映了全党思想上、政治上的成熟,反映了党的理论水平的极大提高。在长期革命实践中,中国共产党展示出许多优点,比如:中国共产党组织能力特别强、特别能吃苦、特别能战斗,在这些方面,不比苏联共产党差。但是中国共产党也有弱点和不足,主要是理论准备不足、理论水平不高。刘少奇曾说过:"因为马克思、恩格斯、列宁、斯大林诸领袖,都是欧洲人,而不是中国人。他们的著作都是用欧洲文字发表的。在他们的著作上说到中国的事情并不多。而中国社会历史发展的具体道路和欧洲各国社会历史发展的道路比,有其更大的特殊性。因此,要使马克思主义中国化,要用马列主义的原理来解释中国社会历史实践,并指导这种实践,就觉得特别困难些。"③思想理论上的清

---

① 《毛泽东选集》第三卷,人民出版社1991年版,第998—999页。
② 《邓小平文选》第二卷,人民出版社1994年版,第300页。
③ 《刘少奇选集》上卷,人民出版社1981年版,第221—222页。

醒与成熟,是实践和行动上自信与成功的基础与前提。由于理论上的不足,使中国共产党在一段时间内遭受了许多挫折和磨难。到了延安时期之后,由于以毛泽东为代表的中国共产党人艰辛的理论创造,就使得中国共产党在理论上走向成熟。正如刘少奇所讲:"我们党和许多党员,曾经因为理论上的准备不够,因而在工作中吃了不少的徘徊摸索的苦头,走了不少的不必要的弯路。但现在已经由于毛泽东同志的艰巨工作和天才创造,为我们党和中国人民在理论上作了充分准备,这就要极大地增强我们党和中国人民的信心和战斗力量,极大地加速中国革命胜利的进程。"①

确立毛泽东思想指导地位,为统一全党的思想和行动,实现党的政治路线,树起了一面伟大旗帜。为什么中共七大要确立毛泽东思想的指导地位? 在延安时期曾任毛泽东秘书和中央政治局秘书的胡乔木对此作出明确回答。胡乔木认为:"为什么要提毛泽东思想? 有这个需要。如果中国共产党不提毛泽东思想,很难在全党形成思想上的统一。提毛泽东思想这就是对着苏共的。共产国际尽管解散了,但是共产国际的影子、它对中国党的影响始终没有断。为什么八大没有提毛泽东思想? 也是因为苏联的关系。苏联始终拒绝承认毛泽东思想,在苏联报刊上绝口不提毛泽东思想。凡是中国共产党文件中提了的,他们刊用的时候都给删掉。这成了一个禁区。所以毛泽东思想是中国人民自己的、中国共产党自己的革命道路的象征。通过这个,实现党的统一和团结。党内各方面的关系、党同群众之间的关系,都在毛泽东思想基础上确定下来。为什么四十年代中国党能够在那么困难的条件下取得那么大的胜利? 根本原因是党正确解决了这个问题。"②

回顾中国革命历史,可以清楚地看到,由于中国特殊的国情决定,中国共产党面对的敌人力量异常强大,革命不可能一帆风顺。大革命失败

---

① 《刘少奇选集》上卷,人民出版社 1981 年版,第 337 页。
② 《胡乔木回忆毛泽东》,人民出版社 2014 年版,第 10—11 页。

后,以毛泽东为代表的中国共产党人,经过艰苦卓绝、不屈不挠的探索,成功走出一条农村包围城市、武装夺取政权的正确道路。走这条道路带来一个特殊现象,就是中国共产党有在白区工作的党和在红区工作的党,中国共产党创建的人民军队,有不同根据地创建的人民军队,客观上使得中国共产党内和其领导的人民军队内部存在着山头。在中共七大上,曾经有代表问毛泽东,选中央委员要不要照顾山头?毛泽东回答:我们的原则是,承认山头,但反对山头主义。如果不承认山头,中国革命就看不见了。面对存在山头这一客观现象,中国共产党如何统一思想、统一行动,就是一个必须要解决好的重要课题。毛泽东思想指导地位的确立,就使得中国共产党成功解决了这一课题。邓小平指出:"我们党在延安时期,把毛主席各方面的思想概括为毛泽东思想,把它作为我们党的指导思想。正是因为我们遵循毛泽东思想,才取得了革命的伟大胜利。当然,毛泽东思想不是毛泽东同志一个人的创造,包括老一辈革命家都参与了毛泽东思想的建立和发展。主要是毛泽东同志的思想。"①

毛泽东在中共七大指出:"我们所要的是香的马克思主义,不是臭的马克思主义;是活的马克思主义,不是死的马克思主义。"②从延安时期中国共产党推进马克思主义中国化的实践看,中国共产党以实事求是为武器冲破教条主义的束缚,极大地促使了马克思主义普遍真理与中国革命具体实际的密切结合,最终使从中国实际出发、把马克思主义中国化的话语体系战胜了从"本本"出发、把马克思主义教条化的话语体系。中国革命基本问题的成功解决,正是马克思主义理论之花在半殖民地半封建的中国推进革命结出的胜利之果。如果拘泥于马克思主义的"本本"和固有的教条,没有勇闯新路的气概,就不可能有中国革命道路的成功开辟;如果没有马克思主义建党理论与中国共产党建设实际的紧密结合,成功破解在农村环境中、在农民和小资产阶级占绝大多数的情况下如何保持

---

① 《邓小平文选》第二卷,人民出版社1994年版,第345页。
② 《毛泽东文集》第三卷,人民出版社1996年版,第332页。

党的先进性这一时代课题,就难以有中国共产党的发展壮大和领导革命走向成功的伟大实践。而所有这些历史性成就创造的思想基石,就是一切从实际出发、实事求是、理论联系实际的思想方法、领导方法和工作方法。

二、把革命的战略与策略联系在一起,展现出宏大的"中国作风"和"中国气派"

领导革命成功,需要正确的思想理论作指导,深入考察中国的经济与社会现状、传统政治文化和民众意识,找到能真正唤起民众革命激情、吸引民众自觉追随的革命的战略和策略以及具体的行为方式。只有如此,才能保证中国革命能得到大多数人民的支持,从而立于不败之地。其中的关键是:要在正确的思想理论指导下,制定并实施正确的路线纲领方针和政策,把正确的思想理论体现到符合实际的路线方针政策和具体行动纲领中。通过正确的路线方针政策和行动纲领,赢得民心,壮大力量,引领革命走向成功。

(一)实事求是使中国共产党从狭小的圈子走出来成为全国性大党

中国共产党究竟能不能担负起领导民族独立、人民解放的历史使命,关键在于中国共产党能否把自身建设成为一个坚强的成熟的马克思主义政党。如果不从国情党情出发,成功破解党的建设中面临的问题和挑战,以与时俱进的理论品格和实践品格开创党的建设新局面,就不可能完成建设大党的任务,因而也就难以承担起争取民族独立、实现人民解放的历史重任。而建设一个坚强的成熟的马克思主义政党的历史任务则是在延安时期完成的。

1.中国共产党的建设面临特殊环境,在一段时间内曾犯过"唯成分论"的"左"倾关门主义错误。

众所周知,中国共产党的建设所处的社会环境,既不同于 19 世纪马克思主义创始人从事革命活动的西方资本主义社会,也不同于十月革命前后的俄国社会,有着自身独特的社会环境和特点。首先,在中国这样农民和小资产阶级占人口绝大多数的国度里,中国共产党是在农民和其他小资产阶级占绝大多数条件下进行党的建设的。中国的农民和小资产阶级受帝国主义和封建主义压迫,有很强的革命性,并且愿意接受马克思主义训练和共产党领导。如果共产党不想成为一个狭隘的小团体,就必须从农民和小资产阶级中吸取大批革命分子加入到党内来,建设一个广大群众性的党。但同时大量出身于农民、小资产阶级的先进分子被吸收到党内来,又使得中国共产党内无产阶级思想与非无产阶级思想的矛盾,特别是同农民、小资产阶级思想的矛盾十分突出。这是中国共产党建设的一个特殊的首要问题。其次,中国的特殊国情还决定着中国共产党的建设又是在同资产阶级又联合又斗争的复杂环境中开展的。回顾党的奋斗历程,不难看出,中国共产党在新民主主义革命中的挫折与最后成功,都同能否正确处理同资产阶级的关系紧密相关。而中国共产党的建设在如何处理同资产阶级的统一战线并同资产阶级又联合又斗争的问题上,不仅马克思列宁主义经典著作没有提供现成正确答案,而且以往的革命实践也缺少可资借鉴的成功经验。再次,中国共产党的建设是在武装斗争的环境中推进的,因而这也是中国共产党建设最具特色的一个基本问题。中国共产党领导的武装斗争,就是在无产阶级领导之下的农民战争。中国共产党的政治路线非常重要的一部分就是武装斗争。毛泽东指出:"在中国,离开了武装斗争,就没有无产阶级的地位,就没有人民的地位,就没有共产党的地位,就没有革命的胜利。"[①]

面对这些复杂问题,究竟如何建设党?应该看到,中国共产党创建

---

① 《毛泽东选集》第二卷,人民出版社 1991 年版,第 610 页。

时,是一个仅有 50 余人的小党,经过 28 年奋斗,领导中国革命取得胜利,成为一个缔造中华人民共和国的执政党,这不能不说是一个奇迹。回顾中国共产党的建设与发展史,可以说充满了艰辛与曲折。中国共产党是按照列宁建党原则、在共产国际直接帮助下建立起来的。1921 年中国共产党一成立,就投身到火热的反帝反封建的民族民主革命斗争中,把党的组织建设作为重要任务,注意吸收工人和其他劳动者阶层的优秀分子充实到党的队伍。从中国共产党成立到召开中共五大这段时间里,中国共产党围绕开展工人运动和与国民党合作推进国民革命任务,取得较大发展。中国共产党召开一大前,有党员 50 余人,二大时有党员 195 人,三大时有党员 432 人,四大时有党员 994 人,到 1927 年 4 月召开五大时,全国有党员 57967 人。其中,工人占 50.8%,农民占 18.7%,知识分子占 19.1%,军人 3.1%,中小商人占 0.5%,其他成分占 7.8%。党员性别:男占 91.73%,女占 8.27%。中央直属的地方党组织,有 8 个区委和 6 个地委。[①] 此外,在莫斯科、海参崴、日本、法国、美国等国家和地区都有中共党员,并设有通讯处或支部。中国共产党领导下组织起来的全国工人有 280 万人,农民有 980 万人。应该说,在短短的几年里就取得这样的发展成就是了不起的。

　　1927 年大革命失败后,全国笼罩在一片白色恐怖之中,全国革命形势由高潮转入低潮,中国共产党的力量遭到空前摧残。据不完全统计,仅仅从 1927 年到 1928 年上半年“全国死了三十一万工农和二万共产党人”。[②] 中共党员队伍由近 5.8 万人锐减至仅剩 1 万人左右。面对国民党反动派的屠杀政策,中国共产党 1927 年 8 月 7 日在湖北汉口召开紧急会议,即八七会议。会议总结大革命失败的教训,确立实行土地革命和武装反抗国民党反动派的总方针,在危难之中挽救了中国共产党。鉴于

---

　　① 宋晓明主编:《中共党建史(1921—1949)》,党建读物出版社 1996 年版,第 140、145 页。

　　② 《老一辈革命家论党的建设》第一卷,党建读物出版社 2001 年版,第 379 页。

"党的指导机关里极大多数是智识分子及小资产阶级的代表",会议通过的《党的组织问题议决案》要求各级党部"应当注意提拔工人同志到党部委员会负重大责任,而肃清其中曾经在最近几月表现机会主义的分子"。① 由此出现发展党员中强调工人成分的倾向。1928 年 6 月至 7 月,中共六大在莫斯科召开。在党的建设问题上,六大对党的现状作了评估,在肯定党的建设成绩的同时,认为党存在的主要缺点是党的无产阶级基础的异常薄弱。主要表现是党的工人成分减少,而农民成分超过工人成分 7 倍以上,党的指导机关中,极少有工人积极分子参加,仍然保留有不少资产阶级的动摇分子在党内和指导机关之中,等等。基于这样的认识,中共六大过分强调"干部工人化"和改变工农成分的意义。强调把党的工作重心、党的建设的中心放在大城市和重要产业区域,认为只有在那里"才能建立党的无产阶级基础"。反映在大会选举中,出现过分强调中央委员会的工人成分问题,大会所选的 36 名中央委员和中央候补委员中,工人出身的就有 21 人,②随后,中共六届中央政治局第一次会议把工人出身的向忠发推选为中央政治局主席兼中央政治局常委会主席。向忠发1931 年 6 月被捕后叛党。1929 年 6 月下旬至 7 月初,中国共产党在上海召开六届二中全会。在"城市中心论"思想指导下,进一步强调党员成分对党的性质的影响,忽视根据地党的建设的意义。这时,全党党员总数中,工人成分只占 7%,比六大时的 10% 还少,而农民成分却占 85%,比六大时的 80% 反而多了。这是在农村创建根据地和中国农业人口占绝大多数的国情决定的。但是,当时的中共中央和共产国际却认为,农民与工人在党员总数中的比例失调,农民占绝大多数,有可能有使共产党变成"农民党"的危险。到 1930 年 7 月,全国党员共有 19 万人。由于李立三的"左"倾冒险错误,当年 10 月,全国党员人数减少为 12 万人。1931 年 1月,中共六届四中全会召开,以王明为代表的"左"倾教条主义错误在党

---

① 《建党以来重要文献选编》第四册,中央文献出版社 2011 年版,第 420、450 页。
② 参见《周恩来选集》上卷,人民出版社 1980 年版,第 185 页。

内占统治地位。他们在"改造和充实各级领导机关"的口号下,推行"残酷斗争,无情打击",继续推动"领导机关工人化",搞突击"吸收工人入党",使"唯成分论"的建党思想进一步发展。

虽然在共产国际指导下,中国革命力量得到重新恢复和发展,到1934年全国党员人数达到30万人。但是由于当时中共中央迷信苏联经验,坚持"城市中心论",在党内连续发生"左"的错误特别是第三次"左"的错误,使中国革命在重新发展起来之后又遭受巨大挫折和损失。"中国共产党由三十万党员降到了几万党员,而在国民党区域的党组织几乎全部丧失。"①据统计,到1936年,全国党员只剩下4万人。②

党内占主导地位的"左"倾教条主义者,机械地把"实现党的无产阶级化"理解为排斥其他社会成分的"绝对工人化"。由于党组织建设上的关门主义错误,在发展党员上"唯成分论",这样就把党组织发展拘泥在一个狭小的圈子里。虽然以毛泽东为代表的中国共产党人开辟了农村包围城市、武装夺取政权的道路,对在农村环境下绝大多数党员来源于农民,如何保持党的先进性进行艰辛探索,创造了"着重从思想上建党"的中国共产党建党之路。但当时毛泽东还是一个地方领导人,以其为代表的正确主张并没有被全党所接受,而且,毛泽东本人备受打击和排斥,曾经三起三落。

2.瓦窑堡会议提出"两个先锋队"理论和"愿意为党的主张而奋斗"的发展党员主要标准,为中国共产党冲破"左"的关门主义错误、建设全国性大党奠定理论基础。

中共中央落脚陕北后,党的建设面临着全新的形势与任务。一方面,日本帝国主义进一步加大对中国的侵略,1935年制造了华北事变,中日民族矛盾不断加深,并日益转化成为中国社会的主要矛盾,而国民党蒋介

---

① 《毛泽东选集》第一卷,人民出版社1991年版,第187页。
② 朱乔森、李玲玉等主编:《中国共产党历史与经验》,中共中央党校出版社2006年版,第530页。

石集团则奉行"攘外必先安内"政策,使中华民族面临亡国灭种的危难之中。在这样的形势面前,中国共产党作为用马克思主义理论武装起来的先进政党,必须根据主要矛盾变化,制定正确政治路线,适时地调整自己的方针与政策,肩负起救亡图存的神圣使命。另一方面,从中国共产党党内情况看,由于受"左"倾错误严重影响,党的各级组织遭到严重破坏,党员队伍数量锐减。遵义会议解决了当时亟须解决的组织问题和军事问题,在危难时刻挽救了红军,挽救了党。为中国共产党在延安时期卓有成效地推进党的建设工作奠定了坚实的组织基础。

面对日本帝国主义变中国为殖民地,中日民族矛盾上升成为主要矛盾,中共中央在1935年12月召开的瓦窑堡政治局会议上,批判了"左"倾关门主义错误,在对中国共产党的性质认识上取得重大突破。瓦窑堡会议通过的《中央关于目前政治形势与党的任务决议》认为:"党的领导权的取得,单靠在工人阶级中的活动是不够的(这是要紧的),共产党员必须在农村中,兵士中,贫民中,小资产阶级与智识分子中,以至一切革命同盟者中,进行自己的活动,为这些群众的切身利益而斗争,使他们相信共产党不但是工人阶级的利益的代表者,而且也是中国最大多数人民的利益的代表者,是全民族的代表者。只要有群众的地方,不论那里的领导者是怎样的反动,共产党员应该参加到里面去进行革命的工作。只有当共产党员表现出他们是无坚不破的最活泼有生气的中国革命的先锋队,而不是空谈抽象的共产主义原则的'圣洁的教徒',共产党才能取得中国革命的领导权"。① 为此,会议根据形势发展需要提出:"在新的大革命中,共产党需要数十万至数百万能战斗的党员,才能率领中国革命进入彻底的胜利"。②

在为扩大与巩固共产党而斗争的部署中,《决议》指出:"中国共产党是中国无产阶级的先锋队。他应该大量吸收先进的工人雇农入党,造成

① 《建党以来重要文献选编》第十二册,中央文献出版社2011年版,第547页。
② 《建党以来重要文献选编》第十二册,中央文献出版社2011年版,第548—549页。

党内的工人骨干。同时中国共产党又是全民族的先锋队，因此一切愿意为着共产党的主张而奋斗的人，不问他们的阶级出身如何，都可以加入共产党。一切在民族革命与土地革命中的英勇战士，都应该吸收入党，担负党在各方面的工作。由于中国是一个经济落后的半殖民地与殖民地，农民分子与小资产阶级出身的智识分子，常常在党内占大多数，但这丝毫也不减低中国共产党的布尔什维克的地位。事实证明，这样成分的党，是能够完成世界无产阶级先锋队共产国际所给与的光荣任务的，是能够艰苦奋斗百折不回的。"①

瓦窑堡会议在对党的性质作出科学论断的同时，明确提出发展党员的主要标准。《决议》指出："必须同党内发展组织中的关门主义倾向做斗争。能否为党所提出的主张而坚决奋斗，是党吸收新党员的主要标准。社会成分是应该注意到的，但不是主要的标准。应该使党变为一个共产主义的熔炉，把许多愿意为共产党主张而奋斗的新党员，锻炼成为有最高阶级觉悟的布尔什维克的战士。""党在思想上的布尔什维克的一致，是党的坚强的无产阶级领导之具体表现。不从积极的战斗需要出发，而从恐惧观念出发的组织问题上的关门主义，必须彻底的击破"。②

瓦窑堡会议在党的性质上提出两个先锋队理论，在发展党员标准上把"能否为党的主张而奋斗"作为主要标准，这是对在中国这样一个半殖民地半封建国度里建设一个什么样的党的重大创新与突破。两个先锋队理论，有机地把中国共产党的阶级性与人民性统一起来，对于巩固和扩大中国共产党组织具有重要意义，为实现党的大发展奠定了十分重要的理论基础。

在瓦窑堡会议召开前，1935 年 7 月至 8 月召开的共产国际七大通过了一般不直接干涉各国共产党内部组织事宜的决定，给中国共产党独立自主开展工作带来有利条件。加之瓦窑堡会议成功实现政治路线的战略

---

① 《建党以来重要文献选编》第十二册，中央文献出版社 2011 年版，第 549 页。
② 《建党以来重要文献选编》第十二册，中央文献出版社 2011 年版，第 549 页。

转变和对关门主义错误的纠正,这样使中共党员队伍重新逐渐壮大起来。

3.在抗日民族解放战争中中国共产党从狭小的圈子走出来成为一个全国性大党。

西安事变和平解决后,中共中央进驻延安。为了动员全党迎接全面抗战新形势到来,中国共产党于 1937 年 5 月 2 日至 14 日在延安召开中国共产党全国代表会议(当时称苏区党代表会议)。会上,张闻天致开幕词,毛泽东作《中国共产党在抗日时期的任务》报告和《为争取千百万群众进入抗日民族统一战线而斗争》结论,博古作《组织问题》报告,刘少奇、朱德等作专题发言。会议分析了中日矛盾上升为主要矛盾,以及国民党的政策由内战、独裁和对日不抵抗开始向和平、民主和抗日转变的总形势,提出巩固和平、争取民主和早日实现抗战的"三位一体"任务。在总结第一次国共合作历史经验教训基础上,阐明在抗日民族统一战线中坚持无产阶级领导权的极端重要性。毛泽东在会上作《为争取千百万群众进入抗日民族统一战线而斗争》的结论中,系统地论述了干部问题、党内民主问题和全党团结问题。会议批准了 1935 年遵义会议以来党的政治路线,为迎接全国抗日战争到来,在政治上、组织上做了重要准备。

党的全国代表会议结束后,紧接着 5 月 17 日至 6 月 10 日召开中国共产党白区工作会议。张闻天、刘少奇主持会议。会议总结了八七会议以来特别是瓦窑堡会议以来华北地区白区工作经验,比较系统地揭露和批判了关门主义和冒险主义错误,着力引导全党冲破"左"倾思想禁锢,思考和分析过去白区工作遭受挫折的教训,彻底否定错误的工作指导方针,对白区党的工作进行全面部署,为白区工作彻底转变发挥了积极推动作用。刘少奇在会上作了《关于白区的党和群众工作》的报告。报告集中论述了党的活动方式实行彻底转变的必要性,并提出了加强白区党的建设的九大任务。刘少奇认为:"一方面由于日本帝国主义灭亡中国的大陆政策,与我党抗日民族统一战线政策的坚决执行,已经引起了全国政治情况与社会关系的重大变动。"为了民族统一战线在各方面实际地建立起来,战胜日本帝国主义,要求中国共产党的组织工作必须转变。他指出:"目前党的组织工作的转变,是有两重性质的:(一)因为环境的变动,政策的改变,需要改变我们斗争的组织的与工作的方式;(二)因为在党与群众工作中还存在着错误的恶劣的传统,需要肃清与改变。前一种转变,是从'武装的转到和平的,非法的转到合法的,秘密的转到公开的,单独的转到与同盟者合作的'(毛泽东提纲)。后一种转变,是从机械的转到活泼的,主观的转到客观的,空谈转变到实际,形式逻辑转到辩证法。因此,目前的转变,是党与群众工作全般的、彻底的转变。这对我们是一个极艰难的任务,然而这是决定一切的东西。"①刘少奇要求:"坚决抛弃这种主观主义与形式主义,用马克思的辩证法来代替;坚决肃清关门主义与冒险主义的历史传统,用布尔塞维克主义来代替"。② 刘少奇在总结经验,分析党内外主客观情况基础上,提出加强白区党的建设的九大任务。即:在中共中央的帮助下,迅速恢复各地党组织,并谨慎发展党员;分清党内工作与公开的群众工作之间的区别;在可能的条件下,扩大党内民主;用说服讨论的方法解决党内思想分歧;训练出大批干部,分配到各条战线上去;在群众团体中的党员建立党团;改变党员、干部那种忙乱无章的作风,把革命精神与务实精神结合起来;彻底实现党的宣传工作的转变;必须努力克服党内严重存在的主观主义与形式主义。白区工作会议对中国共产党在白区的工作所做的部署,同苏区党代表会议一样,为中国共产党克服"左"的错误传统,肃清关门主义错误做出重要贡献。

全面抗战爆发后,国共两党达成第二次合作,抗日民族统一战线形成。为适应抗日需要,1938 年 3 月 15 日,中共中央作出《关于大量发展党员的决议》。《决议》指出:"由于日本帝国主义的压迫与民族革命的新高潮,由于党的抗日的民族统一战线政策的正确领导与党的影响的威信的扩大与提高,大批的革命分子要求入党,这给了我们发展党以极端有利

---

① 《建党以来重要文献选编》第十四册,中央文献出版社 2011 年版,第 229—231 页。
② 《建党以来重要文献选编》第十四册,中央文献出版社 2011 年版,第 258 页。

的条件。""为了担负起扩大与巩固抗日民族统一战线以彻底战胜日本帝国主义的神圣的任务,强大的党的组织是必要的。但应该指出,目前党的组织力量,还远落在党的政治影响之后,甚至许多重要的地区,尚无党的组织,或非常狭小。因此大量的、十百倍的发展党员,成为党目前迫切与严重的任务。"①中央决定:"打破党内在发展党员中关门主义的倾向,反对把党的注意力局限在恢复与审查旧关系和旧线索的狭隘圈子里。""打破在统一战线中忽视党的发展,以为党的扩大无足轻重,甚至于取消党的发展的严重倾向。要宣传有了强大的党才能有强大的统一战线的真理。"②《决议》要求:大胆向着积极的工人、雇农,城市中与乡村中革命的青年学生,知识分子,坚决勇敢的下级官兵开门,把发展党的注意力放在吸收抗战中新的积极分子与扩大党的无产阶级基础之上。强调特别注意在战区在前线上大量地吸收新党员,建立强大的党的组织。在后方无党的组织的地区,当地党应有计划地与迅速地去重新建立与发展党的组织。这个决议是中共中央的重大政策之一,对党组织的发展壮大起到了重要作用。

1938 年 9 月 29 日至 11 月 6 日,中共扩大的六届六中全会在延安召开。参加这次会议的中央委员和候补中央委员 17 人,中央各部门和各地区领导干部 30 余人。这是自中共六大以来出席人数最多的一次中央全会。会议召开之际正是中国全民族抗日战争由战略防御向战略相持转化的关键时期。六中全会召开时,中国全面抗战已进行了 15 个月,中国共产党及其军队在这 15 个月里取得重大成就与发展。但是,在民族矛盾和阶级矛盾交织在一起的复杂局面下也出现了一些不容忽视的问题,中国共产党内部一些人在贯彻全面抗战路线中,对于如何处理民族斗争和阶级斗争的关系,以及在抗日民族统一战线中统一与独立、团结与斗争的关系,缺乏清醒认识。主要表现为:对国民党的压制和干涉政策的无原则迁

---

① 《建党以来重要文献选编》第十五册,中央文献出版社 2011 年版,第 186 页。
② 《建党以来重要文献选编》第十五册,中央文献出版社 2011 年版,第 186 页。

就让步;过分相信国民党,倾向于把在国民党统治区内党的一切活动公开化;个别地方的红军部队因对国民党反共阴谋丧失警惕,以致在改编时被国民党军队包围缴械。如在整编南方各地红军游击队过程中,中共闽粤特委和红军游击队负责人何鸣于 1937 年 6 月与国民党军第一五七师谈判,达成合作抗日协议,并应国民党要求,将部队开到漳浦县城驻防。7 月 16 日,第一五七师以点编发饷为名,将近千名红军游击队员骗入一个地方,全部缴械。这件事无疑增加了毛泽东对国民党谈判诚意的怀疑。8 月 4 日,毛泽东专为此事致电叶剑英、彭德怀、任弼时,指出红军闽粤边部队被国民党阴谋缴械事件是极为严重的教训,红军各部应引为深戒。洛川会议后,10 月 1 日,中共中央书记处关于南方各游击队集中改编方针致电张云逸等,指出国民党首先把何鸣部人枪交还,经证实具报无误后,方能谈到各游击区的问题。毛泽东等坚持斗争,在这个问题上绝不让步,后来终于使国民党第一五七师退还 300 多支枪,释放被扣人员。还存在军队中个别人员以受国民党政府委任为荣,不愿严格接受党的领导,滋长了个人英雄主义和新军阀主义倾向,如:红军改编为八路军开赴前线不久,八路军某高级指挥员回延安见毛泽东,递上一张名片,上面印着"国民革命军少将××"字样。毛泽东见后心里很不高兴,就询问他前方情况,有些问题他答不上来。毛泽东就批评他说,你这个"少将"还不如"芝麻酱"和"豆腐酱"。毛泽东这个严厉批评给这位同志敲了警钟。还有少数人主张在国民党尚未改变其一党专政情况下,共产党可以参加国民政府;还出现有的人对国民党特务在根据地进行破坏活动不敢进行坚决斗争;等等。特别是王明回国后,提出一系列右倾错误观点。主要表现在:政治上,过分强调统一战线中的联合,影响独立自主原则的贯彻;军事上,对中国共产党领导的游击战争的作用认识不足,不重视开展敌后根据地的斗争;组织上,不尊重、不服从中央领导,对中国共产党各项工作带来严重影响。而中国共产党通过六届六中全会的召开,正确分析了全民族抗日战争的形势,规定了中国共产党在抗战新阶段的任务,为实现中国共产党对全民族抗日战争的领导进行了全面的战略规划,基本上克服了党内以王明为代表的右倾错误,进一步确定了毛泽东在党内的领导地位,统一了全党的认识和步调,推动了各项工作的迅速发展。在当时还不具备召开中共七大的条件下,中共六届六中全会发挥了重要作用。如果中国共产党面临的问题不能在这次会议上得到解决,那中国共产党就很难担当起领导全民族抗战的历史责任。

中共六届六中全会对中国共产党加强自身建设进行了全面部署。毛泽东在会上作的《论新阶段》报告中,专列一部分内容集中论述了中国共产党在民族战争中的地位问题。毛泽东认为中国共产党在民族战争中处于何种地位问题是一个至关重要的问题。他指出:"这就是共产党员应该怎样认识自己、加强自己、团结自己,才能领导这次战争达到胜利而不致失败的问题。"①毛泽东在向全党发出把马克思主义中国化的号召,阐明共产党员应如何处理爱国主义与国际主义关系的同时,强调共产党员在民族战争中应发挥模范作用。他指出:"共产党员在八路军和新四军中,应该成为英勇作战的模范,执行命令的模范,遵守纪律的模范,政治工作的模范和内部团结统一的模范。共产党员在和友党友军发生关系的时候,应该坚持团结抗日的立场,坚持统一战线的纲领,成为实行抗战任务的模范;应该言必信,行必果,不傲慢,诚心诚意地和友党友军商量问题,协同工作,成为统一战线中各党相互关系的模范。共产党员在政府工作中,应该是十分廉洁、不用私人、多做工作、少取报酬的模范。共产党员在民众运动中,应该是民众的朋友,而不是民众的上司,是诲人不倦的教师,而不是官僚主义的政客。共产党员无论何时何地都不应以个人利益放在第一位,而应以个人利益服从于民族的和人民群众的利益。因此,自私自利,消极怠工,贪污腐化,风头主义等等,是最可鄙的;而大公无私,积极努力,克己奉公,埋头苦干的精神,才是可尊敬的。……共产党员应是实事

---

① 《毛泽东选集》第二卷,人民出版社1991年版,第520页。

求是的模范,又是具有远见卓识的模范。因为只有实事求是,才能完成确定的任务;只有远见卓识,才能不失前进的方向。因此,共产党员又应成为学习的模范,他们每天都是民众的教师,但又每天都是民众的学生。只有向民众学习,向环境学习,向友党友军学习,了解了他们,才能对于工作实事求是,对于前途有远见卓识。在长期战争和艰难环境中,只有共产党员协同友党友军和人民大众中的一切先进分子,高度地发挥其先锋的模范的作用,才能动员全民族一切生动力量,为克服困难、战胜敌人、建设新中国而奋斗。"①毛泽东还提出:"为了克服困难,战胜敌人,建设新中国,共产党必须扩大自己的组织,向着真诚革命、信仰党的主义、拥护党的政策、并愿意服从纪律、努力工作的广大工人、农民和青年积极分子开门,使党成为一个伟大的群众性的党。"②他强调:"大胆发展而又不让一个坏分子侵入",才是发展党员的正确方针。毛泽东在报告中还系统阐述了中国共产党的干部路线和干部政策。张闻天在中共六届六中全会上所作的《关于抗日民族统一战线与党的组织问题》的报告中,也高屋建瓴地提出组织工作要中国化问题。他指出:"组织工作,包含斗争形式、组织形式、工作方法。马克思主义的原则、方法是国际性的,但我们是在中国做组织工作,一定要严格估计到中国政治、经济、文化、思想、民族习惯、道德的特点,正确认识这些特点,再来决定我们的斗争形式、组织形式、工作方法。我们要的是国际主义的内容,民族的形式,我们要使组织工作中国化,否则我们就不是中国的共产党员。将外国党的决定搬到中国来用,是一定要碰钉子的。所以不仅要懂得马克思主义的原则,而且要在民族环境中来实现这些原则。若以为政治上有了马克思主义,在组织上就可以不要考虑中国特点,那是不对的,那是机械主义。"③

　　中共六届六中全会之后,中国共产党的各项工作有序开展。中共党

---

① 《毛泽东选集》第二卷,人民出版社 1991 年版,第 522—523 页。

② 《毛泽东选集》第二卷,人民出版社 1991 年版,第 523—524 页。

③ 《老一辈革命家论党的建设》第二卷,党建读物出版社 2001 年版,第 489—490 页。

员队伍由全面抗战爆发前的 4 万人，到 1938 年就发展到 50 万人，1940 年发展到 80 万人。但在党员队伍迅速发展的过程中也暴露出一些问题，主要是：一些地方为了追求新党员数量，进行所谓发展党员突击运动，集体加入或不经过个别的详细审查即吸收为党员，使得一些普通的抗日分子或党的暂时同路人进入党内。更为严重的是一些异己分子、投机分子、奸细也乘机混入到党内。因此，在思想上、政治上、组织上巩固党，就成为中国共产党面临的极为严重的任务。另外，随着中共党员队伍的壮大和在群众中影响的扩大，也引起了蒋介石的畏惧。1938 年 12 月 6 日晚，蒋介石在桂林约见周恩来，正式提出想把共产党吸收到国民党内的主张，被周恩来严词拒绝。12 月 12 日，蒋介石在重庆又约见代表中国共产党前来参加国民参政会的王明、博古、董必武、吴玉章、林伯渠等继续洽谈。他说：共产党员退出共产党，加入国民党，或共产党取消名义将整个加入国民党，我都欢迎，或共产党仍然保存自己的党我也赞成，但跨党办法是绝对办不到。他甚至说：“我的责任是将共产党合并国民党成一个组织，国民党名义可以取消，我过去打你们也是为保存共产党革命分子合于国民党，此事乃我的生死问题，此目的如达不到，我死了心也不安，抗战胜利了也没有什么意义，所以我的这个意见，至死也不变的。共产党不在国民党内发展也不行，因为民众也是国民党的，如果共产党在民众中发展，冲突也是不可免”。① 据吴玉章在 4 年后回忆说：蒋“力劝我们到国民党去做强有力的骨干，为国家民族共同努力，不必要共产党”。并说“如不取消共产党，死也不瞑目”。大家辩论了很久，他且特别对我说：“你是老同盟会，国民党的老前辈，还是回到国民党来吧！”② 蒋介石畏惧中国共产党的发展，对此，中国共产党已有清醒认识，在六届六中全会上决定不再在国民党及国民党军队中发展党员。为了巩固统一战线，不给同盟者造成更

---

① 《建党以来重要文献选编》第十五册，中央文献出版社 2011 年版，第 793 页。

② 吴玉章：《吴玉章传略》，载《中共党史资料》第 11 辑，中共党史资料出版社 1984 年版，第 61 页。

大刺激,加之大量发展党员出现的问题,有必要巩固党的组织。

1939 年 8 月 25 日,中共中央政治局作出《关于巩固党的决定》。《决定》肯定了大量发展党员的成绩,指出在大量发展党员中存在的问题,强调:"在目前政治形势下,对日投降与国内分裂的危险是存在与发展着,严重的困难的任务是放在党的面前。因此在思想上、政治上、组织上巩固党,成为我们今天极端严重的任务,成为完成党的政治任务的决定因素。"①为此,中央政治局作出以下决定:(1)估计到党的组织的现状与目前环境,党的发展一般的应当停止,而以整理、紧缩、严密和巩固党的组织工作为今后一定时期的中心任务。(2)为着巩固党,必须详细审查党员成分,清刷混入党内的异己分子(地主、富农、商人)、投机分子,以及敌探奸细。但是这种审查,不应当成为普遍的清党运动,而应当是个别的详细的慎重的审查与洗刷。(3)巩固党的中心一环,就是加强党内马克思列宁主义的教育、阶级教育与党的教育,使党员认识马列主义与三民主义、民族统 战线与阶级斗争、民族立场与阶级立场的正确关系。(4)为着巩固党,必须加强对党的各级干部的教育工作。(5)为着巩固党,必须加强党的保卫工作和反对奸细的斗争,党内的锄奸教育与党的警惕性必须大大提高,使保卫党的任务与反奸细的斗争成为全党的工作。(6)为着巩固党,必须加紧党的秘密工作,使秘密工作与公开工作有正确的联系。(7)为着巩固党,必须提高党的纪律和加强党的团结。保证党内思想上和行动上的一致,把党团结得像一个人一样,这样才能使党有所准备来克服目前的困难,反对国内投降分裂的危险,团结全中国人民,引导抗战到最后的彻底的胜利。② 为了正确贯彻中央决定,中央组织部于 10 月 7 日发出《关于执行中央巩固党的决定的指示》,从组织实施角度提出具体意见。各地按照中央要求迅速开展巩固的工作,通过建立党课制度、完善组织生活、开展干部培训轮训、审查党员干部、清洗内奸等形式,使党员素

---

① 《建党以来重要文献选编》第十六册,中央文献出版社 2011 年版,第 579 页。
② 《建党以来重要文献选编》第十六册,中央文献出版社 2011 年版,第 580—581 页。

质得到很大提高,党组织的战斗力得到显著增强。

中国共产党深知建设一个强大的党,需要党员队伍的扩大,但更为重要的是提高党员的质量,关键在于保持中国共产党的先进性、纯洁性。为此,中国共产党把对党员的政治思想教育作为党的建设的重中之重,中国共产党领导人此间发表了大量党建论著。1939 年 5 月 30 日,中央组织部部长陈云发表题为《怎样做一个共产党员》的文章,比较完整地提出衡量共产党员的"六条标准"。即:第一,终身为共产主义奋斗。即:"每个共产党员不仅要坚信共产主义的必然实现,而且必须对于工人阶级和中国人民、中华民族的解放事业,有不怕牺牲、不怕困难和奋斗到底的决心。"第二,革命的利益高于一切。即:"每个共产党员,都要把革命的和党的利益放在第一位,以革命的和党的利益高于一切的原则来处理一切个人问题,而不能把个人利益超过革命的和党的利益。"第三,遵守党的纪律,严守党的秘密。即:"一个共产党员坚决地自觉地遵守党的纪律是他的义务。他不仅应该与一切破坏党纪的倾向作斗争,而且要着重与自己的一切破坏党纪的言论行动作斗争,使自己成为遵守党纪的模范。"第四,百折不挠地执行决议。即:"共产党员不仅在日常工作中要忠实于党的决议,而且要在困难中,在生死关头时,忠实于革命和党的决议;不仅在有党监督时,而且要在没有党监督时,忠实于革命和党的决议;不仅在胜利时,而且要在失败时坚持执行党的决议。"第五,做群众的模范。即:"党员无论在何时何地的一举一动,都必须给非党群众一种好的影响,使他们更加信仰我党,更加敬重我党。"第六,学习。即:"每个共产党员要随时随地在工作中学习理论和文化,努力提高自己的政治水平和文化水平,增进革命知识,培养政治远见。"陈云认为:"只有具备以上的六个条件,才不愧称为一个良好的共产党员,才不致玷污了这伟大而光荣的党员的称号。"①文章最初刊登在中共中央机关刊物《解放》第 72 期上,后来被

① 《陈云文选》第一卷,人民出版社 1995 年版,第 138—142、144 页。

印成单行本,1943 年又被中共中央列入二十二篇全党必读的整风文献。

同年 7 月 8 日,刘少奇受马列学院院长张闻天邀请在延安马列学院作《论共产党员的修养》报告。报告第一次提出共产党员加强党性修养的重要性,阐明了共产党员加强党性修养的内容与方法,把加强马克思主义政党的思想建设同中国传统文化中的优秀部分结合起来,深入论述了共产党员在不断地改造客观世界的同时必须认真改造自己的主观世界,加强思想意识修养,更好地发挥先锋模范作用等一系列重要问题。在马克思主义政党建党史上,《论共产党员的修养》是从共产党员个人角度论述党的建设的开山之作。刘少奇的报告深受欢迎,反响强烈。张闻天请刘少奇整理成文,在他主编的《解放》周刊发表。讲稿整理出来后,张闻天送毛泽东审阅。毛泽东看完后认为:"这篇文章写得很好,提倡正气,反对邪气",应该尽快发表。于是,便以《论共产党员的修养》为题,在《解放》周刊第 81 期、第 82 期、第 83—84 期合刊分三次连载。

主管党的宣传工作和干部教育工作的张闻天也撰写文章论述修养问题和加强党的建设的相关问题。他于 1938 年 4 月在陕北公学的讲演《论青年的修养》和 7 月对抗大第三期毕业同学的讲演《论待人接物问题》影响深远,反响巨大(两篇文章分别载《解放》周刊第 39 期,1938 年 5 月 22 日出版;第 65 期,1939 年 2 月 28 日出版。两文均收入《张闻天选集》)。

《论青年的修养》,从革命者与时代关系的高度谈个人修养问题。主要强调了以下四个方面的问题:第一,"要有坚定的高尚的理想"。他说:我们的理想是建筑在现实社会的物质基础之上的东西;理想应该适合于人类社会发展的必然趋势;理想与空想不同,理想是可以实现的;在今天战胜日本帝国主义、争取民族独立就是我们的理想。他强调"必须把自己的理想建筑在结实坚固的科学的基础之上"。第二,"要为实现自己的理想奋斗到底"。张闻天认为:实现理想,实在不是一件容易的事。不论在任何困难之下,为坚持自己的理想而奋斗,是绝对必要的,否则,理想就不可能实现。他分析了青年的弱点:往往对革命的持久性和困难性估计不足,受不住旧社会思想习惯的压力,经不起一切物质上的诱惑,以及缺乏足够的忍耐与坚定而往往有动摇性。这些弱点常常是使青年不能坚持自己的理想而奋斗到底的原因。第三,"要学习实现理想的方法"。他强调要了解具体情况,根据对具体情况的了解来决定我们的方针、任务和实现任务的具体办法。要以极大的灵活性、机动性与创造性来实现自己的理想。要以自己的实际工作、实际行动为理想奋斗,而不是空谈家。实际情况是变化的,而"一切先进的革命的理论,我们也只能当作行动的指南而不能当作教条。一切先进的革命的理论,也要在实践中充实自己与发展自己的"。第四,"要同群众在一起去实现自己的理想"。他勉励青年要到群众中去,时刻为群众服务;要善于使群众根据自己的经验来了解我们的领导的正确;要向群众学习,在群众斗争中学习,领导群众前进。①

《论待人接物问题》,是《论青年的修养》的姊妹篇。张闻天没有简单地从待人接物的一般态度、方法上看问题,而是将待人接物问题放到是否适合中国革命的要求、怎样有利于抗日民族统一战线的高度来认识,要求在待人接物问题上,不仅要估计到中国社会各阶级在革命中的地位、作用及其相互间的区别,而且要估计到中国人所有的民族的、社会的、历史的、文化的、思想的、风俗习惯的各种传统和特点。他强调对于共产党员来说,第一,待人接物问题,首先是一个个人修养和党性锻炼的问题。"要有伟大的胸怀和气魄",要打破一切成见、一切公式、一切小圈子、一切私人的好恶等的限制,容纳各种人才,使用各种人才。第二,"就是要有中国古代哲人那种所谓循循善诱与诲人不倦的精神",绝不要为人们的觉悟程度的不齐而表示失望,绝不要轻视和鄙视任何思想落后与思想复杂的人;绝不能以强迫命令的方法去让人们接受我们的意见;绝不要对什么人都使用千篇一律的八股文章和老调;对于人的错误和缺点,要诚恳地劝导;要善于根据当时当地的具体情形,群众的具体要求和情绪,去进行教

---

① 《建党以来重要文献选编》第十五册,中央文献出版社 2011 年版,第 235—254 页。

育群众和说服群众的工作。第三,提出了一些待人接物的具体要求和方法。如:谦逊与和气,尊敬与仁爱,自我批评的精神,真诚、坦白与婉转,言而有信,以身作则等。

张闻天的两篇文章影响很大,以至于引起日本宣传机关的注意。1939 年东京出版的《支那共产党之现势》收录《论青年的修养》,编译者称张闻天是"中共军中第一论客",说中国共产党及其领导的军事斗争已经成为"世界一大难题",是日本对中国作战的一个"肿瘤",而中国共产党领导的"思想游击战"比他们的武装游击战更其可怕。①

毛泽东本人基于对中国革命规律和党的建设规律的深入探索与思考,1939 年 10 月 4 日,撰写了《〈共产党人〉发刊词》一文。毛泽东提出"建设一个全国范围的、广大群众性的、思想上政治上组织上完全巩固的布尔什维克化的中国共产党"的建党目标任务,把党的建设称为"伟大的工程",详细阐述了党的建设与党的政治路线紧密联系的党建规律。在分析中国革命和党的建设特点的同时,他指出:"十八年来,党的建设过程,党的布尔什维克化的过程,是这样同党的政治路线密切地联系着,是这样同党对于统一战线问题、武装斗争问题之正确处理或不正确处理密切地联系着的。"②毛泽东最后强调:"根据马克思列宁主义的理论和中国革命的实践之统一的理解,集中十八年的经验和当前的新鲜经验传达到全党,使党铁一样地巩固起来,而避免历史上曾经犯过的错误——这就是我们的任务。"③

此外,中国共产党还非常重视知识分子问题。由于受"左"的影响,全民族抗战初期,许多地方党组织还不敢吸收知识分子入党;许多军队中的共产党员干部看不起知识分子;许多学校还不敢放手大量吸收青年学生入党。而事实上中国共产党的发展与巩固以及各项工作的开展,又迫

① 转自程慎元:《张闻天研究在日本》,《党的文献》1991 年第 2 期。
② 《毛泽东选集》第二卷,人民出版社 1991 年版,第 605 页。
③ 《毛泽东选集》第二卷,人民出版社 1991 年版,第 614 页。

切需要知识分子。为了解决这个问题,1939 年 6 月 25 日,中共中央军委总政治部发出关于大量吸收知识分子和培养新干部的训令,反对对知识分子的歧视与偏见。1939 年 12 月 1 日,由毛泽东起草、中共中央正式作出《关于大量吸收知识分子的决定》。决定指出:"在长期的和残酷的民族解放战争中,在建立新中国的伟大斗争中,共产党必须善于吸收知识分子,才能组织伟大的抗战力量,组织千百万农民群众,发展革命的文化运动和发展革命的统一战线。没有知识分子的参加,革命的胜利是不可能的。"[①]这是中国共产党正式作出的第一个论述党的知识分子政策的马克思主义文件。决定发出后,各级党组织高度重视吸收知识分子入党,很快使干部队伍结构发生显著变化。到 1940 年 11 月末,党政军民文等干部中,中下级干部中新干部比例占总数的 85%。[②] 由于新干部大多数是知识分子,这样使干部的政治理论水平和知识水平以及工作能力得到大大提升。

由于中国共产党适应形势需要,正确处理党员数量与质量的关系,既重视扩大党的队伍,又重视巩固党的队伍,始终把保持党的先进性、纯洁性放在重要位置,使党的队伍不断壮大,战斗力、凝聚力、吸引力不断增强。到 1945 年召开中共七大时,全党党员数达到 121 万人。在中共中央离开陕北前的 1947 年底达到 270 余万人。1949 年 9 月达到 448.8 万人。中国共产党最终领导中国革命取得胜利,由一个革命党成为执掌全国政权的执政党。

抗战胜利前夕,为获得美国的信任,斯大林多次在美国外交官面前表示,中国共产党是"假牛油式"的共产党人。莫洛托夫甚至宣称,有些贫穷的中国人自称是共产主义者,但他们与共产主义毫无共同之处。他们仅仅以此来表示对他们生活条件的不满,只要生活状况有了改善,他们就会忘记这一政治倾向。不应把苏联政府与这种"共产主义分子"联系起

---

① 《毛泽东选集》第二卷,人民出版社 1991 年版,第 618 页。

② 参见《陈云文选》第一卷,人民出版社 1995 年版,第 212 页。

来,也不能因这种情况而指责苏联政府。这种表白虽出于策略,但也在一定程度上反映了斯大林对扎根于农村的中国共产党人的轻视。在一次政治局会议上,斯大林把中国共产党人讽刺为"红皮萝卜共产党人"。同样,他在其最亲密的同事圈子里给毛泽东起了"普加乔夫"的外号,把毛泽东比作俄罗斯18世纪的一个最终被处死的农民领袖。①斯大林还曾在苏共党内将毛泽东说成是"惧怕工人"的"所谓窑洞式的马克思主义者",认为中国共产党是"'冒牌'共产党",等等。②如果中国共产党在党的建设问题上不能走出一条具有自身特色的建党道路,拘泥于"木本"和苏联模式,就难以在中国这样一个半殖民地半封建的国度里生根和拓展。

(二)实事求是使中国共产党领导的人民革命力量得以由小到大、由弱变强

武装斗争是中国革命的基本特点。毛泽东曾指出:"没有一个人民的军队,便没有人民的一切。"③从1927年8月1日八一南昌起义打响武装反抗反动派的第一枪起,中国共产党开始创建人民军队和武装斗争的革命征程。从人民军队发展历程看,延安时期同党的建设一样是人民军队由弱变强、在建军理论与实践上走向成熟的重要时期。延安时期之所以能建设起一支攻无不克、战无不胜的强大人民军队,并且使这支军队成为捍卫民族尊严、实现民族解放与人民解放事业的坚强柱石和钢铁长城,是与中国共产党人以实事求是的巨大政治勇气,研究中国革命战争基本规律,形成独具特色的军事思想,对马克思列宁主义军事理论作出杰出贡献紧密相连的。

1.延安时期对中国革命战争规律的研究与认识达到前所未有的高

---

① [德]德迪特·海茵茨希:《中苏走向联盟的艰难历程》,张文武、李丹琳等译,新华出版社2001年版,第40—41页。

② 参见欧阳奇:《论共产国际对毛泽东及其思想的认识轨迹》,《中共党史研究》2012年第3期。

③ 《毛泽东选集》第三卷,人民出版社1991年版,第1074页。

度。毛泽东认为,武装斗争是中国共产党领导中国革命克敌制胜的三大法宝之一。他在《〈共产党人〉发刊词》一文中指出:"在中国,离开了武装斗争,就没有无产阶级的地位,就没有人民的地位,就没有共产党的地位,就没有革命的胜利。十八年来,我们党的发展、巩固和布尔什维克化,是在革命战争中进行的,没有武装斗争,就不会有今天的共产党。这个拿血换来的经验,全党同志都不要忘记。"①由于武装斗争对于中国革命所具有的极端重要性,要求中国共产党必须高度重视研究战争、革命战争特别是中国革命战争的规律。

毛泽东到达陕北后,通过各种渠道从国民党统治区购买到一批军事书籍。他反复精读马克思主义军事著作,认真研究德国克劳塞维茨的《战争论》,还研读了中国古代的《孙子兵法》等,并组织一些富有实践经验的干部一起,联系中国革命实际来研究讨论军事理论问题。毛泽东在深入研究战争、革命战争特别是中国革命战争基础上,把中国革命战争中积累的丰富经验上升为理论,写作了《中国革命战争的战略问题》《抗日游击战争的战略问题》《论持久战》《战争和战略问题》等重要军事著作,表明中国共产党军事理论走向成熟。

领导中国革命战争,必须研究战争、革命战争特别是中国革命战争的基本规律。毛泽东指出:战争是有规律的。战略问题是研究战争全局规律的东西。战争的胜负不仅取决于作战双方的军事、政治、经济、自然诸条件,而且还取决于双方的主观指导能力。因此,任何指导战争的人不能不研究和不能不解决这个问题。他认为:"我们的战争是革命战争,我们的革命战争是在中国这个半殖民地的半封建的国度里进行的。因此,我们不但要研究一般战争的规律,还要研究特殊的革命战争的规律,还要研究更加特殊的中国革命战争的规律。"②战争情况的不同,决定着不同的战争指导规律,应该用发展的、变化的动态思维看问题,反对在战争问题

① 《毛泽东选集》第二卷,人民出版社 1991 年版,第 610 页。
② 《毛泽东选集》第一卷,人民出版社 1991 年版,第 171 页。

上的机械论。同时,还要懂得全局与局部的辩证关系。战略问题是研究战争全局规律的东西。"战争的胜败的主要和首先的问题,是对于全局和各阶段的关照得好或关照得不好。如果全局和各阶段的关照有了重要的缺点或错误,那个战争是一定要失败的。"①那么,什么是战争的全局?毛泽东认为:只要有战争,就有战争的全局。世界可以是战争的一全局;一国可以是战争的一全局;一个独立的游击区、一个大的独立的作战方面,也可以是战争的一全局。指挥全局的人,最要紧的,是把自己的注意力摆在照顾战争的全局上面。主要的是依据实际情况,照顾部队和兵团的组成问题,照顾两个战役之间的关系问题,照顾各个作战阶段之间的关系问题,照顾我方全部活动和敌方全部活动之间的关系问题,这些都是最吃力的地方,如果丢掉了这个去忙些次要的问题,那就难免要吃亏了。因此,对于一个指挥员来说,善于学习和应用战争规律是至关重要的。

2.延安时期人民战争的思想更加系统化。所谓人民战争,就是在中国共产党领导下,以人民军队为骨干,广泛动员人民直接或间接参与战争,开展以人民武装斗争和其他各种斗争形式相结合的全民战争。首先,实行人民战争是由中国共产党科学的战争观决定的。毛泽东认为:战争是"用以解决阶级和阶级、民族和民族、国家和国家、政治集团和政治集团之间、在一定发展阶段上的矛盾的一种最高的斗争形式"②。"政治是不流血的战争,战争是流血的政治。"③战争分正义和非正义两类,中国共产党拥护正义战争,反对非正义战争。非正义战争违背人民群众的根本利益,不能取得人民群众的拥护和支持,因而不可能开展人民战争。只有正义战争才能得到人民群众的拥护和支持,因而也才能采取人民战争的形式和作战方法。中国共产党领导的革命战争是中国人民反抗阶级压迫

---

① 《毛泽东选集》第一卷,人民出版社1991年版,第175页。
② 《毛泽东选集》第一卷,人民出版社1991年版,第171页。
③ 《毛泽东选集》第二卷,人民出版社1991年版,第480页。

和民族压迫,保卫国家独立的正义战争,因此"中国的民族解放战争是人民完全同意的,战争的进行没有人民参加又是不能胜利的"①。其次,实行人民战争是中国革命战争特殊规律的要求与体现。敌强我弱、敌大我小是中国革命战争的基本特点。战争是力量的竞赛。要战胜强大的敌人,就必须有比敌人更强大的力量。因此,中国革命战争必须与民众相结合,民众是战争胜负的决定力量。1934年1月,毛泽东在《关心群众生活,注意工作方法》一文中指出:"真正的铜墙铁壁是什么?是群众,是千百万真心实意地拥护革命的群众。这是真正的铜墙铁壁,什么力量也打不破的,完全打不破的。反革命打不破我们,我们却要打破反革命。在革命政府的周围团结起千百万群众来,发展我们的革命战争,我们就能消灭一切反革命,我们就能夺取全中国。"②在全民族抗日战争时期,毛泽东又鲜明地指出:"战争的伟力之最深厚的根源,存在于民众之中。日本敢于欺负我们,主要的原因在于中国民众的无组织状态。克服了这一缺点,就把日本侵略者置于我们数万万站起来了的人民之前,使它像一匹野牛冲入火阵,我们一声唤也要把它吓一大跳,这匹野牛就非烧死不可。"③在战争中,武器是重要的因素,但不是决定的因素,决定的因素是人而不是物。力量对比不但是军力和经济力的对比,而且是人力和人心的对比。军力和经济力是要人去掌握的。最后,实行人民战争需要构建把人民组织起来的武装体制和采取适合国情的作战形式。中国共产党经过长期的实践,探索形成"三结合"的武装体制。即实行主力兵团与地方兵团相结合,正规军与民兵、游击队相结合,武装群众与非武装群众相结合的武装体制。所谓主力兵团与地方兵团相结合,是指正规军之间的分工与配合。主力兵团有着较高的集中性和进行正规作战的机动能力,它随时准备实行跨地区的战略性任务,是人民战争武装力量的骨干部分,是对敌实行歼

---

① 《毛泽东选集》第二卷,人民出版社1991年版,第384页。
② 《毛泽东军事文集》第一卷,军事科学出版社、中央文献出版社1993年版,第340页。
③ 《毛泽东选集》第二卷,人民出版社1991年版,第511—512页。

灭战的主要力量。地方兵团是介于主力兵团与群众武装之间的武装力量。在战争中,它既可以配合主力兵团担负较重要的作战任务,也是本地区群众武装斗争的重要支柱,在保卫根据地的红色政权、发动人民群众参战支前等方面起着重要作用。地方兵团必要时随时可以转化为主力兵团。所谓正规军与民兵、游击队相结合,是指正规军与非正规的群众武装的结合。群众武装是不脱离生产的人民武装,实质上是人民战争中产生出来的使作战与生产结合、武力与劳动结合的一种独特的武装力量。它既是根据地政治、经济、文化建设的主体,又是人民战争的基本力量,在作战中,它以游击战的方式配合正规军作战,是保卫红色区域的骨干力量。所谓武装群众与非武装群众相结合,是指把主力兵团、地方兵团和民兵游击队等武装群众的组织形式,与那些不拿枪的,关心和支持人民战争的群众结合在一起,它集中表现出人民战争的广泛性和群众性,是人民战争的巨大威力的根源所在。正是"三结合"的武装体制,使人民军队深深地扎根于人民群众之中,具有了强大的生命力和取之不竭的力量源泉。

3.延安时期人民战争的战略战术理论走向成熟。中国革命的战略战术,是由中国革命战争特点决定的。毛泽东认为中国革命战争的特点主要是:第一,中国是一个政治经济发展不平衡的半殖民地的大国,而又经过了一九二四年至一九二七年的革命;第二,敌人的强大;第三,红军的弱小;第四,有共产党的领导和土地革命。第一个特点和第四个特点,规定了中国红军可能发展和可能战胜其敌人,第二个特点和第三个特点,规定了中国红军不可能很快发展和不可能很快战胜其敌人,即是规定了战争的持久,而且如果弄得不好的话,还可能失败。正是在科学把握这些特点的基础上,形成了中国共产党领导中国革命战争的一系列战略战术思想和理论。早在井冈山斗争时期,毛泽东就同朱德等总结出红军作战的十六字诀:敌进我退,敌驻我扰,敌疲我打,敌退我追。在反对国民党军的"围剿"战役战斗中,毛泽东又提出"诱敌深入"的作战原则。1936年12

月,毛泽东在《中国革命战争的战略问题》一文中,全面论述了人民军队作战的战略战术原则,其中包括积极防御、战略准备、战略退却、战略反攻,以及慎重初战、集中兵力、运动战、速决战、歼灭战等问题。全民族抗日战争时期,毛泽东根据战争的发展规律,又提出了一套符合全面抗战需要的战略战术原则。毛泽东认为在全民族抗日战争中游击战争不仅是个战术问题,而且是个战略问题。由此他提出一系列抗日游击战争的具体战略和方针:(1)主动地、灵活地、有计划地执行防御战中的进攻战,持久战中的速决战和内线作战中的外线作战;(2)和正规战争相配合;(3)建立根据地;(4)战略防御和战略进攻;(5)向运动战发展;(6)正确的指挥关系。其中,他强调战略的防御战之中采取战役和战斗的进攻战,在战略的持久战之中采取战役和战斗的速决战,在战略的内线作战之中采取战役和战斗的外线作战,这是整个全民族抗日战争中应该采取的战略方针,也是游击战争应该采取的方针,是游击战争战略原则的最中心的问题,解决了这个问题,游击战争的胜利就有了军事指导上的重要保证。在解放战争时期,毛泽东在1947年12月召开的中央工作会议上,作《目前形势和我们的任务》报告。在报告中,毛泽东又进一步把人民军队的战略战术概括为十大军事原则,这就是:(1)先打分散和孤立之敌,后打集中和强大之敌。(2)先取小城市、中等城市和广大乡村,后取大城市。(3)以歼灭敌人有生力量为主要目标,不以保守或夺取城市和地方为主要目标。(4)每战集中绝对优势兵力(两倍、三倍、四倍、有时甚至是五倍或六倍于敌之兵力),四面包围敌人,力求全歼,不使漏网。(5)不打无准备之仗,不打无把握之仗,每战都应力求有准备,力求在敌我条件对比下有胜利的把握。(6)发扬勇敢战斗、不怕牺牲、不怕疲劳和连续作战(即在短期内不休息地接连打几仗)的作风。(7)力求在运动中歼灭敌人。(8)在攻城问题上,一切敌人守备薄弱的据点和城市,坚决夺取之。一切敌人有中等程度的守备、而环境又许可加以夺取的据点和城市,相机夺取之。一切敌人守备强固的据点和城市,则等候条件成熟时然后夺取之。(9)以俘获敌人的全部武器和大部人员,补充自己。(10)善于利用两个战役之间的间隙,休息和整训部队。① 这样,人民战争的战略战术思想和理论就更加成熟和完善。

4.延安时期进一步明确了人民军队的建军宗旨和建军原则。首先,确立起人民军队全心全意为人民服务的建军宗旨。中国共产党创建的军队是一支人民的军队,坚持全心全意为人民服务是人民军队的本质体现。1927年秋收起义时,毛泽东为自己创建的第一支军队取名为"工农革命军",明确了这支部队为工农打仗的性质。1929年12月,红四军第九次代表大会上通过的《古田会议决议》进一步规定了红军的性质和宗旨。决议指出:红军是一个执行革命的政治任务的武装集团,必须坚决贯彻中国共产党的纲领、路线、方针和政策,完全服务于人民革命斗争、根据地建设和土地革命。在全民族抗日战争时期,中国共产党进一步明确了人民军队全心全意为人民服务的宗旨观。1944年9月8日,在张思德追悼会上,毛泽东作《为人民服务》的演讲,开宗明义地指出:"我们的共产党和共产党所领导的八路军、新四军,是革命的队伍,我们这个队伍完全是为着解放人民的,是彻底地为人民的利益工作的。"②同月23日,毛泽东在延安招待留守兵团学习代表时说:"我们的军队是真正人民的军队,我们的每一个指战员以至每一个炊事员、饲养员,都是为人民服务的。我们的部队要和人民打成一片,我们的干部要和战士们打成一片。与人民利益适合的东西,我们要坚持下去,与人民利益矛盾的东西,我们要努力改掉,这样我们就能无敌于天下。"③1945年,毛泽东在《论联合政府》一文中精辟地概括了人民军队的宗旨,并认为全心全意为人民服务是人民军队一切工作的立足点和出发点。他指出:在全心全意为人民服务的宗旨下,我们这个军队具有一往无前的精神,它要压倒一切敌人,而决不被敌人所屈

---

① 参见《毛泽东选集》第四卷,人民出版社1991年版,第1247—1248页。
② 《毛泽东选集》第三卷,人民出版社1991年版,第1004页。
③ 《毛泽东文集》第三卷,人民出版社1996年版,第210页。

服;在这个宗旨下,我们这个军队有一个很好的内部和外部的团结,有一个正确的争取敌军官兵和处理俘虏的政策;在这个宗旨下,这个军队形成了为人民战争所必需的一系列的战略战术;在这个宗旨下,这个军队形成了为人民服务所必需的一系列的政治工作。等等。① 人民军队全心全意为人民服务宗旨观的确立,对于形成人民军队与人民群众水乳交融的密切关系,建设一支强大的人民军队,夺取人民战争的胜利具有极其重要的意义。其次,进一步强调党指挥枪的原则。1927 年 9 月 29 日,毛泽东率领秋收起义部队来到永新县三湾村,在这里对部队进行整顿与改编,确立了中国共产党领导军队的组织制度。决定全军由党的前敌委员会统一领导。各级部队分别建立党的组织:班排设小组,支部建立在连队上,营、团建立党委;连以上设党代表,由同级党组织的书记担任。部队的一切重大问题,都必须经党组织集体讨论决定。这样,就从组织上确立了中国共产党对军队的领导制度。红军长征到达延安之后,针对长征路上曾经发生的张国焘分裂党和红军的严重错误,1937 年 3 月,中央政治局召开会议通过《关于张国焘同志错误的决定》。《决定》指出:张国焘"用全力在红军中创造个人的系统。他把军权看做高于党权。他的军队,是中央所不能调动的。他甚至走到以军队来威逼中央,依靠军队的力量,要求改组中央。在军队中公开进行反中央的斗争"②。当时张国焘表面上承认错误,但实质上并没有悔改。1938 年 4 月张国焘借祭黄帝陵之际逃跑,投靠国民党,加入戴笠的特务组织,成为一个可耻的叛徒,被中国共产党开除党籍。1938 年召开的中共六届六中全会上,鉴于张国焘由分裂党和红军的活动发展到叛党投降国民党等情况,毛泽东明确地指出:"我们的原则是党指挥枪,而绝不允许枪指挥党。"③使党对人民军队的绝对领导成为人民军队建设的根本的政治原则,成为人民军队经受各种考验,披坚执锐,

---

① 《毛泽东选集》第三卷,人民出版社 1991 年版,第 1039—1040 页。
② 《建党以来重要文献选编》第十四册,中央文献出版社 2011 年版,第 122 页。
③ 《毛泽东选集》第二卷,人民出版社 1991 年版,第 547 页。

一往无前的强大政治基础和保证。第三,重申人民军队的任务与纪律要求。早在《古田会议决议》里,毛泽东就指出:红军绝不是单纯地打仗的,必须同时担负打仗、做群众工作和筹款三大任务。在全民族抗日战争中,人民军队在艰苦的环境里,一面打仗,一面生产,以减轻人民负担,巩固抗日根据地,坚持长期抗战,充当了战斗队、工作队和生产队的职能,通过打仗以消灭敌人,通过宣传群众、组织群众、武装群众、帮助群众以建立和巩固革命政权,通过生产以解决经费给养问题,减轻人民负担,获得人民群众的支持和拥护,使军队真正与人民群众打成一片。人民军队三大任务的确定与实践,是人民军队区别于其他任何军队的基本标志,也是确保人民军队不脱离人民并切实做到全心全意为人民服务的根本途径。与此同时,毛泽东还非常重视人民军队的纪律建设。早在创建井冈山革命根据地时期就制定了"三大纪律六项注意"。1947年10月10日,毛泽东起草了《中国人民解放军总部关于重新颁布三大纪律八项注意的训令》,从此"三大纪律八项注意"就以命令的形式固定下来,成为全军的统一纪律。"三大纪律八项注意"作为人民军队的行为准则,对于人民军队步调一致,夺取胜利,切实加强思想和作风建设具有重大意义。

5.延安时期中国共产党在对中国革命战争基本规律科学把握的同时,从中国全民族抗日战争实际出发,形成了人民军队抗击日本侵略者的正确战略方针。七七事变爆发后,全面抗战开始。1937年7月8日,就在七七事变第二天,毛泽东同朱德、彭德怀、贺龙、林彪、刘伯承、徐向前发表了《红军将领为日寇进攻华北致蒋介石电》,要求实行全国总动员,保卫平津,保卫华北,收复失地,红军将士愿为国效命以达保土卫国之目的。① 7月13日,延安召开共产党和机关干部紧急会议,毛泽东出席并讲话。他在会上号召每一个共产党员和抗日的革命者,应该沉着地完成一

---

① 《建党以来重要文献选编》第十四册,中央文献出版社2011年版,第358页。

切必需准备,随时出动到抗日前线。① 7 月 14 日,中共中央向国民党南京政府表示:蒋委员长及政府决心抗日,我们非常拥护,愿在蒋指挥下努力抗敌,"红军主力准备随时出动抗日,已令各军十天内准备完毕,待令出动。同意担任平绥线国防。惟红军特长在运动战,防守非其所长",故愿与"防守之友军配合作战,并愿以一部深入敌后方,打其后方"。② 这里中国共产党开始提出红军奔赴前线后的作战原则问题。8 月 1 日,毛泽东、张闻天致电在红军前总所在地云阳与红军将领商谈红军改编问题的周恩来、博古、林伯渠,认为以当前敌我情况,红军作战必须坚持以下两条原则:"(甲)在整个战略方针下执行独立自主的分散作战的游击战争,而不是阵地战,也不是集中作战,因此不能在战役战术上受束缚。只有如此才能发挥红军特长,给日寇以相当打击。(乙)依上述原则,在开始阶段,红军以出三分之一的兵力为适宜,兵力过大,不能发挥游击战,而易受敌人的集中打击。其余兵力依战争发展,逐渐使用之。"③这里第一次较为明确地提出了红军改编之后奔赴抗日前线的作战原则。8 月 4 日,毛泽东同张闻天致电周恩来、朱德、叶剑英,提出在同蒋介石谈判时中共方面对国防问题的意见:"总的战略方针暂时是攻势防御,应给进攻之敌以歼灭的反攻,决不能是单纯防御。将来准备转变到战略进攻,收复失地。""正规战与游击战相配合。游击战以红军与其他适宜部队及人民武装担任之,在整个战略部署下,给与独立自主的指挥权。""担任游击战之部队,依地形条件及战况之发展,适当使用其兵力。为适应游击战性质,原则上应分开使用,而不是集中使用。""依现时情况,红军应出三分之一兵力,依冀、察、晋、绥四省交界地区为中心,向着沿平绥路西进及沿平汉路南进

---

① 《毛泽东年谱(一八九三——一九四九)》(修订本)中卷,中央文献出版社 2013 年版,第 2 页。

② 《毛泽东年谱(一八九三——一九四九)》(修订本)中卷,中央文献出版社 2013 年版,第 3 页。

③ 《毛泽东年谱(一八九三——一九四九)》(修订本)中卷,中央文献出版社 2013 年版,第 8 页。

之敌,执行侧面的游击战;另以一部向热冀察边区活动,威胁敌后方(兵力不超过一个团)。红军应给与必要的补充。""发动人民的武装自卫战,是保证军队作战胜利的中心一环。对此方针游移是必败之道。"①这个电文补充了8月1日关于红军作战原则的内容,特别是提出"发动人民武装自卫战"的思想对于开展独立自主的游击战有着重大意义。8月5日,毛泽东同张闻天复电朱德、周恩来、秦邦宪、林伯渠、彭德怀、任弼时,就红军参战问题指出:"关于担任一方面作战任务问题,红军担负以独立自主的游击运动战,钳制敌人大部,消灭敌人一部的任务。这是在一定地区内协助正面友军作战,而不是'独当一面'。我们事实上只宜作侧面战,不宜作正面战,故不宜以独当一面的语意提出。关于使用兵力问题,应提出按情况使用兵力的原则,在此原则下,承认开拔主力。但须估计战争的长期性与残酷性,以及陕、甘是我们的唯一可靠后方(蒋介石在陕、甘则尚有十个师)等问题。"②

为了进一步研究中国共产党的抗战路线、红军出师后的军事战略方针以及国共关系等重要问题,8月8日,毛泽东就提出"拟在红军开动时开一次政治局会议","地点在洛川"。选在洛川开会,主要是为照顾在云阳集中的红军将领。洛川在延安与云阳之间,在洛川开会可省去前方将领一半路程。此时,林彪正率抗大学员在洛川,毛泽东嘱他在洛川待命。原准备15日开会,但因8月13日日军进攻上海出现了新情况,加之要等待同国民党谈判的周恩来、朱德等返回参加会议,因此会议推迟到8月下旬召开。8月22日至25日,中共中央在洛川县城东北10多公里的冯家村召开政治局扩大会议。会议讨论了红军的战略方针。毛泽东认为:红军的基本任务是:(一)创造根据地;(二)钳制与消灭敌人;(三)配合友

---

① 《毛泽东年谱(一八九三——一九四九)》(修订本)中卷,中央文献出版社2013年版,第9—10页。

② 《毛泽东年谱(一八九三——一九四九)》(修订本)中卷,中央文献出版社2013年版,第10页。

军作战(战略支援任务);(四)保存与扩大红军;(五)争取民族革命战争领导权。他提出红军的作战方针是:"独立自主的山地游击战争(包括有利条件下消灭敌人兵团与在平原发展游击战争,但着重于山地)。"①这里的"独立自主"是指在统一战线下的相对独立自主;"游击战争"是指分散以发动群众,集中以消灭敌人,打得赢就打,打不赢就走;"山地战"是指在山区便于建立根据地,依托山区开展游击战争,并向平原发展。与会者基本同意毛泽东的意见,但在红军开赴前线出兵多少问题和早晚问题、如何看待抗战中红军游击战与运动战的关系问题上存在不同意见。对于红军的作战方针,有的提出"游击运动战",有的主张"运动游击战",还有的主张"独立自主的山地运动游击战"等,洛川会议前的 8 月 18 日,蒋介石同意红军改编为国民革命军第八路军,任命朱德、彭德怀为正副总指挥,编入第二战区序列。8 月 22 日,蒋介石公布了这一命令(9 月 11 日,八路军改称第十八集团军,正、副总指挥改称总司令、副总司令)。由于时间急迫,要急于上前线,会议很快就结束了,在会上对红军的作战方针尚未取得完全一致认识,只能等到红军开赴前线之后在实践中逐渐取得统一认识。其实关于"游击运动战"概念,最早提出的是毛泽东。而在洛川会议上,毛泽东放弃了他原来的提法,强调独立自主的山地游击战,这说明毛泽东的认识得到了进一步深化。洛川会议作为全面抗战开始后中共中央召开的第一次重要会议,对于领导全党实现由土地革命战争到全民族抗日战争的战略转变具有重要意义,也为实现党对全民族抗日战争的领导权,争取抗战胜利,奠定了政治思想基础。

洛川会议之后,八路军逐次开赴山西抗日前线。八路军是以分散游击、发动群众为主,还是在发动群众同时,集中兵力作战? 这些都需要中国共产党作出抉择。毛泽东对八路军的作战原则十分关注与重视。1937年 9 月 12 日,毛泽东就独立自主的山地游击战争的基本原则问题,致电

---

① 《毛泽东传》(二),中央文献出版社 2011 年版,第 468 页。

彭德怀:要彭德怀向国民党有关方面着重解释八路军"独立自主的山地游击战争"这个基本原则。并强调此原则中包含:(一)依照情况使用兵力的自由。使用大兵团于一个狭小地域实不便于进行游击战争。(二)红军有发动群众、创造根据地、组织义勇军之自由,地方政权与邻近友军不得干涉。如不弄清这一点,必将发生无穷纠葛,而红军之伟大作用决不能发挥。(三)南京只作战略规定,红军有执行此战略之一切自由。(四)坚持依傍山地与不打硬仗的原则。①

9月17日,毛泽东再一次致电朱德、彭德怀、任弼时、林彪、聂荣臻、贺龙、关向应、刘伯承、徐向前等前方将领,指出:"根据华北日军进攻的形势,恒山山脉成为敌军夺取冀、察、晋三省的战略中枢,敌军向这里出动主力,阎锡山指挥的各军已失锐气,节节败退。在此情况下,过去决定八路军全部在恒山山脉创造游击根据地的计划已根本上不适用了,如果仍按原计划全部进到晋东北恒山山脉,必将使自己处于敌人大迂回中,完全陷入被动地位。因此应改变原来的部署,以达到在战略上展开于主动地位,即展开于敌之侧翼,钳制敌之进攻太原与继续南下,援助晋绥军使之不过于损失力量,真正执行独立自主的山地游击战,广泛发动群众,组织义勇军,创造根据地,支援华北游击战争和扩大自己本身。"他还强调:"八路军此时是支队性质,不起决战的决定作用,但如果部署得当,能在华北,主要在山西,起支持游击战争的决定作用。"②时任一一五师师长的林彪从前线实际情况出发,对此种建议提出异议,认为在敌人大举进攻情况下,"应以作战灭敌为主要任务"。9月21日,毛泽东再电彭德怀,进一步阐明八路军的战略方针。他指出:"今日红军在决战问题上不起任何决定作用,而有一种自己的拿手好戏,在这种拿手戏中一定能起决定作

---

① 参见《毛泽东年谱(一八九三——一九四九)》(修订本)中卷,中央文献出版社2013年版,第21页。

② 《毛泽东年谱(一八九三——一九四九)》(修订本)中卷,中央文献出版社2013年版,第22—23页。

用,这就是真正独立自主的山地游击战(不是运动战)。要实行这样的方针,就要战略上有有力部队处于敌之翼侧,就要以创造根据地发动群众为主,就要分散兵力,而不是以集中打仗为主。集中打仗则不能做群众工作,做群众工作则不能集中打仗,二者不能并举。然而,只有分散做群众工作,才是决定地制胜敌人、援助友军的唯一无二的办法,集中打仗在目前是毫无结果可言的。目前情况与过去国内战争根本不同,不能回想过去的味道,还要在目前照样再做。"毛泽东还告诉彭德怀:"我完全同意你十八日电中'使敌虽深入山西,还处在我们游击战争的四面包围中'这个观点。请你坚持这个观点,从远处大处着想,对于个别同志不妥当的观点给与深刻的解释,使战略方针归于一致。"①电报所指"个别同志"首先指林彪。林彪不同意打游击战,在洛川会议上他主张要以打运动战为主,搞大兵团作战。他认为内战时期红军已经可以整师整师地歼灭国民党军队了,日本侵略军有什么了不起? 对日本帝国主义的力量估计太低。② 毛泽东曾告诫林彪等:"我军应坚持既定方针,用游击战斗配合友军作战。此方针在京与蒋何决定,周彭又在晋与阎当面决定,基本不应动摇此方针。"③

9月25日,平型关战役已经打响。毛泽东接连数电,继续阐述他的意见。在致朱德、彭德怀、任弼时、周恩来的电报中提出关于华北我军作战的战略意见时,他说:"不管蒋阎协助与否,目前红军不宜过早暴露,尤不宜过早派遣战术支队","敌人后方尚未十分空虚之时,暴露红军目标,引起敌人注意,那是不利的,若仅派遣战术支队那是无益的"。"请暂时把我军兵力一概隐蔽并养精蓄锐"。④ 关于华北工作问题,毛泽东致电周恩来、刘少奇、杨尚昆等,指出:"整个华北工作应以游击战争为唯一方

① 《毛泽东年谱(一八九三——一九四九)》(修订本)中卷,中央文献出版社2013年版,第23页。
② 《聂荣臻回忆录》中册,解放军出版社1984年版,第341页。
③ 《中共中央文件选集》第十一册,中共中央党校出版社1991年版,第338页。
④ 《中共中央文件选集》第十一册,中共中央党校出版社1991年版,第351页。

向,一切工作,例如民运,统一战线等等,应环绕于游击战争。华北正规战如失败,我们不负责任;但游击战争如失败,我们须负严重的责任。""除山西部署已告外,应令河北党注全力于游击战争,借着红军抗战的声威,发动全华北党(包括山东在内)动员群众,收编散兵散枪,普遍地但是有计划地组织游击队。"他强调:"为此目的,应着重于高级干部之分配及独立领导的党政军集体机关之组织。要设想在敌整个占领华北后,我们能坚持广泛有力的游击战争。要告诉全党(要发动党内党外),今后没有别的工作,唯一的就是游击战争。为此目的,红军应给予一切可能的助力。"①

八路军平型关大捷,在全国引起强烈反响。这是全面抗战爆发后中国取得的第一个大胜仗,驳斥了"日军不可战胜"的神话,振奋了全国人民的抗日信心。全国各地的祝捷电报纷纷飞向延安、飞向八路军,对提高八路军的声望产生了巨大政治影响。平型关大捷也鼓舞了毛泽东,引发了毛泽东对八路军作战方针的进一步深入思考,在关注游击战的同时,对集中兵力作战也给予了越来越多的注意。

9月27日,毛泽东致电周恩来、朱德、彭德怀、任弼时说:"目前长城抗战是暂时的,阎锡山必要求我军与他配合来打一二仗";"为了给晋军以更好地影响,如果在确实有利的条件下,当然是可以参加的,但须计算这仅是战役的暂时的局面,根本方针是争取群众,组织群众的游击队,在这个总方针下实行有条件的集中作战"②。这个电文与平型关战役前对配合作战的态度大不一样,已包含了后来概括的战略方针的雏形。

9月29日,毛泽东再次致电周恩来、朱德、彭德怀、任弼时,进一步阐述八路军在山西作战的战略意见,指出:华北大局非常危险,河北、山东不久将失陷,中国阵地将变为扼守黄河、运河两线。这一形势将影响到上海战线发生某些变化,南京将被大轰炸,国民党如不妥协必将迁都。山西将

---

① 《建党以来重要文献选编》第十四册,中央文献出版社 2011 年版,第 538 页。
② 石仲泉:《我观毛泽东》,中共党史出版社 2004 年版,第 111 页。

成为华北的特殊局面,这根本的是因为有八路军,其次是阎锡山与我们合作。由于这两个力量的结合将造成数百万人民的游击战争。根本方针是争取群众,组织群众游击队,在这个总方针下,实行有条件的集中作战。①

形势正如毛泽东所料的那样,10月上旬,国民党军队放弃雁门关至平型关的内长城防线,退守忻口东西一线阵地。阎锡山准备在忻口一带集中兵力与敌决战,保卫太原。阎锡山把周恩来请到自己身边,帮其出谋划策,并协调八路军同国民党军队共同作战。忻口会战从10月13日开始,历时21天,这是山西抗战规模最大、战斗最激烈的一次战役,也是国共合作取得较好成果的一次战役。毛泽东对此战役非常重视,在忻口战役开始前就多次致电周恩来提出建议和意见,并认为:"红军与卫立煌军在质量上可为晋北战役之领导者,山西现在处最后关头,将不得不打一仗。"他提出以一一五师主力北越,从东线袭击敌人后方交通线,与一二〇师主力在西线之行动配合,阻止日军向山西正面之进攻。他估计:如此,则一一五师"因转移与作战频繁,要准备付出相当之代价即应准备减员二千至二千五百。并因减员而不得不将枪支一小部分交与地方民众武装他们。但在支持山西作战,即用以支持华北作战,较为长久之战略目的上却有很大意义"②。忻口战役爆发后,毛泽东对八路军集中兵力作战的重要性与必要性更加强调。10月25日,毛泽东在延安会见英国记者贝特兰时,在同贝特兰谈话中第一次改变了对八路军战略方针的提法。他说:"现在八路军采用的战法,我们名之为独立自主的游击战和运动战。""军事上的第一要义是保存自己消灭敌人,而要达到此目的,必须采用独立自主的游击战和运动战,避免一切被动的呆板的战法。如果大量军队采用运动战,而八路军则用游击战以辅助之,则胜利之券,必操我手。"③

---

① 《毛泽东军事文集》第二卷,军事科学出版社、中央文献出版社1993年版,第65—66页。

② 《毛泽东军事文集》第二卷,军事科学出版社、中央文献出版社1993年版,第77页。

③ 《毛泽东选集》第二卷,人民出版社1991年版,第378—379页。

太原失守后,山西的正规战基本结束。11 月 8 日,太原失陷当天,毛泽东就致电周恩来、朱德、彭德怀、任弼时并告八路军各师主要负责人,指出:"太原失后华北正规战争阶段基本结束,游击战争阶段开始。这一阶段,游击战争将以八路军为主体,其他则附依于八路军,这是华北总的形势。"国民党在华北各残部将大量溃散,"故八路军将成为全山西游击战争之主体,应该在统一战线之原则下,放手发动群众,扩大自己,征收给养,收编散兵,应照每师扩大三个团之方针,不靠国民党发饷,而自己筹集供给之"。他强调:吕梁山脉是八陆军的主要根据地,但其工作将近开始,一一五师的三四四旅、三四三旅应立即转移至吕梁山地区。一二九师全部在晋东南,一二〇师在晋西北,准备坚持长期的游击战为宜。① 按照中共中央和毛泽东的部署,八路军各师主力分别在晋察冀、晋东南、晋西北和晋西南开展独立自主的山地游击战,实现了在山西的战略展开。到1938 年 4 月后,八路军又向河北、豫北平原、山东、冀热辽和绥远等华北广大敌后区域发展游击战争,开辟了广大的敌后战场,收复被国民党军队丢失的大片国土,建立抗日民主政权,创建了多块敌后抗日根据地。

1938 年 5 月,毛泽东撰写了《抗日游击战争的战略问题》一文。毛泽东指出:"游击战争的战略问题是在这样的情况之下发生的:中国既不是小国,又不像苏联,是一个大而弱的国家。这一个大而弱的国家被另一个小而强的国家所攻击,但是这个大而弱的国家却处于进步的时代,全部问题就从这里发生了。在这样的情况下,敌人占地甚广的现象发生了,战争的长期性发生了。敌人在我们这个大国中占地甚广,但他们的国家是小国,兵力不足,在占领区留了很多空虚的地方,因此抗日游击战争就主要地不是在内线配合正规军的战役作战,而是在外线单独作战;并且由于中国的进步,就是说有共产党领导的坚强的军队和广大的人民群众存在,因此抗日游击战争就不是小规模的,而是大规模的;于是战略防御和战略进

---

① 《中共中央文件选集》第十一册,中共中央党校出版社 1991 年版,第 384—385 页。

攻等等一全套的东西都发生了。战争的长期性,随之也是残酷性,规定了游击战争不能不做许多异乎寻常的事情,于是根据地的问题、向运动战发展的问题等等也发生了。于是中国抗日的游击战争,就从战术范围跑了出来向战略敲门,要求把游击战争的问题放在战略的观点上加以考察。"①随后,毛泽东于5月26日至6月3日在延安抗日战争研究会上作《论持久战》的演讲。毛泽东系统地总结了华北抗战经验,对八路军作战战略方针作出科学概括,第一次明确地提出八路军的作战方针为:"基本的是游击战,但不放松有利条件下的运动战"②。至此,中国共产党领导的人民军队在全民族抗日战争中究竟坚持什么样的战略方针最终走向成熟和完善。这样的军事战略方针,是与放手发动群众和创建根据地联系在一起的。正是因为坚持了这个正确的军事战略方针,使得中国全民族抗日战争形成敌后战场和正面战场在战略和战役上互相配合,共同抗击日本侵略者的战略总态势,使得中国共产党领导的敌后军民和抗日根据地成为中国坚持抗战并争取抗战胜利的中流砥柱,使得中国共产党领导的人民革命力量得以在抗击日本侵略者过程中不断发展壮大。正如《抗日游击战争的战略问题》一文题记所言:"抗日战争初期,中国共产党内和党外都有许多人轻视游击战争的重大战略作用,而只把自己的希望寄托于正规战争,特别是国民党军队的作战。毛泽东批驳了这种观点,同时写了这篇文章,指出抗日游击战争发展的正确道路。其结果,在抗日时期内,在一九三七年只有四万余人的八路军和新四军,到一九四五年日本投降时就发展成为一百多万人的大军,并创建了许多革命根据地,在抗日战争中起了伟大的作用,使蒋介石在抗日时期既不敢投降日本,又不敢发动全国规模的内战,而到一九四六年发动全国规模的内战时,由八路军新四军编成的人民解放军就有力量对付蒋介石的进攻了。"③

---

① 《毛泽东选集》第二卷,人民出版社1991年版,第405页。
② 《毛泽东选集》第二卷,人民出版社1991年版,第496页。
③ 《毛泽东选集》第二卷,人民出版社1991年版,第404页。

回顾党中央在延安 13 年历史,在民族矛盾和阶级矛盾交织在一起的复杂环境中,正是中国共产党以实事求是精神,清醒地判断中国革命面对的国际国内政治局势,把中国国情和中国革命的具体实际作为制定路线、方针、政策和行动纲领的依据,成功解决人民革命武装力量发展壮大的一系列重要课题,把握住历史发展的脉搏和契机,最终干成了看起来干不成的伟大事业,使"几乎不可想象的"胜利变为现实。

在中国革命即将夺取全国胜利之际,1948 年 12 月,保加利亚共产党总书记季米特洛夫盛赞中国共产党"取得了一系列惊人的胜利",对于改变世界力量的对比具有"极大的重要性"。在中国革命即将取得全面胜利之际,斯大林也承认他在对中国共产党的一些政策上的失误,明确表示:胜利者是不受审判的,凡属胜利了的都是正确的。就连以反共著称的美国《时代》周刊也发表题为《毛使尘埃落定》的文章,感叹"共产党在中国的胜利,改变了世界政治和战略格局"。在竭力援助蒋介石失败后,美国甚至近乎歇斯底里地展开了一场追究"丢失中国"责任的大辩论。[①]

三、通过整顿党的作风,使全党呈现前所未有的生机与活力

有了正确的理论、有了正确的路线方针政策和革命的行动纲领,还需要有好的作风作保证。在延安时期,中国共产党针对党内存在的学风不正、党风不正和文风不正问题,以反对主观主义以整顿学风、反对宗派主义以整顿党风和反对党八股以整顿文风为主要内容,开展全党整风运动。特别是把学风问题作为"第一个重要的问题",强调以研究中国问题为中心,大兴理论联系实际之风、调查研究之风,认真总结历史经验,从普通党员干部到各级领导干部都拿起了批评和自我批评的武器,勇于坚持真理、

---

① 郭德宏主编:《永恒的延安精神》,天津古籍出版社 2005 年版,第 103 页。

修正错误,使全党各级干部运用正确理论解决实际问题的能力普遍提高,各级干部实事求是的思想方法、领导方法和工作方法普遍增强。全党上下团结一致、开拓进取,以优良的作风,不断开创出工作新局面。

(一)把调查研究作为理论联系实际的根本方法,在全党大兴调查研究之风

1945 年,中共六届七中全会原则通过的《关于若干历史问题的决议》指出:"一切政治路线、军事路线和组织路线之正确或错误,其思想根源都在于它们是否从马克思列宁主义的辩证唯物论和历史唯物论出发,是否从中国革命的客观实际和中国人民的客观需要出发。"[①]而克服主观主义的根本方法就是调查研究。调查研究是理论联系实际的中心环节。

首先,延安时期进一步丰富了调查研究的思想和理论。为了真正从确立科学的世界观、方法论和认识论高度认识理论联系实际的极端重要性,彻底冲破主观主义的土壤和温床,中国共产党以调查研究为武器,在总结中国革命历史经验基础上,使调查研究理论更加系统化。

一是认识到只有坚持调查研究才能肩负起领导中国革命的历史重任。毛泽东早就强调:"我们的口号是:一,不做调查没有发言权。二,不做正确的调查同样没有发言权。"[②]他指出:"你对那个问题的现实情况和历史情况既然没有调查,不知底里,对于那个问题的发言便一定是瞎说一顿。瞎说一顿之不能解决问题是大家明了的,那末,停止你的发言权有什么不公道呢?许多的同志都成天地闭着眼睛在那里瞎说,这是共产党员的耻辱,岂有共产党员而可以闭着眼睛瞎说一顿的吗?"[③]到延安时期,毛泽东对调查研究问题的认识进一步深化。1941 年毛泽东在《〈农村调查〉

---

① 《毛泽东选集》第三卷,人民出版社 1991 年版,第 987 页。
② 《毛泽东文集》第一卷,人民出版社 1993 年版,第 267—268 页。
③ 《毛泽东选集》第一卷,人民出版社 1991 年版,第 109 页。

的序言和跋》一文中强调："对于中国各个社会阶级的实际情况，没有真正具体的了解，真正好的领导是不会有的。"①"有许多人，'下车伊始'，就哇喇哇喇地发议论，提意见，这也批评，那也指责，其实这种人十个有十个要失败。因为这种议论或批评，没有经过周密调查，不过是无知妄说。"②毛泽东不仅从对共产党员的要求和实现党的正确领导层面强调调查研究问题，他还特别指出："不调查不研究就不得了，就要亡国亡党亡头。"③张闻天结合自己调查研究的实践认为："既然我们必须承认，我们的一切工作必须从客观的实际出发，那我们就必须好好的尊重它的存在，承认它的地位，向它毕恭毕敬，老老实实，而决不能目空一切，自高自大，调皮捣蛋。真正做一个唯物论者，对客观的实际只能有这样的态度，不能有别的态度。"同时，"要做一个真正的唯物论者，还必须承认，只有正确的认识了这个客观的实际之后，我们才能提出改造这个实际的正确意见。这个简单的普遍真埋，要求我们对于客观的实际必须有详细的调查研究，而决不能粗枝大叶，自以为是，夸夸其谈。"④

二是阐明正确的决策来源于调查研究。系统周密的社会调查，是决定政策的基础。关在房子里是想不出什么好办法、打不出什么好主意的。只有通过系统周密的调查研究，吃透客观情况，把握其中的规律性，才能做出正确的决议和指示。毛泽东指出："要引导同志们的眼光向着这种实际事物的调查和研究。就要使同志们懂得，共产党领导机关的基本任务，就在于了解情况和掌握政策两件大事，前一件事就是所谓认识世界，后一件事就是所谓改造世界。就要使同志们懂得，没有调查就没有发言权，夸夸其谈地乱说一顿和一二三四的现象罗列，都是无用的。"⑤正确的

①　《毛泽东选集》第三卷，人民出版社 1991 年版，第 789 页。
②　《毛泽东选集》第三卷，人民出版社 1991 年版，第 791 页。
③　《毛泽东　周恩来　刘少奇　朱德　邓小平　陈云论调查研究》，中央文献出版社 2006 年版，第 7 页。
④　《建党以来重要文献选编》第二十册，中央文献出版社 2011 年版，第 194 页。
⑤　《毛泽东选集》第三卷，人民出版社 1991 年版，第 802 页。

决策必然是从实际出发、实事求是的决策。而要从实际出发,要认识实际,其基本一环,就是对于这个实际的调查研究。没有这一基本工作,一切关于从实际出发、要认识实际一类的话,仍然只是毫无意义的空谈。调查研究工作,不论对于领导者或被领导者,都是绝对必要的。张闻天认为:一个领导者,如果他对于当前的具体情况没有精密的调查研究,他就无法提出正确的任务。这正像一个军队的指挥官,如果他对于当前的各种情况没有精密的调查研究,他就无法决定作战的命令。这已经是很明白的了。但一个领导者,在正确地提出任务之后,是否可以不再需要调查研究,让事情自己发展下去,所谓自流的发展下去呢? 当然是不可以的。然而我们常常在任务提出之后,就以为万事大吉,不再过问,只是到了一定时期之后,才照例召开一个检查会议,或总结会议,照例地检查一下,总结一下工作。但是,正因为我们平时对于运动发展的实际情况缺乏详细的调查研究,所以我们在检查会议、总结会议上,也就提不出新问题,新办法,以推动运动的继续前进。至于在会议前后,给下级以经常的具体帮助者,那就更少看见了。因此,许多工作的检查总结,常常是照例的、形式的、死板的、没有内容的、空谈的,因而也很少结果的。这正好像一个军队的指挥官,只发出了作战的命令,而没有根据各种变动着的情况来进行不断的作战指挥。这种正确的作战指挥,对于一个战役的胜利,是一个重要的、有时是决定一切的因素。

基于此,张闻天提出:一个领导者,不但在决定任务之前须要做一番精密的调查研究工作,即在正确的任务提出以后,也仍然需要不断的调查研究。一个好的领导者,不但须要对于一件事情有正确的原则的领导,而且还须要作战指挥一样的行动的领导。只有把原则领导与行动领导结合起来,我们才能把这种领导称为具体领导。这种具体领导,不以精密的调查研究工作做基础,是绝不可能的。这种作战一样的行动的领导,在我们党内有特别强调的必要! 在被领导者方面,在接受了上级规定的任务之后,在执行任务时,是否可以对于当时当地的情况不进行调查研究呢? 当然也是不可以的。因为他不能在接受任务之后盲目乱干一气，而必须考虑一番：如何执行任务，才能不脱离群众，不违反政策。一个被领导者，不但对于上级所给与的任务应有清楚的认识，有完成任务的决心与勇气，而且还须要有不脱离群众、不违反政策的完成任务的具体办法，而这，没有对于当前情况的调查研究，也是不可能的。这正好像一个战斗的部队，在以自我牺牲的精神坚决执行上级命令时，仍须不断侦察战斗情况，以便适时地改变自己的战斗形式与组织形式，以争取胜利一样。①

三是强调调查研究是转变领导作风和改善工作方法的基础一环。周恩来在《怎样做一个好的领导者》一文中指出："必须正确地决定问题。首先，要估计环境及其变动，并找出此地此时的特点。次之，要依此与党的总任务联系起来，确定一时期的任务和方针。再次，要依此方针，规定当前适当的口号和策略。又次，然后据此定出合乎实际的计划和指示。这一切，必须经过最实际的调查研究，并使这些实际材料与党的原理原则联系起来。"②这才是正确的领导方法和工作方法。不深入实际深入群众的官僚主义作风，只能危害党的事业和人民的利益。毛泽东在为中共中央起草的《关于调查研究的决定》中指出："鼓励那些了解客观情况较多较好的同志，批评那些尚空谈不实际的同志；鼓励那些既了解情况又注意政策的同志，批评那些既不了解情况又不注意政策的同志。使这种了解情况、注意政策的风气，与学习马列主义理论的风气密切联系起来。在学习中反对不管实际只记条文的风气，反对将学习马列主义原理原则与了解中国社会情况、解决中国革命问题互相脱节的恶劣现象。要提倡干部与学生看报，指导看报方法，指导他们分析时局的每一变动。要供给干部与学生关于国内外、省内外、县内外各种情况的实际材料，把讲授与研究这些材料及其结论当作正式课程，给与必要时间，并实行

---

① 《建党以来重要文献选编》第二十册，中央文献出版社 2011 年版，第 196—197 页。
② 《周恩来选集》上卷，人民出版社 1980 年版，第 129 页。

考绩。"①

四是提出了调查研究应有的正确态度和方法。毛泽东指出："要做这件事，第一是眼睛向下，不要只是昂首望天。没有眼睛向下的兴趣和决心，是一辈子也不会真正懂得中国的事情的。"②事实证明，一个任务可以用两种不同的相反的方法来完成。一种方法是不问实际情况的，死板的，强迫命令的，脱离群众的，违反政策的；一种方法是根据实际情况的，灵活的，发动群众积极性的，执行政策的。说用前一种方法不能完成任务，是不合实际的。但是只问任务完成与否、不问任务如何完成的观点，是不足为训的。我们要完成任务，但只有拿后一个方法来完成任务，才是我们所拥护、所赞成的。不了解当前情况的人，是不能用这种方法来完成任务的。所以不论是领导者或被领导者，都必须把调查研究工作作为自己的一切工作的基础。张闻天强调："调查研究工作，不是什么一个时期的突击工作，也不是只在工作的某一阶段才需要的工作，也不只是对于某一种人才需要的工作，这是一切工作的基本，是贯穿在全部工作过程中的基本工作，是全部工作中最重要的有机组成部分，是一切工作者都需要做的工作。调查研究工作做的是否充分，是决定一项工作成败的主要关键。一个共产党员只有在实际行动上能够把这个工作当做自己一切工作的基础，他才算是一个真正的唯物论者，他的整顿三风才算有了实际的成效。"③那么，怎样做才是正确的调查研究呢？这就要做系统的由历史到现状的调查研究；要甘当小学生，真正联系群众，和群众做朋友；要下马观花，不能蜻蜓点水般浮在表面；要突出中心、抓住重点，善于抓典型，解剖麻雀，避免胡子眉毛一起抓；要做好准备，有调查纲目，学会开调查会的方法；等等。这些关于调查研究的思想和理论，为延安时期中国共产党各级组织和干部通过调查研究提高理论联系实际能力与水平，树立正确的思

① 《毛泽东文集》第二卷，人民出版社1993年版，第362—363页。
② 《毛泽东选集》第三卷，人民出版社1991年版，第789—790页。
③ 《建党以来重要文献选编》第二十册，中央文献出版社2011年版，第198页。

想方法、领导方法和工作方法，以优良作风不断开创工作新局面指明了方向。

其次，延安时期在全党大兴调查研究之风。为了解决党内存在的脱离实际问题，中国共产党在理论上阐明解决主观主义的根本方法是调查研究的同时，在实践中更是不遗余力地倡导和开展调查研究活动。1941年3月，毛泽东把他在1930年至1933年间所作农村调查汇集成《农村调查》一书，并为本书写了序言和跋，在延安出版。他申明："出版这个参考材料的主要目的，在于指出一个了解下层情况的方法，而不是要同志们去记那些具体材料及其结论。"1941年7月7日，中共中央发出关于设立调查研究局的通知，决定毛泽东为主任，任弼时为副主任。8月27日，中共中央政治局会议决定成立中央调查研究局，毛泽东兼局长，任弼时为副局长，下设党务研究和政治研究室，全面研究各方面的实际情况。中央调查研究局的设立，为全党全面深入地开展调查研究提供了强有力的组织保证。在此期间，1941年8月1日，中共中央还向全党发布《关于调查研究的决定》。《决定》指出："我党现在已是一个担负着伟大革命任务的大政党，必须力戒空疏，力戒肤浅，扫除主观主义作风，采取具体办法，加重对于历史，对于环境，对于国内外、省内外、县内外具体情况的调查与研究，方能有效地组织革命力量，推翻日本帝国主义及其走狗的统治"。[1]《决定》还对调查研究的具体办法作出了明确规定。在中共中央和毛泽东的倡导下，当时的延安，从中央机关到地方组织，先后成立了各种类型的调查团，广泛开展调查研究活动。第一个大型调查研究组织，是西北局调查研究局组成30多人的考察团。他们赴绥德、米脂进行了为期两个月的调研，写出了一系列调查研究材料和调查报告。在调查研究基础上，柴树藩、于光远、彭平三人合著了《绥德、米脂土地问题初步研究》一书，于1942年9月在延安正式出版。该书对绥德、米脂两县的农业生产概况、

---

[1]　《建党以来重要文献选编》第十八册，中央文献出版社2011年版，第531页。

土地变革历史、土地分配现状、土地租佃关系、土地变动及趋势、土地纠纷、农村阶级关系等问题,作了详细考察和研究。该书是西北局调查研究局考察团的代表性调研成果,从一个侧面反映了当时延安开展调查研究活动的广度和深度。时任中共中央政治局委员、书记处书记、中宣部部长的张闻天于 1942 年 1 月 26 日率领"延安农村调查团"到陕甘宁边区的神府、绥德和晋西北的兴县进行了近一年半的实地调查。张闻天调查研究结束回到延安后,向中共中央写出了此次调查研究的总结报告《出发归来记》一书。在书中他深切地告诉大家:"冲破了教条的囚笼,到广阔的、生动的、充满了光与热的、自由的天地中去翱翔——这就是我出发归来后所抱着的愉快心情。"①他认为:"接触实际,联系群众,这是一个共产党员的终身事业,所以决不要梦想,以为一年半载的工作,就可使自己有了实际,联系了群众。任何共产党员,即使他过去既接触实际,又联系群众,只要他一旦脱离实际、脱离群众,他就会硬化起来,走进老布尔什维克的博物馆,做历史的陈列品。"②调查团写出的《米脂杨家沟调查》一书是当时延安调查研究成果的又一代表作。1942 年 12 月,陕甘宁边区政府主席林伯渠率 20 多人组成的考察团,赴陕北甘泉、富县进行调查研究,1943年 1 月下旬回到延安,根据调查了解的情况,提出了改进政府工作的一系列意见。中央青委和中央妇委也都组成调查团开展调研活动。八路军政治部成立了 100 多人的战地考察团对全民族抗日战争现状进行了调查研究。中央党校组织党员到延川等地进行调研。当时文化宣传和研究领域也开展了调查研究工作。由艾思奇任主任的中央研究院文化思想研究室,积极转变研究风气,对于中国哲学的现状进行调查研究。艾思奇在对"五四"以来,特别是抗战以来的思想文化界的发展和现状进行详细调查基础上,写出了《抗战以来几种重要哲学思想评述》一文,于 1941 年 8 月20 日在延安的《中国文化》上发表。毛泽东本人在百忙中挤时间针对陕

① 《建党以来重要文献选编》第二十册,中央文献出版社 2011 年版,第 192 页。
② 《建党以来重要文献选编》第二十册,中央文献出版社 2011 年版,第 211 页。

甘宁边区财政经济面临的困难进行调研,提出一整套财经工作的方针和政策,在西北局高干会上所作的《经济问题与财政问题》报告就是调研成果的集中体现。这些调查研究活动的开展,不仅为中共中央和各级组织实施正确领导和做出科学决策提供了依据,而且更为重要的是为全党上下养成理论联系实际作风发挥了重要导向作用。

(二)整顿党的作风,使全党上下形成说实话、鼓实劲、求实效、干实事的良好氛围

端正思想路线固然重要,这是毫无疑义的。但是实事求是的思想路线还需要转化为实事求是的思想方法、领导方法和工作方法,成为广大党员和各级干部求真务实的自觉行动。著名的整风运动作为中国共产党的伟大创举,是加强党的建设,增强党的战斗力的一次成功实践,它不仅是一次全党普遍的深刻的马克思主义教育运动,也是一场伟大的思想解放运动,使全党在思想上大大地提高了一步,为全民族抗日战争的胜利和新民主主义革命的胜利奠定了思想政治和组织基础。中国共产党形成的一整套优良作风,从一般意义上讲是对中国革命经验的总结,从特殊意义上看则是延安整风成果的凝结。

1.反对主观主义以整顿学风是延安整风的中心内容。在中国共产党历史上,如何对待马克思列宁主义以及共产国际的指示,一直存在分歧,分歧的焦点在于要不要理论与实践相结合,是从"本本"出发,还是从实际出发。全国抗战爆发前,中国共产党已经有过两次胜利和两次失败的经验教训,而两次失败的主要原因在于中国共产党还处在幼年时期,对中国社会和中国革命的规律了解还很肤浅,还不善于把马克思列宁主义的基本原理同中国革命的具体实际结合起来,因而发生右的和"左"的错误。中国共产党内部存在的右的和"左"的错误从思想根源上看,都是主观主义的思想方法和思想作风在作怪。因此,对于中国共产党而言,克服主观主义,确立实事求是思想路线,使全党学会从实际出发、理论联系实

际的根本方法至关重要。

1941 年 5 月,毛泽东在《改造我们的学习》一文中指出:"许多同志的学习马克思列宁主义似乎并不是为了革命实践的需要,而是为了单纯的学习。所以虽然读了,但是消化不了。只会片面地引用马克思、恩格斯、列宁、斯大林的个别词句,而不会运用他们的立场、观点和方法,来具体地研究中国的现状和中国的历史,具体地分析中国革命问题和解决中国革命问题。这种对待马克思列宁主义的态度是非常有害的,特别是对于中级以上的干部,害处更大。"①他认为:"这种反科学的反马克思列宁主义的主观主义的方法,是共产党的大敌,是工人阶级的大敌,是人民的大敌,是民族的大敌,是党性不纯的一种表现。大敌当前,我们有打倒它的必要。只有打倒了主观主义,马克思列宁主义的真理才会抬头,党性才会巩固,革命才会胜利。我们应当说,没有科学的态度,即没有马克思列宁主义的理论和实践统一的态度,就叫做没有党性,或叫做党性不完全。"②

1941 年 8 月 1 日,中国共产党颁布的《关于调查研究的决定》强调:"粗枝大叶、自以为是的主观主义作风,就是党性不纯的第一个表现;而实事求是,理论与实际密切联系,则是一个党性坚强的党员的起码态度。"③

9 月,毛泽东在中央政治局扩大会议上作《反对主观主义和宗派主义》讲话。他指出:"主观主义同实事求是的马克思主义是相对抗的。"克服主观主义,就要认识主观主义的危害性,"分清创造性的马克思主义和教条式的马克思主义","宣传创造性的马克思主义"。他强调:"我们反对主观主义,是为着提高理论,不是降低马克思主义。我们要使中国革命丰富的实际马克思主义化。"他甚至提议取消那些理论脱离实际的人的"理论家"资格,"对研究实际问题的文章,要多给稿费。能使马克思主义

---

① 《毛泽东选集》第三卷,人民出版社 1991 年版,第 797 页。
② 《毛泽东选集》第三卷,人民出版社 1991 年版,第 800 页。
③ 《毛泽东文集》第二卷,人民出版社 1993 年版,第 361 页。

中国化的教员,才算好教员,要多给津贴"。①

9月26日,为提高党内高级干部理论水平和政治水平,中共中央决定成立高级学习组,其成分以中央,各中央局、中央分局、区党委或省委之委员,八路军新四军各主要负责人,各高级机关某些职员,各高级学校某些教员为范围。延安及各地高级学习组统归中央学习组管理指导,按时指定材料,总结经验,解答问题。毛泽东为中央学习组组长,王稼祥为副组长。高级学习组以理论与实际统一为方法,第一期为半年,研究马恩列斯的思想方法论与中国共产党二十年历史两个题目,然后再研究马恩列斯与中国革命其他问题,以达克服错误思想(主观主义及形式主义),发展革命理论的目的。11月4日,中央学习组发出通知就各地高级学习组学习内容调整为以列宁主义的政治理论与中共六大以来的政治实践为范围。

针对中国共产党内存在的严重的主观主义与宗派主义残余,中央政治局多次着重讨论这个问题,发表关于增强党性的决定,关于开展调查研究的决定,关于干部学校的决定与关于高级学习组的决定。此外,毛泽东根据中央决定,在陕甘宁边区参议会上发表了反对宗派主义演说。这些决定和演说,已在全党起了指导作用,已引起很多同志的注意,已在具体纠正至今尚存在着的主观主义与宗派主义的残余,这是好的现象。但是在另一方面,中央的决定及中央领导同志的演说,在另外许多同志中,并没有引起深刻注意。为此,1942年1月26日,毛泽东起草了《中共中央宣传部关于反对主观主义反对宗派主义的宣传要点》。《宣传要点》对"并没有引起深刻注意"的原因进行了分析,认为其原因:"或则是有些同志过去犯了主观主义与宗派主义的错误相当的严重,一时尚没有深刻认识自己的错误,不愿意作深刻的自我批评,不愿意迅速地改正自己的错误;或则是有些同志自以为过去并没有犯过主观主义与宗派主义的路线

---

① 《毛泽东文集》第二卷,人民出版社1993年版,第373—374页。

错误,因此事不关己,高高挂起,而不知在他们自己过去与现在的思想中行动中,也曾有过主观主义与宗派主义的因素,也曾犯过某些错误。"毛泽东列举了主观主义的种种表现,例如容易冲动,以感情代政策,对于敌、友、我三方情况懂得很少也安之若素,对客观事物缺乏科学的周密的调查研究精神,而有自以为是的精神,这些便都是主观主义的错误因素。毛泽东还分析了宗派主义的种种表现。他最后强调指出:"凡此主观主义与宗派主义的思想与行动,如不来一个彻底的认真的深刻的斗争,便不能加以克服,便不能争取革命的胜利。而要进行斗争,加以克服,非有一个全党的动员是不会有多大效力的。因此希望全党全军的各级领导机关与各级领导同志对于这个问题加以注意,进行宣传,进行工作。"①从这个《宣传要点》中可以看出,毛泽东开始考虑由高级干部整风向全党整风展开。

1942 年 2 月 1 日,毛泽东在中共中央党校开学典礼上作《整顿党的作风》报告。报告指出:"所谓学风,不但是学校的学风,而且是全党的学风。学风问题是领导机关、全体干部、全体党员的思想方法问题,是我们对待马克思列宁主义的态度问题,是全党同志的工作态度问题。既然是这样,学风问题就是一个非常重要的问题,就是第一个重要的问题。"②学风不正,是指中国共产党内有主观主义的毛病。而主观主义有教条主义和经验主义两种表现形式,在两种主观主义中教条主义更为危险。教条主义轻视实践,把马克思主义理论看成死的教条,阻碍理论的发展,既害了自己,又害了别人。经验主义往往以自己的经验为满足,缺乏理性的知识和普遍的知识,缺乏理论。两者的共同点是:"他们都是只看到片面,没有看到全面。如果不注意,如果不知道这种片面性的缺点,并且力求改正,那就容易走上错误的道路。"毛泽东指出:"对于马克思主义的理论,要能够精通它、应用它,精通的目的全在于应用。""马克思列宁主义理论和中国革命实际,怎样互相联系呢? 拿一句通俗的话来讲,就是'有的放

---

① 《建党以来重要文献选编》第十九册,中央文献出版社 2011 年版,第 16—18 页。
② 《毛泽东选集》第三卷,人民出版社 1991 年版,第 813 页。

矢'。""马克思列宁主义和中国革命的关系,就是箭和靶的关系。""我们所要的理论家是什么样的人呢? 是要这样的理论家,他们能够依据马克思列宁主义的立场、观点和方法,正确地解释历史中和革命中所发生的实际问题,能够在中国的经济、政治、军事、文化种种问题上给予科学的解释,给予理论的说明。"①

2 月 28 日,中共中央召开政治局会议,在讨论在职干部教育问题时,毛泽东指出:政治局五大业务中以思想为第一位,要抓住思想首先要以干部教育为主。现在有些干部"习非胜是",把不正确的东西也习以为是。纠正干部的毛病,要精细,不要粗暴。但必须造成一个风气,要造成一河大水,马克思列宁主义的革命的水,实行思想革命,用马克思列宁主义的水,彻底改革各部门的工作。过去中宣部只想用一两桶水是无法彻底改革的。

3 月 2 日,毛泽东出席中共中央白区工作总结委员会会议,在会上谈了中国共产党创立至第六次代表大会以来的简单经过。他指出:中国有两个教条,一是旧教条,一是洋教条,都是思想上的奴隶。五四运动打破了旧教条的奴役,是一个重大的启蒙运动。大革命失败后,我们党犯了洋教条的毛病,现在开展反主观主义、宗派主义和党八股的整风运动,同样是一个重大的启蒙运动,许多干部中毒很深,需要做启蒙工作。

3 月 30 日,毛泽东在中央学习组作《如何研究中共党史》报告。毛泽东指出:把党的路线政策的历史发展搞清楚,"这对研究今天的路线政策,加强党内教育,推进各方面的工作,都是必要的。"他把中国共产党党史分为大革命时期、内战时期和抗日时期三个阶段。提出运用"古今中外法"研究党的历史,所谓"古今"就是历史的发展,所谓"中外"就是中国和外国,就是己方和彼方。他强调,研究中共党史,应该以中国做中心,不研究中国特点,而去搬外国的东西,就不能解决中国的问题。我们要把马、

①《毛泽东选集》第三卷,人民出版社 1991 年版,第 819、815、819、814 页。

恩、列、斯的方法用到中国来,在中国创造出一些新的东西。研究党史上的错误,不应该只恨几个人,如果只恨几个人,那就是把历史看成是少数人创造的。

4月3日,中宣部颁布《关于在延安讨论中央决定及毛泽东同志整顿三风报告的决定》,后被称为"四三决定"。这个决定的颁布标志着全党整风正式全面展开。"四三决定"发布后,整顿学风运动首先开始,时间大约持续到1942年8月初。学风学习阶段在延安参加的干部有1万多人。4月20日,毛泽东在中央学习组会议上作《关于整顿三风》的报告。毛泽东深刻阐明了整风学习的必要性和重大意义。在对时局做出分析和估量后,他指出:"我们把马列主义搞通,把主观主义反倒,这是加强教育的更深刻的方法,更彻底的方法。如果我们全党干部在现在这一两年以内,能够把作风有所改变,扩大正风,消灭不正之风,这样一个目的达到了,我们内部就能够巩固,我们的干部就能够得到提高,我们也才能够有本事迎接将来的光明世界,掌握这个新的光明的世界。总之,对付黑暗需要加强教育,迎接光明也需要加强教育,无论怎样讲,我们都需要加强教育。"①毛泽东从中国共产党历史和延安所具有的政治地位出发,认为在延安进行的教育学习是有全国意义的。"延安的干部教育好了,学习好了,现在可以对付黑暗,将来可以迎接光明,创造新世界,这个意义非常之大,这是全国性的。"②

5月21日,中共中央召开政治局会议,讨论目前时局、整风学习、文艺座谈会等问题。"关于整风学习问题,会议认为,延安整风学习运动的热潮已经发动起来,中央必须加强领导。会议决定:(一)延长学习时间,机关由四月二十日起延长到九月二十日共五个月,学校由四月二十日起延长到八月二十日共四个月。(二)成立中央总学习委员会,由毛泽东负总责,康生副之。(三)健全各单位的学习组织与领导。(四)

---

① 《毛泽东文集》第二卷,人民出版社1993年版,第411—412页。
② 《毛泽东文集》第二卷,人民出版社1993年版,第412页。

改进学习方法。"①

在中共中央和毛泽东的高度重视下,从延安到各根据地,整风学习的热潮一浪高过一浪。中直机关约有2200人参加整风学习,军委直属系统参加整风学习的有1830人,陕甘宁边区留守兵团直属机关、部队、学校参加学习的干部共653人,内含非党员135人。陕甘宁边区政府系统参加整风学习的有3240人。② 在学习中,除了读文件、作笔记、出墙报、讨论、考试测验外,各单位还根据自己的实际情况有所创新。有的是先通读文件再进行研究,有的是把文件分类,边读边研究,有的讨论会是大家提问题,汇总到学习委员会后,再由负责人解答问题,而有的是先由学习委员会提出问题,大家再讨论,等等。通过严密的组织,使学习不走过场,不搞形式,扎实有效进行。各敌后抗日根据地,在艰苦而频繁的战争间隙中也深入开展整风学习,创造出许多新鲜经验。

2.反对宗派主义以整顿党风是延安整风中的主要内容之一。宗派主义是主观主义在组织关系上的一种表现,它妨碍党内的统一与团结,也妨碍党团结全国人民的事业。毛泽东在《整顿党的作风》一文中指出:"铲除这两方面的祸根,才能使党在团结全党同志和团结全国人民的伟大事业中畅行无阻。"③党内的宗派主义主要表现在向党闹独立性,只看见局部利益,看不见全体利益,背离党的民主集中制,在个人和党的关系上,把个人利益放在第一位,把党的利益放在第二位。闹名誉,闹地位,闹出风头。拉拢一些人,排挤一些人,在同志中吹吹拍拍,拉拉扯扯。在外来干部与本地干部、军队干部与地方干部、老干部和新干部关系上,以及几部分军队之间、几个地方和几个工作部门之间关系上,也要反对和防止宗派主义的倾向。在党外关系上的宗派主义主要表现在喜欢对党外人士妄自

① 《毛泽东年谱(一八九三——一九四九)》(修订本)中卷,中央文献出版社2013年版,第380页。

② 高新民、张树军:《延安整风实录》,浙江人民出版社2000年版,第177、186、190页。

③ 《毛泽东选集》第三卷,人民出版社1991年版,第821页。

尊大,看不起人家,藐视人家,而不愿意尊重人家,不愿意了解人家的长处。这种倾向也是完全错误的。毛泽东指出:"我们的同志必须懂得一条真理:共产党员和党外人员相比较,无论何时都是占少数。""我们有什么理由不和非党人员合作呢?对于一切愿意同我们合作以及可能同我们合作的人,我们只有同他们合作的义务,绝无排斥他们的权利。"①

宗派主义作为党性不纯的一种表现,对党外产生排外性,在党内产生排内性,可以闹到使党完全孤立起来,可以闹到使党内部不团结,甚至使党解体。因此,中国共产党把反对宗派主义与反对主观主义同时提出来,这不是偶然的。任弼时指出:"宗派主义的排外性,常常使有些同志表现出我们党是很高明的,看不起人家,仿佛只有我们党里面的人是最好的,最革命的,其他的人都赶不上我们,不配同我们在一起。这种排外性就形成我们党对外的关门主义,认为关着门自己搞革命就可以成功。宗派主义的排外性使我们党与基本群众——工人农民不亲近,与同情我们的人更不接近,跟他们隔离。我们的基本群众里面有许多进步的觉悟的分子,而宗派主义者不要他们加入到我们党内来,向他们关门,认为他们对于我们没有好处。这些人对基本群众的生活要求也不大关心,更不能为他们的要求去斗争。宗派主义者对于党外的同情革命者是轻视的态度,认为只有我们党才是革命的,其他阶层的人不一定是革命的,甚至是反革命的。这样就使我们党脱离我们的基本群众,拒绝一切可能的同盟者。"②"宗派主义的排内性有各种各样的表现。有的表现为本位主义,就是只注意自己工作的这一部门的利益,把局部的利益与整体的利益对立起来;有的表现为小团体主义,或少数人的小集团的活动。宗派主义的小集团多是由同乡、同学、同族的关系而形成的。如在某根据地有一个支部是一族包办,对其他族的人则排斥。有些是同学、同乡,甚至同在哪一国留学的,以这样一些关系结合起来的。还有一种表现则更厉害,闹

---

① 《毛泽东选集》第三卷,人民出版社 1991 年版,第 826 页。
② 《任弼时选集》,人民出版社 1987 年版,第 246—247 页。

同党对立的独立主义,闹反集中的分散主义,闹无原则的纠纷;有的甚至结合少数人公开违抗党的决议,公开与党的路线政策对立起来,成为政治上一种反党的派别活动。这样闹独立、闹派别的结果,造成党内无组织的状态,使党分成这一部分、那一部分,不能成为一个团结的整体。闹这样一些宗派主义的人,虽然有各种各样的表现,但其基本出发点还是个人主义,个人的自私自利,把部分利益同党的整体利益对立起来,有的还有政治上的企图。"①

反对宗派主义以整顿党风的学习阶段,从 1942 年 8 月中旬开始,到 12 月中旬结束。整顿学风主要是解决思想方法问题,而整顿党风则主要是解决实践问题。在中国共产党历史上的"左"的错误占统治地位时期,曾存在严重的宗派主义问题,在干部路线上排除异己,任人唯亲,搞"残酷斗争,无情打击"。在延安时期宗派主义已不占统治地位,在中国共产党内部大量存在的只是宗派主义的"残余",其主要表现为在组织上把个人利益、局部利益置于全党利益之上,向党闹独立性。出现这些现象,与中国共产党所处的环境有很大的关系。中国共产党长期处于农村环境,而且是分散的独立活动的游击战争环境,党内小生产者及知识分子占据很大比重,因而容易产生"个人主义""英雄主义""无组织状态""独立主义""分散主义"等等倾向。

在延安整风中反宗派主义,肃清王明的错误影响,当然是其中的应有之义。但是,更重要的是在各根据地党政军关系上,在某些工作部门之间,存在着许多不协调现象,影响到中国共产党团结和统一。因此,反对宗派主义的一个重要目的就是要增强党的集中统一领导,使中国共产党更加适应形势发展需要。为此,中国共产党一方面建立集中统一的一元化领导体制,调整党、政、军关系,坚持党对各根据地政权系统的领导。1942 年 9 月 1 日,中共中央发布了《中共中央关于统一抗日根据地党的

① 《任弼时选集》,人民出版社 1987 年版,第 249 页。

领导及调整各组织间关系的决定》。《决定》指出:"党是无产阶级的先锋队和无产阶级组织的最高形式,他应该领导一切其他组织,如军队、政府与民众团体。""党的领导一元化,一方面表现在同级党政民各组织的相互关系上,又一方面则表现在上下级关系上。在这里,下级服从上级,全党服从中央的原则之严格执行,对于党的统一领导,是有决定意义的。"①《决定》确定了党组织是各根据地的最高领导机构,要求政府、军队、民众团体重要的文件交同级党委批准或事先征得同级党委负责人同意。这对于各根据地在被四面包围、彼此分散、联系不便状况下,贯彻执行党的路线方针政策和中共中央的决定、命令,确保党的各级组织、党所领导的政权机构及其他一切团体在党中央集中统一领导下工作,做到步调一致,发挥了重要作用。另一方面,中国共产党加强思想教育,把反对宗派主义不仅仅看作组织问题,更看作思想作风问题,要求每个党员干部联系自己的思想和工作实际进行反思,发动个人写反省笔记、思想自传,同时把反对自由主义的"小广播"作为一个步骤,肃清违反党的原则,违反党的纪律,破坏党的团结的自由主义现象和行为。由于反宗派主义和自由主义的整风学习深刻触及每个党员干部的思想,带来了工作的进步,改善了党员干部形象,从而使中国共产党威信更加提高,人民群众对中国共产党向心力更加增强。

3.反对党八股以整顿文风是整顿党的作风的有机组成部分。党八股是藏污纳垢的东西,是主观主义和宗派主义的一种表现形式。毛泽东在《反对党八股》一文中指出:"我们反对主观主义和宗派主义。如果不连党八股也给以清算,那它们就还有一个藏身的地方,它们还可以躲起来。"因为党八股充当着主观主义和宗派主义的宣传工具。毛泽东在阐述党八股产生的根源之后,列举了党八股的八大罪状。第一条罪状:空话连篇,言之无物。文章长且空,下决心不要群众看,真是"懒婆娘的裹脚

① 《建党以来重要文献选编》第十九册,中央文献出版社 2011 年版,第 423、428 页。

布又长又臭"。第二条罪状:装腔作势,借以吓人。毛泽东认为,空话连篇,言之无物,还可以说是幼稚;装腔作势,借以吓人,则不但是幼稚,简直是无赖了。"共产党不靠吓人吃饭,而是靠马克思列宁主义的真理吃饭,靠实事求是吃饭,靠科学吃饭。"第三条罪状:无的放矢,不看对象。写文章,做宣传,没有调查,没有研究,没有分析,乱讲一顿,下决心不要人看,不要人听。第四条罪状:语言无味,像个瘪三。毛泽东提出,要向人民学习语言;要从外国语言中吸取我们所需要的成分;还要学习古人语言中有生命的东西。第五条罪状:甲乙丙丁,开中药铺。一篇文章充满了符号,不提出问题,不分析问题,不解决问题,不表示赞成什么,反对什么,说来说去还是一个中药铺,做概念游戏,搞形式主义。第六条罪状:不负责任,到处害人。由于责任心不足,许多人写文章,做演说,不预先研究,不预先准备;文章写好之后,就马马虎虎地发表出去。"其结果,往往是'下笔千言,离题万里'"。第七条罪状:流毒全党,妨害革命。第八条罪状:传播出去,祸国殃民。毛泽东指出:"党八股如不改单,如果听其发展下去,其结果之严重,可以闹到很坏的地步。"在分析罗列了党八股八大罪状之后,毛泽东指出:"党八股这个形式,不但不便于表现革命精神,而且非常容易使革命精神窒息。要使革命精神获得发展,必须抛弃党八股,采取生动活泼新鲜有力的马克思列宁主义的文风。"①

1942 年 12 月 18 日,中共中央总学习委员会发出《关于文风问题的通知》。《通知》指出:"文风的改造是整顿三风的一个组成部分,同时也是正确思想、正确党风借以表现的具体形式,必须认真学习,不可忽视。"②《通知》要求对于文风的学习,各学委会必须抓紧领导,作具体的布置。号召全体参加学习的同志,以学习学风与党风的精神,来学习文风。在文风的学习中,要求每个同志,认真去检查自己过去与现在的工作和自己所写的文件作品(论文、文件、指示、报告、演说、会议、谈话、教课、文

① 《毛泽东选集》第三卷,人民出版社 1991 年版,第 830、835—836、840 页。
② 《建党以来重要文献选编》第十九册,中央文献出版社 2011 年版,第 581 页。

艺、整风笔记、工作方式等），借以坚决地彻底地肃清党八股的余毒。

党八股问题说到底还是一个思想方法问题，它同学风、党风上存在的问题密切相关。毛泽东曾讲："不要把三风分为某些是下级多一点，某些是上级多些。即如党八股，就是包含着主观主义与宗派主义在内的，如果不包含这些，就不叫做党八股了。如果县以上还有党八股残余存在，即是证明还有主观主义、宗派主义的残余存在。"①毛泽东在1943年6月6日致彭德怀电中对整风运动各阶段的内容及各环节的相互关系作了一个简明的概括，反映了毛泽东领导整风运动的基本思路和要求。毛泽东指出：整风前一阶段注重学风是正确的，但后一阶段便应注重党风。因学风是思想方法问题，党风是实践问题，只有在后一时期（今年下半年）注重党风，才能将思想方法应用于党性的实践，克服党性不纯现象。在党风学习中，自我批评应更发展，应着重提出反对自由主义错误，从思想上纠正党内自由主义。直待党风学完后（文风应和学风一起学）才实行审查干部（主要是清查内奸）。如能真正做好整风，真正做好审查干部，就算是了不起的成绩，我党百年大计即已奠定。②

反对党八股就要彻底改变文风和会风。毛泽东认为党八股不但在文章里演说里存在，而且在会风上也存在。他指出："我们反对的是空话连篇言之无物的八股调，不是说任何东西都以短为好。战争时期固然需要短文章，但尤其需要有内容的文章。最不应该、最要反对的是言之无物的文章。演说也是一样，空话连篇言之无物的演说，是必须停止的。"③在会风上固守"一开会，二报告，三讨论，四结论，五散会"的死板形式和程序，在会场上作起报告来，则常常是"一国际，二国内，三边区，四本部"，会是常常从早上开到晚上，没有讲话的人也要讲一顿，不讲好像对人不起。这

---

① 《延安整风运动》（资料选集），中共中央党校出版社1984年版，第63、64页。
② 《毛泽东年谱（一八九三——一九四九）》（修订本）中卷，中央文献出版社2013年版，第444页。
③ 《毛泽东选集》第三卷，人民出版社1991年版，第834页。

种不看实际情形,死守着呆板的旧形式、旧习惯,也应加以改革。

反对党八股就要向老百姓学习。中国共产党提倡马克思主义民族化、科学化、大众化。这里的"化"是什么意思呢?毛泽东认为:"'化'者,彻头彻尾彻里彻外之谓也"。他指出:"如果是不但口头上提倡提倡而且自己真想实行大众化的人,那就要实地跟老百姓去学,否则仍然'化'不了的。有些天天喊大众化的人,连三句老百姓的话都讲不来,可见他就没有下过决心跟老百姓学,实在他的意思仍是小众化。"①如果没有学会说群众懂得的话,写文章讲话不看对象,不调查,不研究,提起笔来"硬写",拿起稿子"硬讲","生造"的东西太多,堆满了"谁也不懂的形容词之类",那中国共产党的路线方针政策和决议就无法贯彻,党的主张就难以变成群众自觉的行动。

早在1941年6月20日,中共中央宣传部在《关于党的宣传鼓动工作提纲》中,对宣传鼓动工作的方法提出要注意以下问题:第一,你要讲什么?事先必须自己充分准备好所要讲的东西,不然,就不能使你的宣传鼓动有清楚的内容,而收不到应有的效果。第二,对什么人讲?把对农民讲的话,拿去对工人讲,有时就会牛头不对马嘴。你讲话的对象是何人,他们的情绪是怎样,都要预先弄清楚。第三,要达到什么目的?或者是为了解释一个问题,使他们明白事实的真相,或者是为了要发动一个运动,使听众听了你的话就拥护这个运动。总之,你的讲话或文章以及其他宣传鼓动品也好,是为了要达到一定的目的的。第四,怎样讲?既然讲什么,对什么人讲,达到什么目的,你都想好了,那么问题就是怎么讲,才能把你的意思讲得清楚,使对方了解,以达到你所要达到的目的了。第五,随时留心群众的反映,讲话中及讲话后应注意听众的反映,以便随时改变你的宣传鼓动的内容与方法。第六,除了应注意上述宣传鼓动工作一般的方法外,在进行宣传工作时,又应特别注意下列各项:(1)宣传的内容必须

---

①　《毛泽东选集》第三卷,人民出版社1991年版,第841页。

是充实的,而不是空洞的;(2)宣传的语句应当简单、明了、清楚、透彻;(3)宣传的事实应当是真实的,生动的,恳切而带有说服性的;(4)由具体到抽象,由近到远,由中国到外国。第七,在进行鼓动工作时,又应特别注意下列各项:(1)抓住为广大群众所熟悉的事实;(2)抓住为广大群众最切身的,最迫切的,最易感动的事实;(3)讲话要生动,富有情感,富有煽动性;(4)时间要短。① 这个文件所提出的上述方法,应该说对克服党八股,切实改变文风给予了非常具体的指导。

在反对党八股中,新闻媒体的影响和作用十分重要。为此,中共中央高度重视对党报进行改造工作。《解放日报》是 1941 年 3 月由《新中华报》和《今日新闻》合并创办的中共中央机关报,是中国共产党的喉舌,代表了党中央的声音。虽然《解放日报》在宣传中国共产党政策,介绍国内外形势,指导中国共产党各项工作方面都有相当大的成绩,但在办报过程中存在党八股现象,在版面设计上恪守一国际,二国内,三边区,四本部的呆板形式。1942 年 3 月 8 日,毛泽东为《解放日报》题写了"深入群众,不尚空谈"的题词,提出今后努力方向。1942 年 3 月 16 日,中共中央宣传部发出《为改造党报的通知》。《通知》指出:"报纸的主要任务就是要宣传党的政策,贯彻党的政策,反映党的工作,反映群众生活,要这样做,才是名符其实的党报,如果报纸只是或者以极大篇幅为国内外通讯社登载消息,那末这样的报纸是党性不强,不过为别人的通讯社充当义务的宣传员而已,这样的报纸是不能完成党的任务的"。② 4 月 1 日,《解放日报》改版后的第一张报纸与读者见面,整个版面发生很大变化。第一版由原来的国际新闻改为国内新闻和国际新闻都有,而以国内新闻为主。国内新闻主要是报道边区军民抗日斗争和边区建设,报道边区英雄模范事迹,以便树立典型,指明方向,鼓舞斗志。第二版过去也是国际版,现改为边区版,详细报道边区军民战斗、生产的消息。第三版改为国际版,报道一

---

① 《建党以来重要文献选编》第十八册,中央文献出版社 2011 年版,第 426—427 页。
② 《建党以来重要文献选编》第十九册,中央文献出版社 2011 年版,第 162 页。

些国内外、敌占区情况动态。第四版原来是边区、副刊各占一半,现全部改为副刊,使文艺为现实斗争和建设服务。在文艺工作方面,1942 年 5 月,毛泽东主持在延安召开的文艺座谈会,针对文艺界存在的问题,毛泽东发表讲话回答了文艺为什么人服务的一系列重大问题,会后延安文艺界深入群众,深入实际创作出大量老百姓喜闻乐见的文艺作品。总之,通过实施一系列重要措施,全党上下"闭塞眼睛捉麻雀"、"瞎子摸鱼"、粗枝大叶、夸夸其谈、满足于一知半解的作风得到根本改观,使党八股在中国共产党内没有存在的市场,从客观真实情况出发而不是从主观愿望出发研究思考问题蔚然成风。

第五章　全心全意为人民服务的
　　　　　公仆精神

　　中国共产党作为马克思主义政党,是中华民族和中国最广大人民根本利益的忠实代表,是人民求解放谋幸福的工具。全心全意为人民服务,为人民谋利益,是中国共产党全部活动的出发点,除了人民的利益外,中国共产党没有自己的特殊利益。这就必然要求中国共产党要始终把人民利益放在第一位,同人民群众保持密切联系。也只有同人民群众保持紧密联系,党才得以生存、发展和壮大,党的一切活动才有意义。中国共产党为什么要培育延安精神? 从本质上讲就是为了更好地全心全意为人民服务。正因为延安精神体现中国共产党根本宗旨,才使延安精神具有更强的说服力,更加具有生动性。实践是理论的先导,理论又是行动的指南。把共产党人为人民服务的精神上升为中国共产党的唯一宗旨,并将其作为判断一个共产党人是否是真正的共产党人的价值标准,贯穿到中国共产党的全部理论和实践中,这是在延安时期得以解决并走向成熟的。在理解延安精神中的全心全意为人民服务的公仆精神时,既要看到延安时期共产党人在实践中是如何践行为人民服务的,还要看到为人民服务的公仆精神所体现的中国共产党在对待人民群众问题上的理论成熟和政治自觉,这样才具有理论的深度和实践的厚度,使延安精神更具深刻性。

一、确立全心全意为人民服务的宗旨观和道德观，形成党的群众路线、群众观点和群众工作方法

在长期的革命实践中，中国共产党形成了如何代表人民利益和正确处理与人民群众关系的政治主张和行动准则。在延安时期这些主张和准则更加完善和成熟，并且在实践中同人民群众建立起水乳交融、血肉相连的关系。正因为中国共产党有了和人民群众紧密联系在一起的作风，能够在任何情况下和人民群众同甘共苦，并在政治上代表他们的利益，才能够动员和组织广大人民群众投身革命事业，获得人民群众的信赖、爱戴和拥护，克服前进道路上的困难，战胜一个又一个强大敌人，不断从胜利走向胜利。

（一）延安时期明确提出并进一步确立全心全意为人民服务的根本宗旨

1938 年，毛泽东在《中国共产党在民族战争中的地位》中就曾强调：共产党员无论何时何地都不应以个人利益放在第一位，而应以个人利益服从于民族的和人民群众的利益。1939 年 2 月 20 日晚，毛泽东在致张闻天的信中，把"为人民服务"作为无产阶级的道德观提出来。在信中对陈伯达的文章《孔子的哲学思想》写下这样的意见："关于孔子的道德论，应给以唯物论的观察，加以更多的批判，以便与国民党的道德观（国民党在这方面最喜引孔子）有原则的区别。例如'知仁勇'，孔子的知（理论）既是不根于客观事实的，是独断的，观念论的，则其见之仁勇（实践），也必是仁于统治者一阶级而不仁于大众的；勇于压迫人民，勇于守卫封建制度，而不勇于为人民服务的。"[1]这是目前从毛泽东著作中能见到的最早

---

[1] 《毛泽东书信选集》，中央文献出版社 2003 年版，第 132 页。

关于"为人民服务"的论述。1942 年 5 月,毛泽东在《在延安文艺座谈会上的讲话》中,强调一切文艺工作者要为工人、农民、士兵和城市小资产阶级服务。他认为对于中国和外国过去时代所遗留下来的丰富的文学艺术遗产和优良的文学艺术传统,我们要继承,对于过去时代的文艺形式,我们也并不拒绝利用,但这些旧形式到了我们手里,给了改造,加进了新内容,使之变成"革命的为人民服务的东西了"①。1942 年 12 月,在西北局高干会议上,毛泽东作《经济问题与财政问题》的报告。在会上为 22 位先进模范人物题词,明确体现了为人民服务思想。如"完全和群众打成一片""密切联系群众,为群众谋福利""一刻也不脱离群众"等等。1944 年 9 月 8 日,毛泽东在张思德追悼会上,发表《为人民服务》演讲,使为人民服务成为中国共产党及其军队和一切革命同志的普遍要求与行为规范。1944 年 12 月 15 日,毛泽东在陕甘宁边区参议会第二届第二次会议演说中指出:"我们一切工作干部,不论职位高低,都是人民的勤务员,我们所做的一切,都是为人民服务"。② 1945 年中共七大召开时,毛泽东在《论联合政府》报告中,又深刻阐述了为人民服务的内涵。他指出:"全心全意地为人民服务,一刻也不脱离群众;一切从人民的利益出发,而不是从个人或小集团的利益出发;向人民负责和向党的领导机关负责的一致性;这些就是我们的出发点。"③

在中国共产党领导人不遗余力地强调为人民服务的重要性的同时,中共七大把为人民服务的精神写进了党章中。在这个党内根本大法的总纲部分强调:"中国共产党人必须具有全心全意为中国人民服务的精神,必须与工人群众、农民群众及其他革命人民建立广泛的联系,并经常注意巩固与扩大这种联系。每一个党员都必须理解党的利益与人民利益的一致性,对党负责与对人民负责的一致性。每一个党员都必须用心倾听人

① 《毛泽东选集》第三卷,人民出版社 1991 年版,第 855 页。
② 《毛泽东文集》第三卷,人民出版社 1996 年版,第 243 页。
③ 《毛泽东选集》第三卷,人民出版社 1991 年版,第 1094—1095 页。

民群众的呼声和了解他们的迫切需要,并帮助他们组织起来,为实现他们的需要而斗争。每一个党员都必须决心向人民群众学习,同时以革命精神不疲倦地去教育人民群众,启发与提高人民群众的觉悟。中国共产党必须经常警戒自己脱离人民群众的危险性,必须经常注意防止和清洗自己内部的尾巴主义、命令主义、关门主义、官僚主义与军阀主义等脱离群众的错误倾向。"在中共七大《党章》第一章关于党员的义务中的第三条规定:"为人民群众服务,巩固党与人民群众的联系,了解并及时反映人民群众的需要,向人民群众解释党的政策。"①

把全心全意为人民服务作为中国共产党人的价值观、道德观,是中国共产党的性质和肩负的历史使命的根本体现,是由中国共产党的世界观和指导思想以及历史使命和奋斗目标决定的。从政治取向上看,全心全意为人民服务的宗旨观是唯物主义历史观的生动体现,反映了中国共产党所制定的路线方针政策和一切活动,都是支持人民当家作主,为了实现人民群众根本利益的根本政治标准和价值选择。从道德修养上看,它是共产党人对中国传统道德观的批判性继承。科学回答了共产党人的人生目的、人生态度、人生价值等根本性问题,是毫不利己,专门利人;吃苦在前,享受在后;无私奉献,廉洁奉公的道德品质和价值体现。

(二)延安时期上升到马克思主义认识论高度对党的群众路线作出理论概括

群众路线是中国共产党战胜敌人、克服困难、赢得胜利的一大法宝。早在1928年6月至7月召开的党的六大即提出党的总路线是争取群众的重要论断。同年11月,李立三根据中共六大精神在同浙江地区负责人谈话时指出,在总的争取群众路线之下,需要尽最大的努力到下层群众中去。这是中国共产党领导人首次使用"群众路线"这一概念。1929年9

---

① 《中国共产党章程汇编(从一大——十六大)》,中共中央党校出版社2006年版,第47—49页。

月,由陈毅起草、经周恩来审定的《中共中央给红军第四军前委的指示信》("中央九月来信")中提到"群众路线"。信中在"红军与群众"部分指出:"筹款工作亦要经过群众路线,不要由红军单独去干"。在"红军给养与经济问题"部分指出:"没收地主豪绅财产是红军给养的主要来源,但一定要经过群众路线",红军的给养及需用品的解决,"可渐次做到由群众路线去找出路"①。1929 年 12 月,毛泽东主持起草的《中国共产党红军第四军第九次代表大会决议案》中指出:"一切工作,在党的讨论和决议之后,再经过群众去执行。"②1943 年 6 月,毛泽东撰写的《关于领导方法的若干问题》一文科学阐述了群众路线所包含的内容,从马克思主义认识论的高度对群众路线的领导方法作了理论概况。提出"从群众中来,到群众中去"的观点。这是对党的群众路线内容的最早表述。毛泽东指出:"在我党的一切实际工作中,凡属正确的领导,必须是从群众中来,到群众中去。这就是说,将群众的意见(分散的无系统的意见)集中起来(经过研究,化为集中的系统的意见),又到群众中去作宣传解释,化为群众的意见,使群众坚持下去,见之于行动,并在群众行动中考验这些意见是否正确。然后再从群众中集中起来,再到群众中坚持下去。如此无限循环,一次比一次地更正确、更生动、更丰富。这就是马克思主义的认识论。"③在中共七大刘少奇所作的《关于修改党章的报告》系统阐述了党的群众路线。认为"党的群众路线,是我们党的根本的政治路线,也是我们党的根本的组织路线"④。放在这样的高度予以定位是第一次。刘少奇指出:"所谓密切联系人民群众的路线,就是党的群众路线,毛泽东同志的群众路线,就是要使我们党与人民群众建立正确关系的路线,就是要使我们党用正确的态度与正确的方法去领导人民群众的路线,就是要

---

① 《建党以来重要文献选编》第六册,中央文献出版社 2011 年版,第 516、518—519 页。
② 《建党以来重要文献选编》第六册,中央文献出版社 2011 年版,第 729 页。
③ 《毛泽东选集》第三卷,人民出版社 1991 年版,第 899 页。
④ 《刘少奇选集》上卷,人民出版社 1981 年版,第 342 页。

使我们党的领导机关和领导人与被领导的群众建立正确关系的路线。"①
为什么说群众路线是中国共产党根本的政治路线和根本的组织路线？刘
少奇指出："我们党的政策和工作方法应该是从群众中来，又到群众中
去。这就是说，不但我们党的政治路线，而且我们党的组织路线，都应该
是正确地从群众中来的路线，又正确地到群众中去的路线。……所谓正
确的组织路线，就是党的群众路线，就是我们党的领导骨干和党内党外广
大群众密切结合的路线，就是从群众中来又到群众中去的路线，就是指导
方法上的一般号召与个别指导相结合的路线。"他进一步强调："我们要
领导群众前进，但是不要命令主义。我们要密切联系群众，但是不要尾巴
主义。我们要从群众原来的水准出发，去提高群众的觉悟，率领群众前
进。我们要在自己的工作中，把最高的原则性和与群众最大限度的联系
相配合。这就是我们的群众路线。这当然是不容易做到的，但只有如此，
才够得上一个好的马克思主义者，才配称为一个好的共产党员。"②

（三）延安时期系统形成群众观点和群众工作方法

毛泽东从唯物史观高度论述了人民群众的历史作用。他认为："一
切政治的关键在民众，不解决要不要民众的问题，什么都无从谈起。"③
"群众是真正的英雄，而我们自己则往往是幼稚可笑的，不了解这一点，
就不能得到起码的知识。"④刘少奇在中共七大《关于修改党章的报告》
中，在吸收以往理论成果基础上，把中国共产党的群众观点概括为：一切
为了人民群众的观点，全心全意为人民服务的观点；一切向人民群众负责
的观点；相信群众自己解放自己的观点；向人民群众学习的观点。他并且
指出："这一切，就是我们的群众观点，就是人民群众的先进部队对人民

---

① 《刘少奇选集》上卷，人民出版社 1981 年版，第 348 页。
② 《刘少奇选集》上卷，人民出版社 1981 年版，第 348、357—358 页。
③ 《毛泽东文集》第三卷，人民出版社 1996 年版，第 202 页。
④ 《毛泽东选集》第三卷，人民出版社 1991 年版，第 790 页。

群众的观点。我们同志有了这些观点,有了坚固的明确的这些群众观点,才能有明确的工作中的群众路线,才能实行正确的领导。"①这些群众观点的确立,不仅彻底体现了中国共产党"人民创造历史"的唯物史观,也展示了中国共产党"人民至上"的高尚情怀。

关于一切为了人民群众的观点、全心全意为人民服务的观点。刘少奇指出:"我们党从最初起,就是为了服务于人民而建立的,我们一切党员的一切牺牲、努力和斗争,都是为了人民群众的福利和解放,而不是为了别的。这就是我们共产党人最大的光荣和最值得骄傲的地方。"②他强调:"我们革命,不是为老婆,为吃饭,为出风头,而是为了人民群众的解放。一切为了群众,否则,革命就毫无意义。"③他批评一些党员干部口头讲的是群众,是马克思主义,一到行动就忘记了群众,忘记了马克思主义。如果对群众利益不关心,以官僚主义对待群众,这是非常危险的。如果不纠正,不解决,党性就成问题。他严厉批评了党内存在的官僚主义:"饱食终日,无所用心,只知发号施令……抹煞人民的权利,甚至要求人民为他们服务,为了自己的享受,而不惜牺牲群众的利益,劳民伤财,贪污腐化,在群众面前称王称霸等。"④这些不良倾向如果不解决,会严重妨害党群关系,影响党的群众观点的确立,影响党全心全意为人民服务的行动。他要求,在党的队伍里,不论职务高低,也不论在何种岗位从事何种工作,都是人民的勤务员,都是直接或间接为人民服务,都是平等的、光荣的。

一切为了群众,全心全意为人民服务,就要"善于为人民服务,要服务得很好"⑤。毛泽东强调:"共产党是为民族、为人民谋利益的政党,它本身决无私利可图。它应该受人民的监督,而决不应该违背人民的意旨。

---

① 《刘少奇选集》上卷,人民出版社1981年版,第354页。
② 《刘少奇选集》上卷,人民出版社1981年版,第348页。
③ 《刘少奇选集》上卷,人民出版社1981年版,第234页。
④ 《刘少奇选集》上卷,人民出版社1981年版,第346页。
⑤ 《刘少奇选集》上卷,人民出版社1981年版,第349页。

它的党员应该站在民众之中,而决不应该站在民众之上。"①党只是为人民谋利益的工具。毛泽东生动地阐述了世界上为什么需要共产党的问题。他指出:"是因为世界上的小米太多,剩下了,非请我们吃不可,因此需要共产党,还是因为房子太多,专门要有一批房子给共产党住呢?当然都不是。世界上需要共产党,就是为了团结大多数人,组织军队,打倒敌人,建设新中国。此外还有什么事?没有了。"②既然共产党是为人民服务的工具,那么就要求共产党员必须努力提高自己为人民服务的能力,增强自己为人民服务的本领,否则,一切为了人民群众就是一句空话。而提高为人民服务的能力和本领,只能在争取党的事业的发展、成功和胜利中去提高,而不能离开党的事业的发展去争取什么个人的独立发展,否则,党员个人的进步和提高是不可能的。

关于一切向人民负责的观点。毛泽东指出:"我们的责任,是向人民负责。每句话,每个行动,每项政策,都要适合人民的利益,如果有了错误,定要改正,这就叫向人民负责。"③刘少奇在中共七大修改党章的报告中还深刻阐述了向人民负责和向党负责的一致性。他说:"我们党员接受党的领导机关与领导人的命令去进行工作,他们在工作中是要对党的领导机关与领导人负责的,但如果把这种负责与对人民负责分开来看,那是错误的。必须对人民群众负责,才算是尽了最后与最大的责任。要理解党的利益与人民的利益的一致性,凡对人民有利的事业,即是对党有利的事业,每个党员都必须尽量去做。凡对人民不利的事业,即是对党不利的事业,每个党员都必须反对,必须避免。人民的利益,即是党的利益。除了人民的利益之外,党再无自己的特殊利益。最广大人民群众的最大利益,即是真理的最高标准,即是我们党员一切行动的最高标准。"④每个

---

①　《毛泽东选集》第三卷,人民出版社1991年版,第809页。

②　《毛泽东在七大的报告和讲话集》,中央文献出版社1995年版,第155页。

③　《毛泽东选集》第四卷,人民出版社1991年版,第1128页。

④　《刘少奇选集》上卷,人民出版社1981年版,第349—350页。

党员对人民负责,即是对党负责;对人民不负责,即是对党不负责。正因对党负责与对人民负责是一致的,刘少奇要求共产党员如果发现自己的领导机关与领导人所指示的任务、政策和工作作风有缺点错误时,即应以对人民负责的精神,向领导机关和领导人建议改正,要弄清是非,不应马虎敷衍。否则,就是对人民没有负起责任,也就是对党没有负起责任。在实际工作中,对这个重大理论问题搞清楚了,才能把向人民负责落到实处。要把对人民负责落到实处,就要接触实际,联系群众。正如张闻天所讲:"接触实际,联系群众,这是一个共产党员的终身事业,所以决不要梦想,以为一年半载的工作,就可使自己有了实际,联系了群众。任何共产党员,即使他过去既接触实际,又联系群众,只要他一旦脱离实际、脱离群众,他就会硬化起来,走进老布尔什维克的博物馆,做历史的陈列品。"①

关于相信群众自己解放自己的观点。毛泽东以彻底的历史唯物主义观点,确信人民是推动历史前进的动力。他指出:"只要我们依靠人民,坚决地相信人民群众的创造力是无穷无尽的,因而信任人民,和人民打成一片,那就任何困难也能克服,任何敌人也不能压倒我们,而只会被我们所压倒。"②他还具体地指导基层干部,遇到困难和问题,"一切依靠最广大群众力量去解决问题,放手将解决问题的责任交给各分区,交给广大群众。你们上面领导同志只总其大纲,给予号召、指导、检查和调剂,实行集中领导、分散经营的原则。"③刘少奇进一步阐述说:"人民群众的解放,必须由群众的自觉与自愿,并且举出自己的先锋队,在先锋队的指导下,自己组织起来,自己去斗争,自己去争取。然后群众才能自觉地去获得斗争的果实,并保持与巩固这种果实。"④他还说:我们共产党人的一切事业,都是人民群众的事业。我们的一切纲领与政策,不论是怎样正确,如果没

---

① 《张闻天文集》第三卷,中共党史出版社 2012 年版,第 142 页。
② 《毛泽东选集》第三卷,人民出版社 1991 年版,第 1096 页。
③ 《毛泽东文集》第三卷,人民出版社 1996 年版,第 281 页。
④ 《刘少奇选集》上卷,人民出版社 1981 年版,第 351 页。

有广大群众的直接的拥护和坚持到底的斗争,都是无法实现的。"共产党人在人民群众的解放事业中,应该到处是、也只能是人民群众的引导者和向导,而不应该是、也不可能是代替人民群众包打天下的'英雄好汉'。""这种脱离群众的'英雄好汉'不能完成任何人民群众的解放事业。"①所以,英雄主义、命令主义、包办代替、恩赐观点等,都是错误的。

关于向人民群众学习的观点。人民群众是智慧的海洋和力量的源泉,只有先当群众的学生,才能当群众的先生。毛泽东多次强调要有"甘当小学生的精神"②,没有这种精神,工作是一定做不好的。"群众是真正的英雄","'三个臭皮匠,合成一个诸葛亮',这就是说,群众有伟大的创造力"③。刘少奇也指出:要"向人民群众学习。因为群众的知识、群众的经验是最丰富最实际的,群众的创造能力是最伟大的……只有我们同志虚心地向人民群众学习,把群众的知识和经验集中起来,化为系统的更高的知识,才能够具体地去启发群众的自觉,指导群众的行动。如果不向群众学习,而自作聪明地从脑子中想出一套东西,或生硬地从历史经验与外国经验中搬运一套东西,来启发群众与指导群众,那是一定无用的"④。周恩来要求党员干部要面向群众,向群众学习。他指出:"因为领导者本身知识还不完全,经验还不够,领导地位并不能使你得到知识和经验,所以面向群众,汲取群众经验,十分必要。"他提出四点具体要求:"(1)与群众接近和联系,在某种程度上要与他们打成一片;(2)倾听群众意见;(3)向群众学习;(4)教育群众,不做群众的尾巴。"⑤任弼时在《共产党员应当善于向群众学习》一文中,上升到是否具有坚强的党性的高度回答了为什么要向群众学习的问题。他指出:"为什么说向群众学习,是有关我们有无群众观念及党性纯否的问题呢? 因为我们的革命绝不是为着个人

①　《刘少奇选集》上卷,人民出版社 1981 年版,第 352 页。
②　《毛泽东选集》第三卷,人民出版社 1991 年版,第 790 页。
③　《毛泽东选集》第三卷,人民出版社 1991 年版,第 790、933 页。
④　《刘少奇选集》上卷,人民出版社 1981 年版,第 353 页。
⑤　《周恩来选集》上卷,人民出版社 1980 年版,第 131 页。

的利益,个人的名誉地位,而是为着基本群众谋解放。而基本群众的解放,又是要他们自己起来动手,才能真正得到的。所以我们在一切工作中,都要从照顾群众的利益出发,从照顾群众的经验出发,从依靠群众的力量出发。要密切党与群众的联系,在某种程度上也可以说是与群众融成一片。这就是我们所要求每个党员应有的群众观念,同时也是每个党员有无党性的起码条件。这就要求每个党员对待群众的态度,不是站在群众之上,而是站在群众之中,并有虚心向群众学习的决心。今天,在我们许多党员干部中还非常缺乏这种群众观念。他们在处理一切问题时,常常表现其观念上没有群众,或者只有抽象的模糊的群众,而没有具体的斗争的群众。他们没有从调查研究群众的实践中去想办法,而是从感想从书本上去想办法。没有想到他们所决定的东西,是否符合于群众的需要,是否能得到群众的拥护,是否能动员群众自觉地积极地起来去实行。他们没有站在群众之中,与群众融成一片,而是站在群众之上,去强迫命令。因此必然脱离群众,必然发展官僚主义,必然不能做好工作。这种人党性大成问题,应该坚决纠正。"①

中国共产党的群众观点是马克思主义唯物史观与中国实际相结合的伟大创造。它深化了党的宗旨的思想内涵,奠定了党的群众路线的理论基础,是共产党员革命的出发点与归宿。

在开展群众工作的方法上,毛泽东强调共产党人无论进行何项工作有两个方法必须采用,即"一是一般和个别相结合,二是领导和群众相结合"。毛泽东指出:"任何工作任务,如果没有一般的普遍的号召,就不能动员广大群众行动起来。但如果只限于一般号召,而领导人员没有具体地直接地从若干组织将所号召的工作深入实施,突破一点,取得经验,然后利用这种经验去指导其他单位,就无法考验自己提出的一般号召是否正确,也无法充实一般号召的内容,就有使一般号召归于落空的危险。"

① 《任弼时选集》,人民出版社1987年版,第304—305页。

毛泽东强调:"只有领导骨干的积极性,而无广大群众的积极性相结合,便将成为少数人的空忙。但如果只有广大群众的积极性,而无有力的领导骨干去恰当地组织群众的积极性,则群众积极性既不可能持久,也不可能走向正确的方向和提到高级的程度。"毛泽东认为:"领导人员依照每一具体地区的历史条件和环境条件,统筹全局,正确地决定每一时期的工作重心和工作秩序,并把这种决定坚持地贯彻下去,务必得到一定的结果,这是一种领导艺术。这也是在运用领导和群众相结合、一般和个别相结合这些原则时,必须注意解决的领导方法问题。"①这样的领导方法是中国共产党长期革命实践经验的凝结,也是中国共产党战胜一切困难的有效武器。正如毛泽东所讲:"斗争愈是艰苦,就愈是需要共产党人的领导和广大群众的要求密切地相结合,愈是需要共产党人的一般号召和个别指导密切地相结合,而彻底粉碎主观主义的和官僚主义的领导方法。我党一切领导同志必须随时拿马克思主义的科学的领导方法去同主观主义的和官僚主义的领导方法相对立,而以前者去克服后者。主观主义者和官僚主义者不知道领导和群众相结合、一般和个别相结合的原则,极大地妨碍党的工作的发展。为了反对主观主义的和官僚主义的领导方法,必须广泛地深入地提倡马克思主义的科学的领导方法。"②正是中国共产党对马克思主义唯物史观的深刻把握,在理论上对如何处理党和人民群众的关系得以科学化、系统化,从而为各级干部和广大党员正确处理与人民群众的关系指明了方向,并且使全心全意为人民服务的根本宗旨充分体现在延安时期中国共产党制定的大政方针和广大党员干部的一言一行中。

二、高度重视法制建设,着力建设廉洁政府

始终保持清正廉洁是共产党人的政治本色。延安时期中国共产党坚

---

① 《毛泽东选集》第三卷,人民出版社1991年版,第901页。
② 《毛泽东选集》第三卷,人民出版社1991年版,第902页。

持把廉洁奉公作为党的建设和政权建设的重要任务来抓,形成教育倡廉、监督保廉、惩戒促廉的廉政建设格局,塑造出令世人称道的廉洁形象。中国共产党领导下的陕甘宁边区不仅是当时全国最民主的圣地,而且也是当时全国最廉洁的地方。

(一)教育倡廉,系统形成中国共产党的作风建设与党性修养理论

教育是反腐倡廉的基础。"德教为先,修身为本","立身一败,万事瓦裂"。抓好廉政教育,增强共产党人的党性修养,自觉养成优良作风,树立科学的世界观、价值观、人生观是建设廉洁政治的根本保证。在延安时期中国共产党明确提出党风这个概念,第一次从世界观和党性的高度,对党的作风建设进行科学概括和总结。1941 年 9 月,毛泽东在《反对主观主义和宗派主义》一文中首次使用了"党风"概念。他指出:现在"延安的学风存在主观主义,党风存在宗派主义"[1]。他认为:"我们要完成打倒敌人的任务,必须完成这个整顿党内作风的任务。"[2]在中共七大上,通过系统总结党的建设的历史经验,毛泽东对中国共产党在长期革命实践中形成的优良作风作出概括,集中反映了中国共产党人对待马列主义,对待人民群众和对待自己的科学态度,标志着中国共产党党风建设思想的成熟,成为中国共产党区别于其他任何政党的显著标志。与此同时,延安时期创造性地建立了共产党员修养的理论。刘少奇 1939 年写的《论共产党员的修养》全面系统地阐述了共产党员应该怎样加强自身的思想意识修养、理论修养和党性锻炼,确立共产主义理想信念,培养共产主义道德品质,以有效地贯彻执行党的路线、方针、政策。他要求共产党员要从各方面加强修养,抵制剥削阶级腐朽思想的侵蚀,保持共产党人思想上政治上的纯洁性,做到清正廉洁。《论共产党员的修养》,作为马克思主义政党

---

[1] 《毛泽东文集》第二卷,人民出版社 1993 年版,第 373 页。
[2] 《毛泽东选集》第三卷,人民出版社 1991 年版,第 812 页。

建设史上第一次从党员个人修养的角度来研究党的建设的光辉著作,它赋予"修身养性"这一传统命题以马克思主义的内涵,大大推动了在农民占人口绝大多数的东方大国这种特殊历史环境中如何建设一个坚强的马克思主义政党的探索和实践。正是作风建设和党性修养理论的成熟,为广大党员干部增强拒腐防变的免疫力,保持思想上政治上的清醒,自觉抵制消极腐败现象和不正之风,奠定了思想基石。

(二)监督保廉,通过厉行民主政治和健全监督机制形成廉政建设合力

监督是廉政建设的重要保障。延安时期中国共产党为了加强对权力的监督,形成了较为完备的监督体系。首先,在陕甘宁边区推行民主政治,强化人民群众对权力的监督。中国共产党在陕甘宁边区构建能够使人民行使权力的政权体制,形成由参议会、政府、法院三部分组成的政权结构形态。参议会作为边区的权力机关、民意机关和立法机关,有选举产生各级政府,创制和复决边区法规,监察及弹劾边区各级政府之政务人员的权力。政府机关,是边区的行政机关。政府机构的设置和人员的配置,都由参议会决定并选举。参议员由人民直接选举产生。从1937年边区政府成立到1946年全边区先后开展了三次民主选举运动。通过民主选举,使那些不称职的干部纷纷落选,而那些真正能够为人民群众办事的干部则走上领导岗位。其次,加强同党外人士合作,创造性地提出并实行"三三制"政权体制。1940年后根据毛泽东的主张,边区在政权机关的人员分配上,规定共产党员占三分之一,非党的左派进步分子占三分之一,不左不右的中间派占三分之一。强调中国共产党对陕甘宁边区主要是通过正确的路线方针政策实施领导;通过召开党政联席会议形式进行领导;通过选派优秀干部实现领导。"三三制"政权体制的实行,开创了协商民主的先河,有效地破解了在政权机关的权力制衡、民意表达和相互监督问题。再次,设立专门的监察机构,强化对公务人员的监督。1938年10

月,中共六届六中全会通过《中共扩大的六届六中全会关于各级党委暂行组织机构的决定》。该决定规定在"区党委之下,得设监察委员会",负责监督各级党的机关、党的干部及党员的工作与对党的章程决议之正确执行,管理审查并决定对于违犯党章党纪党员的处分,或取消其处分等。1945年,中共七大党章把"党的检察机关"专设一章,对党内监察工作作出明确规定。同时,在政府机构内还设立专门的监督机关——边区审计处,主要审核边区行政机关预决算以及收入、支出、征税、拥有财产多少等事项,尤其是对"贪污、舞弊及浪费事件"重点审计检查。与此同时,边区还重视运用法律武器对公务人员进行法律监督。1939年起在边区高等法院设立监察处,独立行使检察权,在各县设立监察员处理法律监督事务。1946年经边区参议会通过决议,设立独立建制的边区高等监察处,其职能除对刑事案件提出公诉外,还赋予运用法律手段对公务人员进行监督,特别是检举政务人员贪污受贿行为的职责,这对于净化公务人员廉洁从政环境具有重要意义。

(三)惩戒促廉,把严惩贪腐与激励奖廉相结合倡导清正廉洁新风尚

党风正则干部廉,干部廉则天下安。延安时期,中国共产党坚持从严治党,从严治吏,对消极腐败分子坚决惩处,绝不姑息养奸。为了把惩戒防贪工作落到实处,陕甘宁边区政府颁布了《陕甘宁边区各级政府干部奖惩暂行条例(草案)》,把"怠工渎职","贪赃枉法,腐化堕落,假公济私,包庇蒙蔽","侵犯群众利益,致妨害工作进行或政府威信"作为惩戒主要内容。边区政府还专门成立了惩戒委员会,制定了《边区公务员惩戒委员会组织条例(草案)》,具体办理惩戒事宜。针对一些党员干部,经不起艰苦生活的考验,加之国民党施以升官发财、酒色逸乐的引诱而腐化变质,不论其出身如何,党龄长短,职务高低,贡献大小,一律严惩不贷。

在陕甘宁边区,1939年查处贪污案360件,1940年644件,1941年上

半年即下降为 153 件。中共中央和中央军委严肃查处了一批具有重大影响的典型案件,并作公开处理,以教育全党。比如八路军某部团政委刘振球,可谓革命功臣。他出生在极其贫苦的农民家庭,6 岁至 12 岁给人家放牛,后又当 8 年学徒。1930 年加入红军,参加了 5 次反"围剿"斗争。长征后任营教导员,参加了平型关战役,光荣负伤。1938 年 1 月任团政治部主任,后任团政委。10 年来他曾三次被敌人枪弹毁坏了自己的身体,但他将职位的提升看作是"权力"和"地位"了,于是 9 个月中破坏党纪犯下许多罪行。表现为工作消极怠工,不负责任,一无布置,二无检查,几个月不开会议,放弃领导责任。严重的官僚主义,为敷衍上级,巩固自己的"地位",随意谩骂和惩办干部,从个人感情出发以对他的向背态度胡乱提拔和打击干部。更为严重的是其本人生活腐化,私拿存款 300 元购买私人奢侈品,又私吞公款 240 元。经党多次教育、劝告、批评而不反省,最后与山西某些反动分子秘密来往。为巩固党,严格党的纪律,总政党务委员会 1939 年 1 月 8 日决定开除其党籍,交法庭处理。针对此事,胡耀邦专门撰写了《拥护开除刘振球的党籍,为党的事业奋斗到底》一文,分析了刘振球从功臣到腐败的内在原因。(1)由于刘振球对革命需经过长期艰苦的行程怀抱着悲观失望的心理。当时我们党处在一种环境下,这个环境一方面说明了我们的事业有光明的前途,又一方面说明了加在我们身上的是严重的困难。毛泽东说:"假如我们不能熬过这段艰难困苦的路程,我们的胜利是不能设想的。"①刘振球是没有也不愿意理解这一点的,在他想来,革命已经够"苦"了,现在还要"苦",革命胜利是如何的渺茫啊!刘振球的政治短见使他惊慌失措,行坐不安,使他失掉了胜利的信心,而旧社会的腐败生活又在拼命地引诱他。就是这样,他的畏怯、懦弱、苟且偷安的心理积极地展开起来,便从为党奋斗的道路走上相反的道路。(2)由于刘振球的自私自利主义发展到了极度。刘振球

---

① 《共产党人》1938 年第 4 期。

处处总是忘却不了个人的利益,革命利益和个人利益发生冲突时,他总是个人的利益高于革命的利益。为了改善自己的生活,不惜浪费甚至偷窃公家的一部分财产。他要顾及个人利益自然要牺牲党的利益,这样便变成了消极腐化、官僚主义、贪污浪费,违反党的政策,反抗党的纪律。(3)由于刘振球的自大主义发展到了极点和坚持自己的错误等等,才使他堕落走向犯罪。

还有一位新党员刘力功,1938 年入党,抗大毕业后又进了党的训练班,专门学习"党的建设"。训练班毕业后,党组织根据他在学习过程中的鉴定——非常自高自大,有不少共产党员不应有的观点而且又是无工作经验的新党员,决定派他到下层工作中去锻炼。开始他采取欺骗态度,称病不接受,最后经过多次教育说服,仍坚持个人意见,不服从党的决定,拒绝工作。中央党务委员会认为:刘力功采取个人主义态度,违反党的组织原则,不服从党的分配,完全没有党员服从党的立场,1939 年 4 月 19 日,决定开除其党籍,并责成党的各级组织讨论这一决定,吸取教训。刘力功虽然没有担任领导职务,也没有什么特权,但他却忘记了自己是一名共产党员,不能严格要求自己,违反组织原则,同样被开除党籍。为此,陈云撰写了《为什么要开除刘力功的党籍》的评论,刊登在《解放》杂志 1939 年第 73 期。

在此期间,陕甘宁边区党委也惩处了一些腐败分子。1939 年 7 月 16 日,边区党务委员会开除了曾任边区公路局长的钱维人的党籍。同年 11 月边区二次党代表大会上开除了艾印三等 3 人的党籍。边区政府系统自上而下地对所有干部进行了审查,到 1940 年 3 月召开党政联席会议时统计:各机关共清查出来 177 个坏干部,其中 150 个是乡级干部,并对他们分别作了处理。

中国共产党在延安时期,对共产党员特别是党员领导干部实行更加严格的纪律。如对黄克功和肖玉璧的处理就引起极大反响。

1937 年 10 月,在延安发生抗大第三期第六队队长黄克功因恋爱逼婚未成,在延河畔枪杀陕北公学女学生刘茜事件。黄克功少年时参加红军,经过井冈山斗争和二万五千里长征,虽只有 26 岁,已是多年的共产党员和高级干部,为革命屡立战功,但却由一个革命功臣堕落为一个杀人犯。"黄克功事件"发生后,在延安引起极大震动,人们众说纷纭,有相当一部分人认为国难当头,急需人才,主张不杀黄克功,让他戴罪立功。黄克功也给毛泽东写信希望念他自幼参加革命,对革命有功,能够保全他的性命。11 月 11 日在陕北公学举行公审,审判长为雷经天,检察机关的代表为胡耀邦(抗大政治部)、徐时奎(高院检察官)(但公诉书中的检察机关代表有三位:胡耀邦、徐时全以及代表边区保安处的黄倬超,判决书中署名的检察机关代表只有胡耀邦)。法庭根据黄克功的犯罪事实,判处黄克功死刑。这时,法庭收到毛泽东给雷经天的信,要求当着黄克功本人的面宣读。毛泽东的信写道:

雷经天同志:

　　你的及黄克功的信均收阅。黄克功过去斗争历史是光荣的,今天处以极刑,我及党中央的同志都是为之惋惜的。但他犯下了不容赦免的大罪,以一个共产党员、红军干部而有如此卑鄙的,残忍的,失掉党的立场的,失掉革命立场的,失掉人的立场的行为,如为赦免,便无以教育党,无以教育红军,无以教育革命者,并无以教育做一个普通的人。因此中央与军委便不得不根据他的罪恶行为,根据党与红军的纪律,处他以极刑。正因为黄克功不同于一个普通人,正因为他是一个多年的共产党员,是一个多年的红军,所以不能不这样办。共产党与红军,对自己的党员与红军成员不能不执行比较一般平民更加严格的纪律。当此国家危急革命紧张之时,黄克功卑鄙无耻残忍自私至如此程度,他之处死,是他的自己行为决定的。一切共产党员,一切红军指战员,一切革命分子,都要以黄克功为前车之戒。请你在公审会上,当着黄克功及到会群众,除宣布法庭判决外,并宣布我这封信。对刘茜同志之家属,应给以安慰与抚恤。

毛泽东

一九三七年十月十日

毛泽东的信宣读后,黄克功被押赴刑场,处以极刑。据当时参加会议的人回忆:这时的会场上,没有一点声息,可以说是异常的沉寂。但渐渐地、渐渐地,从几个方面传出了低声的啜泣,它由少而多、由低而高,是竭力压制的痛哭。① 随后张闻天以"共产主义的恋爱观"为题作了报告。对"黄克功事件"的处理,极大地维护了边区法律的尊严,维护了共产党和红军的形象,使人们看到共产党对法律的尊重和严于律己的风范,对中国共产党赢得延安和陕甘宁边区人民的拥护,产生了极大影响。

对肖玉璧案件的处理同样展示了中国共产党不论职务高低、不论贡献大小,只要违犯党纪国法一律严惩不贷的形象。靖边县张家畔税务分局局长肖玉璧出身于一个穷苦的农民家庭,十几岁就参加了红军,跟随红军南征北战。十几年来,立下了赫赫战功,获得过无数的荣誉,身上有很多伤疤。但万分可惜的是,他未能正确对待这些荣誉。在到达陕北后,他没有把自己辉煌而光荣的过去当作激励自己进一步为党为人民奋斗的旗帜,而逐渐不思进取,心安理得地躺在过去的功劳簿上,把身上的伤疤错误地当成个人骄傲自满甚至胡作非为的资本。1940 年,肖玉璧负伤住院,康复出院后,为了照顾他,组织上决定让他到靖边县张家畔税务分局当主任,后来随着工作岗位的变化,肖玉璧担任了局长。但是令人遗憾的是,他在任职期间,竟然利用职权经营私人生意,为个人赚大钱,甚至把边区奇缺的食油、面粉等物资卖给国民党,他还以权谋私,利用职权进行贪污,将同志们冒着危险、千辛万苦收上来的税款私自吞没,贪污公款 3050元钱。根据边区颁布的《惩治贪污条例》规定对其处以极刑。肖玉璧被

---

① 《红色延安口述·历史:延安时期的大事件》,陕西师范大学出版社 2014 年版,第 71 页。

枪决后,整个边区震动极大。陕甘宁边区一度滋生起来的贪污腐败之风,迅速得以平抑,边区的广大干部和群众深切地感受到了共产党的反腐决心,增添了革命和生产的热情与干劲。对此《解放日报》刊文指出:"我们要严重的注意! 注意每一个反贪污的斗争,抓紧揭发每一个贪污事件,我们一定作到:在'廉洁政治'的地面上,不允许有一个'肖玉璧'式的莠草生长! 有了就拔掉它!"①

在严厉制裁贪污犯罪和违纪行为的同时,中共中央和陕甘宁边区高度重视评优树模,弘扬正气,倡导新风。陕甘宁边区政府1943年颁布了《陕甘宁边区各级政府干部奖惩暂行条例(草案)》,规定对下级及广大群众密切关心,克己奉公,实事求是,积极负责,埋头苦干,足资表率者予以奖励。1943年西北局高干会上就奖励了延安县、延安县南区合作社和八路军三五九旅三个先进集体和王震等22个劳模。由于把惩治与奖励相结合,在延安和陕甘宁边区形成贪污腐化可耻、廉洁奉公光荣的氛围,塑造了中国共产党为民、务实、清廉的崇高形象,中国共产党领导下的陕甘宁边区也成为全中国最革命、最民主、最进步、最廉洁的地方。

由于严查贪污腐败案件,大力培育优良党风和政风,使整个边区形成良好的社会风气,与国民党统治区贪污成风、社会腐败形成鲜明对照。正因为如此,著名华侨领袖陈嘉庚访问延安后了解到:"县长概是民选,官吏如贪污50元者革职,500元者枪毙,余者定罪科罚,严令实行,犯者无情面可袒护优容。"②他将延安同重庆作了比较,发自肺腑地说:中国的希望在延安。安娜·路易斯·斯特朗访问延安后更是认为:"解决远东命运的,解决中国命运的,不在于美国,不在于南京,而在延安!"③

---

① 《从肖玉璧之死说起》,《解放日报》1942年1月5日。
② 雷云峰总编:《陕甘宁边区史》(抗日战争时期〈上〉),西安地图出版社1993年版,第132页。
③ 张香山、孙铭:《外国记者看延安》,载《延安文萃》(下),北京出版社1984年版,第812页。

三、倡导深入实际、力戒空谈作风，呈现
"只见公仆不见官"的形象

工作作风直接关乎着党的形象，也直接反映着党的形象。人民群众评价一个党主要是看其路线方针政策能否代表他们的利益，看党员干部是否真心实意为他们服务，看党员干部在工作中所展示的风貌。1943年11月24日，《解放日报》刊登中直军直第二届生产展览会的报道。报道记载毛泽东为展览会亲笔题写了："群众生产，群众利益，群众经验，群众情绪，这些都是领导干部们应时刻注意的。"①中国共产党在陕甘宁边区执掌政权的实践中，始终把培育优良的工作作风放在重要位置上，形成了一系列联系群众的好作风好传统。

（一）科学解读党的领导方式，明确中国共产党对政权的领导是靠制定正确的路线方针政策，并通过在政权内工作的高水平的共产党员模范作用来保证

毛泽东指出："所谓领导权，不是要一天到晚当作口号去高喊，也不是盛气凌人地要人家服从我们，而是以党的正确政策和自己的模范工作，说服和教育党外人士，使他们愿意接受我们的建议。""绝不能以为我们有军队和政权在手，一切都要无条件地照我们的决定去做，因而不注意去努力说服非党人士同意我们的意见，并心悦诚服地执行。"②毛泽东认为，共产党员同党外人士相比是1:99的关系。中国共产党本身是为人民服务的工具。一方面党在制定路线方针政策时必须把是否符合最广大人民利益作为出发点和归宿；另一方面还需要党的各级干部和党员发挥模范带头作用，树立一套好的作风，这是实现党的领导的必然要求。陕甘宁边

---

① 《中直军直生产展览会闭幕》，《解放日报》1943年11月24日。
② 《毛泽东选集》第二卷，人民出版社1991年版，第742—743页。

区广大干部按照"不论职务高低,都是人民的勤务员"的要求,建立新的工作作风,发扬干部和党员大胆创造事业精神,善于在事业的进行中组织人民力量,反对官僚主义倾向,发扬民主,开展自我批评,并且加强对工作的审查和监督,对工作积极、肯负责任、有创造能力,有办法克服困难,生活朴素廉洁,为群众所拥护的予以奖励;而对于那些消极怠工,不负责任,贪污腐化,脱离群众的干部则予以惩罚。通过干部和党员高水平的工作和模范作用的发挥,"把党的计划变成群众的计划"①,起到了"提高自己,帮助别人","做一个样子给全国看,给全国一个参考,成为全国的一个样本"②的重要作用。

(二)坚持"眼睛向下,不要只是昂首望天"③,深入群众,深入基层,同人民群众打成一片,是中国共产党对广大党员和干部的基本要求

赢得人民就赢得胜利。要赢得人民就要同人民群众打成一片。毛泽东指出:"如果我们做地方工作的同志脱离了群众,不了解群众的情绪,不能够帮助群众组织生产,改善生活,只知道向他们要救国公粮,而不知道首先用百分之九十的精力去帮助群众解决他们'救民私粮'的问题,然后仅仅用百分之十的精力就可以解决救国公粮的问题,那末,这就是沾染了国民党的作风,沾染了官僚主义的灰尘。"④

中国共产党和边区领导人都非常重视联系群众。毛泽东本人就是联系群众的典范。毛泽东非常重视联系群众,表现出了非凡而伟大的高尚品质和人格魅力。毛泽东经常通宵达旦地工作。在紧张的工作之余,他常常出来散步,活动活动筋骨。在散步的路上,他只要遇见了老农、羊倌、

---

① 政协延安市委员会文史资料委员会编:《延安时期党的干部作风》,载《延安文史》(第四辑),第38页。
② 《胡乔木回忆毛泽东》,人民出版社1994年版,第135页。
③ 《毛泽东选集》第三卷,人民出版社1991年版,第789页。
④ 《毛泽东选集》第三卷,人民出版社1991年版,第933页。

小商贩、赶车人等,都主动打招呼,询问他们的生产生活情况。对于那些轻视农民的现象,他是十分憎恶的,常常说:别看农民手上有牛屎,他们的心灵是最干净的。每逢年节中央机关都要安排一些文艺演出。毛泽东总忘不了派人通知周围的老乡也一起来看,让这些文化生活极端贫乏的农民也饱饱眼福。刚开始,机关干部和部队因为来得比较早,就坐在前边,农民收工晚,来得晚,就坐在后边。毛泽东知道了此事,就对机关人员说:老乡们生产忙,看戏机会少,路又远,我们要尊重老乡,应该让他们坐到前边来。从此以后,每逢演出,大家就招呼老乡们往前坐。久而久之,这就成了大家都自觉遵守的"制度"。

毛泽东和中国共产党领导人都十分重视体察群众疾苦,关心群众生活。据 1938 年奔赴延安,先在抗大学习,后又到中央党校学习,1940 年 9 月任党校俱乐部主任的姚铁回忆毛泽东为民寻子的故事,就非常感人。姚铁回忆:邓泽是中央党校三部学员,会拉一手好京胡。党校俱乐部排演新编历史剧《逼上梁山》是他担任琴师,并兼演"李小二"角色,毛泽东观看该剧演出是 1944 年 1 月 9 日。而两个月之后,毛泽东接到了从国统区四川成都寄来的一封信,信中说:"犬子邓泽,离家出走,数载未归,无有音信。近闻他已到了延安,未知确否?恳请毛先生在百忙中,帮鄙人查找一下。"当时已经是晚上九点钟了,毛泽东立即打电话给中央组织部代部长、中央党校副校长彭真,将此事告知了他。彭真和邓泽很熟,当时就回答毛泽东:"邓先生在中央党校第三部学习。"①毛泽东又立即给邓泽写了一封信,派两名通信员,提着马灯,将信从枣园送到党校第三部兰家坪。邓泽被通信员叫醒时,已是深夜两点多钟了。邓泽打开毛泽东的信,上面写道:邓泽同志:令尊来信附上。你可给他回信,交周副主席带至重庆八路军办事处付邮。即可收到。敬礼! 毛泽东,1944 年 3 月 10 日。当时,延安是不和国统区的家庭通信的,一怕泄密,二怕国民党检查扣压收不

---

① 1943 年 5 月,中央文艺研究院合并到中央党校,成立党校第三部。

到,三怕家里人受牵连。所以,毛泽东把邓先生寻子的信转给邓泽之后,告诉他"你可给他回信"。邓泽按照毛泽东指示,给他父亲写了一封信,请周恩来去重庆时,把信带到重庆八路军办事处付邮。邓泽父亲收到信后,欣喜异常。毛泽东为民寻子的"任务"圆满完成了。①

　　毛泽东特别善于了解民情、体察民意、解决民困。距延安城西北约4公里处有条小沟,叫小砭沟。沟里住着十几户农民。但不知什么原因,这个村庄一直人丁不旺,不少媳妇婆姨不生娃,就是怀了胎,也容易流产。所以,几十年过去了,村里依然是十几户人家,几十口人。一个偶然的机会,毛泽东回枣园途中路过小砭沟口,见两个上了年纪的人蹲在一起,一边抽烟,一边唉声叹气地拉着闲话。毛泽东走上前去打招呼,才弄清楚他们为小砭沟的婆姨不生娃而发愁。回到枣园住地,毛泽东马上叫人打电话给中共延安市委书记张汉武,要他火速赶来,有要事相商。张汉武快马加鞭赶到枣园,见面第一句话就问毛泽东有什么任务。毛泽东让他坐下后问他:"小砭沟的婆姨不生娃,这个情况你知不知道?"张汉武回答说:"我听说过这个情况。"毛泽东接着问:"你调查过是什么原因吗?"张汉武回答:"没有。公务太忙……"毛泽东问:"会不会是吃的水有问题。"张汉武仍说不知道。

　　毛泽东说:"请中央医院去把水化验一下好不好?"张汉武说:"好是好,只怕这种小事医院不干。"毛泽东严肃地说:"对于共产党人来说,人民的疾苦决不是小事,应当让医院派人去。"几天后,张汉武正准备派人去小砭沟调查,中央医院的负责同志跑来说:"毛主席已亲自给我们下达了命令,要我们到小砭沟化验。"在市委的配合下,医院派人到小砭沟验水,果然发现那里的水中含有大量有害物质,长期饮用这种水,妇女就不易怀胎,就是怀了胎,胎儿的发育也会受影响,不是早产就是畸形。原因找到了,中央医院指导群众对水进行了处理,并对群众的疾病进行了治疗。一年以后,情况果然发生了变化,那个历史上一直是群众外出逃荒的

---

① 《党史信息报》2006年2月1日。

偏僻山村,传来了婴儿的哭声。几年以后,那里的人口有了很大发展。①

毛泽东从来不以领导自居,不愿特殊,不愿打扰群众,更不愿给群众带来麻烦和不便。1937年1月,毛泽东住在延安凤凰山下一个姓李的农民家里。这是一孔在石崖上凿成的方形窑洞,窑内阴暗潮湿,只有一张旧床。卫士贺清华早晨起来发现毛泽东的被子是湿的,怕影响他的身体,就和叶子龙商量,想找老乡给他换个窑洞。毛泽东却不同意,他说:"这就很好嘛,不要再去麻烦人家!"不久,毛泽东果然受了凉,右胳膊痛得抬不起来。但大家请求再三,他还是不肯换。

1947年3月20日,毛泽东率领中央机关来到清涧县徐家沟,住在农民高竹英的家里。有一次,高竹英要进毛泽东办公的窑洞里拿东西。卫士怕影响毛泽东工作,便把她挡在门外。毛泽东在里面听见了,很不高兴,走出来说:"让她进来,她是我的窑主!"说完,礼貌地请她进了窑洞,温和地问她要取什么东西。高竹英说要取勺子、笊篱。毛泽东忙从墙上取下,递给她,说:"对不起,给你添麻烦了。"还问她,家里几口人,粮食够不够吃等。第二天临走的时候,还一再向她道歉、致谢,并把自己一直使用的一个铁皮箱子送给了她。高竹英非常感动。

1947年4月,毛泽东住在王家湾。他听说农民高焕前的哥哥支前牺牲了,夫妻俩都得了重病,两个孩子无人照管,便亲自去看望他们,让医生给他们治病,还派了一个卫生员住在高家照料。他让人用组织上给他吃的一点白面蒸了馒头,给高家送去,并把剩下的白面全部送给了他们。卫士担心地说:"你整天熬夜,光吃榆叶糊糊和洋芋,越来越瘦,该留点自己用。"毛泽东却说:"还是给病人治病要紧。我吃榆叶糊糊一样行。"后来,毛泽东还亲自带人去帮高焕前种地、锄草、上粪。部队准备撤离前,毛泽东又一次去看望,见夫妻俩病都好了,才放下心来,再三嘱咐他们赶快随部队转移。高焕前把毛泽东送出窑门,站在土坡上,目送毛泽东离开,不禁失声痛哭。

---

① 参见陶永祥编著:《毛泽东与调查研究》,中央文献出版社2004年版,第72—73页。

1947年6月8日,刘戡率4个半旅直扑王家湾。毛泽东把村主任高文秀找来交代转移任务,吩咐部队要有计划地组织老乡转移,并明确告诉群众部队转移的方向。当时,一些老乡已经向东走了,毛泽东说要赶快追回来,东边是敌人进犯的方向,十分危险。这时有人说,部队总共才几百人,让老乡知道了转移的方向,泄了密,后果不堪设想。毛泽东听了这种意见很生气,严厉地对他们进行了批评,还说:"一定要让老乡知道,现在军民已凝为一体,我们应该对他们负责到底!"这一天,直到傍晚群众已经全部撤离,毛泽东才放心地离开了村子。

毛泽东如此关怀陕北人民,陕北人民也十分爱护他,宁肯牺牲自己也不愿使毛泽东受到丝毫伤害。英国女作家韩素音在《早晨的洪流——毛泽东与中国革命》一书中这样评价毛泽东:"他和人民之间有一种亲切的感情上的交流,他好像永远生活在群众之中。"

曾在中央秘书处文秘科从事速记工作的丁农回忆:在转战陕北过程中,毛泽东每到一处就和那里的老百姓打成一片,和老乡聊天,帮助老百姓推磨、打场。有的老百姓认识他,就主动为他警卫和保密,不认识的就随便请他坐,问他的姓名,叫他"李老头"。毛泽东和当地老百姓接触多了,一些人在背后议论说:"李德胜这老头子不错,和我们谈得来,爱帮我们做事。"还有一些边远山沟的老百姓看见毛泽东穿着旧棉袄;任弼时穿的呢子服(延安三五九旅小工厂生产的毛料),留着小胡子,长得胖胖的,很威武;周恩来斯斯文文,穿得整齐干净,就猜测毛泽东大概是个营长,任弼时是个团长,周恩来是个军医。但有的老百姓看到我们短枪多,线线多(电话线),骡马多(中央首长和领导干部的坐骑),认为我们是一支重要的部队。①

1947年3月,面对胡宗南率大军进攻陕北,毛泽东坚持最后撤离延安。面对敌人的猛烈攻势,彭德怀屡次劝说毛泽东撤离延安,越早越快越

---

① 《红色延安口述·历史:延安时期的日常生活》,陕西师范大学出版社2014年版,第112页。

好。但毛泽东总是泰然自若地表示决不先走。后来逼急了,毛泽东就坚定而明确地说:"决不先走,我是要最后撤离延安的。我还要看看胡宗南的兵是什么样呢!"尽管毛泽东说得斩钉截铁,彭德怀还是集合警卫人员,下达了极为严厉的命令:"主席向来说话算数,向来不顾个人安危,可我们党要顾,你们这些人要顾!不能由着他的性子来,必要时,你们就是抬也要把他给我抬走!"就在彭德怀说完话不久,下午,王家坪遭到了猛烈轰炸。毛泽东让人去查看一下老百姓受损失的情况。阎长林调查完情况,回来报告说:"南门外炸死了一头毛驴,赶毛驴的老汉被土埋住了大半个身子,被人们扒出来以后大骂蒋介石,还一个劲儿叫喊着要去找胡宗南,让他赔毛驴。"毛泽东听完汇报,认真地说:"损失一头毛驴,这笔账我们迟早要跟蒋介石讨回来!"此后屡次发生敌人的重磅炸弹在离毛泽东非常近的地方猛烈爆炸的事情。毛泽东却依然若无其事,照常办公。一次,又有两枚威力很大的炸弹在毛泽东的窑洞门前爆炸。烟尘散尽后,彭德怀又对毛泽东说:"早就叫你走,就是不走。这两个铁砣砣如果再投的准些、风再大些,我怎么向党、向人民交代?"毛泽东轻松地说:"不碍事!"其他领导人也来劝毛泽东尽快撤离。毛泽东还是重申他要最后撤离。

在撤离延安前的一天,新四旅的副旅长程悦长和16团的团长袁学凯来见毛泽东。他们俩汇报完情况后,都一同对毛泽东说:"主席,部队都非常担心你的安全,我们全旅指战员请求主席早一些转移到黄河东边去。"毛泽东郑重地对他们说了一席话:"你们代我谢谢同志们。好多地方来电报,催我过黄河,彭老总更是急得不得了。中央有个安全的环境,对指挥全国作战的确有好处。不过我有些想法。其一,我们在延安住了十来年,一直处在和平环境中,现在一有战争就走,我无颜对陕北乡亲,日后也不好再见面。难道我们还不如刘备?刘备撤退还舍不得丢下新野县的老百姓,我们共产党人总比刘备强嘛!我决心和陕北的乡亲们一起,不打败胡宗南决不过黄河!其二,现在几个解放区刚刚夺得主动权,我留在陕北,蒋介石就不敢把胡宗南投入别的战场。我在这里拖住他的'西北王',其他战场就可以减轻压力。"毛泽东一席话说得二人无言以对。

3月18日夜晚,敌人的先头部队已到延安附近的吴家枣园。形势显然十分紧急了。彭德怀急速赶来,到了窑洞外就大吼:"主席怎么还不走? 快走,快走,一分钟也不要待了!"汽车已经准备好了,大家都催促毛泽东立刻出发。毛泽东却依然平静,只是问:"机关都撤离了吗?"周恩来等说:"都撤离了。"毛泽东又问:"群众呢?"回答也是已经全部撤了。毛泽东这才满意地吩咐摆饭,吃完饭,才不紧不慢地从容登车,离开了延安,踏上了转战陕北的征程。

毛泽东等人所乘坐的吉普车向北疾驶。一路上毛泽东和周恩来天南地北地聊着。不久沿途出现了许多由延安撤出来的老百姓,司机放慢了速度。毛泽东眉头紧锁,望着窗外的乡亲们一言不发。只见大路旁、山道上,男女老少相互拉扯着,帮衬着,搀扶着,有的背着行李,有的扛着粮袋子,有的担着锅碗瓢盆,还有人赶着、牵着猪牛羊骡驴等牲口,有的妇女还背着纺车、扛着镢头,有的老大娘抱着鸡,有的拄着拐杖,随着人流慢慢移动着。人群中还有持枪警戒的民兵。有他们的维持和保护,撤退的群众显得并不慌乱,也不松散。在人群中,车速越来越慢,司机想按一下喇叭让前面的人们让到两边,被周恩来制止了:"不要按喇叭,不要惊吓群众。"过了一段路,吉普车总算与群众队伍分路,加快了车速。而在这一段时间,一向很爱说话的毛泽东却始终没有说一句话。中国共产党在延安时期非常重视同人民群众的密切联系。1947年中共中央撤出延安后为什么坚持留在陕北,而且以2万余人的军队打败了胡宗南的25万大军? 中国共产党及政府、军队同人民的关系很深,是根本的原因。没有老百姓的支持,转战陕北是难以想象的。

毛泽东非常重视反对官僚作风和迎来送往。1940年初秋的一天上午,按原定的日程安排,毛泽东要到马列学院去作报告,学院党总支部书记张启龙、副院长范文澜召来教育处处长邓力群、教育干事安平生、宣传干事马洪和校务处处长韩世福一起商量,决定派他们四人去杨家岭接毛泽东。当他们四人到了延河桥头时,就和毛泽东相遇了。当毛泽东得知四人是来接他的后,认为一个人作报告要四个人接,要不得! 毛泽东认真地说:"哦,四个人,轿子呢? 你们不是抬轿子来接我呀? 下回呀,跟你们领导说,再加四个人,来个八抬大轿,又体面,又威风。要是还有人,再来几个鸣锣开道的,派几个摇旗呐喊的,你们说好不好?"毛泽东对他们四人讲:"那才不像话嘛,对不对? 皇帝出朝,要乘龙车凤辇;官僚出阁,要坐八抬大轿,前簇后拥,浩浩荡荡,摆威风。我们是共产党人,是讲革命的,要革皇帝官僚的命,把旧世界打它个落花流水。我们既要革命,既要和旧的制度决裂,就万万不能沾染官僚习气。从杨家岭到马列学院,十里八里路,二万五千里长征都走过来了,这几步路算不了什么? 我不是不知道路,不要接接送送。我们要养成一种新的风气,延安作风。我们要用延安作风打败西安作风。"来到了马列学院礼堂门口后,毛泽东握着他们的手说:"韩愈的《师说》是有真知灼见的。'生乎吾前,其闻道也,固先乎吾,吾从而师之;生乎吾后,其闻道也,亦先乎吾,吾从而师之',一路上,你们给我介绍了很好的情况,真是'亦先乎吾,吾从而师之',谢谢你们!然而我还要坚持一条原则,再作报告时,不搞接接送送了。"①毛泽东正是善于抓住身边发生的小事,以自己一言一行,教育广大干部战士,对"延安作风"作了一个很好的诠释。

毛泽东不仅自己重视密切联系群众,而且要求子女与工农子弟画等号。1927 年大革命失败后,开完八七会议,毛泽东回到岳父杨昌济先生的老家湖南板仓,看望先期回板仓的夫人杨开慧和 3 个儿子。没待几天,他便踏上征程,去发动和领导秋收起义了。当时,长子岸英 5 岁,次子岸青 3 岁多,三子岸龙刚出世。为了革命,毛泽东别离妻子,从湖南又上了井冈山,点燃燎原的"星星之火"。

1930 年 10 月,毛岸英与母亲一同被捕。杨开慧牺牲后,毛泽东十分

---

① 栗裕、陈雷等:《星火燎原》第十七卷,解放军出版社 2009 年版,第 192—193 页。

恬念3个孩子。后来,在中国共产党地下工作者努力下,找到了毛岸英3兄弟,历尽艰险,将3人秘密送到上海,安排到大同幼稚园。不久毛岸龙因细菌性痢疾死于上海。后来,毛岸英兄弟在上海四处流浪,住在破庙里,靠卖报赚钱糊口,还经常到外白渡桥推车,备受欺凌。几经周折,直到1937年初,他俩才由中共党组织送到了苏联。在那里,他们接受了正规的教育和训练。

毛泽东十分关心远在苏联的两个儿子的成长。在与儿子的往来信件中,毛泽东具体指导儿子的学习。他谆谆教导儿子:"惟有一事向你们建议,趁着年纪尚轻,多向自然科学学习,少谈些政治。政治是要谈的,但目前以潜心多习自然科学为宜,社会科学辅之。将来可倒置过来,以社会科学为主,自然科学为辅。总之注意科学,只有科学是真学问,将来用处无穷。"①

毛泽东不仅关心儿子在知识方面的长进和发展,更关心他们思想方面的成长。他夸奖儿子:"你们长进了,很欢喜的。岸英文理通顺,字也写得不坏,有进取的志气,是很好的。"同时,他严肃地告诫儿子:"人家恭维你抬举你,还有一样好处,就是鼓励你上进;但有一样坏处,就是易长自满之气,得意忘形,有不知脚踏实地、实事求是的危险。你们有你们的前程,或好或坏,决定于你们自己及你们的直接环境,我不想来干涉你们,我的意见,只当作建议,由你们自己考虑决定。总之我欢喜你们,望你们更好。"②

1941年底,按照联共(布)中央的规定,苏联老师建议毛岸英加入苏联国籍。毛岸英当时坚决不同意。在战争最艰苦的时刻他写信给斯大林,坚决要求上战场。后在苏共驻共产国际的代表曼努意尔斯基将军帮助下,他先后到苏联士官学校快速班、莫斯科列宁军政学校和伏龙芝军事学院学习,并于1943年1月加入联共(布)(1946年回国后转为中国共产党正式党员)。军校毕业后,毛岸英获得中尉军衔,被任命为坦克连的党代表,参加了苏军的大反攻。战斗中他英勇击敌,不怕牺牲。在毛岸英回国前夕,斯大林

---

① 《毛泽东文集》第二卷,人民出版社1993年版,第327页。
② 《毛泽东文集》第二卷,人民出版社1993年版,第327页。

接见了他,送给他一支手枪,作为他参加苏联卫国战争的最高奖赏……

1946年1月,毛岸英回到了延安,他被安排在中央统战部工作。当时的延安,中央机关经常组织干部参加如修公路、开荒、收庄稼之类的义务劳动。每当这时,毛岸英毫不惜力,常把外衣一脱,十分卖力地干起来。休息时,他又常常讲一些幽默的故事,逗得大家捧腹大笑。许多年轻人,尤其是一些从国统区过来的女大学生,见毛岸英人好肯助人为乐,又有幽默感,都要求跟他在一个组里。为了调剂生活,延安的周末常举办舞会。毛岸英不仅会跳,还很着迷。他人高马大,又有身份,常常有一些年轻漂亮的姑娘往他身边凑。起初,对儿子的衣着,对儿子说话手舞足蹈、比比画画、耸肩吐舌之状,毛泽东只是默默地瞟去两眼,后来,他终于忍不住了。他先是让毛岸英脱下那身苏军制服和大皮靴,换下自己穿过的旧棉衣棉裤和江青用边区纺的粗毛线织的毛背心、毛袜子。不多久,毛泽东又让儿子从自己那儿搬到中央机关去住。一天,他突然问毛岸英:"你吃什么灶?"毛岸英如实地回答:"中灶。"毛泽东一听便生气了,责问儿子道:"你有什么资格吃中灶?你应该跟战士一起吃大灶。"虽然毛岸英肠胃有毛病,但仍愉快地听从了父亲的劝说,改吃大灶。接下来,毛泽东又开始教儿子如何待人接物了。他说:"你回到了国内,要按照国内的习惯方式来生活,不仅吃饭、穿着,也应该按中国的传统方式和人们交往。"毛泽东要求说:"你先去探望老同志,见了人不要没大没小。年纪大些,你喊伯伯、伯母、叔叔、婶婶;最老的要喊爷爷、老爹爹、老奶奶;跟你差不多大的,或者喊哥,或者称同志,不要随便喊人家的名字。"毛泽东说:"都是参加革命好多年的,他们对革命有贡献,有丰富的斗争经验,要多向他们学习。"听了父亲的教导,毛岸英便到延安的窑洞逐个地去看望老一辈革命者。对老同志,他尊重、有礼貌,大家开始喜欢并称赞他是位知书达理的好青年。跟同辈青年交往,不再像以前那样轻狂,而是抱着谦虚、谨慎的态度。后来,毛泽东又让毛岸英深入社会这个大课堂,拜工农为师,上"劳动大学",向实践求真知。1947年10月8日,在给毛岸英的信中,毛泽东教育儿子："一个人无论学什么或作什么,只要有热情,有恒心,不要那种无着落的与人民利益不相符合的个人主义的虚荣心,总是会有进步的。"①毛岸英十分珍视父亲在这封信中关于人生、事业的那段教诲,并把它作为自己的座右铭。

不仅对 20 多岁的儿子这样的严格要求,即使对于几岁的女儿毛泽东也不例外。毛泽东自投身革命以来,大部分生涯都处于动荡之中。毛岸英、毛岸青兄弟早年失散,1940 年李讷出生后,李敏又赴苏联与贺子珍团聚。年近半百的毛泽东渴望得到一些儿女亲情的慰藉,就不忍心让李讷离开自己。尽管工作繁忙,也没把她送进保育院,而让她在自己身边长大。李讷小时,记不得有多少次,毛泽东紧张工作之余,抱着她,轻轻拍打着她的后背说:"娃娃,我的好娃娃,乖娃娃……"每当这时,李讷用小手搂住父亲的脖子喊:"爸爸,我的小爸爸,乖爸爸……"然而,毛泽东却从来不允许李讷在生活上有丝毫特殊。

1947 年胡宗南进犯陕北,陕北的粮食供应非常困难。一天晚饭后,毛泽东嘱咐道:"阿姨,以后你就带李讷吃大食堂吧。"大食堂的伙食是一天两顿煮黑豆,连皮都不去。大人吃了胀肚子,小女孩怎受得了呢? 卫士长忍不住劝道:"孩子才 7 岁,还是跟妈妈一起吃吧。"

毛泽东说:"陕北老乡的娃娃吃黑豆一样长得壮,你不要说了。"毛泽东说定了的事,不会轻易更改。阿姨第二天便带着李讷去和战士们一起吃大食堂。每当开饭的时候,小李讷也像战士们一样,自己拿着小碗,打一碗饭一份菜。最困难的时候,一个多月甚至天天吃黑豆。父母对子女有舐犊之情,同时父母又是子女的第一位老师。毛泽东把对青年一代的希望,实践在了对子女的严格要求上。

边区政府主席林伯渠,不顾年纪高迈,经常深入群众,深入基层,了解民情,解决困难。续范亭将军曾作诗称赞林伯渠"年年足迹遍神州,革命

---

① 《毛泽东文集》第四卷,人民出版社 1996 年版,第 306 页。

先锋一老牛。不学导引不避世,童颜鹤发自风流"。林伯渠张贴在床头的座右铭就是"为人民服务,为世界工作"。"人人争识林老头,亲切有如家人父。灯前细谈几件事,米面油盐棉花布。"就是对林伯渠深入群众、调查研究、为群众排忧解难风范的生动写照。林伯渠个人的生产计划上附着一首诗:"待客开水不装烟,领得衣被用三年。发动男耕和女织,广辟草菜增良田。……"被一位美国人发现并抄写,后来这个美国人又来到了延安,亲眼看见林伯渠种的菜和穿了又穿的补丁衣服,他信服了。有一天傍晚,这位美国人在延河边散步,看见一个青年挑着一担马草从小路上走过来,后面跟着个戴旧草帽的老头,也背着一捆马草,走到跟前他发现是林主席,他张开双臂,放开嗓门,对林伯渠喊道:"主席先生!我在这块土地上,从你们的行动里,看到了中国的光明和希望!"

陕甘宁边区各级干部把深入基层、深入群众,为老百姓排忧解难,办实事,办好事,作为普遍的行为选择,赢得了人民群众的赞誉。《解放日报》的一则报道就很能说明问题。1944 年 12 月 21 日,《解放日报》第二版刊登题为《靖边县注重繁殖骡马》的报道。报道说:改良牲畜的品种、发展畜牧业的重要问题——拉驴马公子,已为靖边党政所重视,目前始普遍实行于各区各乡。据该县县委书记谈:全县四十八个乡中,已有驴马公子二十多个。全系区乡干部和合作社干部所拉;预计明年则可多生产优良品种之小牲畜二千余头。按该县畜牧业发达,仅母驴母马即达四千余头,但因过去没有优良品种之驴马公子交配,以致今年仅生出八百六十余头小马、驴、骡,耽误和损失很大。若能做到一乡有驴(或马)公子一个,则四千余母驴母马就不至于耽误,且为民花钱请了驴马公子,则对怀胎之母畜,就分外关心照顾,不只因为过分劳动或水草不匀而流产和死亡。这样四千多能生育的母驴母马,除伤亡损失外,至少一年可多出生小驴、小骡、小马二千余头,增加人民很大一笔财富收入。此外,经挑选的驴马公子交配而生育的驴、马、骡,长得大,疾病少,又有劲,驮得多,提高了牲畜的品种,减少了疾病死亡。在发布这个报道的同时,该报还登载了以"为人民服务的精神"为题的简评文章。评论说:旧社会的统治者,把拉叫驴的不当人,不和他们同桌吃饭,不准进考场,骂他们是"丢人丧德"的下流。这种旧社会的腐朽思想,也影响到我们某些干部,觉得干这种事不体面! 今天我们所介绍的靖边区乡和合作社却不同,他们是真正了解老百姓需要什么,因此他们抛掉了那种旧思想,为靖边老百姓的"槽头兴旺、六畜平安"而拉起驴马公子。这些同志忠心为人民服务的精神,是值得学习的。①《解放日报》这则报道和评论,不能不使人对当年中国共产党及其干部真心实意为人民服务的精神所感动。

1946 年,美国纽约《先锋论坛报》记者斯蒂尔访问延安后深有感触地说:"不到延安实在不能深触到中国问题的内脏;到延安使我们对中国问题的认识深化了。我觉得在延安的访问中,有三件事使我感动而且深刻起来。第一件事是我体味到共产党常常说的'为人民服务',在延安所亲见的各种事实,我认为这是货真价实的。"②美国友人斯特朗也说,她在延安与中国共产党领导人的大量谈话中,"最常听到的词汇是'人民',中国人民,最后往往总是提到世界人民。口号是'到人民中间去'、'向人民学习'。它们的含义似乎比口号要深远得多,似乎是表达了一种最根本的爱和最终的信念"③。林伯渠曾指出:"为胜利地实现建设任务,政府人员应该经常努力加强作为人民勤务员的民主作风与实事求是的科学态度","我请求各级人民的代表经常密切地监督行政干部和其他公务人员,督促和帮助我们成为名副其实的人民勤务员。"④在陕甘宁边区,各级政府和干部争做人民的勤务员,坚持一般号召与个别指导相结合、领导与

---

① 《为人民服务的精神》(三言两语),《解放日报》1944 年 12 月 21 日。

② 张香山、孙铭:《外国记者看延安》,载中国社会科学院新闻研究所、中国报刊史研究室编:《延安文萃》下,北京出版社 1984 年版,第 811 页。

③ 李寿葆、施如璋主编:《斯特朗在中国》,生活·读书·新知三联书店 1985 年版,第 179 页。

④ 陕西省档案馆、陕西省社会科学院合编:《陕甘宁边区政府文件选编》第十辑,档案出版社 1991 年版,第 29、30 页。

群众相结合的工作方法,以"甘为民仆耻为官"的价值追求,在人民群众中塑造了令人称道的崇高形象。

四、坚持"给人民以看得见的物质福利",领导 人民大力发展经济、文化和社会事业

给人民以看得见的物质福利和精神文化产品,是中国共产党能否在人民群众中树立起崇高形象的根本所在。正如毛泽东所讲:"一切空话都是无用的,必须给人民以看得见的物质福利。"①"我们不但应该会办政治,会办军事,会办党务,会办文化,我们也应该会办经济。如果我们样样能干,惟独对于经济无能,那我们就是一批无用之人,就要被敌人打倒,就要陷于灭亡。"②

(一)把推进经济建设、切实改善民生作为根本任务

中国共产党领导革命的目的在于推翻旧政权,使人民翻身得解放,过上幸福生活。离开人民群众的拥护和支持,革命是难以成功的。在这样的大前提下,如何赢得人民群众的拥护和支持,又给人民以切实利益,这是中国共产党必须解决的重大课题。这一课题解决得成功与否,直接关系到中国共产党在人民群众中的形象和在根据地的执政地位。毛泽东多次强调,中国共产党领导人民进行反帝反封建的革命斗争,仅仅是为了解放和发展生产力。我们搞了多年的政治和军事,就是为了这件事。如果不发展生产力,不去搞经济建设和文化建设,共产党就没有多大用处,老百姓就不一定拥护我们。在中共七大上,毛泽东进一步指出:"中国一切政党的政策及其实践在中国人民中所表现的作用的好处、大小,归根到底,看它对于中国人民的生产力的发展是否有帮助及其帮助之大小,看它

---

① 《毛泽东文集》第二卷,人民出版社1993年版,第467页。
② 《毛泽东文集》第二卷,人民出版社1993年版,第466页。

是束缚生产力的,还是解放生产力的。消灭日本侵略者,实行土地改革,解放农民,发展现代工业,建立独立、自由、民主、统一和富强的新中国,只有这一切,才能使中国社会生产力获得解放,才是中国人民所欢迎的。"①这些精辟的论述明确地把"生产力标准"理论提了出来,这是对马克思主义历史唯物论的具体运用,具有十分重要的意义。在陕甘宁边区,中国共产党从中国国情出发,调整生产关系,制定经济发展的基本纲领和一系列方针政策,实行"发展经济,保障供给"方针,构建公营经济、合作经济、私人资本主义经济、个体经济、国家资本主义经济的全新的新民主主义经济形态,坚持发展生产、繁荣经济、公私兼顾、劳资两利,形成了解放生产力和发展生产力的良好氛围和有利于推动边区经济发展的生动局面。

1.把垦荒、种粮、植棉作为边区建设的中心任务。垦荒是扩大耕地面积、增加粮食产量的重要办法之一。继1938年开秋荒20万亩后,1939年计划垦荒60万亩,人均1亩,实际开荒105.5834万亩。受此鼓舞,1940年边区政府提出开荒100万亩的计划,实际完成80万亩,随后两年每年开荒60万亩。1942年西北局高干会确定了"农业第一"的方针,1943年开荒97.6224万亩,1944年共计开荒100万亩,耕地面积由1938年899.4483万亩增加到1500万亩,粮食总产量除1945年和1947年两年外稳定在180万石左右。1945年以后基本停止了垦荒,粮食生产的重点转移到提高农作技术上来。

陕甘宁边区并不适宜于种植棉花,棉花、棉布都需要进口。为了实现棉花、棉布的自给自足,政府采取许多鼓励性政策,棉花种植面积一路攀升。1939年种植3767亩,1940年至1943年依次为1.9040万亩、3.9087万亩、9.4405万亩、15.0287万亩,1944年猛增到31万亩,之后基本稳定在35万亩左右。棉花产量由1940年的10万余斤增加到1944年之后的200万斤左右。

---

① 《毛泽东选集》第三卷,人民出版社1991年版,第1079页。

陕甘宁边区地处高原,土地瘠薄,气候干旱,局部和轻微干旱和冻、风、雹、虫、霜、洪水等自然灾害年年都有。1940年、1945年、1947年更是发生了三次全边区的严重旱灾,对靠天吃饭的边区农业发展造成极大的困难甚至毁灭性的打击。为此,边区政府大力提倡鼓励兴修水利,深耕细作,甚至植树造林以改善农业气候,却收效甚微,"从1938年到1944年每亩增产1.7合",粮食总产量主要是靠扩大耕地面积而增加的。

2.开展减租减息运动,调动人民群众的生产积极性。1937年国共两党合作后,延安直属分区的小部分、陇东和绥德分区的大部分、三边和关中分区的一部分,共计十来个县约占一半人口的地区没有进行过土地革命。直到1942年为止,公布了减租减息条例,进行了宣传,动用了一切行政手段,结果或明减暗不减,或减也很不彻底,收效甚微。1940年前主要是政治原因,这些地区存在双重政权,国民党委派县长主持政务,中国共产党只有驻军和群众团体,群众顾虑重重,之后主要是经济原因,虽然结束了双重政权的局面,农民也迫切要求减租,但仍裹足不前,一个重要的问题是佃权无保障,明减暗不减的现象大都是在地主威胁抽地、倒佃的情况下发生的。

1942年秋冬召开的西北局高干会纠正了一部分干部对地主只讲团结不敢斗争的倾向,边区政府颁布了《陕甘宁边区土地租佃条例草案》,佃权有了保障,斗争有了方向,一个以佃农为主力军的减租减息斗争持续开展起来,取得了显著的成效。一是农民获益,经济和政治地位都有很大提高。据陇东分区庆阳、合水、镇原三县17个乡统计,共有佃户432户,承租土地2.25万余亩。经过减租免去1939年以前欠租405石,退回1942年以前多收租子71石,本年减租282石,合计纯收益达700余石,对租户而言是一笔很大的收入。二是一部分土地从地主转移到了农民手里。如米脂民权区一些佃农1941年至1944年期间,用减租收入买地133垧,7户贫农上升为中农,这种情况是比较普遍的。三是一部分地主出典或出卖土地,改营工商业和合作社事业,地主经济发生了很大变化。如米脂、绥德有 18 家地主,1942 年至 1944 年出典出卖土地 886 垧,占原占土地的 20%,将全部所得作为资本投入工商业或合作社事业,所得收益占经济总收入的一半。这种经营方向的改变,使地主经济逐步发展成了资本主义经济,削弱了封建制度的基础。

减租运动是发动群众积极性的锁钥,是推动各项工作的中心环节,不仅提高了农民的物质生活,而且对发展边区经济和巩固民主政治产生了极其深刻的影响。

3.发展合作事业,组织劳动互助。陕甘宁边区是以个体家庭为主的小农经济。怎样才能发展经济和各项建设事业,一是"民办公助,号召人民组织各种形式的合作社"①;一是组织劳动互助,发展农业生产。

1937 年 9 月陕甘边区政府成立伊始,以消费为主的合作社在各县区乡比较普遍地建立起来。此后几年的时间里,边区合作社无论数量还是规模,都有较大幅度的发展,但是也存在着强迫命令、摊派股金、经营不善等问题,在经济生活中发挥的作用是有限的。

1942 年西北局高干会后,合作社发展呈现出 3 个鲜明的特点:一是数量规模迅猛扩大。全边区县、区、乡合作社 400 个有余,经营单位(分社)将近 1000 个,股金资产总计达 20 余亿元,社员 20 多万人,13.7657 万纺妇经过纺织组联系在合作社的周围。二是创办各种类型的合作社。除消费合作社外,发展运输合作社、手工业合作社、牲畜保险合作社、医药卫生合作社,特别是包括生产、消费、运输、信用的综合性合作社。合作社业务包括工业、农业、运输、畜牧、供销、卫生、信用、教育、植树、公益等 20 余种,涉及边区建设和社会生活的方方面面。三是实行民办公助,坚持"组织人民生产,贯彻民办公助,依靠群众发展,为群众谋利益"南区合作社方向。举凡衣食住行,经济文化、卫生保健、社会公益,合作社都替群众打算,都为群众服务,把合作社和群众的利益真正结合起来了,使合作社真

---

① 《毛泽东年谱(一八九三——一九四九)》中卷,人民出版社、中央文献出版社 2002 年版,第 526 页。

正发挥组织群众、发展经济、服务群众的作用。

"犁怕二桨,锄怕五张",意思是说劳动互助可以提高劳动效率。边区初期,政府也曾号召农民组织劳动互助社、义务耕田队、妇女生产组,由于种种原因基本上流于形式。1939 年掀起开荒热潮后,为了解决劳力和畜力不足的问题,一方面民间原有的变工、扎工、唐将班子各种劳动组织自发地增长起来,另一方面一些地方的党政领导也开始较大规模地开展劳动力组织尝试,如 1942 年延安县为了完成开荒 8 万亩的任务,以变工、扎工的形式组织了三分之一的劳动力,大大推动了开荒任务的完成。这一经验受到了毛泽东的高度重视,在 1942 年西北局高干会上《经济问题与财政问题》的报告中,把延安县的"劳动互助"列为发展农业的重要政策之一,号召"应在全边区普遍地实行起来"。之后,边区的劳动互助蓬蓬勃勃地发展起来。1943 年,边区 33.8760万农业劳动力,组织在劳动合作之内的 8.1128 万,占 24%。其中关中占 36%,绥德占 33%,个别县份达到 70%。"劳动合作是达到增产的必由之路",成为推动农业生产的重要一环,"是边区农村生活的新面貌、新样式"。

4.大量安置移民难民,解决老百姓的困难。全面抗战爆发后,陕甘宁边区邻近战区晋、绥、冀、豫的难民相继涌入,到 1939 年达 3 万人以上。边区政府"经费窘绌,只能一方面依靠群众互助互济,一方面介绍其到农村、工厂、机关、学校,自行谋生"①。难民进出有很大的流动性和盲目性,安置工作也带有更多的社会保障性质。

以垦荒为主的生产运动开展后,劳动力紧张成为一个突出的问题,安置移民难民就成为发展农业生产的一个重要措施。边区政府不仅继续加大安置外来难民的力度,而且在境内调剂劳动力资源由富集区向稀缺区转移。1940 年 3 月,边区政府作出优待外来难民和贫民的决定,继而将

---

① 陕西省档案馆、陕西省社会科学院合编:《陕甘宁边区政府文件选编》第一辑,档案出版社 1986 年版,第 128—129 页。

延安、甘泉、志丹、富县、靖边、华池、曲子七县划为移民开垦区,集中安置边区内外自愿移入开垦区从事农业开垦者。"1941 年至 1944 年四年内在多荒地区增加新户 2.83 万余户 8.58 万人",其中劳动力占三分之一,新增了大批的移民村、移民乡。移民成为边区农业生产发展的一支重要力量。

组织移民还是生产救灾的一个重要工作和办法。1945 年粮食普遍歉收,边府责成延属、陇东、关中分区在西地各县有计划地安置移民。1947 年边区境内的战争和灾荒制造了 40 万灾民,陇东、延属、晋绥等非灾区安置了 4.3 万移民,大大缓解了灾区的救灾压力。

5.奖励生产,开展劳模运动。从 1939 年 4 月边区边府公布了第一个《陕甘宁边区人民生产奖励条例》开始,奖励、鼓励措施逐渐受到政府的重视,成为推动边区建设的重要办法,涉及边区建设工作的方方面面。

以自力开垦的公荒给予地权。兴修水利,由旱地变成水地的增产部分,3 年免交公粮,因此全边区水地 1940 年是 2.3558 万亩,1944 年达到了 4.1109 万亩。

为了推广植棉,政府发给、低价卖给或借给棉种,承诺植棉获益如果不及种粮获益部分,由政府弥补,并予以技术指导和支持,最重要的一条是"三年内,棉田免征救国公粮"。东三县(延安、延川、延长)是主要产棉区,1941 年棉田征收了公粮,引起棉农不满。林伯渠、李鼎铭批示:此举实有违本府奖励推广植棉之旨,三年内免交公粮之规定"不可轻易变更,以维政信,而励植棉"[1]。

关于优待移民,1941 年边区政府布告:"官荒任其开垦,公粮三年免征;租借私人荒地,免纳三年租金;缺少农具籽种,政府一定相帮;没有窑洞食粮,借助依靠邻里;民主权利共享,新户老户不分;义务劳动负担,一

---

① 陕西省档案馆、陕西省社会科学院合编:《陕甘宁边区政府文件选编》第六辑,档案出版社 1988 年版,第 390 页。

律予以减轻。"①1943年《陕甘宁边区优待移民难民垦荒条例》明确规定："经移民难民自力开垦或雇人开垦之公荒,其土地所有权概归移民或难民,并由县政府发给登记证,此项开垦之公荒三年免收公粮;经开垦之私荒,依照地权条例,三年免纳地租,三年后依照租佃条例办理,地主不得任意收回土地。"②并针对几年来安置移民难民出现和存在的一些问题,诸如所需窑洞、熟地、菜地、农贷、负担、医疗直至人权、财权都作出了法律规定。这些规定对于移民在边区生根居住起到了关键性的作用。

农业贷款始于1942年,首先在延安、甘泉、安塞、志丹等县实行,发放耕牛农具、植棉、青苗贷款共计361万元,贷款对象主要是贫农、移民难民、中农及部分富农。之后贷款规模逐年扩大,1943年2780万元,1944年1亿元,1945年5.99亿元,1946年上半年是2.64亿元。1943年3月,边区政府公布《陕甘宁边区农业贷款章程》,规定农业贷款分为农业生产贷款、农村副业生产贷款、农业供销贷款、农田水利贷款4类,以农业生产贷款为主。农贷及时解决了农民生产中的各种困难,使缺乏资金的农户发展了生产。

在诸项奖励和鼓励生产政策中,开展劳模运动、奖励劳模政策产生的影响至深且巨。1943年2月,边区政府明令嘉奖勤劳致富的马丕恩、马杏儿父女。1943年召开了劳动英雄大会,185名劳动英雄出席大会,25名获特等奖,34名获甲等奖,8名获乙等奖,各得奖金3万元、2万元、1万元不等;奖励了淳耀的白塬村、延安的吴家枣园、绥德的郝家村、华池的城壕村、定边的贺家园5个模范村,各奖励耕牛1头。1944年举行的劳模大会,476名劳模出席了这次"群英会",评选特等劳模74名,甲等劳模200名,乙等劳模189名,模范村、模范连队和模范单位团体14个,并给予

---

① 陕西省档案馆、陕西省社会科学院合编:《陕甘宁边区政府文件选编》第三辑,档案出版社1988年版,第38页。

② 陕西省档案馆、陕西省社会科学院合编:《陕甘宁边区政府文件选编》第七辑,档案出版社1988年版,第141页。

奖励。林伯渠在工作报告中说:以吴满有、赵占魁、张治国等为代表的劳动英雄,表现了生产的积极性、组织性和创造性,在群众中起着带头、骨干和桥梁作用。毛泽东指出:选举与奖励劳动英雄与模范工作者,这是推动和改进工作,产生和培养干部及联系群众的一种好方法,是当前各种工作中可以普遍采用的新的组织形式与工作方式。①

正是中国共产党和边区政府组织党政军民学进行大生产运动,繁荣根据地的经济,通过合作互助、开展生产竞赛、奖励劳动英雄、安置难民等途径和措施,推动了边区经济发展。同时大刀阔斧地"精兵简政",解决"鱼大水小"问题,减轻人民负担,使边区人民生活水平不断提高,这样也使得根据地不断巩固和发展。事实证明,把人民的利益放在第一位,这是中国共产党不断走向胜利的铁的定律。

(二)把使人民接受文化教育、推动边区文化大发展作为重要抓手

陕甘宁边区政府成立后,始终高度重视教育事业,使边区的教育事业迅猛发展,并呈现出以下特点:第一,从幼稚园一直到大学专门学院,上学一律不收学费、教育费,在大专院校上学免费提供衣、食、住等条件。边区的人民或来边区的人,除汉奸外,任何人都有受教育的权利和机会。第二,运用各种各样的方式兴办适合老百姓生产与生活条件的各种社会教育(冬学、识字组、剧团等),同时对党、政、军、经济、文教等工作人员有计划有组织地进行文化、政治、业务教育,使得一般老百姓和广大干部,都可以普遍地受到教育。边区在财政异常困难的条件下,不惜投入巨大的人力、物力和财力大办教育,1945年的教育投入占了边区财政支出的四分之一。以至于边区财政厅在当年的财政报告中说:"在目前的中国甚至在全世界还找不到任何一个政权能像今天边区政府这样,用它的经费的

---

① 《毛泽东年谱(一八九三——一九四九)》中卷,人民出版社、中央文献出版社2002年版,第543页。

25%以上的钱来从事教育事业。"①在边区真正形成了包括国民教育、社会教育、干部教育三位一体的完整的教育体系。同时,其他各项文化事业也得到蓬勃发展。总体看,取得以下成就:

1.以扫除文盲、宣传全民族抗战为重点深入开展社会教育。陕甘宁边区所辖之域,自古以来几乎是文化荒漠,群众中90%以上是文盲。有些地区,如华池县、曲子县识字的人只占0.5%。苏维埃成立后,在极端困难的环境下,曾兴办了一些文化教育事业。如延安县,1935年冬曾创办小学5所,招收学生70多人;1936年又增加了25所,招收学生500多人。但是,由于陕甘苏区处于游击战争的环境,文教事业不可能有较大的发展。边区政府成立以后,以极大的注意力狠抓了群众教育。1939年1月,边区召开第一届参议会,边区政府主席林伯渠在政府工作报告中强调了普及教育问题。他指出:"为要普及边区国防教育,培养抗战人才,教育民族新后代,提高边区人民文化政治水平,加强国防教育工作是当前迫切的任务。"12月,中国共产党边区第二次代表大会通过了《关于发展边区教育提高边区文化的决议》后,边区政府又颁布了许多决定和指示,规定了边区教育的方针、方法、对象等,并统一编印了教材,加强对教师的培训,充实教师队伍,提高了教师的社会地位。

为了提高广大人民群众的政治觉悟和文化水平,激发救国热情,灌输抗战建国和边区建设所必需的基本知识和技能,1937年9月,边区政府提出开展识字运动,并开办了冬学,建立了以小学为中心的半日校和夜校,进行不脱离生产的扫盲教育。至1941年,社会教育在边区广泛地开展起来,主要形式有:民众教育馆、俱乐部、读报组、识字组、夜校、半日校、午校、冬学、巡回教育与轮学、文化棚等。另外,还创办了读书会、民革室、自乐班等教育形式。

---

① 《抗日战争时期陕甘宁边区财政经济史料摘编》第六编,陕西人民出版社1981年版,第473页。

边区的社会教育采取需要什么教什么,条件允许怎样学就怎样学的教学原则。在教育内容方面,紧密联系抗战和边区建设的实际,以适应生产和人民群众的生活实际需要。为了使教育更加切合实际,还依据不同教育对象的具体情况或群众的最迫切需要确定教学内容。例如镇原刘家城村有妇女54人,其中43人有病,在194次生育中,有106个幼儿死亡,群众很苦恼。教员李珠便在冬学教育学中讲授妇幼卫生常识,辅之以识字教育,大大提高了妇女上冬学的积极性。有的则从群众的爱好兴趣出发,确定教学内容。关中中心区老庄子上冬学的寇金魁编了个"毛主席爱老百姓"的歌,受到了区上的奖励。在他的影响下,群众兴起了编歌热潮。教员便以他们的歌词为教材,教他们识字。有的联系群众的职业活动确定教学内容。如华池县温台冬学驮盐组编了一首《驮盐歌》:"吆上毛驴走三边,去驮盐,驮回盐来赚了钱,全家老少有吃穿。"该冬学便以这首《驮盐歌》为教材。让驮盐组的学员在驮盐路上边走边唱边识字。有的还依据被教育对象的年龄等特点确定教材内容。如盐池石家炕冬学对8岁儿童选择他们最有兴趣、最熟悉的东西编为生字,进行扫盲教育;对16岁左右的放羊娃,从他们经常接触的山、河、牛羊教起;对成年农民,则从他们最关心的庄稼、牲畜教起。

灵活多样的教学形式。对于居住集中的村庄和单位,实行集中教学,如靖边县牛家沟冬学,就是由牛家沟、张家沟、扭子园三个村共同成立的。对于居住分散的村庄,则实行分散教学。如定边县梁圈冬学,将全村分成三处,每处选一较大热炕,作为集中教学地点。家庭冬学则根据家庭成员的忙闲情况安排教学,使教学与家庭生产劳动相结合,家庭即学校,父兄即教员。延安市洋芋渠冬学,则采取男子进夜校,女子进半日校和识字组以及送字上门等办法,将全村90%以上的文盲都组织到社会教育中来。米脂高家湾冬学,则是娃娃全日上课;变工组晚上学习;放羊娃早饭前后学习;妇女午前学习;出外揽生意的领字条由他们之中识字的人教。

由于边区经济困难,在兴办社会教育方面采取调动人民的积极性,发挥群众的力量,民办公助的办学原则。在经费上,群众能全部解决的由群众解决,群众不能全部解决的剩余部分由政府拨给。在师资方面,采取边区政府培训和选派、群众兼任两种办法。兼职有多种形式,或由小学教员兼任,或动员当地知识分子兼任,或聘用附近机关、部队的同志担任,或采用"小先生制"——由小学生担任识字组的教师,或开展民教民的办法(夫教妻、子教父母、兄教弟、互教互学),特别是"小先生制",在边区扫盲中起了重要作用。

边区人民群众性的社会教育运动取得了显著的成效。据统计,1937年,边区创办冬学382所,有学员10337人。1939年,有识字组3852个,组员24107人;夜校535所,学生8086人;半日校202所,学生3323人;冬学643所,学生17750人。1941年,有识字组1973个,组员12259人;夜校505所,学生7907人;半日校393所,学生5990人;冬学659所,学生20915人;民教馆25处;剧团10个;读报组3371个(平均每450个人有一个读报组);秧歌队949个(平均每1500人有一个秧歌队);自乐班114个。社会教育把整个边区变成了一个大课堂、大学校,广大群众依据自己的生产和生活的需要,掀起了以识字、学科技为中心的学习热潮。

陕甘宁边区的社会教育从抗战和边区建设以及人民群众生产、生活的实际需要出发,照顾群众的生产特点和生活习惯,把教育、生产、抗战纳入一个统一的组织机构中,一齐推进。这样,就使社会教育适应了边区分散的农村特点和个体经营的生产方式,适应了边区人民群众传统的生活习惯,调动了广大群众办学和参加学习的积极性。一方面使社会教育直接为边区建设服务,为抗战服务;另一方面又为社会教育开辟了广阔的园地,推动了社会教育的深入发展。

2.深入推动各项文艺事业繁荣发展。延安是全国抗日战争的总指挥部,也是抗战文艺的大本营。中共中央和毛泽东在领导武装斗争的同时,还构筑了一条强大的文艺战线。依靠文、武两支大军的配合奋战,最终取得全面抗战的胜利!正如毛泽东所言:如果没有文化军队的配合,我们的斗争是不能成功的。

一是浩浩荡荡的文艺大军汇集到边区。文艺是一支军队,它的士兵是文艺工作者。卢沟桥一声炮响,广大文艺人士热血沸腾,或投笔从戎,或以笔当枪,投入到全民族抗日战争的洪流中。他们认定:延安是"抗战的灯塔,胜利的希望"。于是他们或只身或结伴,历尽艰辛,冒死跋涉,从四面八方涌向延安,集结成一支浩浩荡荡的文艺大军,斗志昂扬地投入了抗战文艺活动。

这支文艺大军,由三个方面军会师而成。一方面军是原来陕北苏区的文艺队伍。中央红军长征到达陕北之前,这里就活跃着一支革命文艺队伍,尽管规模不大,却有良好的影响,以杨醉乡领导的列宁剧团及其演出最为著名。这是延安抗战文艺的根基。二方面军是来自中央苏区的文艺队伍。在江西时,中央就很重视文艺工作,乡村剧团、部队演唱十分活跃。后来,大部分文艺干部长征到达陕北,如创造社的成仿吾、代表党与鲁迅交谊颇深的冯雪峰、戏剧家李伯钊以及危拱之、王亦民等。他们不仅带来文艺节目,更带来宝贵的文艺工作经验,这成为后来延安抗战文艺方向正确的保证。三方面军是从国统区来延安的大批文艺家。为了追求光明自由,为了抗日救国,这些文艺分子通过各种途径奔赴延安。丁玲捷足先登到陕北,中央"洞中开宴会,欢迎出牢人"。接着,理论家周扬来了,诗人何其芳、艾青、柯仲平、高敏夫、公木、朱子奇等满怀激情也来了。相继到达延安的作家有吴伯箫、周立波、欧阳山、草明、于黑丁、舒群、白朗、萧军、罗烽、周文、刘白羽、沙汀等等。1940年5月,大作家茅盾也加入到延安的文艺队伍。大批戏剧家也来了,他们是张庚、塞克、姚时晓、王震之、李丽莲、钟敬之、沙可夫、苏一平等。音乐家冼星海、贺绿汀、张寒晖、吕骥、麦新、时乐濛、向隅、唐荣枚等,背着乐器、哼着战歌,先后来到延安。美术家马达、江丰、蔡若虹、力群、刘砚、王洪、张谔等,带着画笔健步而来。电影艺术家吴印咸、徐肖冰、袁牧之、程默等,带着摄像机和胶片,冒着生命危险,曲折奔赴延安。一时间,出现了"天下人心归延安"的滚滚洪流,延安汇集了几百位国内一流的文学艺术家,真可谓兵强马壮,天下无敌。他们是延安抗战文艺的骨干力量。

二是文艺团体如雨后春笋般建立。文艺工作者云集延安后,中共中央适时地设立了一些文艺领导机构,文艺家们又自愿组成许多专业社团。这些如雨后春笋般建立的文艺团体,按照中国共产党的统一指挥,投入全民族抗战文艺活动中去。据粗略统计,全民族抗战期间延安的文艺团体多达 70 多个,而且都有不凡的业绩。

最早成立的是中国文艺协会。它由毛泽东命名,中共中央全体负责人出席成立大会,丁玲任主任,统一领导陕北初期的文艺活动。在抗日救亡的政治背景下,陕甘宁边区文化界救亡协会成立,艾思奇、吴玉章、柯仲平先后任主任,负责领导边区各种文化团体和刊物。1940 年 1 月,边区文协召开第一次代表大会,毛泽东在会上作了《新民主主义论》的长篇报告,有力地促进了边区文化的发展。接着,文学艺术各部门的协会相继成立,如边区音乐界救亡协会、边区文艺(文学)界救亡(抗敌)协会、边区美术工作者协会、边区戏剧界抗敌协会等。这些协会,又统属中央文化工作委员会(以下简称"中央文委")领导,周扬、吴玉章先后任主任。

民主气氛浓厚的延安,结社是自由的。文艺家们按照不同专业,自愿结成了许多文艺社团。它们经常组织会员交流创作经验,研讨作品成败,引导深入生活,组织演出、展览,有效地促进了抗战文艺的发展。文学方面的社团有 18 个,按成立时间的顺序,主要有战歌社、路社、边区诗歌总会、山脉诗歌社、文艺月会、延安新诗歌会、鲁迅研究会、怀安诗社、延安作家俱乐部、延安诗会、小说研究会等。戏剧演出团体有 18 个,主要有人民抗日剧社、抗战剧团、西北战地服务团、民众剧团、鲁艺实验剧团、烽火剧团、工余剧人协会、青年剧院、延安杂技团、西北文艺工作团、延安平剧研究院等。这些剧团,兼有演出和学校的双重职能,既编演剧目,又进行教学,培养演员;既反映边区现实,也演出中外名剧,使延安剧坛呈现出姹紫嫣红的景象。音乐社团先后有 11 个,主要有民间音乐研究会、延安青年大合唱团、鲁艺音乐工作团、延安合唱团、延安作曲者协会、延安乐队、文化俱乐部跳舞班、延安业余国乐社、中央管弦乐团等。在它们的推动下，延安成了歌咏之城，焕发出高昂的抗日斗志。美术方面的社团有7个，它们是木刻工作团、漫画研究会、鲁艺美术工场、大众美术研究会、版画研究社等。延安还有4个电影团体，它们分别是边区抗敌电影社、总政电影团、延安电影制片厂、西北电影工学队。它们从放映电影起步，克服种种困难，逐步建立起制片厂，记录下那风雷激荡时代的感人场面，并成为新中国电影事业的奠基。此外，为了培养更多的抗战文艺人才，延安还创办了许多艺术学校，如鲁迅艺术文学院、部队艺术学校、星期文艺学园、边区艺术干部学校等。这些学校，为抗战文艺输送了数千名文艺骨干，活跃在前线和敌后。

三是文学期刊大量创办。文艺期刊是现代文艺繁荣的标志之一，有了刊物，就为文艺创作提供了园地，使其发挥广泛的社会作用。同时，它又反过来促进创作的发展。因此，边区对文艺刊物十分重视，先后创办了21种文艺刊物。最早的是八路军总政治部创办的《前线画报》，反映战斗和部队其他方面的生活。文学方面创刊了《文艺突击》《山脉诗歌》《文艺战线》《大众文艺》《大众习作》《新诗歌》《文艺月报》《中国文艺》《草叶》《谷雨》《诗刊》《部队文艺》等；音乐方面创刊了《歌曲月刊》《歌曲旬刊》《歌曲半月刊》《民族音乐》《部队歌曲》《音乐工作》等；戏剧方面创刊了《戏剧工作》《边区戏剧》等；美术方面除《前线画报》外，还创刊了《美术工作》等。此外，还有以文艺为主的大型综合性刊物《中国文化》。这些刊物，约有三分之一是油印出版的，尽管印数有限，纸张较差，但编者以顽强的毅力，坚持出版，力争做到编排、印刷美观。应该特别指出的是《解放日报·文艺》栏，先后出版111期，发表作品195篇，50多万字，成绩十分可观。《文艺》栏终刊后，该报仍然天天刊登文艺作品。

文艺刊物的创办，得到毛泽东的关怀和支持。上述刊物中约有三分之一的刊名，是由毛泽东题签的。他对刊物如何办，还发表过具体意见，大至编刊方针,小至经费和纸张问题,都给过无微不至的关怀。除了这些文艺刊物之外,还有许多政治性和部门性刊物,它们都发表文艺作品和文艺理论,刊登中国共产党关于文艺问题的指示和决定。当时,与文艺绝缘的刊物几乎是没有的。《八路军军政杂志》《解放》等刊物中,辟有"文艺创作"专栏;《共产党人》刊登党的文艺政策和决定;《中国青年》《中国妇女》《中国工人》等,都具有文艺创作栏目。这种情况,反映了在中国共产党统一领导下,全党、全军关心文艺的感人局面。

四是文艺活动丰富多彩。边区的抗战文艺活动,形式多样,十分活跃。文艺渗透在政治生活、军事活动、生产劳动、学校生活,以及会议庆典和节假日中,真可谓无处不在。那时,尽管物质生活比较艰苦,但人们的精神乐观振奋。于是出现歌声不断、诗画满目、演出连台的动人局面。

群众性的文艺活动十分普及。当年,延安每个单位都有自己的文工团、歌咏队或俱乐部。平时在内部演出,以活跃文娱生活,振奋群众精神。如中央党校有文艺俱乐部、联防军司令部有烽火剧团、中央机关有杨家岭秧歌队、农民有枣园秧歌队,还有市民秧歌队。它们经常自编自演,搞得有声有色。每有集会,互相拉歌;重大节日、会演比赛。各单位都把文艺活动作为"形象工程"去抓。为了提高表演水平,他们常到鲁艺或一些文艺团体,聘请专业文艺人员作指导。专家们也主动到一些单位做辅导,使群众性的文艺活动水平不断提高。专业文艺活动是延安文艺的主力,其创作演出活动,起着带头和示范作用。在中共中央的号召下,专业文艺工作者有几次规模较大的深入群众活动,如对蒙古文化的考察、鲁艺文工团用几个月时间赴前线、到陕北各县农村深入生活、到南泥湾劳军,抗战文艺工作团分五批到敌后、中央文委组织50位党员作家深入农村,集体采风,等等。这对于文艺家们体验生活、积累素材、改造思想,都起到了重要的作用。

创作方面,除了正常的文艺创作外,有关部门发动过几次带有主题性的创作活动。如"五月在延安"创作活动,产生了一本作品集;组织作家访问劳模、河防,创作了一批报告文学和特写;组织作家参加开荒、春耕和秋收,创作了一批反映生产劳动的作品。1938 年 8 月,诗人们还发起"街头诗运动",掀起了诗歌创作高潮。这一创作形式,后来推广到各解放区。

戏剧演出活动更为活跃,主要是举办晚会和会演,满足群众的观赏需要。当时,几乎周周有晚会。平时遇到欢迎名人、召开会议、学校开学、学生毕业、成立周年、落成开幕、新旧节日,都要举办晚会演出,而且场场爆满。这些演出,有自办自演,也有聘请专业团体演的;有在室内的,更多是在露天广场。大规模的文艺会演,是在 1943 年春节期间。有几十支秧歌队拥向街头广场、河边山前,连演几天,成了延安的"艺术节"。

举办展览,也是边区抗战文艺活动的重要形式,如战地文化资料展览会、战地写生画展、讽刺画展、毕加索画展、前线摄影展、年度画展等。另外,还创造出"街头小说""街头戏剧""街头美术""轻骑队"等大型文艺墙报,吸引了不少观众。

五是文艺成果百花争艳。抗战期间边区的文艺创作取得全面大丰收,各种文艺作品百花争艳、硕果累累,发挥了振奋军民抗击日本帝国主义的强大作用。

戏剧方面,首先是秧歌运动中产生的一批好作品。《兄妹开荒》令人耳目一新,唱遍延安,传遍全国,毛泽东、朱德看了都交口称赞。之后又出现《刘二起家》《一朵红花》《夫妻识字》《红布条》《牛永贵挂彩》等 400 多出好戏。郭沫若在重庆看了几出秧歌剧,兴奋赋诗:"光明今夕天官府,听罢秧歌醉拍栏。"歌剧创作以《白毛女》最为成功,为中共七大献演时,受到一致好评,新中国成立后仍久演不衰,感人至深。其他歌剧如《农村曲》《军民进行曲》等,都是优秀剧目。戏曲改革也取得了重大成就,产生了《逼上梁山》《三打祝家庄》《血泪仇》《穷人恨》等许多好戏,受到毛泽东的高度评价。话剧创作也获丰收,如《把眼光放远一点》《我们的指挥部》《同志,你走错了路》《抓壮丁》等,都是成功之作。

音乐方面的作品多如繁星,延安被誉为"歌咏之城"。人们用歌声抒豪情,也用歌声表斗志。《黄河大合唱》《八路军进行曲》,气势雄壮,激励斗志;《延安颂》《南泥湾》,充满豪情,令人振奋;《东方红》《绣金匾》,情真意切,庄重豪迈。其他如《生产大合唱》《歌唱二小放牛郎》《抗大校歌》等,都是令人难忘的佳作。

文学方面的优秀作品,更是数不胜数。长诗如《王贵与李香香》《边区自卫军》《平汉路工人破坏大队》最为有名。其他形式的作品,更是琳琅满目,短篇如《一颗未出膛的子弹》《龙》《进城出城》《纺车的力量》《荷花淀》《挥手之间》等,都是名篇。报告文学随着时代突飞猛进,产生了《王震将军》《彭德怀速写》《随军散记》《白求恩片断》《田保霖》《活在新社会里》等佳作。长篇小说如《种谷记》《铜墙铁壁》《高干大》等,都是获得好评、影响深远的作品。

美术创作是在极端困难的条件下进行的。由于边区地处边陲,加上敌人的封锁,绘画颜料、工具、纸张都十分匮乏。美术工作者们为了民族的解放大业,克服重重困难,创作出版画、漫画、油画、年画、连环画、雕塑、剪纸等丰富多彩的作品。它们张贴在农家、印刷于报刊、布置在机关学校,用直观的艺术形式反映了战争年代人民的战斗、工作、生活和学习。古元被徐悲鸿誉为"卓越之天才"、中国版画界的"巨星"。边区的美术作品还被介绍到苏、美等国,产生了世界性影响。

(三)把开展社会改造运动、发展医疗卫生事业作为重要任务

陕甘宁边区在中国共产党执掌政权之前,是一块荒山遍野、地广人稀、农业粗放、灾害频发、交通不便、封建迷信盛行、文盲率极高、卫生条件极差的贫穷、落后、愚昧的地方。全边区基本上是农民终日劳作不得温饱;缺医少药,婴儿死亡率高达百分之六十,成人达百分之三;巫神多达2000余人。① 面对这样的现状,中国共产党在陕甘宁边区,一方面大力推

① 李维汉:《回忆与研究》(下),中央党史资料出版社1986年版,第566页。

动经济文化教育事业,改善民生,开启民智;另一方面强力开展社会改造运动,铲除匪毒,移风易俗,优待移、难民,救贫扶难,鼓励劳动互助,发展医疗卫生事业,倡导文明新风,推进边区社会改造和社会重建,创造出生机勃勃的新世界。

一是肃清匪患和毒患。陕甘宁边区政府成立之初,边区的匪患十分严重,不算零星的,成群的就达 48 股之多,人数 4000 余人,枪支 2000余。① 到 1938 年边区基本肃清了匪患,1942 年毒患也基本消除。以延安市为例,1936 年登记的 1500 名烟民,至 1941 年已有 1398 名戒了毒,戒毒率达 93%。②

二是开展改造"二流子"运动。"二流子"是指那些吃喝嫖赌、游手好闲、寻衅闹事、装神弄鬼、骗吃骗喝、偷谷盗马、为害乡里的无业游民和地痞流氓。边区政权建立之前,"二流子"的数量相当惊人。1937 年延安市"二流子"近 500 人,占人口的 11%;延安县"二流子"达 1629 人,占人口的 5%。如果按延安县的比例计算,全边区就高达 7 万人左右。③ 到 1943年底全边区"二流子"的改造面达到 94.4%。④ 从 1937 年到 1945 年边区各级政府共安置移、难民 63850 户,266619 人,⑤

三是破除迷信,发展医疗卫生事业。在医疗卫生方面,采取多种形式,宣传和普及医药卫生知识,教育群众破除迷信、反对巫神,提高健康防病意识;健全机构,1940 年在政府机构里设置卫生处后改为卫生署,统管边区卫生行政工作。创办边区医院、边区医药学校、边区门诊部以及保健

---

① 李智勇:《陕甘宁边区政权形态与社会发展(1937—1945)》,中国社会科学出版社 2001年版,第 111 页。

② 李智勇:《陕甘宁边区政权形态与社会发展(1937—1945)》,中国社会科学出版社 2001年版,第 108 页。

③ 李智勇:《陕甘宁边区政权形态与社会发展(1937—1945)》,中国社会科学出版社 2001年版,第 111 页。

④ 李智勇:《陕甘宁边区政权形态与社会发展(1937—1945)》,中国社会科学出版社 2001年版,第 114 页。

⑤ 《陕甘宁边区民政工作资料选编》,陕西人民出版社 1992 年版,第 19 页。

药社、卫生合作社、国医研究会等。不论在行政管理上，还是医疗机构设置上，由上而下形成了一套较为完整的医药卫生工作网；坚持防治结合、预防为主的卫生工作方针，以为人民群众服务为根本宗旨，救死扶伤，解除群众疾病，使边区呈现人财两旺、兵强马壮的新气象。

1940 年 2 月 1 日，毛泽东在延安民众声讨汪精卫大会上发表了题为《团结一切抗日力量，反对反共顽固派》的讲演。毛泽东针对顽固派要取消边区的叫嚣指出："陕甘宁边区是全国最进步的地方，这里是民主的抗日根据地。这里一没有贪官污吏，二没有土豪劣绅，三没有赌博，四没有娼妓，五没有小老婆，六没有叫化子，七没有结党营私之徒，八没有萎靡不振之气，九没有人吃磨擦饭，十没有人发国难财，为什么要取消它呢？"①

到延安参观访问的民主建国军师长聂志超认为："就陕甘宁边区及延市的一般人看来，不论公务人员、学生与军民人等，绝不像大后方一般人士的愁眉锁眼，叫苦连天，闹着经济困难，也不像另一部分人贪污腐化、狂嫖乱赌，日趋没落的现象，而都是欢天喜地，刻苦朴素，为着和平民主，为着建设边区，为着解放全国的人民，为着将来人类的幸福，有组织、有计划，实事求是的紧张的工作着；同时延市及边区更见不到盗匪、乞丐，这一种安定丰衣足食的社会，刻苦蓬勃欣欣向荣的现象，正是中华民国走向新的道路新的社会的一种新生气象。"②

当年从国统区辗转来到延安的著名法学家陈瑾昆教授曾这样概括延安风貌："无论从上层领袖，下级干部，政治见解、经济措施、行政效能，人员真挚，工作均紧张，无官僚习气，更无贪污情形。军队训练，士兵精神，教育普遍，文化提高，金融稳固，民负减轻（民负最重亦未有超过百分之三十者），秩序安定，盗匪绝迹（夜间不闭户且警察极少），生活向上，贫困日稀（乞丐绝迹），（教职员管其本人及家属日常负担），民主发达，乡村自

---

① 《毛泽东选集》第二卷，人民出版社 1991 年版，第 718 页。
② 聂志超：《延安参观后的我见》，《解放日报》1946 年 6 月 1 日。

治,官民合作,官兵互爱(士兵待遇特优,且发挥官教兵,兵教官精神),加紧学习,奖励生产(工作人员亦每日学习与生产,各机关组织生产,并奖励人民生产,提倡'劳动英雄',合作事业尤为发达),组织民众,加强自卫(除组织各团体外,并组织民兵,一切民众均知卫国保乡)等任何点观察,均觉共与国有天渊别。两句结论:解放区虽尚非天堂,非解放区则确为地狱。"①

正如朱德在 1946 年 11 月为答谢董必武《祝朱总司令六秩荣寿》诗所写:"历年耕战未离鞍,赢得边区老少安。耕者有田风俗美,人民专政天地宽。实行民主真行宪,只见公仆不见官。陕北齐声歌解放,丰衣足食万家欢。"中国共产党人用自己的实际行动,诠释了"要做主人不做客,甘为民仆耻为官"的价值追求,书写了中国历史上从未有过的"只见公仆不见官"的光辉篇章。

---

① 陈瑾昆:《余为何参加中共工作》,东北书店 1946 年版,第 3 页。

第六章　自力更生、艰苦奋斗的创业精神

　　自力更生、艰苦奋斗是中国共产党优良传统和作风的重要组成部分。它既是一种思想，也是一种行为；既是一种精神状态，也是一种工作作风。毛泽东曾指出："我们要提倡艰苦奋斗，艰苦奋斗是我们的政治本色。"①历史和现实都表明：一个没有艰苦奋斗精神作支撑的民族，是难以自强自立的；一个没有艰苦奋斗精神作支撑的国家，是难以发展进步的；一个没有艰苦奋斗精神作支撑的政党，是难以兴旺发达的。中国共产党就是靠艰苦奋斗起家的，靠艰苦奋斗发展壮大的。延安时期，中国共产党从小到大、中国共产党领导的革命力量由弱到强、中国革命事业由挫折走向胜利的一个主要原因，就是凭借着全党上下所展示出的前所未有的自力更生、艰苦奋斗精神而取得的。

一、在继承中华民族精神基础上赋予
自力更生、艰苦奋斗新的时代内涵

　　自力更生、艰苦奋斗作为中华民族的传统美德，是中华民族精神的主要内容和鲜明特征。中华民族五千年发展史就是一部自力更生、艰苦奋斗史。古人云："历览前贤国与家，成由勤俭败由奢。""忧劳可以兴国，逸豫可以亡身。"就是说，艰苦奋斗，以俭修身，就能长治久安；贪图安逸，沉

---

　　① 《毛泽东、邓小平、江泽民关于艰苦奋斗、居安思危、保持同人民群众血肉联系的论述》，中央文献出版社 2003 年版，第 3 页。

迷享乐,必然走向衰亡。1945年7月,黄炎培在延安杨家岭毛泽东住处同毛泽东谈论"历史周期率"时认为:贪图享乐,精神萎靡,一发不可收拾,是历代王朝政权更迭的一个重要原因。中华民族的历史一再证明,只有自强不息才能把握命运,只有艰苦奋斗才能成就伟业。中国共产党作为中华民族的优秀子孙,继承中华民族的优良传统,从民族精神中汲取营养,并且发扬光大民族精神的精华,赋予民族精神以新内涵,是中国共产党义不容辞的职责,也是中国共产党作为一个马克思主义政党生存和发展的必然要求。

之所以说中国共产党在继承中华民族精神基础上赋予自力更生、艰苦奋斗以新内涵,是因为中国共产党人的自力更生、艰苦奋斗是以为国家、为民族、为人民谋利益为价值判断标准的,绝不是为个人、为小团体的功利主义行为。马克思主义认为,无产阶级所从事的人类解放事业是国际性的事业,无产阶级只有解放全人类才能最终解放自己。无产阶级革命的性质、目标、任务决定其只有自力更生、艰苦奋斗才能最终实现自己的理想。刘少奇指出:"共产党代表无产阶级和人类解放的整体利益和长远利益,党的利益是无产阶级和人类解放利益的集中表现。绝不能把共产党看作是图谋党员私利的、行会主义的小团体。凡是这样看的人,都不是共产党员。"①

自力更生、艰苦奋斗作为中国共产党披坚执锐、顽强拼搏的政治本色,二者相辅相成、并行不悖,既是一种主体精神,就是自己相信自己,自己依靠自己,表现为心理上的自信、行动上的自强的精神气质与作风;又是一种创造精神,就是在艰苦的环境与条件下,以一种奋发向上、一往无前的精神状态,不畏艰险、百折不挠的坚强意志,自强不息、开拓进取的优秀品格,脚踏实地、锲而不舍的坚强毅力,兢兢业业、无私奉献的工作态度,去为中华民族的独立与复兴、为最广大人民的解放与幸福开拓进取、

① 《刘少奇选集》上卷,人民出版社1981年版,第134页。

顽强拼搏的风范与斗志。1936 年,美国著名记者斯诺在陕北采访中国共产党领导人时,看到了这样的情景:毛泽东住着简陋的窑洞,周恩来睡着土炕,彭德怀穿着用缴获的降落伞改制的背心,身为苏维埃政府财政部部长的林伯渠戴着用麻绳系着一条腿的眼镜,他发现了共产党人身上具有的巨大力量,他称其为"东方魔力""兴国之光"。这种"东方魔力""兴国之光"不是别的,就是中国共产党人在长期革命实践中形成的独立自主、顽强不息、自力更生、艰苦奋斗的革命精神。正是靠着这种精神,中国共产党经受住困难与挫折的考验,不仅领导人民经过 14 年艰苦卓绝的持久抗战夺得抗日战争的胜利,而且最终用小米加步枪打出了一个新中国。

自力更生、艰苦奋斗,表现在思想理论上,要求中国共产党必须把马克思主义理论与中国实际相结合,具有开创马克思主义新境界的理论勇气。近代中国社会是一个半殖民地半封建的社会,中国共产党领导的革命就是在这样的半殖民地半封建的国度里进行。政治上的黑暗,经济上的落后,中外反革命势力的异常强大,革命力量的弱小,客观上决定了中国革命必然遇到许多特殊的困难。特殊的国情决定,只有把马克思主义一般原理与中国国情和中国革命的具体实际相结合,善于并能够运用马克思主义理论解决中国革命实际问题,把马克思主义中国化,把中国实际马克思主义化,才是中国革命能否成功的关键。马克思主义经典作家历来主张,由于各国的实际情况不同,要从各国的具体实际出发,不能把他们的理论当作圣经与教条。马克思、恩格斯从无产阶级革命必须在主要资本主义国家同时进行的要求出发,比较多地强调了无产阶级在国际范围的联合行动,但是他们仍然指出,工人阶级必须在国内作为阶级组织起来,而且它的直接的斗争舞台就是本国。恩格斯曾说:"国际联合只能存在于国家之间,因而这些国家的存在、它们在内部事务上的自主和独立也就包括在国际主义这一概念本身之中。"①列宁则从东方殖民地半殖民地

---

① 《马克思恩格斯全集》第 39 卷,人民出版社 1974 年版,第 84 页。

国家革命运动兴起的实际出发,在全俄东部各民族党组织代表会议的讲话中说,东方共产主义者所遇到的是欧洲各国所没有的特殊而困难的任务,解决这些任务的方法,无论在哪一部共产主义书本里都找不到,你们必须"根据自己的经验来解决这个任务"①。毛泽东针对中国共产党历史上的教条主义错误,痛感本本主义的危害,在《反对本本主义》一文中强调一定要反对本本主义,要对社会经济进行调查研究,并从中得出正确的阶级估量,定出正确的斗争策略。否则,其结果不是机会主义,便是盲动主义。在这里,毛泽东明确提出要使中国革命胜利就必须独立自主的思想。1935 年 1 月召开的遵义会议,是在同共产国际失去联系的情况下召开的,是中国共产党历史上第一次独立自主地解决自己内部问题的一次重要会议,标志着中国共产党开启了独立自主领导中国革命的新道路。中共中央长征到达陕北后,随着中国共产党不断走向成熟,以毛泽东为代表的中国共产党人更加清醒地认识到,赋予马克思主义以中国特性,促使马克思主义中国化的极端重要性。经过长期的探索和实践,在土地革命的后期和抗日战争时期毛泽东思想这个中国化了的马克思主义走向成熟,为中国共产党领导中国革命提供了强大的思想武器。贯穿于毛泽东思想中的活的灵魂之一就是独立自主。独立自主、自力更生,是以毛泽东为代表的中国共产党人,在领导革命的全部过程中,把马克思主义普遍真理与中国革命具体情况紧密联系起来而得出的一个创造性结论。马克思主义中国化的历史进程表明:正是以毛泽东为代表的中国共产党人,坚持从中国实际出发,把立足点放在自己力量的基点上,以开辟马克思主义新境界的巨大勇气,使马克思主义在中国大地上展现出宏大的中国作风和中国气派,成功解决了马克思主义这面旗帜在半殖民地半封建的中国如何举的这一重大问题,使中国革命在中国化了的马克思主义旗帜指引下最终取得成功。历史证明,马克思主义基本原理是普遍真理,具有永恒的

① 《列宁选集》第4卷,人民出版社 1972 年版,第 105 页。

思想价值,但马克思主义经典作家并没有穷尽真理,而是不断为寻求真理和发展真理开辟道路。在前进道路上存在着可以预见和难以预见的各种困难与风险,都迫切需要中国共产党从理论上作出新的科学回答。中国共产党只有及时总结党领导人民创造的新鲜经验,不断开辟马克思主义中国化新境界,才能让中国马克思主义放射出更加灿烂的真理光芒。

自力更生、艰苦奋斗,表现在政治上,要求中国共产党必须坚持独立自主原则,走自己的路,保持政治上的自主、自强和自立。毛泽东在总结中国革命胜利的历史时曾说:"中国这个客观世界,整个地说来,是由中国人认识的,不是在共产国际管中国问题的同志们认识的。共产国际的这些同志就不了解或者说不很了解中国社会,中国民族,中国革命。对于中国这个客观世界,我们自己在很长时间内都认识不清楚,何况外国同志呢?"①中国革命道路的成功探索,就是中国共产党独立自主、自力更生、艰苦奋斗的结果。走农村包围城市、武装夺取政权的道路,不仅在马克思主义教科书上找不到答案,就是在国际共产主义运动中也没有任何先例。武装斗争是马克思主义关于无产阶级革命斗争的一般原理,但武装斗争是以城市为中心,还是以农村为中心,则需要根据各国的具体实际来选择。以毛泽东为代表的中国共产党人,在与中国共产党内部存在的唯苏联和共产国际指示和意见是从、顽固坚持"城市中心论"错误的斗争中,独创性地开辟了一条引领中国革命的胜利之途。

围绕中国革命道路的成功探索,中国共产党在延安时期对中国革命的对象、任务、前途、动力等一系列问题都得到成功解决。如果没有政治上的自主、自强、自立,就不可能有中国革命道路的开辟和一系列重大问题的解决。如果没有中国革命道路的成功探索和一系列重大问题的解决,就不可能有中国革命的胜利。正如习近平指出:"坚持独立自主,就要坚持中国的事情必须由中国人民自己作主张、自己来处理。世界上没

---

① 《毛泽东文集》第八卷,人民出版社1999年版,第299—300页。

有放之四海而皆准的具体发展模式,也没有一成不变的发展道路。历史条件的多样性,决定了各国选择发展道路的多样性。人类历史上,没有一个民族、没有一个国家可以通过依赖外部力量、跟在他人后面亦步亦趋实现强大和振兴。那样做的结果,不是必然遭遇失败,就是必然成为他人的附庸。"①

自力更生、艰苦奋斗,表现在作风上,要求中国共产党必须把力量的基点放在自力更生基础上,具有藐视一切困难和战胜一切困难的意志与风范。一个国家的人民取得革命胜利,根本的是要依靠自己的力量。只有依靠自己的力量,才能最大限度地动员群众、组织群众,才能不受制于人,立于不败之地,取得的胜利也才能得到巩固。把立足点放在自力更生基础上,是以毛泽东为代表的中国共产党人的一贯主张。毛泽东在《论反对日本帝国主义的策略》一文中指出:"我们中华民族有同自己的敌人血战到底的气概,有在自力更生的基础上光复旧物的决心,有自立于世界民族之林的能力。但是这不是说我们可以不需要国际援助;不,国际援助对于现代一切国家一切民族的革命斗争都是必要的。"②中国共产党需要外援,但中国共产党更注重自主、自强、自立。这是由中国共产党的奋斗目标和所从事的事业的长期性、艰巨性、复杂性所决定的。1945 年 1 月10 日,毛泽东在《必须学会做经济工作》一文中强调:"我们不能学国民党那样,自己不动手专靠外国人,连棉布这样的日用品也要依赖外国。我们是主张自力更生的。我们希望有外援,但是我们不能依赖它,我们依靠自己的努力,依靠全体军民的创造力。"③在《论联合政府》一文中,毛泽东指出:"利用抗战发国难财,官吏即商人,贪污成风,廉耻扫地,这是国民党区域的特色之一。艰苦奋斗,以身作则,工作之外,还要生产,奖励廉洁,

① 习近平:《在纪念毛泽东同志诞辰 120 周年座谈会上的讲话》,《人民日报》2013 年 12 月 27 日。

② 《毛泽东选集》第一卷,人民出版社 1991 年版,第 161 页。

③ 《毛泽东选集》第三卷,人民出版社 1991 年版,第 1016 页。

禁绝贪污,这是中国解放区的特色之一。"①全民族抗日战争胜利之际,面对国际国内复杂的政治格局,为了使中国共产党保持清醒的头脑和高度的警惕性,毛泽东在《抗日战争胜利后的时局和我们的方针》一文中再一次强调:"我们的方针要放在什么基点上? 放在自己力量的基点上,叫做自力更生。我们并不孤立,全世界一切反对帝国主义的国家和人民都是我们的朋友。但是我们强调自力更生,我们能够依靠自己组织的力量,打败一切中外反动派。"②毫无疑义,中国共产党领导的新民主主义革命的胜利,是与世界人民的支持分不开的。但是如果不是主要依靠自己的力量,也就无法取得并有效利用国际援助,最终也难以取得革命成功。

在延安时期,自力更生、艰苦奋斗全方位体现在中国共产党的各项工作当中。在建立和维护抗日民族统一战线中,中国共产党克服以王明为代表的右倾错误,始终坚持独立自主原则。全面抗战爆发后,在中国以国共两党合作为基础,建立起抗日民族统一战线。毛泽东以其卓越的政治智慧和政治敏锐性,为中国共产党在政治上确立起坚持抗日民族统一战线中的独立自主原则。但是,1937 年 11 月 29 日,王明从苏联回到延安后,在 12 月中央政治局会议上发表《如何继续抗战和争取抗战胜利呢?》报告,提出"一切经过统一战线,一切服从统一战线"的错误主张,放弃抗日民族统一战线中的独立自主原则,反对提领导权问题,看不起中国共产党领导的革命人民力量,把战胜日本侵略者的希望寄托在外援上,寄托在国民党及其军队上。针对在全民族抗战初期以王明为代表的右倾错误,毛泽东等人进行了坚决的斗争,到 1938 年 9 月 29 日至 11 月 6 日,中国共产党在延安召开扩大的六届六中全会上,基本克服了王明的右倾错误,使全党在思想上得到统一。全面抗战期间中国共产党坚持"发展进步势力,争取中间势力,孤立顽固势力"方针和在同顽固派斗争中采取"有理、

---

① 《毛泽东选集》第三卷,人民出版社 1991 年版,第 1048 页。
② 《毛泽东选集》第四卷,人民出版社 1991 年版,第 1132 页。

有利、有节"原则,先后粉碎国民党顽固派制造的 3 次反共磨擦,坚定不移地维护了抗日民族统一战线的巩固和发展。在军事上,中国共产党确立"基本的游击战,但不放松有利条件下的运动战"的军事战略方针。中国共产党领导的人民军队奔赴抗日前线,英勇杀敌,屡建奇功,成为中国抗战的坚强的台柱子。中国共产党先后创建了 19 块抗日根据地,形成中国抗战的敌后战场,成为中国抗战的中流砥柱。在各抗日根据地建设上,面对国民党顽固派的军事包围和经济封锁与日本帝国主义的烧杀抢掠,中国共产党领导的各抗日根据地军民自己动手、克服困难,以藐视一切困难的前所未有的斗志,渡过难关,创造了生存与发展的奇迹。中国共产党正是坚持独立自主、自力更生、艰苦奋斗,才得以战胜异乎寻常的困难和异常强大的敌人,取得革命的胜利。

可以说,坚持坚定正确的政治方向,是自力更生、艰苦奋斗精神区别于传统艰苦奋斗精神的根本点;思想上的科学求实,是自力更生、艰苦奋斗的必然要求;把立足点放在自己力量的基点上,是自力更生、艰苦奋斗精神的一个显著特色;顽强拼搏,奋发图强,锐意进取,是自力更生、艰苦奋斗的核心所在;生活上克勤克俭,艰苦朴素,是自力更生、艰苦奋斗的基本要求。从一定意义上看,延安精神就是坚定正确的政治方向与自力更生、艰苦奋斗创业精神二者之间的完美结合。

美国《联合劳动新闻》《纽约时报》《时代周刊》的记者伊斯雷尔·爱泼斯坦参加中外记者团访问延安后,在给未能来延安访问的加拿大记者邱莉莉的一封信中说:"这个边区不光是一个有关英勇的人民被封锁的悲惨的地方,而是一个小规模的伟大的国家。它又是许许多多比它大很多的地区的后方基地,所以还不能说它的规模很小。这里进行着的活动恐怕比中国其他任何地区都更为丰富多彩,而且可以肯定,这里的人民也比其他地区真正积极得多。他们充分相信,他们代表中国,代表中国的未来。他们并不这样说,但从他们充满自信的语言和行动中,都可以清楚地看到这一点。我已经实实在在地深信,延安是中国未来的缩影,在下一个十年里将证明这一点。"①

1944 年 7 月，作为美军迪克西使团成员的美国外交官约翰·S.谢伟思评价延安说："那里不存在铺张粉饰和礼节俗套，言辞和行动上都如此。官员和人民与我们的关系，以及中国人相互之间的关系，都是坦诚、直率和友好的。""这里也完全没有贴身保镖、宪兵和重庆官僚阶层中的哗众取宠的夸夸其谈。""也没有乞丐，也没有令人绝望的贫困迹象。""衣着和生活都很简朴，除农民外，几乎每个人都穿同样普通的、用土布缝制的中山装。在衣着、生活或接待方面，我们看不见炫耀虚饰的现象。"谢伟思感慨道："那里有惊人的政治觉悟。无论人们向谁——理发员，或是农民，或是管理房间的服务员——提出问题，他都能很好地说明共产党坚持抗战的纲领。我们注意到，大多数服侍我们的苦力都在读报。"谢伟思认为："进一步研究和观察将会证实：我在延安看到的是一次具有政治和经济纲领的、组织得很好的运动，它正在能干的领导人的领导下成功地完成着。""还有，当国民党已丧失了它早期的革命性，并随着这一丧失而呈现四分五裂的时候，共产党由于必须继续奋斗而保持了其革命性，而且渐渐壮大和比较成熟了。""人们不能不得到一种感觉：这一运动是强大和成功的。它后面有某种动力，而且它把自己和人民联系得如此密切，因而将不会被轻而易举地扼杀掉。"②

二、崇尚艰苦朴素、勤俭节约的道德情操

毛泽东指出："共产党员在政府工作中，应该是十分廉洁、不用私人、多做工作、少取报酬的模范。"③这是毛泽东对中国共产党干部和公务人

---

① 《红色延安口述·历史:第三只眼看延安》，陕西师范大学出版社 2014 年版，第212 页。

② 《红色延安口述·历史:第三只眼看延安》，陕西师范大学出版社 2014 年版，第231—234 页。

③ 《毛泽东选集》第二卷，人民出版社 1991 年版，第 522 页。

员理想人格的倡导和诠释。能否坚持自力更生、艰苦奋斗,是事关共产党人道德观建设的一个重要问题。刘少奇认为:"在一个共产党员的思想意识中,如果只有党的共产主义的利益和目的,真正大公无私,没有离开党而独立的个人目的和私人打算;如果他能够在革命的实践中,在马克思列宁主义的学习中,不断地提高自己的觉悟,那末:第一,他就可能有很好的共产主义的道德。因为他有明确坚定的无产阶级立场,所以他能够对一切同志、革命者、劳动人民表示他的忠诚热爱,无条件地帮助他们,平等地看待他们,不肯为着自己的利益去损害他们中间的任何人。他能够'将心比心',设身处地为人家着想,体贴人家。另一方面,他对待人类的蟊贼,能够坚决地进行斗争,能够为保卫党的、无产阶级的、民族解放和人类解放的利益而和敌人进行坚持的战斗。他'先天下之忧而忧,后天下之乐而乐'。在党内、在人民中,他吃苦在前、享受在后,不同别人计较享受的优劣,而同别人比较革命工作的多少和艰苦奋斗的精神。他能够在患难时挺身而出,在困难时尽自己最大的责任。他有'富贵不能淫、贫贱不能移、威武不能屈'的革命坚定性和革命气节。第二,他也可能有最大的革命勇敢。因为他没有任何私心,所以他无所畏惧。他没有做过'亏心事',他的错误缺点能够自己公开,勇敢改正,有如'日月之食'。他理直气壮,永远不怕真理,勇敢地拥护真理,把真理告诉别人,为真理而战斗。即使他这样做暂时于他不利,为了拥护真理而要受到各种打击,受到大多数人的反对和指责而使他暂时孤立(光荣的孤立),甚至因此而要牺牲自己的生命,他也能够逆潮流而拥护真理,绝不随波逐流。"①可以看出,刘少奇在这里更是从一个共产党人应具有的道德风范和阶级品质高度,强调必须为理想、为真理、为人民而自力更生、艰苦奋斗。

　　坚持自力更生、艰苦奋斗,就要自觉养成艰苦朴素、勤俭节约的道德情操。做到艰苦朴素、勤俭节约并不是一件容易的事,它要求必须处理好

---

① 《刘少奇选集》上卷,人民出版社 1981 年版,第 131—132 页。

党的利益与个人利益的关系,反对个人主义和本位主义,顾大局,识大体,而不是斤斤计较,正确处理地位与待遇,吃苦在前、享受在后,在困难面前不低头,经受住金钱与美色的考验。艰苦朴素、勤俭节约,体现在工作、学习、生活、待人接物、为人处世的各个方面。刘少奇认为:中国共产党内部的"某些人在解决各种具体问题的时候,常把个人利益摆在前面,而把党的利益摆在后面;或者他对于个人总是患得患失,计较个人的利益;或者假公营私,借着党的工作去达到他私人的某种目的;或者借口原则问题、借口党的利益,用这些大帽子去打击报复他私人所怀恨的同志。讲到待遇、享受和其他个人生活问题,他总企图要超过别人,和待遇最高的人比较,'孜孜以求之',并且以此夸耀于人。但是,讲到工作,他就要和不如他的人比较。有吃苦的事,他设法避开。在危难的时候,他企图逃走。勤务员要多,房子要住好的,风头他要出,党的荣誉他要享受。一切好的事情他都企图霸占,但是,一切'倒霉'的事情,总想是没有他。这种人的脑筋,浸透着剥削阶级的思想意识。他相信这样的话:'人不为己,天诛地灭','人是自私自利的动物','世界上不会有真正大公无私的人,如果有,那也是蠢才和傻瓜'。他甚至用这一大套剥削阶级的话,来为他的自私自利和个人主义辩护。"在我们党内某些同志中还存在着"小气",计较小事,不识大体等毛病。他们没有共产主义的伟大气魄和远大眼光,看不到大的方面,面对于他们鼻子下面的小事物却是津津有味。他们对于党内和革命中的大问题、大事变,不大感觉兴趣,而常常计较那一针一线、一言一语的小事,为了这些小事,他们可以郑重其事地和别人争论不休,伤感备至。这些人也容易被别人的小恩小惠所笼络。他们具有农村社会中小生产者那种狭隘性的特点。另外,还有一些人在党内生活中常常表现不清楚不确定的态度,对于他,可以这样也是,那样也是。这些人中实际上有两种,一种人是认识问题,另一种人是品质问题。后者总是喜欢投机取巧,双方讨好,到处逢迎。"看人看势说话","顺风转舵",毫无原则,就是这种人的特点。有时候,他简直象寓言中的蝙蝠一样,看哪一方面行时,他就投到那一方面去。"这种'非驴非马'、'两面三刀'的人,在我们队伍中并不是完全没有的。这种人具有旧商人的特性。此外,还有个别的人受不起旧社会剥削阶级引诱,看到了花花世界,看到了金钱美色,他们就动摇起来,以致因此犯罪,直至叛变党和革命。"①由此可见,艰苦朴素、勤俭节约,作为中国共产党人的道德观,是共产党人党性修养的重要内容,是检验一个共产党人是否是真正的共产党人的试金石。

艰苦朴素、勤俭节约是中国共产党的一贯主张和传统。早在井冈山时期,物质条件极端困难,在敌人的疯狂进攻中,红军战士吃的是糙米、南瓜,冬天只能穿两层单衣,睡觉铺稻草,走路穿草鞋。在极其艰难困苦的情况下,一次次粉碎敌人的"围剿"和进攻,创造了闻名遐迩的"井冈山精神"。在二万五千里长征路上,红军面对险恶的生存环境,在数十万敌军围追堵截下,爬过人迹罕至的大雪山,穿过泥泞沼泽的莽莽草地,突破一道道天险,取得长征伟大胜利,创造了人间奇迹。在延安时期,中国共产党在继承以往艰苦奋斗优良作风基础上,使以艰苦朴素为荣、以奢侈浪费为耻蔚然成风。毛泽东通过总结中国共产党和军队艰苦奋斗的实践,使艰苦奋斗作风的理论得到进一步丰富和发展。毛泽东把实行同甘共苦的生活作为八路军政治工作三大基本原则之一;把反对贪污和浪费作为检验艰苦奋斗精神的重要内容并加以提倡;特别是上升到党的建设高度,把艰苦奋斗优良作风与中国共产党的政治方向能否坚持、奋斗目标能否实现联系在一起,强调艰苦奋斗的重要性,使艰苦奋斗作风成为中国共产党及其领导下的军队和人民共同的行为准则。

从领导群体看,中国共产党领导人都是艰苦朴素、勤俭节约的榜样。毛泽东每月只有3块钱伙食费,买菜只能买便宜的,买肉每次也只能买二三两,其他首长向毛泽东汇报工作,毛泽东总想留他们吃饭,但伙食要在他的标准中扣除,所以警卫员最害怕来客人,炊事员得想尽办法,在不超

---

① 《刘少奇选集》上卷,人民出版社1981年版,第138—147页。

支的前提下,设法给他把伙食搞好一点。1936 年斯诺在陕北保安采访毛泽东期间,看到毛泽东的饮食非常简单,经常是一盘辣椒,一盘青菜,偶尔有少许肉,主食是小米饭和馒头。即使是斯诺这样的国际友人光临,也只是加一份贺子珍用野果子自制的甜食。斯诺到毛泽东那里几次吃饭,见都是几乎不变的饭菜,便对毛泽东说:这样的生活太苦了。而且特别不理解,毛泽东为什么总吃那么多辣椒呢?但毛泽东却不以为然地说,只要有辣椒就满足了。他非常能吃辣椒,有时用馒头夹着辣椒吃,不咧嘴,不冒汗。据说,长征行至甘肃的时候,毛泽东吃西瓜还夹辣椒,吃得津津有味。一次饭后,毛泽东对斯诺谈起辣椒问题。他说:"吃辣椒多少能反映一个人的精神,革命者都爱吃辣椒。""我的家乡湖南出辣椒,爱吃辣椒的人也多,所以'出产'的革命者也不少,如黄兴、陈天华,以及红军中的彭德怀、罗荣桓、王震、贺龙等。而在世界上,爱吃辣椒食物的国家,往往'盛产'革命者,如法国、西班牙、墨西哥、俄国等等。"他边说边笑。对于辣椒与革命的关系,斯诺无法理解,便问毛泽东:"意大利人也以爱吃辣椒和大蒜出名,怎么现在不出革命家,反而出了墨索里尼?"看到斯诺这般认真的提问,毛泽东笑了。他用俗语说:"辣椒是穷人的大荤"。斯诺更加摸不着头脑。[1] 毛泽东穿的衣服几乎没有一件不补补丁。据曾任毛泽东警卫员的贺清华回忆:毛泽东一件棉衣从 1936 年穿到 1942 年。1942 年冬天拆洗后,布已经糟得做不起来了。贺清华他们未征求毛泽东意见,就把情况反映给供给部。供给部用阴丹士林布,给毛泽东做了一件蓝色新棉衣,毛泽东却坚持要穿旧棉衣,当毛泽东看到旧棉衣确实不能穿了后同意换新棉衣。但毛泽东坚决不搞特殊化,要求把用阴丹士林布做好的棉衣换成一身同大家一样的灰布棉衣。[2]

---

[1] 《红色延安口述·历史:国际友人在延安》,陕西师范大学出版社 2014 年版,第 111—112 页。

[2] 李敏等主编:《真实的毛泽东——毛泽东身边工作人员的回忆》,中央文献出版社 2006 年版,第 85—86 页。

　　朱德功高不自居,望高不自显,位高不自私,和战士们在一起除年纪大点,再没有什么区别。按规定,朱德可以吃小灶,但他不要这个照顾,仍坚持和军委、总部的同志们一起吃大灶。开始,每次开饭各首长都由勤务员打回去吃,勤务员怕跑路,一次打许多,常有剩饭现象。朱德觉得这样不好,会造成浪费,便要求都在食堂吃饭,他自己带头不往办公室打饭。1942 年,续范亭在《赠朱总司令》一诗中写道:"敌后撑持不世功,金刚百炼一英雄。时人未识将军面,朴素浑如田舍翁。"①这是对朱德的真实写照。据曾在陈云、李富春、蔡畅身边工作过的老革命李耀宇回忆:1938 年的一天,朱德到延安城隍庙给学员上课,庙门口的两个站岗的学员不让进门。他们上下打量朱德问:"你来讲课,怎么没有跟人来?"朱德腰间一条黑皮带,厚厚的棉衣裤,棉裤的一个膝头破出一团棉絮,与喂马的饲养员一模一样。李耀宇遇见了此情此景,他告诉学员要进门的是朱老总,然后才放行。朱德对两个哨兵说:"你们两个'背时锤子',连我也不认得!"后来毛泽东和周恩来他们几个人常常模仿朱德的口头话儿"背时锤子"②。

　　时任中共军委副主席的周恩来,在全民族抗战期间因其任国民政府军事委员会军政部副部长,每月有几百元的薪金。但他每月只留 5 元津贴,其余都交了党费。周恩来长期生活在大后方的重庆,生活十分艰苦,他对每一项开支都卡得很严,绝不乱花一分钱,经常吃发霉的米饭。为了照顾他的身体,伙委会专门开会通过了一项"特殊决议",在中午的饭桌上增加一碟炒榨菜。第一天实行就被周恩来发现,"特别决议"也被撤销。他批评管理员说:艰苦奋斗是我们党的本色,延安的同志们还在吃窝窝头哩!周恩来常常在办公桌的一张木椅一坐就是几个小时,一次乘他外出开会,总务科长让人给他买了一张藤椅,以便劳累时,可以靠一靠。周恩来回来一看办公桌多了一把椅子,很生气,便把总务科长叫来狠狠批

---

①　李石涵编:《怀安诗社诗选》,陕西人民出版社 1980 年版,第 184 页。
②　《红色延安口述·历史:窑洞轶事》,陕西师范大学出版社 2014 年版,第 60—61 页。

评了一顿。他说:"睡觉有床铺,办公有凳子,何必花钱买这个!同志,我们要经常和延安的同志们比比。"有一次,从西安回延安途中,到洛川吃饭,警卫员提议买一盘肉菜,周恩来不同意,坚持炒一碟豆芽就行了。

刘少奇撰写《论共产党员的修养》得到稿费两千元,他胃不好,工作人员提出用这些钱买些大米吃,因大米比小米好消化。但刘少奇决不搞特殊化,坚持吃小米,而将两千元交了党费。

任弼时由于两次铁窗经历身体遭到严重损害,但他始终严格要求自己,努力为党和人民工作。任弼时有三怕:"一怕麻烦人,二怕工作少,三怕花钱多"。叶剑英称他是党和人民的骆驼,每日担负着沉重的担子,走着漫长的艰苦的道路,没有休息,没有享受,没个人的任何计较,为党和人民贡献出自己毕生的精力和一切。

徐特立是延安的"五老"之一(其他四位是董必武、林伯渠、谢觉哉、吴玉章),又是毛泽东的老师,可谓德高望重。为了节约住房同两个秘书住在一起,为了节约灯油,坚持3个人同用一盏灯。续范亭称赞徐特立说:"徐老当时墨子徒,赤足麻鞋又健步。公家有马不肯骑,不要勤务来照顾。口若悬河声如钟,苦口婆心难遏住。携带两个冷馒头,一天开会好几处。……艰苦卓绝人中牛,科学精神老益壮。"①

延安时期中国共产党的生存环境是艰难的,但艰苦的环境中,在革命队伍里革命情谊却是浓厚的。大家不是斤斤计较,而是互相关爱,首先想到的都是战友和同志。全面抗战初期周恩来从重庆给在太行前线的朱德捎去一些榨菜和豆瓣酱,朱德一直等到刘伯承、邓小平来总部开会时才拿出来共享。转战陕北时,贺龙给毛泽东送来一块腊肉,毛泽东一直舍不得吃,直到十二月杨家沟会议时,才拿出来招待从华东赶来的陈毅等同志。当时相当一段时间部队靠吃黑豆充饥。一次周恩来的警卫员在子州县老君殿偶尔买了两个馒头,周舍不得吃,送给了毛泽东,

---

① 李石涵编:《怀安诗社诗选》,陕西人民出版社1980年版,第28、29页。

毛又让送给了任弼时，任又送给周，转来转去，谁都舍不得吃，想到的都是战友。1947 年延安保卫战之初，青化砭之战初战告捷，西北贸易公司给西北野战军送来一批炼乳，野司管理科长高克恭给彭德怀留下 200 瓶，以备急用，彭德怀知道后，让伙房烧了几大锅开水掺入炼乳，让机关全体指战员共同饮用。

从陕甘宁边区政府层面看，陕甘宁边区政府继承和发扬了中华苏维埃民主政府的光荣传统，养成了勤俭节约、艰苦奋斗的风尚，从边区政府主席到乡长，除了津贴有点差别之外，其他衣食住行完全平等。边区政府主席林伯渠在边第一届参议会上作政府报告时指出："边区各级政府都是由各级议会中产生出来的，这就保证了真正坚决抗日的分子，真正人民的代表参加了各级政府的工作"①。边区各级政府工作人员不发薪俸，实行津贴制度，收入不超过普通工人工资的水平。但在工作中却能表现出模范作用。在边区行政长官每月最高的津贴也只是 5 元，各县县长每月津贴 2 元半，每天粮食 1 斤四两，菜钱 4 分。② 边区政府每月办公费 30 元，县政府每月办公费平均在 20—30 元之间，分区每月 15 元，乡政府只有 1 元。但财政簿上各级政府办公费却从无"赤"字，整个乡政府内只有乡长一人脱离生产，然无薪金，每月收入就是上述规定的津贴费。③ 在少拿钱多做事，甚至不拿钱也做事的原则之下，为抗日的事业及人民的利益而奋斗。正是凭借着这种艰苦奋斗的作风，使中国共产党战胜了一个又一个困难，赢得人民群众的赞誉，人民安居乐业、丰衣足食，使中国共产党领导下的陕甘宁边区成为模范的抗日根据地。

从干部学校看，延安时期抗大学员展示的艰苦奋斗作风就是历史留

---

① 陕西省档案馆、陕西省社会科学院合编：《陕甘宁边区政府文件选编》第一辑，档案出版社 1986 年版，第 135 页。

② 陕西省档案馆、陕西省社会科学院合编：《陕甘宁边区政府文件选编》第一辑，档案出版社 1986 年版，第 135 页。

③ 雷云峰总编：《陕甘宁边区史》（抗日战争时期〈上〉），西安地图出版社 1993 年版，第 110 页。

给我们的宝贵财富。抗大在艰苦战争环境中办学,时刻都面临着各种困难,尤其是经费和给养不足问题,始终困扰着抗大的教职员和学员。然而,抗大坚持自己动手,克服困难,勤俭办校,使抗大"越抗越大"。抗大第一、三、八期都曾大规模自建校舍。第一期为解决校舍问题,全体教职员和学员发扬红军艰苦奋斗优良传统,自己动手,将乱石纵横、杂草丛生的石洞改建成整齐干净的校舍。第三期开学以后,知识青年大批投奔抗大,校舍的困难更为突出。抗大领导实地勘察地形,在当地群众指导下,全校教职员和学员经过两个星期突击劳动,挖建了新窑洞,不仅满足学校自身的需要,还拨出一些支援给中央机关。全民族抗日战争进入相持阶段后,陕甘宁边区经常面临着敌人的军事包围和经济封锁,加上 1938 年又遭受严重的自然灾害,使边区政府的财政陷入危机。在此形势下,抗大召开了全校生产动员报告会,把生产运动列入教育计划,开展生产自救,自力更生,解决了学校即将断炊的危机。抗大不仅靠自己动手克服了衣着食宿的困难,还大力开展节约活动,坚持勤俭办学。

抗大学员中,有不少是久经沙场的红军军、师级高级干部,他们在学习生活中,同样保持着艰苦朴素本色。学习没有纸,有的找出旧线装书,翻过背面订成本子记笔记,有的把笔记写在本子的空白处;没有笔,他们用树枝作笔,大地作纸,在地上练写字、做习题;那时能买到一个沾水笔尖,就很高兴了,把它绑在筷子上、高粱秆上或插进子弹壳里,就是一支阔气的"自来水笔",宝贝得很;没有墨水,有的挤桑葚汁代替,有的用锅灰泡水作墨汁。……在日用品奇缺的情况下,代用品的花样就更多了:用破碗、旧墨水瓶做油灯;烧草木灰过滤碱水代肥皂洗衣服;用盐代刷牙粉;用煤油桶代替饭桶;用普通剪刀代替推子理发;用点香或石日晷代钟表计算站岗时间;等等。总之大家找窍门,想办法,克服生活上的各种困难,在克服困难的过程中,磨炼革命意志,培养艰苦朴素的作风。知名法学家、社会活动家,1937 年 12 月到达延安,毕业于抗大,曾在抗大、泽东青年干部学校、延安民族学院任教的王仲方回忆说:窑洞虽小,所有的学习和感受,都在这里通过每个人的思考,通过同学的讨论加以理解和吸收。教材少,靠笔记,靠摘录。没有笔记本,每人发一张油光纸,自己裁成 32 开小张;白油光纸没有了,就发给红油光纸;红油光纸没有了,就用自己制造的马兰草土纸。没有笔每个人每个月发两个钢笔尖,没有墨水,就用染料兑上水。把笔尖插入 3 寸长的高粱秆,蘸着自制的墨水,一样地整理笔记,一样地写作自己的心得。①

抗大凭借着自力更生、艰苦奋斗精神,战胜了难以想象的种种艰难险阻,硬是在黄土高原一排排极其简陋的窑洞里,建立了驰名中外的"窑洞大学"。美国记者埃德加·斯诺在《西行漫记》中写道:"有什么别的学校由于'纸荒'而不得不把敌人的传单翻过来当作课堂笔记本使用? 或者每个学员的教育费用,包括伙食、衣着、一切在校开支,每月不到十五元银洋,或者把那些鼎鼎大名的学员的首级赏格加起来总共超过二百万元? 红军大学就是这样。""以窑洞为教室,石头砖块为桌椅,石灰泥土糊的墙为黑板,校舍完全不怕轰炸的这种'高等学府',全世界恐怕就只有这么一家。"②

三、倡导不屈不挠、奋发图强的创业精神

在困难面前不屈不挠、顽强拼搏是中国共产党人的党性要求,也是检验一个共产党人是否是真正共产党人的重要标准。陈云指出:"一个共产党员,不能只是口头上拥护党的决议就算完事,他的责任在于坚决地执行决议,在实际工作中实现这些决议。实现党的决议时,在工作中不可免地会遇到一些挫折和困难,共产党员必须有大无畏的百折不挠的精神去克服这些困难。在工作中萎靡不振和用雇佣劳动的态度来对付党的工

---

① 《红色延安口述·历史:延安时期的日常生活》,陕西师范大学出版社 2014 年版,第 7—8 页。

② [美]埃德加·斯诺:《西行漫记》,董乐山译,解放军文艺出版社 2002 年版,第 78 页。

作,是绝对不允许的。中国革命是艰苦的长期奋斗的事业。中国共产党的特色之一,就是它具有不怕困难、牺牲奋斗的作风。每个中国共产党党员,必须具有艰苦奋斗的精神,继承和发扬党的优良传统。共产党员不仅在日常工作中要忠实于党的决议,而且要在困难中,在生死关头时,忠实于革命和党的决议;不仅在有党监督时,而且要在没有党监督时,忠实于革命和党的决议;不仅在胜利时,而且要在失败时坚持执行党的决议。只有具备这样坚定和顽强的英雄气概,才配称为一个好的共产党员。"①在延安时期,自力更生、艰苦奋斗作为中国共产党人战胜困难的历史自觉和群体意识,在实践中得到了充分体现和展示。全民族抗日战争进入到相持阶段以后,陕甘宁边区党政机关和留守兵团本来就比较艰苦的生活变得更加困难了。一是边区地广人稀,经济落后;二是根据国共两党就红军改编时达成的协议,国民党只拨给很少一点经费,每个士兵每天只有一分钱菜金,有时连饭都吃不饱。国民党顽固派为了实现他们制造磨擦、积极反共的目的,又对八路军本来就少得可怜的军饷进行克扣、拖欠,在粮食供应上也有意地制造困难。这样,根据地无论领导干部还是部队战士穿着都很破烂,有些甚至连一件换季的衣服都没有。毛泽东曾讲:"我们到陕北来干什么呢? 是干革命的。现在日本帝国主义、国民党顽固派要困死、饿死我们,怎么办? 我看有三个办法:第一是革命革不下去了,那就不革命了,大家解散回家。第二是不愿解散,又无办法,大家等着饿死。第三靠我们自己的两只手,自力更生,发展生产,大家共同克服困难。"②困难是从来都吓不倒中国共产党人的。面对困难,在中共中央和毛泽东的号召下,军队、机关和学校迅速开展了轰轰烈烈的生产自给运动。"艰难困苦,玉汝于成",轰轰烈烈的大生产运动使边区摆脱了困境,为中国共产党打破国民党的封锁,最终战胜日本帝国主义奠定了坚实物质基础。

---

① 《陈云文选》第一卷,人民出版社 1995 年版,第 140—141 页。
② 中共陕西省委党史研究室编:《毛泽东在陕北》,陕西人民出版社 1993 年版,第165 页。

特别是毛泽东亲自参加生产劳动,极大地鼓舞了边区军民自力更生、艰苦奋斗、克服困难的信心,成为推动边区生产运动的一股巨大力量。

三五九旅作为大生产运动中涌现的先进集体,就是自力更生、艰苦奋斗的典范和旗帜。三五九旅将士"背枪上战场,荷锄斗田庄",以"在深山密林安家,向荒山野岭要粮"的英雄气概,在短短的三年中就使南泥湾变成陕北的好江南。由于战士们起早摸黑地劳动,使得三五九旅制定了"不得早到、不得晚退"的劳动纪律。1942 年 7 月,朱德约谢觉哉、徐特立、吴玉章、续范亭游南泥湾。他们纷纷写诗赞美南泥湾,朱德在《游南泥湾》中写道:"去年初到此,遍地皆荒草。夜无宿营地,破窑亦难找。今辟新市场,洞房满山腰。平川种嘉禾,小田栽新稻。屯田又告成,战士粗温饱。农场牛羊肥,马兰造纸俏。熏风拂面来,有似江南好。"①1943 年春节,鲁艺秧歌队去南泥湾劳军,著名歌唱家郭兰英演唱了贺敬之作词、郑律成谱曲的《歌唱南泥湾》,热情赞颂了三五九旅将士的自力更生、艰苦奋斗创业精神。

著名劳动英雄郝树才的故事就是一曲不屈不挠、奋发图强的赞歌。郝树才原籍陕西清涧县郝家崖沟村,6 岁时随家迁居延长县交口镇谭石原村。1935 年 8 月参加中国工农红军,被编入红二十五军机枪连。1936年加入中国共产党。他曾 3 次负伤,4 次荣立特等功,1 次荣立大功,2 次被评为特等战斗英雄。红军改编后,被编入 115 师机枪连,参加平型关战役腿部负伤后送到延安养伤。伤愈后,被编入守卫边区的警三旅。1941年郝树才随部队开进甘泉的清泉沟执行屯垦任务,他积极投身大生产运动。1943 年 3 月 7 日,大生产运动中涌现出的 94 名开荒能手在甘泉清泉沟开展了一场劳动竞赛,郝树才一连几天都保持 4 亩以上纪录,被大家称为开荒能手。甘泉麻子街的马长福不服气,提出用牛与郝树才比赛,二人开赛不到三小时,郝树才就开出了一亩半地,而马长福的牛却卧倒了,吐

① 中国人民解放军总政治部宣传部编:《艰苦奋斗》,解放军出版社 1995 年版,第101 页。

了一阵白沫死了。毛泽东见到纪实材料后就在上面批写了"气死牛"三个字，此后，人们把郝树才叫"气死牛"。1943年12月、1945年1月，郝树才两次出席陕甘宁边区劳动英雄代表大会，被授予特等劳动英雄。1955年已任甘肃省军区后勤部管理科长的郝树才自愿复员回家务农，而且还把200元复员费和残废金捐献给村里买了牲畜。①

延安时期中国共产党创办了30余所干部院校，各个学校几乎都是白手起家，自己动手解决校舍和办学中的各种困难。中央党校在各部附近都有土地，可以种粮、种菜。另外，在南泥湾、金盆湾和西川还有农场，可以大面积地种植粮食、烟叶、油料作物和用以制靛的蓼蓝等，并养鸡、养羊、喂猪、烧制木炭等。党校还建有豆腐坊、粉坊、糖厂、酒厂、烟厂、肥皂厂、浆染坊等，有自己的运输队，可以跑运输。那时同学们不仅可以参加农业劳动，还可以到一些工厂作坊劳动，或纺毛、纺棉，拆洗缝制衣服，参加挖窑洞和修建房屋等劳动。党校有两个礼堂。第一个后来做了食堂。在修建这两个礼堂时，除请少量石工以外，从设计到准备、运输建筑材料、建房，全部是学工人员自己干的。由于大家积极劳动，党校很快就做到了蔬菜、肉食和马料的全部自给。其他的也做到了半自给。例如，1944年党校共开支5万多元，其中一半都是自己解决的。在劳动过程中还涌现出许多劳动英雄和模范工作者。1944年党校就曾选出劳动英雄和模范工作者特等的48名，甲等的132名，乙等的210名。一些大知识分子，如杨绍萱、齐燕铭、陈波儿、姚仲明、艾青、周而复等都名列其中。大生产运动减少了公家的负担，改善了学工人员的生活，同时也锻炼了全校学工人员，增强了他们的劳动观点和群众观念，使他们深刻体会到独立自立、自力更生、自己动手克服困难的重大意义。这对他们改进作风和增强党性都有很大帮助。

中国共产党领导人都是自力更生、艰苦奋斗的榜样。毛泽东作为中

① 参见中国延安干部学院编：《红色延安的故事》（艰苦奋斗篇），党建读物出版社2016年版，第202—206页。

国共产党领袖在延安简陋昏暗的窑洞内写出卷卷雄文，不知付出了多少艰辛，熬过多少个不眠之夜。毛泽东的著作一般都是由毛泽东亲自执笔，不用秘书代劳。只是一些技术性文件，要秘书起草，以节省他的时间。毛泽东有些文章写完之后，有时请秘书看看，提些意见，作些修改。毛泽东要秘书动笔的，主要是他的讲演。有时演讲时毛泽东只准备了提纲，由秘书根据记录整理。如《在延安文艺座谈会上的讲话》，事前备有一份提纲。提纲是由他本人在同中央其他负责人和身边工作人员商量后亲自拟定的。讲话时有速记员作记录。后由胡乔木作整理。整理时主要是调整一下文字顺序，使之更有条理。毛泽东对整理稿表示满意。但稿子整理后并没有立即发表，其原因，一是他要对稿子反复推敲、修改，而他当时能够抽出的时间实在太少了；二是要等发表的机会。1943 年 10 月 19 日鲁迅逝世 7 周年纪念日时，《讲话》全文正式在《解放日报》上发表。① 有时连提纲都没有，是即兴发言或演讲。如《为人民服务》就是在张思德追悼会上即席演讲的，由中央速记室的速记员张树德速记，后经胡乔木等人整理的。只有少数几篇著作是毛泽东与其他同志共同写作，经毛泽东修改定稿。如《中国革命和中国共产党》是由毛泽东主持其他同志参加编写的一本干部教育教材。原计划写三章，第一章《中国社会》是由范文澜负责起草，经毛泽东修改审定的。第二章《中国革命》是由毛泽东亲自写的。第三章《党的建设》由李维汉等人负责起草，但由于情况变化第三章未完全写完，所以《中国革命和中国共产党》只有第一章和第二章。② 还有 1942 年 12 月，毛泽东在陕甘宁边区高级干部会议上作的报告《经济问题与财政问题》，不能说成全是毛泽东的著作。大部分稿子是李富春写的，毛泽东加了许多分析，加写了许多文字。当时以毛泽东的名义发表，毛泽东并不愿意就说这全是他的东西。文章中引用的调查材料，用的是

---

① 《胡乔木回忆毛泽东》，人民出版社 2003 年版，第 260 页。
② 参见《毛泽东选集》第二卷，人民出版社 1991 年版，第 621 页。

李富春他们搜集的现成材料。①

　　曾在陕北窑洞里采访过毛泽东的斯诺认为：毛泽东是天才的军事和政治战略家，有一种坚定宏大的气魄，以非凡的能力综合表达了亿万中国人民最迫切的要求；具有十分动人的幽默感；博览群书，对哲学和历史很有研究，口才出众，记忆超人；对工作一丝不苟，是一个精力充沛，不知疲倦的人。

　　据在延安时期曾担任毛泽东保卫参谋的蒋泽民回忆：毛泽东写文章是非常辛苦的。延安没有电，夜晚毛泽东写文章时点两根蜡烛照明，烛光昏暗而有跳动，很影响视力，容易使眼睛疲劳。毛泽东写累了，就揉揉酸胀的双眼，再继续写，一夜之后，他的脸上沾了一层灰尘。毛泽东写文章用的是毛笔。写前打好腹稿，然后挥笔而就，疾书成文。他写东西时，桌子上一般不放书籍和报纸，不参照别人的东西。他埋头书写很长一段时间后，往往要停下笔休息几分钟，或者点燃一支烟吸，或者站起来，到门外的空场上走一走。如果他表情是平静的，面带微笑，和我们或公务员唠几句嗑，那么，他已经完成了一部分文稿了。毛泽东写好文章，有的进行反复修改后，让我们送给中央首长传阅，有关军事方面的文章都要送给朱德看，政治方面的文章送给王稼祥看，认真听取他们的意见。经过反复讨论后，把大家的意见集中起来，他再一次修改。② 美国人罗斯·特里尔在他的《毛泽东传》一书中写道：1938年上半年毛泽东写出了很多东西，他系统地总结了自1927年他第一次拿起枪杆子以来的最主要的军事思想。他写了《基础战术》，这成为干部的必读手册。《抗日游击战争的战略问题》是他阐释人民战争意义的经典性著作。在《论持久战》中他从中国的角度对中日战争作了总体考察。他的一名警卫员着迷地目睹了毛泽东写作《论持久战》时的情景。毛泽东坐在窑洞的书桌边，微弱的烛光照着他

　　　① 《胡乔木回忆毛泽东》，人民出版社2003年版，第36页。
　　　② 蒋泽民口述，吕荣斌整理：《忆毛泽东在延安》，解放军出版社1993年版，第27—29页。

苍白的脸。他两天没有睡觉只吃了很少一点东西,用毛巾擦把脸而不顾全身的汗水。笔记本旁边放着一块石头,他的手由于不停地写作而酸痛时就紧握那块石头使手指得到松弛。5 天以后,密密麻麻地写着毛泽东那不受拘束的草体字的稿纸已堆满书桌。不过毛泽东的体重减轻了,眼睛布满了血丝。当他起身去吃已不止一次给他热过的晚饭时,工作人员便把这视为一个重大胜利。期间,那些有才华的秘书开始编辑和校订毛泽东的手稿。第 7 天,毛泽东突然痛得跳了起来,他右脚上穿的鞋被火盆里的炭火烧了一个洞,而他正在沉思。他喝了一杯烧酒,然后坐下来继续写《论持久战》的结尾部分。到了第 8 天,他突然感到头痛并有些昏厥,医生赶来给他诊断后,他仍继续写作。到了第 9 天,终于完成了这篇长达80 个印刷页的论文。① 毛泽东曾讲:"延安的窑洞是最革命的。延安的窑洞里有马克思列宁主义,延安的窑洞能指挥全国的抗日斗争。蒋介石现在比我们住的阔气,有高楼,有洋房,有电灯,可是全国人民都不听他的。我们不要看不起自己,不要看不起窑洞,全国人民的希望都寄托在我们身上,寄托在延安的土窑洞里。"②正是在延安的窑洞里,中国共产党打造出中国革命最锐利的思想武器,实现了把马克思主义中国化的历史性飞跃。

毛泽东虽然一身系天下安危,每天都日理万机,但在延安开展的大生产运动中,他也毫不例外地身体力行,加入到生产中去。《毛泽东与艰苦奋斗》一书记载了毛泽东在杨家岭开荒种地的感人情景。该书记载:

　　一天,警卫员正在杨家岭的山坡下开生产动员大会,毛泽东从窑洞里走了过来,问:"你们开什么会呀?"

　　"生产动员大会。"警卫员回答。

---

　　① 〔美〕罗斯·特里尔:《毛泽东传》,胡为雄、郑玉臣译,中国人民大学出版社 2006 年版,第 178—179 页。

　　② 《伟大的历程:回忆战争年代的毛主席》,人民出版社 1977 年版,第 184 页。

毛泽东笑呵呵地说:"这很好嘛。"接着,他向前走了几步,对大家说道:"党中央号召我们,要开展生产运动,克服目前的经济困难,减轻边区人民的负担。杨家岭山上的土地很多,我们可以种瓜、种菜,还可以养猪,解决自己的穿衣、吃饭问题。"

会后,警卫班的战士们按照生产计划轮流上山,分片开荒。

毛泽东看见后对战士们说:"我不能走远了,不能和你们一起上山开荒,可以在附近给我分一块地。只开一亩,不多也不少。"

一听说主席也要参加生产劳动,大家都坐不住了,七嘴八舌地劝阻说:"主席工作很忙,身体又弱,不一定非要参加生产呀!我们每个人多干一点就行了。"

毛泽东摇摇头,坚定地说:"不行。自己动手,克服困难,大生产运动是党中央的决定,我应该和同志们一样,响应党中央的号召参加劳动生产。我现在还能动,决不要人代耕。"

在毛泽东的坚持下,大家就在杨家岭窑洞对面的山沟里,开垦了一块长方形的地。毛泽东一有空余时间,就在这块地里参加劳动。

一天,毛泽东办公办累了,就扛起镢头去刨地,几个警卫员一见,赶忙跟去抢着刨。毛泽东着急了,大声对他们说:"你们这么抢,不是没有我的份了吗?你们有你们的生产计划,我有我的生产任务,咱们各干各的,好不好?"

警卫员们不管毛泽东怎么着急地嚷叫,只是和他并排刨地,一边还偷偷地乐。毛泽东无可奈何,摇摇头,只好跟他们一起干。他使劲挥动镢头,刨得又深又平。干热了,就脱掉外衣。又干了一会儿,连衬衣也湿透了,土扑了一脸。战士们劝他休息,毛泽东笑着说:"不要紧,劳动就是要流点汗水的嘛。"

地刨完了。毛泽东打算用这块地种菜。他问警卫员们:"你们谁会种菜?"

警卫排长指着一个班长说:"他是延安县的人,在家就种过菜。"

毛泽东笑着说:"那很好,我就拜你做师傅,西红柿我还不会种,你教教我好吗?"

那位班长脸马上红了,不好意思地说:"菜是种过,可种的不好。"

毛泽东说:"经验不多不要紧,我们大家一齐来研究研究嘛!三个臭皮匠,合成一个诸葛亮呀!"

很快地,这块地里就种上了西红柿、黄瓜、豆角、辣椒等蔬菜。菜苗出土后,毛泽东经常利用休息的时间,给蔬菜施肥、浇水、锄草、打芽。

辛勤的劳动结出了丰硕的果实。毛泽东种的西红柿,结的又红又大;架上的黄瓜,顶花披刺,又粗又长;红盈盈的辣椒非常喜人;嫩绿的豆角摘完一茬又一茬……这下,大家都能吃到丰盛、新鲜的蔬菜了。客人来了,毛泽东就去地里摘自己种的菜来招待他们,有时吃不完,毛泽东就嘱咐警卫员摘一些送给其他领导。毛泽东种的菜甚至还作为礼品送给国际友人呢。

1942年6月,斯大林派飞机送医务人员到延安,给毛泽东带了一封信,10件皮大衣、10条毛毯和10双长筒皮靴,另外还有几双矮腰皮鞋和几箱香烟。毛泽东热烈欢迎了这些不远万里而来的苏联朋友,并详细询问了斯大林的健康状况。

苏联朋友要回国的头一天,毛泽东给斯大林写了封回信,并请人缝了个布口袋,装上了自己亲手播种、施肥、收摘、焙干的鲜红鲜红的大辣椒。毛泽东笑着对苏联朋友说:"延安这里,没什么特别的东西,我就给斯大林同志送这点礼品,表示我的谢意吧。"

这袋红辣椒和给斯大林的信很快由机组的同志带回了苏联。斯大林收到后非常高兴。

毛泽东以身作则,以普通劳动者的身份积极参加生产劳动,使边区的干部战士很受鼓舞,驻地老乡也深受感动。有一个游手好闲的人,成天闲逛,不愿劳动,当他看到毛泽东冒着酷暑在地里锄草、浇水时,感动得落了泪,马上参加了生产劳动。在毛泽东实际行动的激励下,全边区的大生产运动开展得更加火热了。当年全边区机关、部队、学校共开荒 1055800 多亩,秋后收获粮食 23572 石,大大改善了各单位的生活。其中,八路军留守兵团和保安部队成绩最好,不仅实现了肉食蔬菜自给,而且还有节余给每个战士增发一套单衣以及毛衣、毛袜、棉鞋等用品,初步尝到了自己动手的甜头。[1]

"领袖群伦不自高,静如处子动英豪。先生品质难为喻,万古云霄一羽毛。"这是著名抗日爱国将领续范亭于 1942 年写下的一首题为《赠毛主席》的七绝诗。毛泽东在接到续范亭的诗作后,曾复信于他,其中写道:"不自高,努力以赴,时病未能,你的诗做了座右铭。"[2]1946 年,安娜·路易斯·斯特朗访问延安。她在访问记录中写道:"党的负责干部,住在寒冷的窑洞,凭借微弱的灯光,长时间的工作,那里没有讲究的陈设,很少物质的享受,但是住着头脑敏锐、思想深刻和具有世界眼光的人"[3]。

朱德总司令 1940 年 5 月从晋东南抗日前线回到延安,面对陕甘宁边区严重的财政经济困难,他将主要精力用在领导陕甘宁边区经济建设上。1941 年春朱德移住中央军委和八路军总部所在地王家坪后,开了 3 亩地,种了 10 多种蔬菜,从前线回到延安的同志都喜欢到他那里打牙祭。在 1943 年 11 月举行的边区生产展览会上,展出了朱德亲手种植的一个大冬瓜,使参观者深受感动。有一名干部看后,当场写诗一首:"工余种菜又栽花,统帅勤劳天下夸。愿把此风扬四海,逢人先说大冬瓜。"

周恩来因于 1939 年 7 月 11 日晚,到陕北公学礼堂参加中共中央欢

---

① 史全伟编:《毛泽东与艰苦奋斗》,中央文献出版社 2004 年版,第 69—72 页。

② 孙琴安:《毛泽东与国民党著名将领》,重庆出版社 2002 年版,第 282 页。

③ 张香山、孙铭:《外国记者看延安》,载《延安文萃》(下),北京出版社 1984 年版,第 812 页。

送华北联合大学出发上前线的欢送晚会，从杨家岭出发，骑马过了延河，他的马突然受惊，跳了起来，周恩来没有防备，摔在岸边一个树坑，还有嶙峋的大块乱石，右臂撞在一块尖锐的石头上，当即折断，骨头都露了出来，流血很多。后来经印度援华医疗队的柯棣华大夫和巴素华大夫临时包扎，上了夹板。当时延安医疗条件极差，不能接骨。周恩来后来到莫斯科治疗。经过手术、按摩、烤电、运动和浴疗，他的手已经可以移动，手部的颤抖也已经减轻。但是，要完全恢复将是不可能的，这只手最终成为半残疾。1940 年 3 月，周恩来等人回到延安。周恩来虽然右手臂伤残，但他在重庆期间，在百忙中组织南方局和八路军办事处的同志种菜、养猪。在回延安向中央汇报工作时，同样参加大生产运动，他用伤残的手臂摇起纺线车并被评为"纺线能手"。

任弼时为革命积劳成疾，身体虚弱，有一段时间，鉴于他的身体状况，中央不得不要求他中断工作，静心养病，"强迫"他由枣园搬到斜对面的侯家沟去养病。可是在养病中，任弼时常常趁警卫员不注意时，偷偷溜出去深入群众，了解生产，为当地群众排忧解难或上山给变工队送饭或帮助老百姓搬玉米、剪谷穗。一有空闲时间，就摇起纺车纺线。在中央机关纺线比赛中，他同周恩来一起被评为"纺线能手"。

正因为中国共产党具有自力更生、艰苦奋斗的优良品质和大无畏的英雄气概，所以在延安时期写就了辉煌灿烂、光照千秋的历史篇章。

四、培育生机勃勃、乐观向上的精神状态

延安时期在以延安为中心的陕甘宁边区，工作学习生活环境与条件异常艰苦，没有吃的，没有穿的，甚至到了被困死、饿死的地步，在敌后各抗日根据地军民则要应对日本帝国主义军队"烧光、杀光、抢光"的"三光"政策和国民党的反共磨擦。面对困难，中国共产党并没有畏首畏尾，裹足不前，而是迸发出前所未有的斗志与激情。毛泽东曾说过："延安就

像所革命大学"①。学习和唱歌是当年延安的亮丽景观。

当时在陕北公学总校高级部二队学习的陈辛火这样深情地回忆："没有课堂，就在窑洞前的坪地上、在树荫下的空地上上课。这就是在1938年11月20日日本飞机轰炸延安的第二天，我们也照常到一个山坡上坚持上课。没有桌子、凳子，就席地而坐，膝盖就是活动'桌子'。纸张困难，就用淡蓝色的马兰草造的纸写字，有时还用桦树皮写诗。现在回想起来，那一张张桦树皮，本身就是串串诗句啊！图书也不多，每月发的一点有限的津贴差不多全用来买了书。只要新华书店到了新书，如《联共（布）党史简明教程》、《政治经济学》和《钢铁是怎样炼成的》等，很快就被抢购一空。那时夜间照明条件很差，可是大家读书认真。晚上一般用空墨水瓶做的煤油灯照明，有时还用老麻籽油点灯。光线虽然不够亮，但是大家为革命如饥似渴地学习，常常围着豆粒大的灯光读到深夜……那时我们的背包很简单，几件衣服，一条薄被子，但是我们每个人的背包里却鼓鼓囊囊地装着好些马恩列斯著作和毛泽东、刘少奇的著作，行起军来，走到哪里背到哪里，就是在战斗紧张的情况下，也舍不得丢掉一本。"②

延安是红色文化中心，也是学习风气最浓厚的地方。在那里，谁要是有一本好书，得到一支钢笔，就会成为周围同志十分羡慕的事。延安许多生活用品缺乏，书店却不少。全民族抗战时期到延安的德国友人王安娜这样说："延安城内并没有什么可看的。小城镇，到处都一样……特别引我注目的，是有许多书店。学生和红军的战士们，正挤在柜台前购买马克思主义经典著作的普及版。国民党地区发行的杂志也可以看到，不过要晚一个月。"③尼姆·韦尔斯则看到，"在延安，夜校随处可见。一天辛劳

---

① 黄霖：《延安轶事》，解放军文艺出版社1982年版，第75页。

② 陈辛火：《艰苦的岁月 难忘的回忆》，载中国延安精神研究会宣传委员会编：《延安颂歌——继承和发扬延安精神》，新华出版社1992年版，第298页。

③ [西德]王安娜：《中国——我的第二故乡》，李良健、李希贤校译，生活·读书·新知三联书店1980年版，第154—155页。

之后,泥水匠和学徒工、商人的儿子和贫苦的农民,都认认真真地坐在桌前学习读书写字。中国现在新旧两种文字都有,可老百姓大多愿意他们的孩子学习旧文字"①。干部、战士、学生、民众一起,汇成火热激情的学习潮流。而坚定的理想信仰及对美好未来的憧憬,对理论文化的兴趣,是他们学习的不竭动力。

延安物质生活十分艰苦,但物质上的困难并没有使人们灰心丧气,畏缩不前,而是激发了人们的豪情壮志,赋予人们真正的乐观主义精神和革命的豪迈之情。唱歌成为人们日常生活的一部分。美国人斯诺1936年第一次踏上"红色中国"的土地,碰到一支红军队伍,他惊异地发现,这支队伍"在路上几乎整天都唱歌,能唱的歌几乎无穷无尽"。他认为这些战士是他看到的第一批"真正感到快活的中国无产者"。在延安只要看到大路上有队伍在行走,群众就要拍手欢迎唱歌,唱了一个又一个。有时道路两旁、山坡上下,歌声和着歌声,歌声引着歌声,汇成一片。人们为什么那么爱唱歌?何其芳写过一篇著名的散文《我歌唱延安》,文中的话是最好的回答:"我想延安的人们那样爱唱歌,大概由于生活太苦。然而我错了,刚刚相反地是生活太快乐。"②

美国作家史沫特莱曾跟随一个八路军连队作战,她看到战士们战斗了整整一天,打完仗后却没有一点东西可吃。秋天的田野里谷子已经成熟了,他们一动不动,因为他们没有钱,而指挥员不允许战士不付钱就拿走别人的东西。入夜战士们围着篝火,高唱《三大纪律八项注意》,迎接黎明的到来,歌声直冲云霄。史沫特莱惊呆了,她说:"他们的歌声像一支管弦乐队。"③

女大学员都说,1940年的"三八节"是女大历史上最值得骄傲的一

---

① [美]尼姆·韦尔斯:《红色中国内幕》,马庆平、万高潮译,华文出版社1991年版,第135页。

② 何其芳:《我歌唱延安》,载延安文艺丛书第四卷《散文卷》,湖南人民出版社1984年版,第62页。

③ 蒋巍、雪扬:《中国女子大学风云录》,解放军文艺出版社2007年版,第133页。

天。这一天天清气朗,聚集在延安的领袖们和将士们,目光几乎全部投向女大。延河边上的女大搭起了台子,四周标语、彩旗绚烂缤纷。最激动人心的是,参加庆祝集会的女大同学第一次穿上了自己缝制的灰色列宁服,列宁服那时是"世界名牌"。每个女孩还在衣领和袖口处缝上一条白色的假领和袖边,远远望去就像里面穿了一件洁白的衬衣。乐曲声中,数百名同学排成两排,踏着舞步从两侧进入会场,然后随着乐曲的节奏,不断变换队形和舞蹈动作,组成一幅幅整齐美丽的图案,洁白的领边和袖口在春天的阳光下闪闪发光,前来观看演出的中央首长和老乡们不断报以热烈的掌声。

"歌声是带旋律的延安精神,是延安精神的翅膀和火焰。"《中国女子大学风云录》一书写道:任何一种事业首先是情感的流程。战争与和平,胜利与牺牲,带来的首先是情感的冲突和激荡。歌声成为社会运动的先声和灵魂的呼号是必然的。该书记述了一个女大学员用歌声打开工作局面的故事。女大学员王腾波等5人被派到边区某县新区工作。那天冒着炎炎烈日,来到城郊的一个村子。刚走到村口,当地对共产党和八路军还很不了解的老乡们一见这些风风火火的"婆姨",就像见到瘟神一样,赶紧关上门。大家商议一阵,认为不能白跑这二十多里路,再去叫门试试。没想到门没叫开,老乡反而放出狗咬人,这几位城里来的女孩子吓得赶紧远远躲开。她们十分丧气,不知道怎样对付这些四条腿的敌手,捡起石头打吧,愈打狗叫得愈凶,不打还怕咬。怎么办?走是不能走,干脆坐下唱歌吧。五个女孩子坐在桑树下,放声唱起陕北小调和救亡曲。这一招真灵,不多时狗不叫了。一个老头儿打开门,探头看了看她们,骂了一声:"这些不正经的婆姨,还有脸唱呢!"骂完,又把门关上了。这些女孩子来了犟劲儿,你越骂我越唱。正午过去了,太阳西斜了。她们来时没带干粮,又没水喝,几个小时过去,一个个口干舌燥,肚子咕咕直叫。有的女孩子泄气地说:"新区的老百姓真是没觉悟,咱们挺到啥时候是个头啊?"王腾波坚决地说:"不见群众的面咱绝不回城!"唱着唱着,终于出来一位老大娘,身后跟着几个好奇的泥头花脸的孩子。老太太问:"你们是从哪哒来的? 是做什么的?"几个女孩回答说:"我们是从县城里来的,是共产党八路军派我们来宣传抗日打鬼子的。"老太太说:"你们年纪轻轻的,为啥不学好? 是不是想拉我们的婆姨出去共产共妻,还要媳妇反对婆婆?"王腾波她们恍然大悟,原来村里人信了国民党的宣传。她们苦口婆心地做了解释,宣传了共产党要团结人民打日本鬼子的道理。老太婆点点头,说我叫他们去。不多时,全村老少纷纷出来了。好些婆姨说:"你们刚才唱的真好听,再唱给我们听听。"歌声又响起来了! 歌声打动了全村人的心,打开了所有窑洞的门。①

　　1938 年到延安,先后在抗大、女子大学学习,后到鲁艺工作的著名电影表演艺术家于蓝回忆说:到了延安本来就是要学政治、学文化。后来呢,由于在延安到处都是革命的歌声,你到了那里,那的山沟,不是《延安颂》《太行山上》,就是《抗大校歌》。这些歌词就是:打到鬼子后方去呀!大刀向鬼子头上砍去呀! 那个时候咱们革命队伍里的文艺生活是很活跃的,每天晚上点名的时候——那时都是军事生活了——都要唱歌。早操完了以后,吃饭以前要唱歌。所以在这种生活环境中,真正感觉到革命队伍里的歌声震动了整个延安的山谷。②

　　《八路军军歌》《八路军进行曲》歌词创作者公木回忆他同郑律成一起在抗大工作的情景:郑律成是抗大音乐指导,在抗大经常组织声势浩大的歌咏活动,群众歌声像烈火。每次集会总是先唱,唱得群情激奋了,才开讲;休息时,又唱;讲完后,再唱;唱得尽兴,然后才解散。有一个连队的"墙报"上出了这样一首"顺口溜":坐地听报告,站起来唱歌。说说唱唱,唱唱说说,不知不觉晌午错。晌午错,也不饿,歌如潮,情似火。身居窑洞里,心怀全中国;翘首登荒山,放眼看世界。我们多亮堂,我们

---

①　蒋巍、雪扬:《中国女子大学风云录》,解放军文艺出版社 2007 年版,第 166—167 页。
②　《红色延安口述·历史·窑洞轶事》,陕西师范大学出版社 2014 年版,第 112 页。

多快乐!①

1937年10月到延安,曾在抗大第三期学习的莫耶回忆说:沸腾的延安生活感染着我,鼓舞着我,使我写出了《延安颂》那首诗。后来经郑律成谱曲,《延安颂》的歌声就像长了翅膀,飞遍延安和陕甘宁边区,飞遍各个抗日根据地,直至新中国成立后飞遍全中国:夕阳辉耀着山头的塔影,月色映照着河边的流萤,春风吹遍了坦平的原野,群山结成了坚固的围屏。啊,延安,你这庄严雄伟的古城,到处传遍了抗战的歌声。啊,延安,你这庄严雄伟的古城,热血在你胸中奔腾……②

女大学员、中国第一位女大使丁雪松回忆说:"延河成了我们的盥洗室,冬天敲开冰窟窿洗,夏天跳进河里冲。盛夏时分,几个同学相约到河边沐浴,先洗好下衣,晾到河滩上,人躲进河中泡着;待下衣干透,着好再洗上衣。没有肥皂就用石块在河边捶打衣服,要么用草木灰过滤的碱水来洗。""物质生活艰苦,但在精神上,我们却是最富有、最快乐的一群。最能说明我们心境的,要算是回荡在延河边的嘹亮歌声了。除了睡觉、上课、吃饭,学员们随时随地都在唱歌。早晨唱,傍晚唱,饭前饭后唱,课前课后唱,行军时唱,开大会时更唱,歌声此起彼伏,直唱得地动山摇。"③

据曾在陈云、李富春、蔡畅身边工作过的革命老人李耀宇回忆:延安的娱乐方式五花八门,原始的与现代的都有。战士们在黄土地上画个田字格,摆上石子、土疙瘩玩"拱牛"。中宣部的同志用黄泥捏出一个个疙瘩,晒干后涂上黑、白、红的颜色,制成跳棋。玩一次跳棋,手掌就染上花花绿绿的颜色。象棋也用黄泥刻制,或用硬纸片剪成。④

美国人李敦白,1946年到延安,任新华总社英语专家,后加入中国共

① 《红色延安口述·历史:永远的鲁艺》,陕西师范大学出版社2014年版,第46页。
② 《红色延安口述·历史:我要去延安》,陕西师范大学出版社2014年版,第256页。
③ 丁雪松口述,杨德华整理:《中国第一位女大使丁雪松回忆录》,江苏人民出版社2000年版,第275—276页。
④ 《红色延安口述·历史:窑洞轶事》,陕西师范大学出版社2014年版,第57页。

产党,新中国成立后,在中央人民广播电台担任外国专家。他在回忆录中记述他在延安看到的景象:周围的一切看起来既干净又纯洁。人也好,衣服也好,房子也好,音乐也好,都是如此。即使劲风和荒凉的地貌都无损我对它的美好印象,在这里我终于远离了赤裸裸的贪污和腐败,我已经看够了。他继续回忆道:当我看着毛泽东与娇小的舞伴在舞池里翩翩回旋时,我觉得延安的意义不仅如此,延安不仅是人们努力道德生活的地方,它还是锻造新中国,从而开始新世界的熔炉。①

共产党的领袖也是有血有肉,充满活力的。斯特朗描绘的中共四大领袖在延安舞会上的舞姿,有声有色地刻画出他们的气质风采。毛泽东在舞会上多数是坐在一旁观看,有很多人要和他谈话。"他跳舞时表现轻松,步伐坚定。有些人说他没有节奏感,我不同意。他有自己的一种坚定而微妙的节奏感,同乐队保持最友好的联系却从不盲目服从。作为他的舞伴,你必须密切注意,小心地顺从,随着微小的暗示而移动。如果你懂得他的节奏,他就会和你成功地跳到结束。"朱德跳起舞来"像是在进行闻名的长征。无论乐队演奏什么曲子,他总是固定不变地跳他的一步舞","他的节奏具有一种耐力性,既不费劲又能持久,比静坐不动还自在"。刘少奇跳起舞来,"有一种科学的精确性,一板一眼地,犹如二加二等于四",但"有时也会来几下兴奋而奔放的舞步,就像他写的文章那样,精练,在确切的散文中,偶尔使用鲜明的比喻"。周恩来跳舞"具有外交家的风度,他华尔兹舞跳得棒极了,但有时好得过于拘谨。和他跳过一支曲子后,你可能会喜欢和扭秧歌的演员或俄国医生舞上一曲";但是,人们还是认为周恩来是第一流的舞蹈家,"他跳舞时掌握的分寸,他的优雅自如的风度,使人们能想到这些正是他在南京谈判中所具有的才华"②。

---

① 《红色延安口述·历史:窑洞轶事》,陕西师范大学出版社2014年版,第278页。

② 李寿葆、施如璋主编:《斯特朗在中国》,生活·读书·新知三联书店1985年版,第178—179页。

新中国历史上第一代外交家黄华回忆在延安的生活时感慨道：在延安，人们都穿着制服。冬天发一套棉衣裤和棉鞋帽，夏天的一套单衣被褥也由公家发给。伙食很简单：小米饭和七八个人共吃的一小盆水煮萝卜，偶然有一两片土豆。学员每人每月发一元边区纸币为津贴，干部多两块钱。当时毛主席等几位首长每月领五块钱边币。一块边币可以买两块肥皂，或一条半牙膏，或两斤肉包子，或十几个鸡蛋。延安的生活是艰苦的，但延安的文化生活却是挺丰富的。延安鲁迅艺术学院音乐系合唱团演出冼星海创造的《黄河大合唱》，其中几首歌脍炙人口，人们连走路时也哼唱。戏剧系演了《白毛女》等新创作的歌剧。延安京剧团常演戏，还创作了现代京剧《三打祝家庄》，人们都很爱看。青年艺术剧院演过《雷雨》《日出》《抓壮丁》和苏联话剧《前线》，甚至还演过莫里哀的《悭吝人》。每周六在各个礼堂、俱乐部和空场上举行交谊舞会，中央领导同志有时也来参加。当然乐队是几把胡琴，一把口琴和鼓。王家坪和杨家岭乐队还有扬琴。马灯和油灯是主要照明工具。每逢过节，各单位组织秧歌队、旱船队，到大路上和各单位表演，宣传党的政策，吸引了许多干部和老乡来观看。①

著名民主人士梁漱溟1938年1月访问延安，在对中国共产党的考察中，他看到："在极苦的物质环境中，那里的气象确是活泼，精神确是发扬。政府、党部、机关、学校都是散在城外四郊，傍山掘洞穴以成。满街满谷，除乡下人外，男男女女皆穿制服的，稀见长袍与洋装。人都很忙！无悠闲雅静之意。军队皆开赴前方，只有些保安队。所见那些穿制服的人，多数为学生。"②梁漱溟感慨："一般看去，各项人等，生活水准都差不多；没有享受优厚的人，是一种好的风气。人人喜欢研究，喜欢学习，不仅学生，或者说人人都像学生。这又是一种好的风气。爱唱歌，爱开会，亦是

---

① 参见《红色延安口述·历史：延安时期的日常生活》，陕西师范大学出版社2014年版，第29—31页；黄华：《亲历与见闻：黄华回忆录》，世界知识出版社2007年版。

② 《红色延安口述·历史：第三只眼看延安》，陕西师范大学出版社2014年版，第12页。

他们的一种风气。天色微明,从被窝中坐起,便口中哼啊抑扬,此唱彼和,仿佛一切劳苦都由此而忘却! 人与人之间情趣增加,精神上互为感召流通。"①

著名华侨领袖陈嘉庚 1940 年访问延安,他将重庆和延安做了比较,在他所著的《南桥回忆录》中写道:"余到重庆所见,则男长衣马褂,清朝服制仍存,女则唇红口丹,旗袍高跟染红指甲,提倡新生活者尚如是。行政官可私设营业,检察院不负责任。政府办事机关,除独立五院及行政院所辖各部外,尚有组织部、海外部、侨务会及其他许多机关。各处办事员多者百余人,少者数十人,月费各以万计,不知所干何事。酒楼菜馆林立,一席百余元,交际应酬,互相征逐,汽车如流水,需油免计核,路灯日不禁止,管理乏精神。公共汽车、客车、人力车污秽不堪入目,影响民众卫生。报纸为舆论喉舌,责在开化民智,则钳制严密,致每日仅出一小张,何能模范各省。其他政治内容非余所知。第就外表数事,认为虚浮乏实,绝无一项稍感满意,与抗战艰难时际不甚适合耳。迨至延安则长衣马褂,唇红旗袍,官吏营业,滥设机关,及酒楼应酬,诸有损无益各项,都绝迹不见。如云陕北地瘠民贫,政府局部甚小,故不宜如首都应有尽有者,亦属有理。然余所不解者,重庆诸人之奢费,金钱从何而来? 是否民脂民膏? 余以不官不党居第三者地位,故不能已于言耳。"②

1945 年 7 月到延安访问的著名爱国民主人士黄炎培看到延安的人物:"不论男女都穿制服,女子学生装短发,都代表着十足的朝气。当地老百姓,衣服也都很整洁,衣料是蓝或白的土布。绝对没有褴褛污秽的流浪者。女子皆天足。此等士人,是代表朴实和体格的健全,却从没有发现过绅士式的男子和涂脂抹粉、洒香水、着高跟鞋等摩登装束的女子。"③对

---

① 《红色延安口述·历史:第三只眼看延安》,陕西师范大学出版社 2014 年版,第 13 页。
② 《红色延安口述·历史:第三只眼看延安》,陕西师范大学出版社 2014 年版,第 62—63 页。
③ 《红色延安口述·历史:第三只眼看延安》,陕西师范大学出版社 2014 年版,第 128 页。

于延安的政治作风,他感慨道:"就所看到的,只觉得一切设施都切合乎一般的要求,而绝对不唱高调,求理论上好听好看。"①

正如一位老延安回忆说:"延安时期那么纯朴,那么美好的生活气氛,就是由于大家抱着一个崇高的理想,要创造一个新的美妙生活,新的中国与世界。生活虽苦,但苦在体肤,乐在心中"②。

五、增强谦虚谨慎、居安思危的忧患意识

"生于忧患,死于安乐","安危相易,福祸相生",居安思危得安,居危思安得危;居安思危则存,贪图安逸则亡。这是自然界和人类历史发展的一条规律。历史表明,有没有强烈的忧患意识,关系到一个民族、一个国家、一个政党甚或一个人的兴衰成败。古今中外概莫能外。《礼记·中庸》说:大凡治理国家,虽然都有几条经久不衰的法则,如修身、尊贤、敬大臣、子庶民、劝百工、怀柔诸侯等,但是推行这几条法则的方法只有一种,那就是"凡事豫(通'预')则立,不豫则废"。就是说不论干任何事情,都应该事前有准备,这样就能得心应手,就不会遇到困难、挫折而气馁,就会矢志不渝,坚持到底。先秦文献《周易》强调:"君子安而不忘危,存而不忘亡,治而不忘乱,是以身安而国家可保也。"先秦辩证法大师老子认为:"曲则全,枉则直;洼则盈,敝则新;少则得,多则惑。"他指出:"祸兮,福之所倚;福兮,祸之所伏。孰知其极?"就是说,福祸是相互对立的又是转化的。谁能知道最后的结果是什么呢?金玉满屋,没有人能保住;富贵而傲慢,是自取祸殃。他认为:事物还没有出现苗头时,容易对付;事物脆弱时,容易灭掉;事物微小时,容易消散。在事物还没有发生的时候就做好准备,在国家还没有混乱时就注意治理。即:"为之于未有,治之

---

① 《红色延安口述·历史:第三只眼看延安》,陕西师范大学出版社2014年版,第129页。

② 郭德宏主编:《永恒的延安精神》,天津古籍出版社2005年版,第63页。

于未乱。"他主张:"慎终如始",如果结束时仍像开始时那样慎重,"则无败事"。"居安思危,思则有备,有备无患"。"思所以危则安矣,思所以乱则治矣,思所以亡则存矣"。中国古代思想家、政治家这些精辟论述,无疑具有普遍的警示与借鉴意义。

具有强烈的忧患意识,是中国共产党的一贯品质。居安思危的忧患意识,来自对危难的认识。只有有了忧患意识,才能主动而不被动,从容应对各种危难。中国共产党的诞生就是在中华民族内忧外患、民不聊生的背景下,一大批先进知识分子在探求救国救民道路过程中,接受马克思主义,适应历史发展需要而创建的,是以领导处于危难之中的中国摆脱帝国主义、封建主义和官僚资本主义压迫和剥削为直接目的建立起来的。在延安时期,正是以毛泽东为代表的中国共产党人反思以往历史经验与教训,始终保持清醒头脑,正确估量革命形势和任务,科学把握前进道路上的困难和危险,使中国共产党能够经过长征到陕北后虽弱小而不馁,处危局而不惊,适时调整革命的战略与策略,面对中华民族处于亡国火种的危难局面,推动实现由国内战争向抗日民族解放战争的转变,高举抗日救国大旗,使中国共产党不仅成为中华民族抗击日本侵略者的中流砥柱,而且在全民族抗日战争中得以由小变大、由弱变强。历史表明,忧患意识是中国共产党作为一个马克思主义政党,坚守自己的理想信念和奋斗目标的历史自觉,是忧国家之忧、忧民族之忧、忧人民之忧,正是怀着这种忧患意识,才使中国共产党能够冲破一个又一个险阻,渡过一个又一个难关。

具有强烈的忧患意识,防止骄傲自满,避免犯错误,是中国革命的长期性、复杂性和艰巨性的必然要求。近代中国半殖民地半封建的国情决定,中国革命的对象是武装到牙齿的敌人,中国共产党不仅要领导人民推翻本国封建主义压迫,还要推翻外国帝国主义压迫以及同封建主义和帝国主义有着千丝万缕联系的官僚资本主义压迫。这就决定了中国共产党领导的革命不可能毕其功于一役,只有经过长期艰苦卓绝的奋斗才能成功。为了使中国共产党能够充分认识到这个问题的重要性,毛泽东和中国共产党其他领导人都多次强调要有忧患意识。1937 年红军改编为八路军出师抗日，此时华北危如累卵，国民党军队则丢城失地，一溃千里，华北人民对红军如久旱望云霓。八路军奔赴华北抗日前线后，以英勇顽强的战斗精神取得平型关战役、阳明堡伏击战、雁门关战役等一系列胜仗。面对胜利，一些部队和一些人滋生了骄傲情绪。1937 年 10 月 23 日，八路军第一二九师第三八六旅第七七一团在山西平定县七亘村地区遭日军一个联队和 200 余骑兵袭击，伤亡 30 余人。毛泽东于 1937 年 10 月 25 日给前线八路军总部和一一五师、一二〇师、一二九师首长并要求转各级负责同志发去电报，指出："小胜之后，必生骄气，轻视敌人，以为自己了不得。七七一团七亘村受袭击，是这种胜利冲昏头脑的结果。你们宜发通令于全军，一直传达到连队战士，说明对日本帝国主义的战争是一个艰苦奋斗的长过程。凡那种自称天下第一、骄气洋溢、目无余子的干部，须以深切的话告诉他们，必须把勇敢精神与谨慎精神联系起来，反对军队中的片面观点与机械主义。"①

1944 年 4 月 12 日，毛泽东在延安高级干部会议上所作的《学习和时局》报告中郑重地告诫全党："我党历史上曾经有过几次表现了大的骄傲，都是吃了亏的。第一次是在一九二七年上半年。那时北伐军到了武汉，一些同志骄傲起来，自以为了不得，忘记了国民党将要袭击我们。结果犯了陈独秀路线的错误，使这次革命归于失败。第二次是在一九三〇年。红军利用蒋冯阎大战的条件，打了一些胜仗，又有一些同志骄傲起来，自以为了不得。结果犯了李立三路线的错误，也使革命力量遭到一些损失。第三次是在一九三一年。红军打破了第三次'围剿'，接着全国人民在日本进攻面前发动了轰轰烈烈的抗日运动，又有一些同志骄傲起来，自以为了不得。结果犯了更严重的路线错误，使辛苦地聚集起来的革命力量损失了百分之九十左右。第四次是在一九三八年。抗战起来了，统

---

① 《毛泽东文集》第二卷，人民出版社 1993 年版，第 46 页。

一战线建立了，又有一些同志骄傲起来，自以为了不得，结果犯了和陈独秀路线有某些相似的错误。这一次，又使得受这些同志的错误思想影响最大的那些地方的革命工作，遭到了很大的损失。全党同志对于这几次骄傲，几次错误，都要引为鉴戒。"①1944年3月，郭沫若在重庆《新华日报》发表著名史论著作《甲申三百年祭》。文章叙述了明末李自成起义军在攻入北京推翻明朝以后，若干首领腐化并发生宗派斗争，以致陷入失败的过程。1944年11月21日，毛泽东在给郭沫若的信中说："你的《甲申三百年祭》，我们把它当作整风文件看待。小胜即骄傲，大胜更骄傲，一次又一次吃亏，如何避免此种毛病，实在值得注意。"毛泽东并且告诉郭沫若："我虽然兢兢业业，生怕出岔子，但说不定岔子从什么地方跑来；你看到了什么错误缺点，希望随时示知。你的史论、史剧有大益于中国人民，只嫌其少，不嫌其多，精神决不会白费的，希望继续努力。"②

在中共七大上，面对全民族抗日战争即将胜利，中国共产党领导的人民革命力量蓬勃发展，经过整风全党空前的团结统一，毛泽东却在向大会所作的结论报告中强调看到光明的同时更要准备困难问题。他列举了中国共产党面临的17条困难。即外国大骂；国内大骂；准备被他们（指国民党）占去几块大根据地；被他们消灭若干万军队；伪军欢迎蒋介石；爆发内战；出了斯科比（斯科比，是英国派驻希腊的英军司令，1944年10月，德国侵略者在希腊败退，斯科比率领英军，带着在伦敦的希腊流亡政府进入希腊，同年12月，斯科比指挥英军并协助希腊政府进攻长期英勇抵抗德军的希腊人民解放军，屠杀希腊爱国人民）；"不承认波兰（比喻我们得不到承认）"；跑掉、散掉若干万党员；党内出现悲观心理、疲劳情绪；天灾流行，赤地千里；经济困难；敌人兵力集中华北；国民党实行暗杀阴谋，暗杀我们的负责同志；党的领导机关意见发生分歧；国际无产阶级长期不援助我们；其他意想不到的事。毛泽东告诫全党：许多事情是意料不到的，

① 《毛泽东选集》第三卷，人民出版社1991年版，第947—948页。
② 《毛泽东文集》第三卷，人民出版社1996年版，第227页。

但一定要想到。他特别强调:尤其是高级负责干部都要有这种精神准备,准备对付非常的困难,对付非常的不利情况。这些,我们都要透彻地想好。①

1945 年 7 月 22 日,毛泽东在《争取时间在粤北湘南创建五岭根据地》一文中指出:"谦虚谨慎,不骄不躁,是全党应取的态度。谦虚则不骄,谨慎则不躁,骄与躁是革命工作的大敌。"他更进一步强调:"凡事要设想一切可能的困难,例如严重的敌情,打败仗,无饭吃,部队不但无扩大而且很大缩少,内部意见分歧,不团结等等。只有对这一切预先想透,有了充分精神准备,并使干部有此种准备,然后才能想出克服困难的办法,走向光明的前途。"②

具有强烈的忧患意识是中国共产党人的党性要求。刘少奇指出:"我们的党员,不但要在艰苦的、困难的以至失败的革命实践中来锻炼自己,加紧自己的修养,而且要在顺利的、成功的、胜利的革命实践中来锻炼自己,加紧自己的修养。有些党员受不起成功和胜利的鼓励,在胜利中昏头昏脑,因而放肆、骄傲、官僚化,以至动摇、腐化和堕落,完全失去他原有的革命性。这在我们共产党员中,是个别的常见的事。党内这种现象的存在,应该引起我们党员严重的警惕。"③共产党人党性修养的途径是多方面的,往往在最艰苦的地方、最困难的时刻能够考验一个共产党员的党性强弱,但面对胜利和成功同样考验一个共产党员的党性强弱。现实中一些人在困难和挫折面前经受住了考验,但却在顺境中、成功时、胜利前沾沾自喜、头脑发昏、马失前蹄,而栽跟头。事实上,无论在挫折和困难时,还是在成功与胜利中,都需要共产党人保持清醒头脑,胜不骄、败不馁,把在困难中看到光明,在胜利中看到风险,贯穿于党性锻炼的全过程。

---

① 参见《毛泽东文集》第三卷,人民出版社 1996 年版,第 387—392 页。
② 《毛泽东文集》第三卷,人民出版社 1996 年版,第 445 页。
③ 《刘少奇选集》上卷,人民出版社 1981 年版,第 101—102 页。

第七章　人民当家作主的民主精神

民主是人类文明进步的产物。民主政治建设是个渐进的过程,不可能一蹴而就。民主没有一个固定的模式,任何国家的民主都必须植根于本民族的文化传统之中,否则,就会水土不服。中国共产党历来都非常重视民主建设,无论是在党内民主建设还是在政权中的民主建设上,都进行了艰辛探索,积累了一整套成功经验。纵观中国共产党历史,可以说延安时期就是中国共产党加强党内民主建设和推进人民民主政治建设取得重大进步和成就的重要时期。延安时期,伴随着中国共产党走向全面成熟,中国共产党对民主的探索、认识和实践也取得丰硕成果。中国共产党在治党理政中民主理念的确立、民主机制的构建和民主精神的展示,其对中国共产党的价值和影响都是巨大的。延安时期无论是党内民主还是人民民主的理论和实践都具有开创性和标志性意义。在延安精神的内容中如果有关民主的内容缺失,就是不全面的。当然,在理解延安精神中的党内民主和人民民主时,不仅要看到民主精神的价值,而且更要看到中国共产党对党内民主和人民民主的理论探索、制度设计和路径选择,因为这些正是民主精神结出的果实。只有弄清中国共产党对党内民主和人民民主的理论成就、制度架构和实现路径,才能充分理解中国共产党支持人民当家作主的政治品质和科学性与彻底性。

一、加强党内民主建设的理论与实践

政党党内民主是政党民主的基础。对于马克思主义政党来说,党内民主不仅是党保持旺盛生命力、肩负和完成历史使命的需要,而且是事关党的兴衰成败、生死存亡的大问题。马克思主义经典作家历来都非常重视党内民主建设。马克思恩格斯在创建世界第一个工人阶级政党——共产主义者同盟,筹建世界第一个无产阶级国际组织——国际工人协会(又称第一国际)时,就明确强调党内民主原则,阐述了党内民主的实质,并设计了党内民主机制。恩格斯曾说:共产主义者同盟"组织本身是完全民主的,它的各委员会由选举产生并随时可以罢免,仅这一点就已堵塞了任何要求独裁的密谋狂的道路"。① 他们主张在党内事务中所有的盟员一律平等,盟员具有选举权和撤换权。他们创立党的代表大会制度,在《共产主义者同盟章程》中规定:代表大会是全盟的立法机关,代表大会每年定期举行;中央委员会是全盟的权力执行机关,要向代表大会报告工作。他们认为工人阶级政党的优势在于党内民主原则。列宁继承马克思恩格斯的观点,在共产党组织建设中首次提出民主集中制原则,并丰富了关于代表大会制度思想,明确指出:"党的最高机关应当是代表大会,即一切有全权的组织的代表的会议,这些代表作出的决定是最后的决定。"②列宁认为选举权、监督权和罢免权是党员的基本权利,特别是列宁主张在党内民主生活中要保护少数人的权利等等。中国共产党在继承马克思主义经典作家关于党内民主建设思想基础上,结合中国国情和中国共产党自身建设特点,经过长期实践探索,在延安时期形成了丰富的党内民主建设理论,并且开展了成功实践。概括起来看,主要体现在以下几个方面。

(一)把发扬党内民主作为增强党的凝聚力、战斗力和创造力的根本途径

党员是党的主体,党是由党员组成的有机整体。实行党内民主,是激发党员积极性,巩固和发展党的必然要求,是增强党的凝聚力,抵御各种

---

① 《马克思恩格斯选集》第4卷,人民出版社1995年版,第200页。
② 《列宁全集》第9卷,人民出版社1959年版,第152页。

风险的基本途径。毛泽东指出："扩大党内民主，是巩固党与发展党的必要步骤，是使党在伟大斗争中生动活跃，胜任愉快，生长新的力量，突破战争难关的有用的与重要的武器。"①没有党内民主的发扬，就不可能有党员积极性的调动和发挥，就难以集中全党智慧，形成坚强合力，党就会缺乏生机和活力。什么时候党内民主发扬得好，党的事业就健康发展，什么时候党内民主遭到破坏与践踏，党的事业就遭受挫折和损失。事实上发扬党内民主，是由中国共产党的马克思主义政党性质和宗旨决定的，是贯穿于党的建设始终的一个必须高度重视并解决好的重大课题。

发扬党内民主，就要不断增强党员的民主意识。由于中国是一个经历了两千多年封建社会的国家，封建主义的东西在中国根深蒂固，中国共产党在推进党的建设过程中，面临的一个重要问题就是要不断清除封建主义影响，因为中国共产党生存和发展的环境无时无刻不受着封建主义的包围与侵蚀。加之，中共党员绝大多数来源于农民，文化水平不高，这就不能不影响到中国共产党内民主生活。因此，发扬党内民主，就要首先增强民主意识。中国共产党及其领导人在延安时期非常重视党内民主意识的培养和教育。毛泽东指出："由于我们国家至今还没有民主生活，反映到党内，就产生了民主生活不足的现象。这种现象，实在妨碍着全党积极性的充分发挥。同时，也就影响到统一战线中、民众运动中，民主化之不足。为此原故，必须在党内施行民主教育，使党员懂得什么叫做民主生活，民主制与集中制的联系，并如何实行民主集中制。这样才能做到：一方面，确实扩大了党内民主生活；又一方面，不至于走到极端民主化，走到自由放任主义。"②为增强党员的民主意识，深化党内民主生活，中国共产党一方面把干部学校教育和在职教育相结合，大规模地培养和造就干部队伍，提高全党的马克思主义理论水平和文化素养；另一方面，通过整顿党的作风，清除党内的主观主义、宗派主义和党八股危害，在总结历史经验教训中培养

① 《建党以来重要文献选编》第十五册，中央文献出版社2011年版，第647页。
② 《建党以来重要文献选编》第十五册，中央文献出版社2011年版，第646—647页。

党员的民主意识,在严格的党内生活中激发党员民主作风,在联系群众的实践中塑造党员民主情怀,使中国共产党内的民主意识得以确立,民主素养得以提高,民主作风得以形成。

发扬党内民主,就要允许党员发表自己的意见和建议。党员作为党的主人,在党内生活中有没有和能不能发表意见和建议,是衡量党内民主强弱的一个重要标尺。毛泽东指出:"处在伟大斗争面前的中国共产党,要求整个党的领导机关、全党的党员与干部,高度地发挥其积极性,才能引导斗争向胜利。所谓发挥积极性,不能只是一句空话,必须具体表现在领导机关、干部与党员的创造能力、负责精神、工作的活跃,敢于与善于提出问题,发表意见,批评缺点,以及对于领导机关与领导干部从爱护观点出发的监督作用等等上面。没有这些,所谓积极性就是空的。而这些积极性的发挥,有赖于党内生活制度的民主化,没有或缺乏民主生活,是不能达到发挥积极性之目的的。大批能干人才的创造,也只有在民主生活中才有可能。"①一个政党内部不可能没有不同观点和意见的交锋,如果对不同意见和观点视而不见甚至压制或报复,势必导致党员积极性和创造性的丧失,而没有党员积极性和创造性,党的事业就会受损,党在思想上、行动上的一致就会归于落空。只有善于听取各种意见和观点,从谏如流,集思广益,博采众长,在各种观点的碰撞中,在广泛深入的民主讨论中,才能使真理越辩越明,也才能在真理的力量感召下,使思想和行动归于一致,从而使党的事业蓬勃发展。事实上由于中国共产党肩负任务的艰巨性,活动舞台的广阔性,面临情况的复杂性,所从事工作的多样性,使得党内存在不同意见是难免的,应该的。"党内民主的实际,就是容许任何不同意见的提出与讨论。也正是由于民主方法,保证着交换意见,并使之概括起来作出结论,形成全党一致的方针。"②张闻天在中共六届六中全会上作的《关于抗日民族统一战线与党的组织问题》报告中阐述了发

---

① 《建党以来重要文献选编》第十五册,中央文献出版社 2011 年版,第 646 页。
② 《建党以来重要文献选编》第十五册,中央文献出版社 2011 年版,第 652 页。

展党内民主的重要意义。他指出："(甲)便利于动员党员同志执行党的任务;(乙)便利于给党员同志以党的教育;(丙)更能巩固党的团结一致;(丁)便利于交换经验,总结经验;(戊)更能提高党员的积极性。"①张闻天特别强调:"要使同志们不怕发表自己的意见,而真能帮助他们在思想上的开展与进步,使他们真正能够灵活的懂得党的路线与策略,并学会自己去灵活运用,这是巩固与发展党的基本条件。"②刘少奇也曾指出:"扩大党内民主的中心一环,在于启发党员和干部的批评与自我批评。"③他强调:"只有认真地扩大党内民主,才能巩固党内的自觉的纪律,才能建立与巩固党内的集中制,才能使领导机关的领导工作臻于正确。"④

发扬党内民主,领导机关和掌握一定权力的领导人是否具有民主精神至关重要。在党内生活中,命令主义和惩办主义是影响党内民主发扬的两种主要倾向,在解决党内矛盾和问题时习惯于采用组织手段和纪律措施,压制不同意见,随便打击同志,导致党内同志和干部特别是下级干部怕说话,怕犯错误,不敢负责。甚至一些人因为处于领导地位,似乎就高人一等,居高临下,颐指气使,严重影响党内民主的发扬。因此,在党内民主建设上,一定要抓住领导机关和领导干部民主修养和民主精神的培育这个关键。刘少奇指出:"我们不只是要在形式上执行一些民主手续,更要紧的是我们要提倡一种民主的工作精神。领导机关应当尊重每一个同志的意见和应有的权利。负责人员在党内没有特权"。⑤

基于对发扬党内民主极端重要性的认识和对党内民主实质的科学把握,在延安时期党内民主生活实践中,中国共产党确立起批评和自我批评的党内生活方式,在批评和自我批评中抵御各种政治灰尘,纠正自身错误,解决党内矛盾,维护党的团结和统一,形成坚持真理、修正错误的生动局面。

---

① 《建党以来重要文献选编》第十五册,中央文献出版社 2011 年版,第 710 页。
② 《建党以来重要文献选编》第十五册,中央文献出版社 2011 年版,第 697 页。
③ 《刘少奇选集》上卷,人民出版社 1981 年版,第 363 页。
④ 《刘少奇选集》上卷,人民出版社 1981 年版,第 365 页。
⑤ 《刘少奇选集》上卷,人民出版社 1981 年版,第 66 页。

（二）加强制度建设，构建较为规范的党规党纪体系

发扬党内民主，需要通过制度规范党内的工作运行程序，明确议事规则，严格纪律要求。在延安时期，中国共产党在推进党内民主建设中，把制度建设作为重点，取得了突破性进展。

在中共中央进驻延安不久，于 1937 年 5 月召开的苏区党代表会议上，毛泽东、张闻天、博古等人都对党内民主问题作了重要论述。博古在所作的《组织问题报告》中提出党内生活民主化应坚持的原则和方法。他指出：苏区党的组织应该在民主集中制的基础上，"实行党内生活的民主化。"其应坚持的原则是：(1)各级党的领导机关应该是选举出来的；(2)党的领导机关应该向党员报告其工作；(3)下级服从上级；(4)少数服从多数铁的纪律。实行的方法是：A.苏区一切的党的组织，从代表会议后，即行开始选举各级委员会。B.限制指派的方法，仅能用之于薄弱的组织，为着加强其领导之必要而派往的人员，应该取得当地组织之同意。C.党的委员会必须按期开会，一切重要的问题必须经过全会之讨论和决定。D.常委会应该是集体的工作。在严密的、分工的和个人负责制的基础上一切工作应经常委会之集体的讨论与决定。E.各级委员会必须有系统地召集积极分子会议，保证每一重大的政治问题及地方问题，都经过积极分子的会议的讨论。F.一切会议必须在事前的准备，会议的日程，文件，决议草案等等都应该在事先供给会议的参加者。G.会议上应该保证讨论的自由，但是在决议通过后必须严格地遵守少数服从多数的原则，党内民主为着加强党的纪律，不是破坏它。①

1938 年召开的中共六届六中全会在党内民主化、制度化建设上取得一系列重要成果，有力推动了党内民主的制度化、法制化建设。在这次会上，鉴于在中国共产党历史上张国焘分裂党分裂红军，给中国共产党及中国革命造成严重危害，以及王明 1937 年 11 月从苏联回国后，以"钦差大

---

① 《建党以来重要文献选编》第十四册，中央文献出版社 2011 年版，第 217 页。

臣"自居,不经中央同意,擅自发表与中央主张相违背的言论,不尊重、不服从以毛泽东为核心的中央领导,在党内党外造成不良影响,毛泽东在会上重申必须坚持四个服从,他强调在执行党的纪律中必须坚持以下基本原则:"(一)个人服从组织;(二)少数服从多数;(三)下级服从上级;(四)全党服从中央。"他指出:"这些就是党的民主集中制的具体实施,谁破坏了它们,谁就破坏了党的民主集中制,谁就给了党的统一团结与党的革命斗争以极大的损害。"①"四个服从"是中国共产党最根本的政治纪律和要求,是保障党的团结和统一的根本制度。

毛泽东认为党的纪律是强制性的,但又是建立在党员与干部的自觉性上的。他提议从中央到地方的领导机关,应制定一种党规,把它当作党的法纪之一部分。一经制定之后,就应不折不扣地实行起来,以统一各级领导机关的行动,并使之成为全党的模范。根据毛泽东提议,1938年9月,中央政治局举行会议,决定成立中央规则起草委员会,由刘少奇等负责起草关于中央委员会工作规则与纪律、各级党部工作规则与纪律、各级党委暂行组织机构等3个决定,六中全会通过了这三个文件。这三项党规党法构成了延安时期规范党内生活的基本制度框架。

在《关于中央委员会工作规则与纪律的决定》中,明确提出:"中央委员会的决议与文件,凡未经决定发表或向下级党部传达者,各中央委员不得向会外任何人泄露。""各中央委员不得在中央委员会以外对任何人发表与中央委员会决定相违反的意见,亦不得有任何相违反的行动。""各中央委员如果没有中央委员会、中央政治局及中央书记处的委托,不得以中央名义向党内外发表言论与文件。"同时还规定:"政治局会议中所讨论和决定的问题,凡未经政治局决定发表时,任何政治局委员须严守秘密,不得向政治局以外任何人泄露。"对地方各级党委委员、常委也都作了与此相类似的规定。这些规定,严明了党的纪律,维护了党的集中统

---

① 《建党以来重要文献选编》第十五册,中央文献出版社2011年版,第645—646页。

一。同时，《决定》规定："中央委员会全体会议须有大多数中央委员出席，方得开会。""中央委员会的决议，以到会委员的多数通过而成立。""政治局规定每三个月左右至少须开会一次。有半数以上政治局委员到会，即得举行会议。会议之决定与通过之文件，须经半数以上政治局委员同意后，认为有效并须立即通知未到会的委员。""书记处每星期最少须开会一次，集体的解决中央的日常工作和处理答复各党委的问题。书记处开会时，中央所在地的政治局委员，均得出席。"①

在《关于各级党部工作规则与纪律的决定》中，对各级党部的工作进行了规范，同时，对党员在遵守组织纪律方面也作出了明确规定。比如："凡党员对各级党委、党的负责人与上级党委在政治问题与工作原则问题上有不同意见，经讨论后不服者，得向上级党委申诉，并得越级直接向中央及党的最高负责人申诉。但在上级党委没有指令改变前，仍须服从原来的决定，并不得在党内党外有任何反对组织、反对上级党委的言论行动。""凡党员对党的负责人及党在群众中的领袖有意见与批评时，除开负责的向相当的组织、党的负责人提出必要的批评外，不得随便在同志中及群众中任意批评他们的长短、错误与缺点。""凡党员受各级组织的处分不服要求取消或改变处分者，得按级向上级党委控告，直至中央，但不得在党内党外有任何反对组织的言论行动。"在保障党员权利方面规定："凡各地党部已经取得合法的地位，并能召集党员大会、党的代表会议者，应依照党章召集各级代表会及党员大会，并在各级代表会或党员大会上选举各该级党的领导机关——党的委员会。""各级党委如果接有党员及下级党委的控诉书要求向上级党委转达者，各级党委必须转达。"②上述决定，规范了党内的议事规则、工作程序，明确了对党的各级组织的纪律要求，保障了党员权利，对于推动中国共产党党内民主制度化起了巨大作用。

为了保证党的路线、方针、政策贯彻落实，保证党纪党规严格执行，维

---

① 《建党以来重要文献选编》第十五册，中央文献出版社2011年版，第766、767、769页。
② 《建党以来重要文献选编》第十五册，中央文献出版社2011年版，第771—773页。

护党员合法权益,在延安时期还实施了党内巡视和监察制度。张闻天在中共六届六中全会上论述上级党部对下级党部的领导方法时强调:"上级党部(中央、中央局、区党委、省委),为了了解与反映下级党部的具体情况,以便利于给它以具体的指示,应有若干巡视员。巡视员的任务,一般的传达上级意见,考察地方党工作情况,提交上级。他们对地方党提出自己的意见时,只能作为建议,没有决定权。只有在上级党部特别委托时,才有此权力。"①

在《关于各级党部工作规则与纪律的决定》中,对中国共产党内巡视工作作出规定。指出:"各级党的委员会为了了解下面的情况、便利于工作上的指导起见,上级党委得向下级党委派遣巡视员,传达上级党委的意见,考察下面的情形报告上级党委。巡视员对于下级党委有意见时,应该向下级党委建议,由下级党委决定执行与否,巡视员没有决定与强制下级党委执行的权力。但在特殊情形之下由上级党委委托,授巡视员以此项特权者除外。"②

在《关于各级党委暂行组织机构的决定》中规定:在"区党委之下,得设监察委员会"。监察委员会的主要职权是:(1)监督各级党的机关、党的干部及党员的工作与对于党的章程决议之正确执行。(2)审查党的各级机关之账目。(3)管理审查并决定对于违反党章党纪之党员的处分,或取消其处分。(4)审查并决定所有要求恢复党籍或重新入党者之党籍。(5)监察党员关于破坏革命道德的行为。③

1945 年,中共七大党章把"党的监督机关"专设一章,规定:"党的中央委员会认为必要时,得成立党的中央监察委员会及各地方党的监察委员会。"中央及地方监察委员会的任务与职权,"是决定或取消对党员的处分,受理党员的控诉。"④

---

① 《建党以来重要文献选编》第十五册,中央文献出版社 2011 年版,第 704 页。
② 《建党以来重要文献选编》第十五册,中央文献出版社 2011 年版,第 773 页。
③ 《建党以来重要文献选编》第十五册,中央文献出版社 2011 年版,第 775 页。
④ 《中国共产党章程汇编》(从一大——十六大),中共中央党校出版社 2006 年版,第 58 页。

在中国共产党内制度建设上,延安时期中共中央还作出了一系列规定和决定,如 1942 年 3 月发布了《中央关于共产党和党外人员关系的决定》,1943 年 6 月发布了《关于领导方法的决定》,等等,对加强党内民主建设的要求更加具体化。此外,中共中央还颁布了一系列关于干部教育、干部学习的相关制度,颁布关于增强党性的决定和开展调查研究的决定,在党内制度建设上不断迈出新步伐。

(三)进一步健全民主集中制这一根本的组织制度和领导制度

中国共产党是按照民主集中制原则建立起来的马克思主义政党。1927 年 6 月,中央政治局通过的《中国共产党第三次修正章程议决案》第一次正式规定:"党部的指导原则为民主集中制"。但从中国共产党历史看,把民主集中制作为中国共产党根本的组织制度和领导制度,并使之不断丰富、完善和成熟,是在延安时期完成的。毛泽东 1937 年 10 月提出,民主集中制"它是民主的,又是集中的,将民主和集中两个似乎相冲突的东西,在一定形式上统一起来"。"民主和集中之间,并没有不可越过的深沟,对于中国,二者都是必需的。"[①]中共七大继承了以往关于民主集中制的理论成果和实践经验,对民主集中制的认识达到了前所未有的高度。刘少奇在中共七大所作《论党》的报告,深刻阐述了民主集中制的内在精神和原则。刘少奇指出:"我们的党,不是许多党员简单的数目字的总和,而是由全体党员按照一定规律组织起来的统一的有机体,而是党的领导者被领导者的结合体,是党的首脑(中央)、党的各级组织和广大党员群众依照一定规律结合起来的统一体。这种规律,就是党内的民主的集中制。"[②]在这里,刘少奇把民主集中制当作组织规律提了出来,这是一个非常深刻的论断。既然是规律,就必须认识它、遵循它,而不可违背它。

---

① 《建党以来重要文献选编》第十四册,中央文献出版社 2011 年版,第 625 页。
② 《刘少奇选集》上卷,人民出版社 1981 年版,第 358 页。

违背这一规律,党的组织就会涣散、松懈,甚至四分五裂、一盘散沙。中共
七大通过的党章还第一次用"民主基础上的集中,集中指导下的民主"来
概括民主集中制,这一概括成为理解民主集中制内涵的经典概括。对此,
刘少奇作了详细和具体的说明与解读。他说:"党内民主的集中制,照党
章规定,即是在民主基础上的集中和在集中指导下的民主。它是民主的,
又是集中的。它反映党的领导者与被领导者的关系,反映党的上级组织
与下级组织的关系,反映党员个人与党的整体的关系,反映党的中央、党
的各级组织与党员群众的关系。"①对于为什么说党的集中制是在民主基
础上的集中? 刘少奇强调:"党的领导机关是在民主基础上由党员群众
所选举出来并给予信任的,党的指导方针与决议是在民主基础上由群众
中集中起来的,并且是由党员群众或者是党员的代表们所决定、然后又由
领导机关协同党员群众坚持下去与执行的。党的领导机关的权力,是由
党员群众所授予的,因此,它能代表党员群众行使它的集中领导的权力,
处理党的一切事务,并为党的下级组织和党员群众所服从。党内的秩序,
是由个人服从组织,少数服从多数,下级服从上级,全党各个部分组织统
一服从中央的原则来建立的。这就是说,党的集中制是建立在民主基础
上的,不是离开民主的,不是个人专制主义。"②对于为什么说党的民主制
是在集中指导下的民主? 刘少奇强调:"党的一切会议是由领导机关召
集的,一切会议的进行是有领导的,一切决议和法规的制订是经过充分准
备和仔细考虑的,一切选举是有审慎考虑过的候选名单的,全党是有一切
党员都要履行的统一的党章和统一的纪律的,并有一切党员都要服从的
统一的领导机关的。这就是说,党内民主制,不是没有领导的民主,不是
极端民主化,不是党内的无政府状态。"③

　　民主集中制的本质是民主,基础也在民主。讲民主不是不要集中、不

①　《刘少奇选集》上卷,人民出版社 1981 年版,第 358 页。

②　《刘少奇选集》上卷,人民出版社 1981 年版,第 359 页。

③　《刘少奇选集》上卷,人民出版社 1981 年版,第 359 页。

要纪律,而讲集中,也不是不要民主、不要自由,集中是要符合绝大多数利益、代表绝大多数人意愿、整合绝大多数人意见的集中,其实质还在于要民主,不能把民主与集中对立起来,也不能把民主与集中简单相加。在贯彻民主集中制过程中,要摒弃对民主集中制的认识误区和错误倾向,抵制党内反民主的专制主义倾向和党内极端民主化的现象。正如中共七大通过的《党章》第二十二条规定:"党的各级领导机关,必须遵照党内民主的原则进行工作,才能发扬党员的革命积极性、创造性和巩固党的纪律,并使这种纪律成为自觉的而不是机械的纪律,才能使领导机关的领导工作臻于正确,才能建立与巩固在民主基础上的集中制。但是党的各级领导机关遵照党内民主原则进行工作时,不能妨害党内的集中原则,不能使正当的有利于集中行动的党内民主被误解为无政府倾向(向党闹独立性和极端民主化)。"①特别值得一提的是,在延安时期,中国共产党还把民主集中制作为处理国家事务的根本原则确立起来。毛泽东就曾指出:"新民主主义的政权组织,应该采取民主集中制,由各级人民代表大会决定大政方针,选举政府。它是民主的,又是集中的,就是说,在民主基础上的集中,在集中指导下的民主。只有这个制度,才既能表现广泛的民主,使各级人民代表大会有高度的权力;又能集中处理国事,使各级政府能集中地处理被各级人民代表大会所委托的一切事务,并保障人民的一切必要的民主活动。"②夺取全国政权以后,中国共产党成为领导全国政权的党,民主集中制就成为处理国家事务的根本原则,成为人民民主专政国家的根本制度。

(四)明确规定了党员权利和义务

党员作为党组织的主体,在承担对组织的义务的同时,也应享有作为组织主体所应享有的权利。1939 年 9 月 22 日,张闻天在《共产党人》杂志创刊号上发表《共产党员的权利与义务》一文,提出党章应该规定共产

---

① 《中国共产党章程汇编(从一大——十六大)》,中共中央党校出版社 2006 年版,第 52 页。
② 《毛泽东选集》第三卷,人民出版社 1991 年版,第 1057 页。

党员的权利和义务。他在初到陕北指导编写《党员课本》时,第一次将
"党员的权利和义务"作为党的基本知识写进了课本。张闻天建议在中
共七大制定新党章时,应从中国的具体情况出发对党员的权利和义务作
出规定。他认为"党员权利"的规定,对中国党"有极大的益处","特别是
在建立党内民主的、健全的、生动的、前进的、团结的生活方面,有很大意
义"。① 中共七大《党章》第一次把党员的权利写进党章,明确了党员的4
项权利。即:(1)在党的会议或党的刊物上,参加关于党的政策的实施问
题之自由的切实的讨论。(2)党内的选举权和被选举权。(3)向党的任
何机关直至中央提出建议和声明。(4)在党的会议上批评党的任何工作
人员。② 作为中共党员所享有4项权利的确立,可以说,是中国共产党加
强党内民主建设的标志性成果,不仅为党内民主提供了主体力量,而且为
党内民主提供了切实可靠的制度基础和政治保障。

二、民主政治建设思想理论在陕甘宁
边区局部执政中的实践

建立独立、富强、民主、幸福的新中国,是中国共产党的历史使命。诚
如毛泽东所言:"在中国,事情非常明白,谁能领导人民推翻帝国主义和
封建势力,谁就能取得人民的信仰,因为人民的死敌是帝国主义和封建势
力,而特别是帝国主义的缘故。在今日,谁能领导人民驱逐日本帝国主
义,并实施民主政治,谁就是人民的救星。历史已经证明:中国资产阶级
是不能尽此责任的,这个责任就不得不落在无产阶级的肩上了。"③毫无
疑问,延安时期中国共产党在加强党内民主化建设的同时,实行人民民

---

① 程中原:《张闻天传》(修订版),当代中国出版社2006年版,第290页。
② 《中国共产党章程汇编(从一大——十六大)》,中共中央党校出版社2006年版,第
49页。
③ 《毛泽东选集》第二卷,人民出版社1991年版,第674页。

主、建设民主政治的实践是成功的。

面对日本帝国主义的侵略,中国共产党从民族大义出发,调整自己的战略和策略。在瓦窑堡会议上将过去主张的"工农共和国"调整为"人民共和国"。到1936年8月致国民党信中中共中央又决定将"人民共和国"口号改为"民主共和国"。9月17日,中共中央通过的《中央关于抗日救亡运动的新形势与民主共和国的决议》对于民主共和国口号作了具体说明。《决议》指出:"中央认为在目前形势之下,有提出建立民主共和国口号的必要,因为这是团结一切抗日力量来保障中国领土完整和预防中国人民遭受亡国灭种的惨祸的最好方法,而且这也是从广大的人民的民主要求产生出来的最适当的统一战线的口号。是较之一部分领土上的苏维埃制度在地域上更普及的民主,较之全中国主要地区上国民党的一党专政大大进步的政治制度,因此变更能保障抗日战争的普遍发动与彻底胜利。同时民主共和国不但能够使全中国最广大的人民群众参加到政治生活中来,提高他们的觉悟程度与组织力量,而且也给中国无产阶级及其首领共产党为着将来的社会主义的胜利而斗争以自由活动的舞台。"①

西安事变和平解决后,形势日趋明朗化,国共两党结束内战携手抗日成为基本趋势。为了做好全面抗战到来的各项准备工作,1937年5月2日至14日,中国共产党在延安召开了中国共产党全国代表会议,毛泽东在会上作了《中国共产党在抗日时期的任务》报告。在报告中毛泽东专列了"为民主和自由而斗争"一节,强调:"争取政治上的民主自由,则为保证抗战胜利的中心一环。抗战需要全国的和平与团结,没有民主自由,便不能巩固已经取得的和平,不能增强国内的团结。抗战需要人民的动员,没有民主自由,便无从进行动员。""中国真正的坚实的抗日民族统一战线的建立及其任务的完成,没有民主是不行的。"②为此,毛泽东提出中国必须开始实行两个方面的民主改革。第一方面,将政治制度上国民党一

① 《建党以来重要文献选编》第十三册,中央文献出版社2011年版,第284页。
② 《毛泽东选集》第一卷,人民出版社1991年版,第256页。

党派一阶级的反动独裁政体,改变为各党派各阶级合作的民主政体。第二方面,是人民的言论、集会、结社自由。毛泽东重申了中国共产党在致国民党三中全会电中的四项保证,即:"(1)共产党领导的陕甘宁革命根据地的政府改名为中华民国特区政府,红军改名为国民革命军,受南京中央政府及军事委员会的指导;(2)在特区政府区域内,实行彻底的民主制度;(3)停止武力推翻国民党的方针;(4)停止没收地主的土地。"提出在抗日民族统一战线和统一的民主共和国而斗争的总任务之下,红军与抗日根据地的任务。毛泽东在《为争取千百万群众进入抗日民族统一战线而斗争》的结论中指出:"对于抗日任务,民主也是新阶段中最本质的东西,为民主即是为抗日。抗日与民主互为条件,同抗日与和平、民主与和平互为条件一样。民主是抗日的保证,抗日能给予民主运动发展以有利条件。"①在中共六届六中全会上,毛泽东又一次强调指出:"民主政治是发动全民族一切生动力量的推进机,有了这种制度,全国人民的抗日积极性就会不可估量地发动起来,成为取之不尽用之不竭的深厚渊源。我全民族彻底地统一团结的伟大过程之完成,也只有依靠民主制度之建立。"②

既然实行民主政治,反对封建专制独裁,是中国共产党的一贯政治主张,那么,如何把民主政治的理论形态和政治口号变成成功实践,作出典范,就是中国共产党需要给出答案的一个现实问题。对此,陕甘宁边区作为中国共产党领导下的特区,无疑提供了中国共产党实行民主政治的广阔舞台。

(一)中国共产党在陕甘宁边区实施民主政治建设的历史背景

陕甘宁边区的前身是陕甘宁苏区。中共中央到达陕北后,1935年11月,设立中华苏维埃共和国中央政府驻西北办事处,1936年5月,设立陕甘宁省。1937年2月,为适应建立抗日民族统一战线的需要,中国共产

---

① 《毛泽东选集》第一卷,人民出版社1991年版,第274页。
② 《建党以来重要文献选编》第十五册,中央文献出版社2011年版,第615页。

党在致国民党五届三中全会电中表示愿将苏维埃政府改名为中华民国特区政府。全面抗战爆发后,1937 年 9 月 6 日,中国共产党将中华苏维埃共和国中央政府西北办事处改组为陕甘宁边区政府,宣告陕甘宁边区政府正式成立。10 月 12 日,国民政府行政院召开第 333 次会议,承认陕甘宁边区政府是受国民政府行政院直接管辖的省级行政机构。至此,陕甘宁边区实现了由苏维埃制向民主共和制的转变。

中国共产党在陕甘宁边区的执政具有以下特点:一是中国共产党在陕甘宁边区是完全合法的公开的政党。中国共产党的"政策与主张不致受各种限制,而能用各种方法直接向广大民众提出";①"能直接的、公开的与广大群众见面";中共党员"能公开的以共产党员面目活动和生活在广大民众之中"。② 二是中国共产党在陕甘宁边区是领导政权的党。"陕甘宁边区政府是国民政府下的一个地方政府",③当时就全国而言,共产党和其他民主党派都是在野党,但共产党并不是一般意义上的在野党,它是一个拥有自己领导的军队和统治区域的特殊政党。在陕甘宁边区它就是一个有公开、合法地位的执政党。作为在野党,共产党反对国民党的一党专政,要求政治民主;作为执政党,共产党也面临着在自己的统治区域如何实施民主的问题,实行远比国民党更为明智的政策,并推出与之相适应的新民主主义的民主制度。三是中国共产党在陕甘宁边区的执政是在革命语境下服从于和服务于革命战争的执政。抗日救国和建立新中国是当时的执政主题,执政的中心任务是围绕争取革命战争胜利开展的,中国共产党的一系列路线、方针和政策,都以此为出发点。四是中国共产党在陕甘宁边区是在相对和平的环境中执政的。中国共产党领导下的陕甘宁

---

① 中央档案馆、陕西省档案馆编:《中共陕甘宁边区党委文件汇集(一九三七——一九三九年)》,中共陕西省委党校印刷厂 1994 年版,第 550 页。

② 中央档案馆、陕西省档案馆编:《中共陕甘宁边区党委文件汇集(一九三七——一九三九年)》,中共陕西省委党校印刷厂 1994 年版,第 551 页。

③ 中央档案馆、陕西省档案馆编:《中共陕甘宁边区党委文件汇集(一九三七——一九三九年)》,中共陕西省委党校印刷厂 1994 年版,第 552 页。

边区作为全民族抗日战争的政治指导中心,敌后抗日根据地、八路军、新四军和其他人民武装力量的战略总后方,虽然日本侵略者兵临黄河东岸、虎视眈眈,国民党顽固派经常挑起磨擦,对边区进行军事进攻和经济封锁,但总体而言,中国共产党还是在相对和平的环境下执政。此外,陕甘宁边区还是在当时全国最落后、最贫穷的区域。这样的执政环境对中国共产党的执政能力具有相当大的挑战。六是中国共产党执掌政权的陕甘宁边区,作为相对独立的特区,其政府内部的机构设置和职能,皆具有国家政权的性质,是中国共产党领导下的首席抗日根据地,是中共中央所在地,因而,陕甘宁边区对于中国共产党而言,就成为其治党理政的"试验区","成了中国抗日战争中最先进的根据地,成了新的民主共和国的雏形"。① 其执政理念、执政方略对中国共产党领导的各敌后抗日根据地乃至全中国都具有极为重要的示范意义和价值。

对中国共产党在陕甘宁边区执政特点的分析,表明中国共产党在陕甘宁边区局部执政具有历史环境的复杂性、政权形式的特殊性和实现执政目标的艰巨性。要求中国共产党既要思考执政体制创新和执政能力建设问题,以最大限度地赢得人民的拥护和支持,也要思考战后中国的走向,就是建设一个什么样的国家政权问题。毛泽东认为:"中国缺少的东西固然很多,但是主要的就是少了两件东西:一件是独立,一件是民主。这两件东西少了一件,中国的事情就办不好。"②可以看出,中国共产党在陕甘宁边区的民主政治建设,就是在中华民族处于生死存亡的危急关头,国共两党摒弃前嫌,实现二度合作,建立抗日民族统一战线,抗日救国成为时代主题的历史背景下,中国共产党为适应抗战建国需要而作出的制度选择与安排。毛泽东曾指出:"边区是一个什么性质的地方呢? 一句

---

①　中央档案馆、陕西省档案馆编:《中共中央西北局文件汇编(一九三七——一九三九年)》,中共陕西省委党校印刷厂1994年版,第359页。

②　《毛泽东选集》第二卷,人民出版社1991年版,第731页。

话说完,是一个民主的抗日根据地。"①毛泽东认为:"中国人民非常需要民主,因为只有民主,抗战才有力量,中国内部关系与对外关系,才能走上轨道,才能取得抗战的胜利,才能建设一个好的国家"。②"边区的作用,就在做出一个榜样给全国人民看,使他们懂得这种制度是最于抗日救国有利的,是抗日救国唯一正确的道路,这就是边区在全国的意义与作用。"③那么,什么样的制度是抗日救国唯一正确的道路?这就是"应把抗日战争与民主制度结合起来,以民主制度的普遍实行去争取抗日战争的胜利"。④ 为此,中国共产党高举抗日和民主两面大旗,围绕建设民主共和国这一主题,推进民主政治建设,使其执政下的陕甘宁边区成为新民主主义的模范,"成为全国的一个民主的样本"。⑤

(二)陕甘宁边区的政权形态与权力运行机制

中国共产党在陕甘宁边区政权建设上,构建了由参议会、政府、法院三部分组成的政权结构形态。这种政权结构,适应了全国抗日救亡运动的要求,是建立、巩固和扩大以国共两党合作为基础的抗日民族统一战线的需要,也是边区进行民主政治建设和创造模范抗日民主根据地的需要。其政权组织系统如下:

从陕甘宁边区政权的组织系统看,实行参议会制度,是陕甘宁边区民主政治建设的基本政治制度。边区政府主席林伯渠曾指出:"参议会就是一个民主的标志"。⑥ 早在1937年4月,为实现由苏维埃政府到特区政府的转变,创建全国抗日民主的模范区,将苏维埃政策及其工作方式、

①《毛泽东文集》第二卷,人民出版社1993年版,第129页。
②《毛泽东文集》第三卷,人民出版社1996年版,第168页。
③《毛泽东文集》第二卷,人民出版社1993年版,第131页。
④《毛泽东文集》第二卷,人民出版社1993年版,第130页。
⑤《毛泽东年谱(一八九三——一九四九)》(修订版)中册,中央文献出版社2013年版,第145—146页。
⑥ 陕西省档案馆、陕西省社会科学院合编:《陕甘宁边区政府文件选编》第八辑,档案出版社1988年版,第377页。

方法转变为抗日民族统一战线的政策及其工作方式、方法,中华苏维埃共和国西北办事处就决定成立4个专门委员会研究政治、经济、文化、教育等方面的具体转变。5月,西北办事处颁布了《陕甘宁边区议会及行政组织纲要》和《陕甘宁边区选举条例》等法规,正式确立民主共和国的政治制度。《纲要》规定,在陕甘宁边区实行议会民主制。依据《纲要》和《选举条例》规定,从1937年7月起,边区进行乡、区、县议员选举;11月进行边区议员选举,并准备召开边区议会,选举产生边区政府。由于日本侵略者企图侵略边区等原因,原定1938年1月召开边区议会,不得不延期。1938年3月,国民党在汉口召开临时代表大会,制定了《抗战建国纲领》,并决定设立国民参政会。4月,国民党公布了《国民参政会组织条例》,并于7月召开了第一届国民参政会。会上作出关于在各省、市召开参议会的决定。9月,国民政府公布了《省参议会组织条例》。11月,公布了《市参议会组织条例》。陕甘宁边区政府参照《省参议会组织条例》,于1938年11月25日决定改陕甘宁边区议会为陕甘宁边区参议会,以保持行政组织上的统一,并呈请国民政府暨行政院、国民参政会备案。1939年1月17日至2月4日,在第一次民主选举基础上,陕甘宁边区第一届参议会在延安召开。至此,实现了由工农苏维埃代表大会到陕甘宁边区参议会的转变。

参议会制度与苏维埃代表大会从本质上讲,都是人民参与管理国家事务的一种政权组织形式,但是二者也有较大区别。一是选举范围不同。苏维埃制度是工农民主专政的政权,"只有工人和农民及一部分的小资产阶级才有选举权和被选举权"。[1] 而参议会制度则是普选的抗日民主制度,"不论什么人,也不论做什么事,只要他不是汉奸、卖国贼和犯罪经法庭褫夺公权的,都有选举权和被选举权。"[2]二是选举办法不同。"苏维

---

① 《延安民主模式研究资料选编》,西北大学出版社2004年版,第162页。
② 《延安民主模式研究资料选编》,西北大学出版社2004年版,第163页。

埃的选举是多层的宝塔式的间接选举法"①,而陕甘宁边区各级参议会的议员的产生,"均按照平等、直接、无记名投票方式选举"。② "苏维埃的各级政府,均由代表大会选出执行委员会,由执行委员会选出主席团,由主席团选出主席。"③各级苏维埃是梯次选举,市乡代表大会选出区苏维埃代表,区代表大会选出县苏维埃代表,县代表大会选出省苏维埃代表,省代表大会选出全国苏维埃代表。而"边区的各级政府长官——乡长、区长、县长、边区政府主席,则由各级议会选出,对议会要负完全责任"④。三是组织机构及其相互关系有别。"中华苏维埃共和国采取苏维埃代表大会,设全国苏维埃代表大会、省苏维埃代表大会、区苏维埃代表大会、乡苏维埃代表大会","下级苏维埃代表机关绝对服从上级苏维埃代表机关"。⑤ 如图1所示。陕甘宁边区则设边区参议会、县参议会、乡参议会三级机构,与边区的各级行政机构(边区、分区、县、区、乡政府)并不完全对应(分区专员公署为边区政府代表机关,区公署为县政府助理机关)。如图2

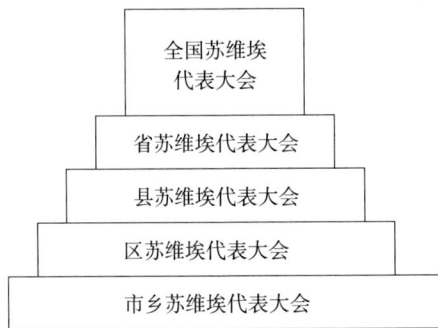

全国苏维埃
代表大会

省苏维埃代表大会

县苏维埃代表大会

区苏维埃代表大会

市乡苏维埃代表大会

图1

① 《延安民主模式研究资料选编》,西北大学出版社 2004 年版,第 163 页。
② 《延安民主模式研究资料选编》,西北大学出版社 2004 年版,第 163 页。
③ 《延安民主模式研究资料选编》,西北大学出版社 2004 年版,第 163 页。
④ 《延安民主模式研究资料选编》,西北大学出版社 2004 年版,第 163 页。
⑤ 《中国新民主主义革命时期根据地法规文献选编》第二卷,中国社会科学出版社 1981 年版,第 25—78 页。

边区

边区常驻议员 议长

边区政府委员会 主席

行政督察

秘书处 民政厅 财政厅 教育厅 建设厅 保安厅 审计处 保安司令 高等法院

县参议会

县常驻议员 议长

县政府委员会 县长

区公署

秘书处 一科（民政） 二科（财政） 三科（教育） 四科（建设） 五科（粮食） 保安科 审计员 保安大队 司法处或地方法院

乡参议会

乡政府委员会 乡长

文书 优待救济委员会 文化促进委员会 锄奸委员会 卫生保育委员会 人民仲裁委员会 经济建设委员会 其他委员会

行政村 主任

自然村 坊 保

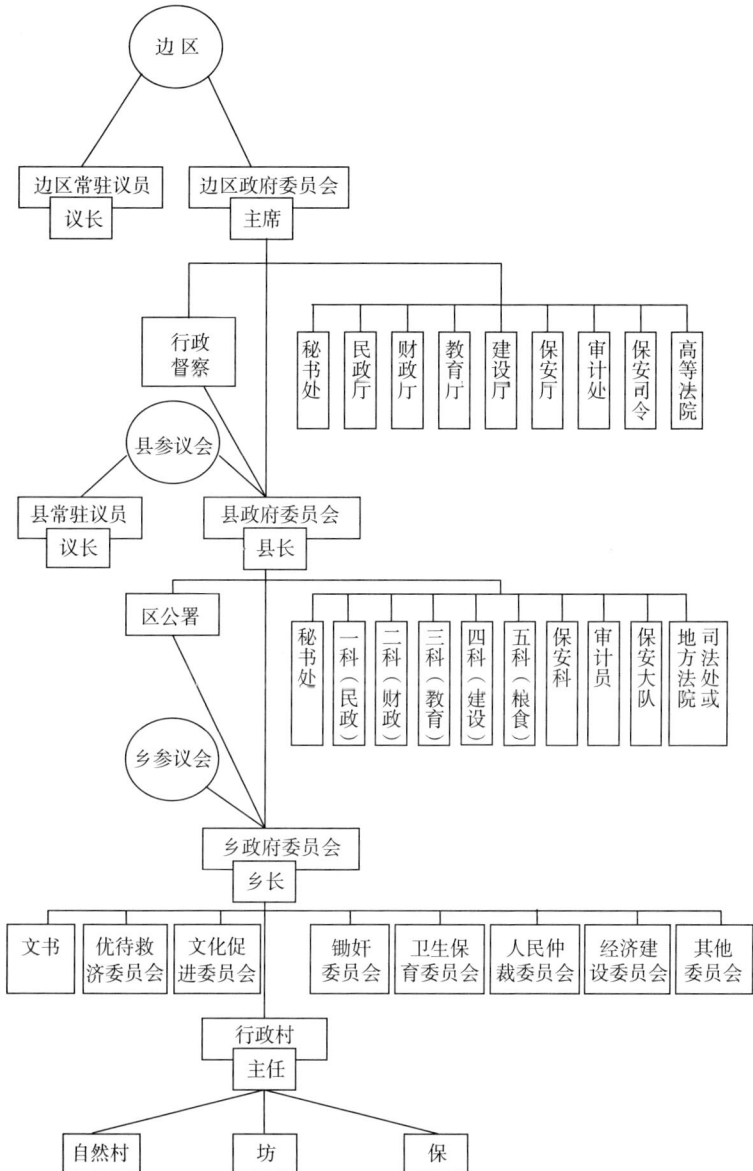

边区政府 —分区专员公署（边区政府代表机关）
—县政府 —区公署（县政府助理机关） —市乡参议会—市乡政府
边区参议会县参议会

图 2

所示。各级参议会独立行使立法权,彼此无直接的领导与被领导关系;但边区县、乡参议会必须根据边区参议会制定的总政策和法令行事,下级参议会不得与上级参议会制定的法令政策相违背。四是职能及其与政府的关系不同。"在苏维埃制度是没有议会,就是说立法权和行政权是不分立的"。① 苏维埃代表大会是各级苏维埃政权的权力机关,但在苏维埃政权中这种权力机构和执行机构无严格界限,议与行是结合的。而在陕甘宁边区"立法权和行政权是分立的,议会和政府,处于并列的形态"。②

陕甘宁边区的参议会制度,从形式上看,同国民党在全面抗战时期实行的省市参议会是统一的。但从内容上看,则有本质区别。第一,国民党的参议会议员是"遴选"的,参议员绝大部分是国民党党员,几乎没有工人和农民,人们称之为"只有党治,绝无民选";边区参议会的参议员由选民直接选举产生,参议员绝大部分是工人、农民和知识分子,具有广泛的代表性。第二,国民党的参议会只是一个"民意机关",即便如此,所谓的民意也不过是装点门面而已。而陕甘宁边区的参议会不仅是边区人民的民意机关,而且是边区各级的权力机关。第三,国民党的参议会对同级政府没有约束力,甚至反过来被政府所控制;而陕甘宁边区参议会直接选举产生各级政府,政府必须贯彻执行参议会制定的各种政策、法令及其决议,参议会监督政府工作,可以"弹劾""罢免"其不称职人员,甚至于边区政府主席。第四,国民党的参政会不过是一种摆设,是用以遮盖其一党专政和个人独裁的工具。陕甘宁边区参议会则是边区政权的组成部分,是实行抗日民主政治的主要组织形式,通过参议会在边区实施新民主主义的政治、经济、军事和文化教育的各项政策,以保障人民的根本利益,使人民参与国事管理。

参议会作为陕甘宁边区的民意机关、权力机关和立法机关,是具有与

---

① 《延安民主模式研究资料选编》,西北大学出版社2004年版,第163页。
② 《延安民主模式研究资料选编》,西北大学出版社2004年版,第163页。

之相适应的法律地位和职权的。《陕甘宁边区各级参议会组织条例》规定边区参议会的职权为：选举边区政府主席、边区政府委员及边区高等法院院长；监察及弹劾边区各级政府之政务人员；批准关于民政、财政、建设、教育及地方军事各项计划；通过边区政府所提出之预算案；决定废除或征收地方捐税；决定发行地方公债；议决边区之单行法规；议决边区政府主席或政府委员会及各厅厅长提交审议事项；议决边区人民及民众团体提交审议事项；督促及检查边区各级政府执行参议会决议案之事项；决定边区应兴、应革之重要事项。① 1941 年边区第二届参议会第一次大会对《陕甘宁边区各级参议会组织条例》作了进一步修正。修正后的《条例》规定边区参议会议员大会有如下职权：(1)选举政府主席、副主席、政府委员及边区高等法院院长；(2)罢免边区政府正副主席、政府委员及边区高等法院院长；(3)监察及弹劾边区各级政府、司法机关之公务人员；(4)创制及复决边区之单行法规；(5)批准关于民政、财政、粮食、建设、教育及地方军事等各项计划；(6)通过边区政府提出之预算，并审查其决算；(7)决定征收、废除或增减地方捐税；(8)决定发行地方公债；(9)议决边区政府主席、政府委员会及各厅厅长、高等法院院长提交审议事项；(10)议决边区人民及民众团体提请审议事项；(11)督促及检查边区政府执行参议会决议之事项；(12)决定边区应兴应革之重要事项；(13)追认闭会期间常驻会及边区政府主席或政府委员会关于紧急措置之重要事项。② 边区县、乡参议会在所辖范围内也有与之相适应的职权。③ 上述参议会的职权规定表明，边区参议会不仅能代表民意选举产生各级政府，决定边区各种重大事宜，而且还具有立法权。参议会不是单纯咨询和建议的机关，它不仅仅

---

① 陕西省档案馆、陕西省社会科学院合编：《陕甘宁边区政府文件选编》第一辑，档案出版社 1986 年版，第 157 页。

② 陕西省档案馆、陕西省社会科学院合编：《陕甘宁边区政府文件选编》第六辑，档案出版社 1988 年版，第 29—30 页。

③ 陕西省档案馆、陕西省社会科学院合编：《陕甘宁边区政府文件选编》第六辑，档案出版社 1988 年版，第 30—31 页。

有创制权和复决权,而且有选举权和罢免行政长官的权力,它真正是边区人民自己的最高权力机关。在各级参议会闭会期间,由议员中选出的常驻议员(乡不设常驻会)组成参议会常驻会,议长与副议长为当然成员,主持常驻会工作。其职权除处理参议会日常事务外,有权监督同级政府对参议会决议案之执行;听取同级政府之按期报告和向其提出建议与询问;派代表出席同级政府委员会会议;必要时决定召开参议会临时会议。常驻会只有监督权而无立法权。

从立法地位上讲,在陕甘宁边区政府是隶属于参议会的,要对参议会负责。但政府又独立地实施行政,不直接受参议会领导,政府行使执行权,总理边区政务,是行政机关。在边区一级,参议会是最高权力机关,政府是最高行政机关,二者相互独立又相互制约,结合为边区的最高政权机关。县级参议会与政府管理系统与边区基本相同。而乡(市)级则采用"议行合一"的体制。即乡(市)参议会为乡(市)最高政权机关;乡(市)参议会闭会时,乡(市)政府委员会为最高政权机关;乡(市)参议会既是议决机关又是执行机关。就任期看,《陕甘宁边区各级参议会组织条例》规定:边区参议会每半年开会一次;县参议会每三个月开会一次;乡参议会每一个月开会一次。边区和县参议会议员任期为一年,乡参议会议员任期为半年。1941年改为边区参议会一年、县参议会半年、乡参议会两个月开会一次;边区参议员任期三年、县参议员任期二年、乡参议员任期一年。任期满后依据选举条例改选,可连选连任。①

在司法上,边区设高等法院,专区设高等法院分院,县设县法院。边区和县法院的院长,由边区和县参议会选举产生。1939年边区第一届参议会通过的《陕甘宁边区高等法院组织条例》规定:"边区高等法院独立行使其司法职权。"同时又规定:"边区高等法院受中央最高法院之管辖,

---

① 陕西省档案馆、陕西省社会科学院合编:《陕甘宁边区政府文件选编》第六辑,档案出版社1988年版,第32—33页。

边区参议会之监督,边区政府之领导。"①这就是说,法院在行使司法职能时是独立的,而在政治上和行政上又要受政府领导。这种情况的形成,主要是考虑战争环境,加上边区没有最高法院,而国民政府最高法院实际上也不受理边区的案子,边区高等法院本身又没有终审权,所以确立了"受政府领导"的体制,以保障审判工作的正确进行。

综上所述,可以看出,在陕甘宁边区参议会和政府都是政权机关,都是人民的权力机关。对政府而言,参议会是最高权力机关(人民代表会议),而在参议会闭会期间,由参议会选出并对参议会负责的政府,就成为该级政权的最高权力机关;县、乡两级政府则同时对同级参议会和上级政府负责。司法机关亦在政府统一领导之下行使其职务。但有学者认为在陕甘宁边区立法权和行政权是独立的,而司法权则处于半独立状态,这种权力形态可称作为"两权半"。这种观点是值得商榷的。当年在边区二届参议会之后,曾有人主张二权论,或二权半论。"议行并列"是之谓两权,加上司法半独立则为两权半。对此,林伯渠曾指出:"必须从二元论回到一元论,即从二权并立回到民主集中制。必须承认参议会和政府都是政权机关,都是人民的权力机关。对政府而言,参议会是最高权力机关(人民代表会议),而在参议会闭会期间,由参议会选出并对参议会负责的政府,就成为该级政权的最高权力机关。"②事实上,陕甘宁边区的政权形态和运行机制,是由参议会、政府、法院构成的既是民主的又是集中的一种独特样式。曾任边区政府秘书长的李维汉认为:"边区民主制度是自下而上,少数服从多数与下级服从上级的人民大众的民主集中制。参议会及人民代表大会,为最高权力机关;参议会闭幕期间则所选出之政府为最高权力机关,对参议会负责以行使其职权;县、乡两级政府则同时

① 陕西省档案馆、陕西省社会科学院合编:《陕甘宁边区政府文件选编》第六辑,档案出版社1988年版,第217页。
② 陕西省档案馆、陕西省社会科学院合编:《陕甘宁边区政府文件选编》第六辑,档案出版社1988年版,第107—109页。

对同级参议会与上级政府负责。边区司法机关,亦在政府统一领导之下,行使其职权。所以边区政制是立法、司法、行政统一的一元化的民主集中制。"①它不仅符合陕甘宁边区的特点,也在最大限度上保证了人民的民主权利,奠定了边区民主政治建设的制度基础,为边区民主政治建设提供了保障。

(三)民主选举是陕甘宁边区民主政治建设的标志性符号

实施民主政治就要有选举,这是中国共产党在陕甘宁边区推进民主政治建设的基本理念。边区是民主的政府,中国共产党认为:"民主和不民主的分别:一是恃强霸占政权,不许老百姓说话,老百姓一点权力没有。一是凡事由老百姓作主,老百姓直接出来议事管事,或选代表出来议事管事。我们革命,为的是推翻那不民主的政府,建立民主的政府。民主的第一着,就是由老百姓来选择代表他们出来议事管事的人。"②《陕甘宁边区选举条例》第二条规定边区的民主选举原则为:"采用普遍、直接、平等无记名之投票选举制,选举边区、县(或等于县的市)及乡市三级参议会之议员,组织边区、县(或等于县的市)及乡参议会。"③对此规定,参议会解释说:"因为现在各国的选举,有的规定:要有财产若干以上,读过书的,或者宣过誓,经过考试合格的,才有选举和被选举权,这样,参加选举的人只有少数,就不'普遍'。又有的,由选民选出选举人,再由选举人去选出议员,或政府长官,这就不'直接',不直接,选举就易被有势力者操纵。又有的富人投一票,抵得穷人投的几票,这就是不'平等'。还有,要在投票上写了自己的姓名,使得心里不愿选某人,面子上又不好不选某人的,

---

① 李维汉:《回忆与研究》(下),中共党史资料出版社 1986 年版,第 610 页。
② 陕西省档案馆、陕西省社会科学院合编:《陕甘宁边区政府文件选编》第三辑,档案出版社 1987 年版,第 48 页。
③ 陕西省档案馆、陕西省社会科学院合编:《陕甘宁边区政府文件选编》第六辑,档案出版社 1988 年版,第 38 页。

为难起来，这就是不'秘密'。"①

所谓普遍是指"选举人的资格，没有任何限制，任何那个普通人都有选举权和被选举权"。②《选举条例》规定："凡居住边区内的人民，年满十八岁，不分阶级、党派、职业、男女、民族、财产和文化程度的差别，都有选举权和被选举权。"③阶级——指地主、农民、资本家、工人等；党派——如共产党、国民党及其他党派等；职业——指工、农、商、学、兵等；宗教——如回教、喇嘛教、天主教等；民族——如汉族、回族、蒙古族、朝鲜族、安南族等；财产——指穷的或富的；文化程度——指读过书或没读过书。只要在选举的时候，年满十八岁，不论男女，都有选举权和被选举权。只是有下列情形之一的，不得参加选举和被选举，即有卖国行为经政府缉办有案的；经法院判决剥夺公权，尚未恢复的；有神经病的。④ 从上述规定看，在边区，工农有选举权，但并不歧视地主、资本家；共产党合法了，但并不限制别的党派的自由；弱小民族、信宗教的，都一样有权利，有势力的不能恃势力去限制其他没有势力的人。陕甘宁边区先后开展的三次民主选举运动，就是例证。在 1937 年下半年开展的第一次选举运动中，全边区平均有 70% 以上的选民参加，有的地方还达到80% 至 90%，如安塞蟠龙除看家、出外、有病的，以及个别小脚妇女外，差不多全数参加；只有少数地方到的较少，但也都在半数以上。延安则一般是达到了 80% 以上，尤其北一区差不多全体参加了。小脚妇女、老太婆都觉得非到会不可。就选举结果看，虽然工农群众占了绝大多数，但也有地主、资本家（在边区主要是商人）的代表。据当时固临、延安、安定、曲

---

① 陕西省档案馆、陕西省社会科学院合编：《陕甘宁边区政府文件选编》第六辑，档案出版社 1988 年版，第 38—39 页。

② 陕西省档案馆、陕西省社会科学院合编：《陕甘宁边区政府文件选编》第六辑，档案出版社 1988 年版，第 38 页。

③ 陕西省档案馆、陕西省社会科学院合编：《陕甘宁边区政府文件选编》第六辑，档案出版社 1988 年版，第 39 页。

④ 陕西省档案馆、陕西省社会科学院合编：《陕甘宁边区政府文件选编》第六辑，档案出版社 1988 年版，第 39 页。

子四个县选举的结果统计,在当选的县以下各级参议员中,各阶级、阶层所占的比例(百分比)为:①

	工人	贫农	中农	富农	商人	知识分子	地主
县级	4	65	25	1	1	2	2
区级	4	67	22	2	1	2	2
乡级	5.6	71.4	17	2	2	1	1

但这次选举也有缺点,最主要的是在当选的边区参议会议员中,几乎是"清一色"的共产党人,边区民意机关成了共产党员的一统天下,不符合中国共产党关于建立广泛抗日民主政权的需要。造成这种状况的主要原因是共产党在群众中有极高威望,工农群众已掌握政权,没有其他政党和团体同中国共产党进行竞争。为了使政权机关真正代表民意,1940 中国共产党提出"三三制"政权原则,这样就为边区第二次民主选举提供了政策保证。

1940 年 11 月,边区第二次民主选举即"三三制"选举开始准备,在充分试点的基础上,1941 年四五月份边区乡级选举普遍展开,到六七月份先后完成。选出乡市参议员 4 万多名,选民参加选举的百分比,平均是 80%,绥德、清涧、延川则在 95% 左右。通过选举,各抗日阶层、党派、各民族人士都参加了政权,淘汰了渎职和不称职的干部。如延安县乡政府委员中连任者仅有 133 人,新当选者则为 185 人,61 个乡长中就有 41 个是新当选的;安定 70% 乡市政府人员是新任的;绥德旧乡政府人员落选者达 1001 人。② 林伯渠在边区第二届参议会上作的政府工作报告中讲:"这些事实说明了人民是需要民主,而且善于运用自己的民主权利的,一

① 陕西省档案馆、陕西省社会科学院合编:《陕甘宁边区政府文件选编》第三辑,档案出版社 1987 年版,第 133 页。
② 陕西省档案馆、陕西省社会科学院合编:《陕甘宁边区政府文件选编》第四辑,档案出版社 1988 年版,第 264 页。

切反对民主的借口,都被事实粉碎了。"①

　　乡级选举结束后,选举县和边区参议员的工作相继开始。1941 年 7 月 24 日,中共中央西北局专门发出通知,就边区参议会议员候选人问题提出要求,望各地认真执行"三三制"原则,要"顾及到工人、妇女、青年参政的问题","候选人中青年、妇女占百分之十五,工人需保持到占百分之十,并限制中央边区一级工作人员不超过全数百分之二十五。就是说地方的候选人须占百分之七十五。"②要求确定候选人名单"必须尽量办到有边区以内各抗日党派的一定数量的代表参加,以达到更其能符合与表现'三三制'的精神"。③ 对于中国共产党提出的候选人"应向群众详细解释其履历,使为群众了解和拥护,能达到百分之百的当选"。并且"要保证非党的人士当选"。④ 同时强调,"必须注意无论如何不能丝毫妨害人民选举的自由,我们要争取党所提出的党与非党候选人的当选,只能是依靠于党员的宣传与活动,依靠于党员与非党群众合作的进行竞选工作。那种强迫与包办的方式,都为我们所反对的"。⑤ 根据西北局指示精神,边区各县正式确定了县和边区两级参议会议员的候选人。并于八九月份陆续召开县参议会,共选出 2624 名县参议会议员和 242 名边区参议会议员(包括 31 名候补参议员)。⑥

　　从选举情况看:乡参议员平均共产党员只占三分之一左右。一般来

---

　　① 陕西省档案馆、陕西省社会科学院合编:《陕甘宁边区政府文件选编》第四辑,档案出版社 1988 年版,第 264 页。

　　② 中央档案馆、陕西省档案馆编:《中共中央西北局文件汇编(一九四一年)》,中共陕西省委党校印刷厂 1994 年版,第 137—138 页。

　　③ 中央档案馆、陕西省档案馆编:《中共中央西北局文件汇编(一九四一年)》,中共陕西省委党校印刷厂 1994 年版,第 138 页。

　　④ 中央档案馆、陕西省档案馆编:《中共中央西北局文件汇编(一九四一年)》,中共陕西省委党校印刷厂 1994 年版,第 138 页。

　　⑤ 中央档案馆、陕西省档案馆编:《中共中央西北局文件汇编(一九四一年)》,中共陕西省委党校印刷厂 1994 年版,第 137—138 页。

　　⑥ 靳铭、曾鹿平主编:《人民代表大会的雏形——陕甘宁边区参议会制度研究》,陕西人民出版社 1998 年版,第 80 页。

说,原来的苏维埃区域,共产党员的比例都偏高,而在原统一战线区域,共产党员的比例都不足三分之一。如延安 1291 个乡参议员,共产党员 546 人,占百分之四十二;延市 125 个乡参议员,共产党员 53 人,占百分之四十二;清涧县乡参议员中,共产党员平均只占五分之一。乡政府委员如延安县 323 个乡政府委员中,共产党员有 183 人,占百分之五十以上。下面 8 个县,共产党员在乡参议会中平均只占不到百分之二十的议席,最高如合水,也只占到百分之二十九点三。[①]

县别	乡(市)参议会员总数(人)	共产党员总数(人)	共产党员所占百分比(%)
安塞	1181	217	18.4
绥德	2889	400	13.8
吴堡	849	247	29.1
米脂	2762	503	18.2
合水	769	225	29.3
镇原	539	83	15.4
环县	936	253	27.0
新宁	586	151	25.8
合计	10511	2079 *	19.8

注:* 此处计算有误,各县合计为 2106 人。

陕甘宁边区二届参议会后,因陇东和延属各县共产党员所占位置太多,不合"三三制",又于 1942 年实行改选,或用退出(共产党员)与增聘(非共产党员)办法加以调整。从县级参议员的阶级关系看,县参议会与乡参议会有不同之点,在县参议会内,除共产党以外,进步势力的成分相对减少,中间势力的成分相对增多,在新区更明显。如:绥德县 196 个参议员的成分为:地主 22 人,富农 26 人,商人 12 人,中农 60 人,贫农 69 人,雇农 7 人。县政府委员会内和县常驻会内,这种比例更明显,除共产

① 陕西省档案馆、陕西省社会科学院合编:《陕甘宁边区政府文件选编》第八辑,档案出版社 1988 年版,第 100—101 页。

党员外,主要就是中间分子。如:延属市(改选之后)政府委员 11 人,5 个
共产党员,4 个中间分子,1 个落后的小资产阶级分子,1 个外籍学生;常
驻议员 5 人,2 个共产党员,2 个中间分子,1 个进步分子。延属县(未经
改选)政府委员 15 人,8 个共产党员,6 个中间分子,1 个进步分子;常驻
议员 7 人,3 个党员,3 个中间分子,1 个进步分子。① 总体看,除共产党以
外,在乡参议会和乡政府委员会内,进步势力的代表要比中间势力的代表
多;而在县参议会和县政府委员会内,则从中间势力来的代表,要比非党
进步势力中来得多。再从边区第二届参议会到会的 219 名参议员情况
看,共产党员 123 人,国民党员 24 人,救国会 1 人,居住边区的东方民族
(日、韩、印度、荷印)及蒙、回、藏民族代表 10 人,其他非党人士 61 人。议
员由直接民选的 183 人(每 8000 公民选 1 人),由政府聘请的 36 人,地
主、士绅、非党人士在本届参议会中约占全体议员人数五分之二。最后选
出议会正副议长及常驻委员 9 人,共产党人只占 3 人,政府委员 18 人,共
产党人只占 6 人。真正保证非党人士在民意机关及行政机关均占三分之
二。② 边区政府主席林伯渠认为:"'三三制'形式,主要在县级以上政权
表现出来,中间分子在县级政府机关中占取三分之一乃至更多一点的位
置,对于争取边区和全国的中间势力有重大作用。"③

　　1945 年下半年,随着全民族抗日战争的胜利,为进一步巩固和发展
抗日民主政治建设的成果,陕甘宁边区举行了第三次民主选举。这次选
举继承了前两次选举的成功经验,在选举的普遍性和代表的广泛性上都
取得了新进展。全边区参选的选民人数平均占全部选民人数的 82.5%,

----

① 陕西省档案馆、陕西省社会科学院合编:《陕甘宁边区政府文件选编》第八辑,档案出
版社 1988 年版,第 103 页。
② 《西北局对陕甘宁边区第二届参议会工作总结》(1941 年 12 月 4 日),见中央档案馆、
陕西省档案馆编:《中共中央西北局文件汇编(一九四一年)》,中共陕西省委党校印刷厂 1994
年版,第 221 页。
③ 陕西省档案馆、陕西省社会科学院合编:《陕甘宁边区政府文件选编》第八辑,档案出
版社 1988 年版,第 103 页。

超过了前两次选举的平均参选人数。其中，"志丹、子长、曲子、环县等地区，就有百分之八十七的选民投了票"，"最高的是百分之九十六"。① 而镇原县三岔区回民乡 110 个选民，全部参加了选举。② 这次新当选的边区参议员共 170 人（正式 135 人，候补 35 人），其中有男（163 人）有女（7人），包括共产党员 61 人，国民党员 19 人，无党派人士 89 人，救国会 1人；按民族分：汉族 164 人，蒙古族 3 人，回族 3 人；按宗教信仰分：天主教 3 人，回教 3 人，无神教者 164 人；按阶级成分分：地主 34 人，富农 26 人，中农 69 人，贫农 18 人，工业资本家 3 人，中小商人 9 人，城市小资产阶级 3 人，城市贫民 2 人，工人 6 人；按社会职业分：涵盖了党政公务人员及工农商学兵等各方面人士。③ 这无疑地反映了边区内部的社会关系和民族关系，社会关系上各阶层是完全平等的，民族关系上汉族与上述民族是完全平等的。陕北著名士绅、边区政府副主席李鼎铭在边区第三届参议会上作的关于选举工作的报告中说："这届选举结果，共产党在绝对多数的乡代表里头不够三分之一；在县和边区议会里三分之一，有的地方稍多于三分之一，因为是地方人民直接选举的，不可能退回去，但在县常驻会与县政府委员会里头，就一律只有三分之一。所有这些情形，都是我亲自见到的，也是大家亲自见到的，所以国内外还有个别分子说边区政权是共产党把持包办，我想是很可笑的。我想要找把持包办，只能到国内外独裁主义者那里去找。我们这个地方，却是建立了大家有职有权的民主联合政府"。④

所谓直接是指"选民直接选出被选人，而不要经过转弯"。⑤ 这样保

① 陕西省档案馆、陕西省社会科学院合编：《陕甘宁边区政府文件选编》第十辑，档案出版社 1991 年版，第 34—35 页。

② 靳铭、曾鹿平主编：《人民代表大会的雏形——陕甘宁边区参议会制度研究》，陕西人民出版社 1998 年版，第 81 页。

③ 靳铭、曾鹿平主编：《人民代表大会的雏形——陕甘宁边区参议会制度研究》，陕西人民出版社 1998 年版，第 81—82 页。

④ 陕西省档案馆、陕西省社会科学院合编：《陕甘宁边区政府文件选编》第十辑，档案出版社 1991 年版，第 33 页。

⑤ 陕西省档案馆、陕西省社会科学院合编：《陕甘宁边区政府文件选编》第六辑，档案出版社 1988 年版，第 38 页。

证选举能在更大的程度上反映绝大多数选民的意志,也有利于选民对于各级参议员的监督,有利于各级参议员对于自己选民负责。在陕甘宁边区的三次民主选举运动中,直接选举首先体现在保证选民直接行使自己的投票权上。陕甘宁边区经济文化十分落后,老百姓中文盲率极高,加之交通不变,居住分散,这就要求选举中必须从实际出发。为此,《陕甘宁边区选举条例》规定:乡市选举由 20 人至 60 人划一居民小组,人数可以有点相差,但不得相差超过十分之三。有这个伸缩性,在划分的时候可以酌量该乡市的人口多少,村落疏密适当分配。① 这样便于选民参加选举会议,便于当选参议员同自己所管理的居民形成固定的联系,随时了解民情民意。县(或等于县的市)参议员的选举单位为乡,边区参议员的选举区域以县为单位。投票时,可以在一处,也可以在几处。对于集中选举有困难的,则采用分散投票的办法,票箱设至行政村,甚至自然村也设有流动票箱,挨门串户,进行个别选举。在具体的投票方式上,更采取选民能够接受的各种灵活办法。比如:识字会写的采用写票的方式;识字不多或是文盲的则采用画圈、画道、点洞(用点燃的香在候选人的名下烧洞)、投豆子(候选人背朝选民,选举人在其身后的碗罐中投豆)等灵活多样的选举方法,使广大人民群众能够广泛地、积极地参与民主选举。陕甘宁边区的直接选举,还体现在把选举与检查各级政府工作相结合,既提高群众的自治积极性,又促进各级政府工作与干部作风的改进。在选举中,政府工作人员不仅向人民报告工作就完了,还要自我批评,自己说出自从被选举以来做过的种种事情中有什么缺点;人民不仅听取工作人员的报告,并且可以亲自动手检查政府的工作,发现问题,提出意见。而各级政府和工作人员都普遍重视在选举中听取选民的意见,改进工作和作风,一经发现问题,力争尽快解决。据统计,延安、富县、延川、志丹、曲子、合水、镇原、新正、新宁、赤水、吴旗等县,在边区第

---

① 陕西省档案馆、陕西省社会科学院合编:《陕甘宁边区政府文件选编》第六辑,档案出版社 1988 年版,第 43 页。

二次乡选过程中,经过检查就发现了21000多个问题,并且随发现随解决,数月之内即解决了17000多个。[①] 通过在选举中检查工作,使各级政府及工作人员知道人民对什么满意,对什么不满意,看出今后应该努力的方向是什么,同时,又达到了识别人的目的。对政府工作人员,某某好、某某不好,过去只是议论,经过检查工作后,人民就认清了谁真是好的,谁真是不好的,这就为选举好人打下了基础。老百姓都说:这次选举是“头瓜里选头瓜,好人里挑好人”。根据延安市、安塞、固临、延川等地的调查,“全部二千七百六十三个乡代表中,绝大多数是在群众中有广泛信仰,威信很好的。县和边区的参议员也是如此,就已有的材料看,全是选的公正人和先进分子。”[②]

所谓平等是指“任何选民投的票,其效力都是一样”。[③] 在陕甘宁边区参议会制度下,每个选民在选举中享有同等的权利,也就是说不论什么阶级、党派、团体的人,只要是选民都平等地享有选举权和被选举权。而在苏维埃选举制度下,不同阶级和阶层的选民,其选举权利是不完全相等的。如出席乡苏维埃代表大会的代表,工人居民13人即可选正式代表1人,而农民居民则30人才能选举正式代表1人。[④] 边区参议会的选举只以居民人数的比额作为唯一的依据,表现在选民的权利上的平等性。陕甘宁边区1939年第一届参议会通过的选举条例在选举参议员人数的比例上规定:乡市参议会,每达居民30人,得选举参议员1人;县(或等于县的市)参议会,每达居民700人,得选举参议员1人;边区参议会,每达居

① 陕西省档案馆、陕西省社会科学院合编:《陕甘宁边区政府文件选编》第六辑,档案出版社1988年版,第33页。
② 陕西省档案馆、陕西省社会科学院合编:《陕甘宁边区政府文件选编》第六辑,档案出版社1988年版,第34页。
③ 陕西省档案馆、陕西省社会科学院合编:《陕甘宁边区政府文件选编》第六辑,档案出版社1988年版,第38页。
④ 陕西省档案馆、陕西省社会科学院合编:《陕甘宁边区政府文件选编》第三辑,档案出版社1987年版,第170页。

民 5000 人,得选举参议员 1 人。① 1941 年修正选举条例时,规定乡参议
会每 20 人至 60 人的居民小组得选举参议员一人;县参议会达居民 400
人至 800 人得选举参议员一人;边区参议会达居民 8000 人,得选举参
议员一人。② 由于参议员选举名额的比例分配,是个复杂而细致的问题,
每次选举都要根据实践经验加以调整。但平等精神则是贯彻始终的。

在陕甘宁边区平等精神不仅体现在选举条例里,而且还体现在中国
共产党的施政纲领和一系列政策与指示中。如 1941 年 1 月 30 日,在边
区第二次选举运动开始之际,中共边区中央局③曾发出《关于彻底实行
"三三制"的选举运动给各级党委的指示信》。指示信中强调,"要检查过
去选举运动的经验与创造适合'三三制'选举运动的新方式。""选举必须
做到党与非党的与各阶级都参加的选举。""要办到各阶级人民都能重视
选举,参加选举工作。"在"进行宣传工作时,不只是对工人农民,同时要
一样对地主资本家进行宣传,要纠正过去一些不合统一战线的、对工农
以外的阶层的歧视态度"。④ 1945 年 9 月 6 日,边区政府为准备第三次民主
选举发出的《关于今年选举工作的训令》中更明确规定:"在选举中,任何
公民,任何抗日党派与民众团体,有以选举条例提出候选人的权利,有为
自己或他人实行竞选的权利,但任何操纵行为必须制止,以保证人民选举
投票的完全自由"。⑤ 同年 10 月 14 日,陕甘宁边区参议会驻会委员会和
边区政府发出《联合通知》,对边区各级参议会组织条例及各级参议会选

---

① 陕西省档案馆、陕西省社会科学院合编:《陕甘宁边区政府文件选编》第一辑,档案出版社 1986 年版,第 160—161 页。

② 陕西省档案馆、陕西省社会科学院合编:《陕甘宁边区政府文件选编》第六辑,档案出版社 1988 年版,第 34 页。

③ 1937 年 5 月成立陕甘宁边区党委,1940 年 9 月,中共中央政治局决定在陕甘宁边区党委基础上成立中共陕甘宁边区中央局,1941 年 4 月,中共中央政治局决定将陕甘宁边区中央局与 1938 年 11 月成立的中共中央西北工作委员会合并成立中共中央西北局。

④ 中央档案馆、陕西省档案馆编:《中共中央西北局文件汇编(一九四〇——一九四一年)》,中共陕西省委党校印刷厂 1994 年版,第 306—308 页。

⑤ 陕西省档案馆、陕西省社会科学院合编:《陕甘宁边区政府文件选编》第九辑,档案出版社 1990 年版,第 255—256 页。

举条例作出三项修正。其中第三项为："为贯彻自由选举方针,各级代表、议员候选名单,除得由各民主党派团体提出外,乡(市)代表之候选人,选民均有提出之权利,取消十人联署的规定,县议员之候选人,有选民十人以上联合提出一人,边区议员之候选人有选民二十人以上联合选出一人,取消原选举条例第十二条规定'各级增选议员之法定人数十分之一以上选民联署'之限制"。① 这些政策和规定,对保证平等选举原则的贯彻落实起到了重要作用。

在陕甘宁边区还开展竞选活动。1939 年 1 月边区第一届参议会通过的《陕甘宁边区选举条例》第七章第十八条规定:"各抗日政党及各职业团体,可提出候选名单,进行竞选活动,在不妨害选举秩序下,选举委员会不得加以干涉或阻止。"②1941 年 11 月边区第二届参议会修正通过的《陕甘宁边区各级参议会选举条例》第七章第二十条规定:"各抗日政党,抗日群众团体,可提出候选名单及竞选政纲,进行竞选活动,在不妨害选举秩序下不得加以干涉或阻止。"③并在"选举条例的解释及其实施"中,对竞选问题作了详细解答。"抗日政党如共产党、国民党及其他抗日党派等,抗日群众团体,如工会、农民救国会、青年救国会、商会、妇联及其他抗日团体等,都可以提出候选名单进行竞选,只要他不妨碍竞选秩序,即是说不来捣乱、破坏、贿选、威胁等,政府就不得干涉他。"④但如若捣乱破坏,威胁利诱,那就是犯了法,即已当选了,除宣布无效外,还应受刑事处分。并认为竞选的好处:提出许多货色(候选人)叫人民选择,可以提高

① 陕西省档案馆、陕西省社会科学院合编:《陕甘宁边区政府文件选编》第九辑,档案出版社 1990 年版,第 269—270 页。
② 陕西省档案馆、陕西省社会科学院合编:《陕甘宁边区政府文件选编》第一辑,档案出版社 1986 年版,第 162 页。
③ 陕西省档案馆、陕西省社会科学院合编:《陕甘宁边区政府文件选编》第六辑,档案出版社 1988 年版,第 36 页。
④ 陕西省档案馆、陕西省社会科学院合编:《陕甘宁边区政府文件选编》第六辑,档案出版社 1988 年版,第 51 页。

人民对政治的认识及兴味,可以促进政治的改进,可以使得民主更加发扬。① 在竞选中,不是靠枪靠势力,而是靠自己的主张,通过推出候选人和竞选政纲,让人民选择。"竞选的人如若失败了,那只怪你的货色不中意。准备你的货色,下次再来吧!"②通过这样的选举使人民行使当家作主的权利。

谢觉哉曾对民主的含义作出解释,他认为:"大家的事,大家来议,大家来做。在大家公认的条件之下(少数服从多数,个人服从全体……等),谁都能发表意见,好的意见一定能被采纳;谁都有出来做事管事的义务与权利。这是民主的实质。""民主就是要使从来就'僻处于政治生活及历史之外'的群众,进到政治生活及历史里面来。"③他还指出:"做革命工作的人,如果忽视民主,或者人家不给我民主时,我很愤怒要去争取,及我自己可以民主时,又吝不给予人家民主,不耐烦去推行民主,那是错误,是对革命的罪过。"④虽然选举并不是民主的全部,但选举又的确是人民群众表达意愿的主渠道。陕甘宁边区通过民主选举,使那些不称职的干部纷纷落选,而那些真正能够为人民群众办事的干部则走上领导岗位。谢觉哉认为,对于那些人民群众不满意的坏干部,"由民主而滚蛋,比由上级把他撤职,在提高民众政治认识与改进政治机构的意义上,几有天壤之别。那我们又何惮而不为?"⑤中国共产党领导人毛泽东当时同样认为:"边区各级政府都是由人民投票选举的","当人民选举他们所喜欢的

---

① 陕西省档案馆、陕西省社会科学院合编:《陕甘宁边区政府文件选编》第六辑,档案出版社1988年版,第51页。

② 《〈陕甘宁边区选举条例〉的解释及其实施》,原载《新中华报》1941年1月29日。参见《延安民主模式研究资料选编》,西北大学出版社2004年版,第243页。

③ 谢觉哉:《民主政治的实际》,《共产党人》1940年第6期,见《延安民主模式资料选编》,西北大学出版社2004年版,第41—42页。

④ 谢觉哉:《民主政治的实际》,《共产党人》1940年第6期,见《延安民主模式资料选编》,西北大学出版社2004年版,第40页。

⑤ 谢觉哉:《关于政权的三三制》,见《延安民主模式资料选编》,西北大学出版社2004年版,第137页。

人去办政府的事的时候,办得很不错,这比派官办事制度要好得多"。①
陕甘宁边区民主选举的实践,正是对那些认为"人民不会使用民主""人
民不关心民主"等论调的有力回击。

（四）保障人民基本权益是陕甘宁边区民主政治建设的重要特征

陕甘宁边区在政治上的民主,不仅包括人民的参政权,而且还包括作
为一个人所享有的一切基本自由权利。《解放日报》曾专门发表题为《切
实保障人民权利》的社论,指出:"从来的革命运动都是人民争得民主的
伟大运动,革命与反革命的分野,只在于要不要民主,给不给人民以民主
自由。对于英勇斗争中的中国,民主始终是团结与进步的基础","而民
主与不民主的尺度,主要地要看人民的人权、政权、财权及其他自由权利
是不是得到切实的保障。"②谢觉哉指出:"枪是可以剿灭自由的,枪也可
以保护自由。我们是用枪来争取与保卫革命民众的政权自由,而不是用
枪来垄断革命民众的政权自由。"③

为了巩固抗日民主政权,将广大人民在政治、经济、文化、社会各方面
的权益,用法律法规予以保障,是维护社会秩序,动员社会力量,确保社会
稳定的重要举措和必经步骤。在陕甘宁边区先后颁布的三个施政纲领④
中,都对人民享有的基本权利作出明确规定,1941 年 11 月,边区第二届
参议会还专门通过了《陕甘宁边区保障人权财权条例》,这样就使边区人
民的人权、财权以及其他基本的自由权的保障有了法律依据。在《陕甘

---

① 《胡乔木回忆毛泽东》,人民出版社 1994 年版,第 124 页。

② 《胡乔木回忆毛泽东》,人民出版社 1994 年版,第 132 页。

③ 谢觉哉:《关于政权的三三制》,见《延安民主模式资料选编》,西北大学出版社 2004 年版,第 134—135 页。

④ 陕甘宁边区第一个施政纲领是 1937 年 6 月 20 日提出的《民主政府施政纲》;第二个施政纲领是边区第一届参议会上制定,1939 年 4 月 4 日正式公布的《陕甘宁边区抗战时期施政纲领》;第三个施政纲领是 1941 年 5 月 1 日中国共产党边区中央局提出、中共中央政治局批准的《陕甘宁边区施政纲领》。

宁边区施政纲领》第六条中明确规定："保证一切抗日人民（地主、资本家、农民、工人等）的人权、政权、财权及言论、出版、集会、结社、信仰、居住、迁徙之自由权，除司法系统及公安机关依法执行职务外，任何机关部队团体不得对任何人加以逮捕审问或处罚，而人民则有用无论何种方式，控告任何公务人员非法行为之权利。"①在《陕甘宁边区保障人权财权条例》中关于公民政治权利和人身自由同样规定："边区一切抗日人民不分民族、阶级、党派、性别、职业与宗教，都有言论、出版、集会、结社、居住、迁徙及思想信仰之自由，并享有平等之民主权利。"同时还规定："保障边区一切抗日人民的私有财产权及依法之使用及收益自由权。""边区人民之财产、住宅，除因公益有特别法令规定外，任何机关部队团体不得非法征收、查封、侵入或搜捕。"②

同时，陕甘宁边区把尊重人权贯穿于司法工作始终。边区强调"改进司法制度，坚决废止肉刑，重证据不重口供。对于汉奸分子，除绝对坚决不愿改悔者外，不问其过去行为如何，一律实行宽大政策，争取感化转变，给以政治上与生活上之出路，不得加以杀害、侮辱、强迫自首或强迫其写悔过书。对于一切阴谋破坏边区分子，例如叛徒分子、反共分子等，其处置办法仿此。"③规定"除司法机关及公安机关依法执行其职务外，任何机关、部队、团体不得对任何人加以逮捕、审问、处罚"。"逮捕人犯，应有充分证据，依法定手续执行"。"逮捕人犯不准施以侮辱、殴打及刑讯逼供、强迫自首，审判采证据主义不重口供"。"被捕人犯之财物，非经判决不得没收，并不得调换或任意损坏。"④在司法实践中，坚持"调解为主、审

---

① 陕西省档案馆、陕西省社会科学院合编：《陕甘宁边区政府文件选编》第五辑，档案出版社1988年版，第2—3页。

② 陕西省档案馆、陕西省社会科学院合编：《陕甘宁边区政府文件选编》第五辑，档案出版社1988年版，第3页。

③ 陕西省档案馆、陕西省社会科学院合编：《陕甘宁边区政府文件选编》第五辑，档案出版社1988年版，第2—3页。

④ 陕西省档案馆、陕西省社会科学院合编：《陕甘宁边区政府文件选编》第五辑，档案出版社1988年版，第310—311页。

判为辅"①的方针,提倡审判与调解、法庭与群众相结合的审判方式(马锡五方式);废止肉刑与无期徒刑,死刑取慎重态度(须经边区政府主席批准);人民检查与保安机关检查并行;监狱政策教育与生产并重;监狱感化与民间改造(假释、保释、缓刑)相结合。即使对待罪犯,也同样尊重他们的人权。时任民主建国军第二师师长的聂志超将军,率民主建国军参观团参观延安,在他写的《延安参观后的我见》一文中讲道:"监狱本来是执刑的地方,在大后方一提起坐监来,就会想到蓬首垢面的犯人,铐镣的惨刑,狱吏的贪污,但在边区的监狱则是一座学校工厂,犯人即是学生和工人。因为他们是在织布机上、纺花车旁工作着,讲堂上学习着,他们有整洁的窑洞住,有书报、乐器供他们消遣,墙报上有犯人们的大作,饮食有选举的委员会,每礼拜还能吃白面大肉,工厂里还分红,所以这种以教育为主而改造犯人的监狱,绝不像大后方以执刑为主的监狱。在国民党区社会促成他犯了罪,还要杀他剥削虐待他,这是多么不合理的事,这样以教育为主的模范监狱,只能在新民主主义的社会里才有"。②

在陕甘宁边区人民群众享有集会、结社的权利与自由,一切抗日党派可以公开存在与活动,民众团体可以自由地发展,武装自卫是人民的权利,各种宗教信仰受到应有的保护。边区的群众都有自己的组织,绝大多数民众都参加了民众团体,工人有工会,农民有农会,妇女有妇女救国会,青年有青年救国会,商人有商会,儿童有儿童团,民众武装有抗日自卫军,等等,边区人民,至少每人参加了一种组织,有的还加入了两个以上的团体。到1939年第一届参议会召开时,"各业工人已百分之九十五加入了工会。农民全体加入农会。妇女百分之七十以上加入了妇女救国会。"③边区人民有思想、信仰等自由权,边区政府从来也不压制人民的思想信

① 李维汉:《回忆与研究》(下),中共党史资料出版社1986年版,第535页。

② 聂志超:《延安参观后的我见》,《解放日报》1946年6月1日。

③ 陕西省档案馆、陕西省社会科学院合编:《陕甘宁边区政府文件选编》第五辑,档案出版社1988年版,第135页。

仰。各种宗教(天主教、回教、佛教以及道教)都在边区有自己的信徒。至于在言论和出版的自由方面，人们有批评政府工作的自由，可以普遍地讨论政府工作的缺点，以及自身利益的许多问题。政府工作人员不是去压制他们，而是倾听他们的意见，来改正自己工作的缺点。老百姓常常这样讲："现在的人胆子大了，连乡长也可以批评起来；过去是不敢这样。"①

对待少数民族的态度是判断一个社会是否民主的重要标准。居住在边区的不但有汉人，而且还有回民和其他少数民族，对此，边区实行民族平等权。大汉族主义在边区是受到严厉反对的，对于少数民族欺辱压榨，要受到严厉的法律制裁。《陕甘宁边区施政纲领》第四条规定："实现蒙、回民族在政治上、经济上与汉族的平等权利，依据民族平等的原则，联合蒙、回民族共同抗日。"第五条还规定："尊重蒙、回民族之信仰、宗教、文化、风俗习惯，并扶助其文化的发展。"②少数民族在边区同样有选举权，并给予特殊的优待，边区选举条例还作出特殊规定："在选举区域内，如有少数民族……其人数不足各级参议会选举法定人数五分之一者，参加区域选举；有法定人数五分之一以上者，单独进行该民族居民之选举，得选出正式议员一人。"③同时，还重视发展少数民族文化，在蒙民、回民居住的地区开办抗日蒙回学校，课程都用蒙文、回文。还印行蒙文、回文翻译的许多小册子，供蒙民、回民阅读。开办民族学院，注意培养少数民族干部，并使其参加政府工作。帮助少数民族组织抗日团体、文化团体，建立清真寺、成吉思汗纪念堂，成立蒙古文化促进会、回民抗敌后援会、回教救国协会等组织。并在政府下设立少数民族事务委员会，专谋少数民族的福利。

---

① 《延安民主模式资料选编》，西北大学出版社2004年版，第181页。
② 陕西省档案馆、陕西省社会科学院合编：《陕甘宁边区政府文件选编》第一辑，档案出版社1986年版，第210页。
③ 陕西省档案馆、陕西省社会科学院合编：《陕甘宁边区政府文件选编》第一辑，档案出版社1986年版，第161页。

妇女的状况是测量社会进步的尺度。毛泽东曾讲："妇女解放与社会解放是密切地联系着的,妇女解放运动应成为社会解放运动的一个组成部分存在着。离开了社会解放运动,妇女解放是得不到的;同时,没有妇女运动,社会解放也是不可能的。因此,要真正求得社会解放,就必须发动广大的妇女群众来参加;同样,要真正求得妇女自身的解放,妇女们就一定要参加社会解放的斗争。"①在陕甘宁边区1938年"三八"成立统一战线形式的妇女群众组织——陕甘宁边区各界妇女联合会。边区党委于1939年4月间成立边区妇委,同时发出《开展边区妇运的指示》,随后在边区陆续成立各级妇委专事妇女工作,动员妇女参政议政,参加边区建设,发展妇女党员,培养妇女干部,维护妇女权益,并要求各级党委和政府把妇女工作的成绩作为检查整个工作的一个重要部分。由于陕甘宁边区重视妇女工作,妇女在法律上和政治上获得与男子同样平等地位,使妇女成为抗战的一支巨大的力量,活跃在政治机关和民意机关中、工厂与学校中。到1939年11月中共陕甘宁边区第二次代表大会召开之际,"向来以参加生产为羞耻的边区妇女群众,现在也涌现出了六百零七个劳动女英雄。"②根据1939年边区党第二次代表大会前的统计,全边区女党员就达4568人。③在边区还特别注意吸收广大妇女参加选举,以提高边区妇女的女权。边区中央局《对妇女工作的决议》在妇女参加选举和政权工作方面指出:"积极发动妇女群众参加议会选举运动和政权工作,是提高妇女与保障妇女权利的重要步骤。各级党委和妇联应注意与帮助当地各选

---

① 《毛泽东文集》第二卷,人民出版社1993年版,第169页。

② 高岗:《抗战新阶段中陕甘宁边区的任务》(1939年11月15日),见中央档案馆、陕西省档案馆编:《中共中央西北局文件汇编(一九三七——一九三九年)》,中共陕西省委党校印刷厂1994年版,第372页。

③ 边区中央局:《党与党内妇女组织和相互关系》,见中央档案馆、陕西省档案馆编:《中共中央西北局文件汇编(一九四〇——一九四一年)》,中共陕西省委党校印刷厂1994年版,第269页。

区提出适当女候选人,帮助妇女在各级议会中提出妇女的适当要求。"①
在边区第二次民主选举后,"清涧城关一五一参议员中,女性占二十七
人,绥德四六○参议员中,女性占八十人。而边区安塞县长邵靖华,也是
一位女性;这是大后方所不能看到的事呵!"②

(五)构建中国共产党与党外人士民主合作的政权体制是中国共产党在陕甘宁边区民主政治建设中的创造性实践

毛泽东指出:"现在所要建立的中华民主共和国,只能是在无产阶级
领导下的一切反帝反封建的人们联合专政的民主共和国,这就是新民主
主义的共和国"。③ 这种新民主主义的共和国,一方面和旧形式的、欧美
式的、资产阶级专政的、资本主义的共和国相区别;另一方面,也和苏联式
的、无产阶级专政的、社会主义的共和国相区别。它是殖民地、半殖民地
国家的革命所采取的过渡的国家形式,即几个反对帝国主义的阶级联合
起来共同专政的新民主主义的国家。在全民族抗日战争时期,这种新民
主主义的国家形式,就是抗日的统一战线的形式,就是"一切赞成抗日又
赞成民主的人们的政权,是几个革命阶级联合起来对于汉奸和反动派的
民主专政。它是和地主资产阶级的反革命专政区别的,也和土地革命时
期的工农民主专政有区别。对于这种政权性质的明确了解和认真执行,
将大有助于全国民主化的推动。过左和过右,均将给予全国人民以极坏
的影响"④。基于这样的认识,中国共产党在政权建设上,创造性地提出
并实行"三三制"政权体制。毛泽东指出:"根据抗日民族统一战线政权

---

① 中央档案馆、陕西省档案馆编:《中共中央西北局文件汇编(一九四○——一九四一年)》,中共陕西省委党校印刷厂 1994 年版,第 339 页。
② 高岗:《抗战四年来边区的建设》,刊于《团结》1941 年第二卷第七期。见中央档案馆、陕西省档案馆编:《中共中央西北局文件汇编(一九四一年)》,中共陕西省委党校印刷厂 1994年版,第 379 页。
③ 《毛泽东选集》第二卷,人民出版社 1991 年版,第 675 页。
④ 《毛泽东选集》第二卷,人民出版社 1991 年版,第 741 页。

的原则,在人员分配上,应规定为共产党员占三分之一,非党的左派进步分子占三分之一,不左不右的中间派占三分之一。"①按照中共中央要求,中共西北中央局制定的《陕甘宁边区施政纲领》第五条规定:"本党愿与各党派及一切群众团体进行选举联盟,并在候选名单中确定共产党员只占三分之一,以便各党各派及无党无派人士均能参加边区民意机关之活动与边区行政管理。在共产党员被选为某一行政机关之主管人员时,应保证该机关之职员有三分之二为党外人士充任。共产党员应与这些党外人士实行民主合作,不得一意孤行,把持包办。"②这样,就使得"三三制"在陕甘宁边区的实施有了法理依据。

实行"三三制",从理论看,是中国共产党在对中国国情深刻把握基础上,把抗日民族统一战线主张在政权建设上的具体化。因为"中国社会是一个两头小中间大的社会,共产党如果不能争取中间阶级的群众,并按其情况使之各得其所,是不能解决中国问题的"③。从实践看则是:一方面由于有共同敌人需要由各个阶级共同出力;另一方面也由于各阶级都有力量,互相制约,不能不产生各阶级的联合政权。正如谢觉哉所讲:"三三制是为抗战的需要而产生,而不会因抗战的胜利而结束。"④"三三制"政权体制,作为中国共产党"把中国造成独立、自由、民主的共和国"⑤思想的具体实践,其基本精神在于,不论政府人员中或民意机关中,共产党员只占三分之一,而其他主张抗日民主的党派和无党派人士占三分之二。无论何人,只要不投降不反共,均可参加政府工作。任何党派,只要是不投降不反共的,应使其在抗日政权下面有存在和活动之权。中国共产党不赞成别的党派一党专政,也不主张共产党的一党专政。毛泽东认

① 《毛泽东选集》第二卷,人民出版社 1991 年版,第 742 页。
② 陕西省档案馆、陕西省社会科学院合编:《陕甘宁边区政府文件选编》第五辑,档案出版社 1988 年版,第 2 页。
③ 《毛泽东选集》第二卷,人民出版社 1991 年版,第 783 页。
④ 《延安民主模式资料选编》,西北大学出版社 2004 年版,第 142 页。
⑤ 《毛泽东选集》第二卷,人民出版社 1991 年版,第 760 页。

为:国事是国家的公事,不是一党一派的私事,不能由一党专政。"因此,共产党员只有对党外人士实行民主合作的义务,而无排斥别人、垄断一切的权利。共产党是为民族、为人民谋利益的政党,它本身决无私利可图。""共产党的这个同党外人士实行民主合作的原则,是固定不移的,是永远不变的。"①

中国共产党实施的"三三制"政权建设原则,使政权中包容了社会方方面面的代表。陕甘宁边区从 1940 年 3 月试行"三三制",1941 年《五一施政纲领》颁布后全面推行,到 1942 年基本"达标"。从"三三制"实施的效果来看,也是十分成功的:一是实行"三三制"使边区各级政权具有了广泛的代表性,对于提高边区政权的号召力,调动社会各界建设边区的积极性十分有益。这种广泛代表性,不仅调动了"革命阶级"的积极性,而且有效地激发了曾经是"革命对象"阶级的积极性。有的地主和士绅,"从绝望的地位见到'三三制',就多表示出意外与兴奋的心情。"甚至有的地主和士绅在摇头摆尾的唱"虽尧舜之世不如也"了。有的说:"共产党宽宏大量,仁义治国";"从前以为革命不要咱们这号人了,今天咱也能管政权";"迩刻(陕北方言即现在的意思)事情真不同了,咱们也有权利,也能干事,同别人平等了";"真的,迩刻真正实行了三三制了,咱的名字也能上红榜";华池有一个地主感动地说:"三七年选举,咱们没有选举权,现在共产党、八路军、边区政府看得起咱们了,咱今后一定要选好人。"②1944 年参加中外记者团访问延安的《新民报》主笔赵超构在他的《延安一月》一文中写道:"许多人怀疑共产党对于三三制的诚意,以为他们干这一套只是掩人耳目的把戏。这是错的,我可以说,共产党施行三三制,并非假的,因为依它的力量,它本来可以包办,而今确然有不少党外人士参加行政工作,例如'边区政府'中,副主席李鼎铭,是米脂富绅,建设

①　《毛泽东选集》第三卷,人民出版社 1991 年版,第 809 页。
②　陕西省档案馆、陕西省社会科学院合编:《陕甘宁边区政府文件选编》第八辑,档案出版社 1988 年版,第 98 页。

厅长霍子乐,教育厅长柳湜,副厅长贺连城,参议会副议长安文钦,都是有名的党外人物。这不能不算是共产党对于自己的约束。"①二是实行"三三制"使边区政权决策的民主化、科学性大大加强了。这不仅是因为边区政权人员构成的广泛的代表性,决定了决策能够兼顾各方面的利益,而且因为"三三制"使边区各级政权吸纳了大量优秀的人才。从两次参议会提案论政的视野之宽广和深度的拓展来看,就给人以深刻的印象。如经济类提案,第一届参议会只讲到要发展农业生产,增强粮食收入,发展农副业,改善人民生活等。而第二届参议会的同类提案,则进一步涉及所有制问题和财产问题,包括发展公私商业、巩固边币和发展贸易等等。政治类提案质量中,人们熟知的李鼎铭先生等11位参议员提出的"精兵简政"提案,迅速为边区政府以至中共中央所采纳,从而推动了边区以及其他根据地大规模的精兵简政运动。三是实行"三三制"提高了边区各级政权机关的工作效率。"三三制"实施后,共产党员在政权机关中只占三分之一。在这种情况下,共产党员要在政权中发挥作用,赢得其他人士的尊重,就要更加努力地工作。而非共产党员以前是被排斥在共产党政权之外的,特别是那些曾经是"专政对象"的地主、富农、国民党等,被吸纳到政权机关,参与治理边区,使他们一方面感到受到礼遇而生感激报答之心;另一方面,他们希望借此机会一展自己的才华,让人们认识其存在的"价值"。这就在政权机关内部形成了一种激励机制,从而大大提高了工作效率。

实行"三三制"需要厘清党政关系,实现执政党对政权的领导方式转变。李富春在《陕甘宁边区党的工作》一文中指出:"领导的意义,决不是党包办和代替政权及直接干预政权的工作,而是经过许多为群众所信仰群众所选举的党员,获得参加各级政府,在各级政府实际工作中来实现已

---

① 赵超构:《延安一月》,中国国际广播出版社 2013 年版,第 222 页。

经为群众所拥护的党的主张。"①"党如果没有大多数人民的信仰与支持，没有许多为人民所爱戴被人民所选举的党员参加政府工作，单靠'党的威权'来维护党的领导作用是一天都不能实现的。"②"三三制"政权机关人员配置的结构形态，改变了党政不分、由党包办一切的现象和弊端，正如毛泽东在一份材料上批示所讲："共产党员只有与多数非党员在一道，真正实行民主'三三制'，才能使革命工作做好，也才能使党的生活活泼起来，如果由党员包办，则工作一定做不好，党员也会僵化不进步。"③谢觉哉在强调为什么实行"三三制"时也曾指出："带路的人比走路的人要少得多，所以要搞三三制，如果不是这样，那你共产党去领导谁呢？还不是去领导共产党员吗？对于政权的领导和政权的性质上就要认识这些问题。"④"三三制"政权体制的实行，不仅体现了中国共产党为民族为人民的高尚情怀，也展示了中国共产党治党理政的政治主张和理念，开创了协商民主的先河，有效地破解了在政权机关的权力制衡、民意表达和相互监督的问题。

（六）把法治与德治相结合建设廉洁政府是中国共产党在陕甘宁边区民主政治建设的基本特色

民主与法治是一个问题的两面，加强法制建设是民主政治的题中应有之义。1937年边区政府成立后，就把加强法制建设，反对贪污、杜绝浪费、保证政府工作人员清正廉洁当作一件大事来抓，使中国共产党领导下的陕甘宁边区不仅是当时全国最民主的圣地，而且也是当时全国最廉洁

---

① 中央档案馆、陕西省档案馆编：《中共陕甘宁边区党委文件汇集（一九三七——一九三九年）》，西安新华印刷厂1994年版，第552—553页。

② 中央档案馆、陕西省档案馆编：《中共陕甘宁边区党委文件汇集（一九三七——一九三九年）》，西安新华印刷厂1994年版，第553页。

③ 《陕甘宁边区政权建设史》，陕西人民出版社1990年版，第220页。

④ 谢觉哉1941年11月3日在中共西北局高干会上的讲话。原载《西北局高干会议上的报告》文件集。见《延安民主模式研究资料选编》，西北大学出版社2004年版，第107页。

的地方。

中国共产党在陕甘宁边区重视制定和运用法律实施对边区经济社会事务的管理。边区政府成立不久的 1938 年,就先后成立了"法令研究委员会""地方法规起草委员会"和"边区法制委员会",1939 年又组建了法令审查委员会。边区参议会统一行使立法权。在边区存在的 10 多年间,共制定和颁行 64 个类别、数量达千件以上的法律法规。包括宪法、刑法、民法、诉讼法等,构成了一个比较完整的法律体系。在中国共产党新民主主义共和国理论指导下,围绕镇压敌人、保护人民的根本任务,以及"创建与建立适合于新民主主义政治的人民大众的"司法制度这一目标,逐步建立起与一切剥削阶级司法制度根本不同的新民主主义司法制度。1937 年 6 月提出的《民主政府施政纲领》、1939 年 4 月公布的《陕甘宁边区抗战时期施政纲领》和陕甘宁边区第二届参议会讨论通过的由边区中央局制定、中共中央政治局批准的《陕甘宁边区施政纲领》,就是边区先后颁布的 3 个带有宪法性质的总纲领。特别是《陕甘宁边区施政纲领》全面鲜明地体现了中国共产党团结抗战的基本路线和边区建设新民主主义社会的基本方针,是中国共产党建设新民主主义社会思想在边区的运用,为陕甘宁边区政治、经济、文化、社会建设有序运行、和谐发展提供了根本保障。在陕甘宁边区,坚持用法调节各阶级各阶层的利益关系;用法管理社会各项事务;用法维护人民的基本权益;用法规范和约束公务人员的行为,使边区呈现出社会稳定、政通人和、繁荣发展的景象。

中国共产党在陕甘宁边区推进法治建设的同时,坚持把廉政建设作为重要抓手,形成德治与法治相结合的廉政建设格局。陕甘宁边区政府围绕"建设一个民主、廉洁的为人民谋福利的政府"的廉政建设目标,把"执行人民意志""做人民的公仆"作为廉政建设的根本宗旨,规定"公正廉洁、奉公守法"为政府工作人员的基本准则,要求政务人员"要在品行道德上成为模范,为民表率。要知法守法,不滥用职权,不假公济私,不徇私情,不贪污,不受贿,不腐化,不堕落"①。把"拥护并忠诚于边区施政纲领,德才资望与其所负职务相称,关心群众利益,积极负责,廉洁奉公"②作为干部标准,注重干部的道德操守和行为规范,大力倡导政府工作人员廉洁从政。与此同时,加强反腐倡廉法律法规建设。在《陕甘宁边区施政纲领》中规定:"发扬艰苦奋斗的作风,厉行廉洁政治,肃清贪污腐化,铲除鸦片赌博。"③明确了廉政建设的四大任务。之后又在《陕甘宁边区施政纲领》第八条中规定:"厉行廉洁政治,严惩公务人员之贪污行为,禁止任何公务人员假公济私之行为,共产党员有犯法者从重治罪。"④体现了中国共产党从严治党、惩治腐败的坚强决心。边区还先后制定了《陕甘宁边区政纪总则草案》《陕甘宁边区各级政府干部奖惩暂行条例草案》《陕甘宁边区各级政府任免暂行条例草案》《陕甘宁边区政务人员公约》等文件。特别是1938年8月15日,边区政府公布了《陕甘宁边区惩治贪污暂行条例》。规定有下列行为之一者,以贪污论罪:(1)克扣或截留应行发给或缴纳之财物者;(2)买卖公用物品从中舞弊者;(3)盗窃侵吞公用财物者;(4)强占强征或强募财物者;(5)意在图利贩运违禁或漏税物品者;(6)擅移公款作为私人营利者;(7)违法收募税捐者;(8)伪造或伪报收支账目者;(9)勒索敲诈,收受贿赂者;(10)为私人之利益而浪费公有之财物者。以上行为以其数目之多少,发生影响之大小,予以惩治。其中规定贪污数目在500元以上者,处5年以上有期徒刑或死刑。1939年,由于货币贬值,加上以重在教育为目的,边区政府重新修改颁布《陕甘宁边区惩治贪污条例(草案)》时,对死刑的贪污款由500元以上,改为1000

①　陕西省档案馆、陕西省社会科学院合编:《陕甘宁边区政府文件选编》第七辑,档案出版社1988年版,第224页。

②　陕西省档案馆、陕西省社会科学院合编:《陕甘宁边区政府文件选编》第七辑,档案出版社1988年版,第197页。

③　陕西省档案馆、陕西省社会科学院合编:《陕甘宁边区政府文件选编》第一辑,档案出版社1986年版,第210页。

④　陕西省档案馆、陕西省社会科学院合编:《陕甘宁边区政府文件选编》第五辑,档案出版社1988年版,第3页。

元以上,处死刑。① 这样对惩处贪污腐败分子就有了法律依据。在陕甘宁边区由于严查贪污腐败案件,大力培育优良党风和政风,使整个边区形成良好的社会风气,与国民党统治区贪污成风、政治腐败形成鲜明对照。

为把陕甘宁边区政府建设成为廉洁政府,中国共产党强调以正确的主张和共产党员模范作用的发挥实现对政府工作的领导。毛泽东指出:"所谓领导权,不是要一天到晚当作口号去高喊,也不是盛气凌人地要人家服从我们,而是以党的正确政策和自己的模范工作,说服和教育党外人士,使他们愿意接受我们的建议。""绝不能以为我们有军队和政权在手,一切都要无条件地照我们的决定去做,因而不注意去努力说服非党人士同意我们的意见,并心悦诚服地执行。"②陕甘宁边区广大干部按照"不论职务高低,都是人民的勤务员"的要求,建立新的工作作风,发扬干部和党员大胆创造事业的精神,善于在事业的进行中组织人民的力量,反对官僚主义倾向,发扬民主,开展自我批评,并且加强对工作的审查和监督,对工作积极、肯负责任、有创造能力,有办法克服困难,生活朴素廉洁,为群众所拥护的予以奖励;而对于那些消极怠工,不负责任,贪污腐化,脱离群众的干部则予以惩罚。

陕甘宁边区政府继承和发扬中华苏维埃民主政府的光荣传统,养成勤俭节约、艰苦奋斗的风尚,从边区政府主席到乡长,除了津贴有点差别之外,其他衣食住行完全平等。政府主席林伯渠在边区第一届参议会上作政府工作报告时指出:"边区各级政府都是由各级议会中产生出来的,这就保证了真正坚决抗日的分子,真正人民的代表参加了各级政府的工作"。③

① 陕西省档案馆、陕西省社会科学院合编:《陕甘宁边区政府文件选编》第一辑,档案出版社 1986 年版,第 497—498 页。
② 《毛泽东选集》第二卷,人民出版社 1991 年版,第 742、743 页。
③ 陕西省档案馆、陕西省社会科学院合编:《陕甘宁边区政府文件选编》第一辑,档案出版社 1986 年版,第 135 页。

三、延安时期推进民主政治
建设的历史影响

陕甘宁边区的民主政治建设无疑是成功的,其影响也是巨大的。但是并不是说就完美无缺,客观地看仍然存在一些缺陷和问题。主要表现在:民主政治的正规化还没有达到应有的高度,各级参议会尚未按期开会;各种成文的法规还很不完备,因而保障人民权利的标准还不够明确,个别干部未能充分依照法治精神尊重人民的民权;一部分党员与行政工作人员民主作风不足,熟悉自上而下,不会自下而上,习惯于命令群众,"政治远见不够,他们对民主工作方法的认识与熟练不够,官僚主义的作风存在于一部分党员与行政人员之中。"[1]边区所处为农村环境,边区的建设工作主要是农民大众的建设,政府工作的上下左右关系,归根到底是同农民大众的关系。在经济上,边区是极端分散的落后的个体经济,人民虽在政治上获得解放,在经济文化上也有巨大进步,但要克服旧社会遗留下来的经济文化落后所反映的保守性,还需要长期的努力,人民还没有完全养成民主的习惯,"对于民主政治的优点,还不能充分的发挥"[2],对政府工作的监督还非常不够;同时,由于当时处在战时和极端分散的农村环境,司法工作也不是很正规,存在很大的盲目性。"法官判案的根据是政策、法律、民情,事实上主要是政策和民情,法律不完备。"[3]审判、检察、司法行政职能全部集中在高等法院,这种司法体制事实上只是适合边区的战时和农村环境的权宜之计。尽管陕甘宁边区的民主政治建设,还存在缺陷和不足,但其影响却是巨大的。

---

① 中央档案馆、陕西省档案馆编:《中共中央西北局文件汇编(一九三七——一九三九年)》,中共陕西省委党校印刷厂1994年版,第371页。

② 中央档案馆、陕西省档案馆编:《中共中央西北局文件汇编(一九三七——一九三九年)》,中共陕西省委党校印刷厂1994年版,第371页。

③ 李维汉:《回忆与研究》(下),中共党史资料出版社1986年版,第534页。

第一,推进民主政治建设,使陕甘宁边区成为当时全国最革命、最民主、最进步的地方,在中国共产党同国民党的政治博弈中赢得民心并最终取得胜利。"政党的成功,不在于党员在政权机关中多,而在于'得到国民之援助';国民援助他,使他的主张、行动,都是公的,于是乎党的主张成了全民的主张,这样,人民群众就会拥护他。"①作为一个政党,赢得人民就赢得胜利,若丧失人民群众的信赖和拥护,就必然遭致灭亡,这是历史唯物主义的基本观点,也是被无数事实所证明了的真理。在陕甘宁边区共产党是占优势的区域,共产党本着"天下为公"的意旨,约束其党员在民意机关中不得超过三分之一,主张各党各派各阶级各界合作,反对任何党派把持操纵,一意孤行,不仅构建使人民当家作主的政治制度,而且使民主渗透在边区的经济、文化、军事等各个领域,使边区呈现人财两旺、兵强马壮的新气象。陕甘宁边区政府主席林伯渠在边区第三届参议会第一次大会上的政府工作报告中指出:"边区人民赢得胜利的根本原因是什么? 我以为就是民主政治,就是由于边区人民在政治上获得了彻底解放,一方面创造了为自己服务的政权,又方面享有充分的自由权利。"②首先,边区各级参议会是由全体人民选举的代表组成的,因此它所制定的方针、政策,创制的法律法规,反映着人民群众的意愿,代表着人民群众的根本利益,因而能够得到最广大人民群众的拥护和支持。其次,边区各级政府及其工作人员是由边区各级参议会选举产生,并受各级参议会的监督和"弹劾"。所以边区各级政府及其工作人员必须将人民的利益放在首位,其工作的出发点和落脚点就是为人民服务。这就促使边区人民群众积极投身到抗日斗争中来,拥护边区各级政府,将巩固和发展边区作为维护自己幸福生活的自觉行动。最后,由于边区参议会的实行,人民群众当家作了主人,焕发出空前的积极性,使边区战胜严重困难,取得经济、文

---

① 焕南:《三三制与天下为公》,《解放日报》1941 年 12 月 22 日。
② 陕西省档案馆、陕西省社会科学院合编:《陕甘宁边区政府文件选编》第十辑,档案出版社 1991 年版,第 21—22 页。

化、社会建设事业巨大成就。正是民主政治的实行,使以延安为中心的陕甘宁边区有了极强的政治吸引力、号召力和影响力,展示了中国共产党执政的民主形象。正如一位外国人这样评价:"现在中国有两个中心,一个封建的中心,在重庆;一个民主的中心,在延安。"①

第二,陕甘宁边区参议会制度成为人民代表大会制度的雏形。陕甘宁边区参议会是边区实行民主政治的主要组织形式,也是全民族抗日战争时期中国共产党所领导的抗日根据地实施时间最长、最为完善的民主制度,它对于把边区建设成为模范的抗日根据地,对于促进各个敌后抗日根据地的民主建设,特别是推动国统区的民主运动,扩大中国共产党在国统区和国际上的影响和声望,都具有重要意义。边区各级参议会作为边区人民的民意机关和权力机关,使边区人民有了充分的参政议政的机会与条件。如第二届各级参议会选举时,边区 150 万人民就有 3 万余人当选各级参议员,而且在与人民群众最为接近的乡(市)实行的是直接民权,即议行合一的体制。乡(市)参议会既是民意机关又是执行机构,使政府和人民融为一体,切实保障了人民群众的参政议政权力。随着全民族抗日战争的胜利,到解放战争时期,根据形势的变化,陕甘宁边区也由参议会制度转变为人民代表大会制度。新中国成立后,人民代表大会制度成为新中国根本的政治制度,这一制度是与人民民主专政的国家性质相适应,是人民民主专政的政权组织形式,是人民行使民主权利、管理国家事务的最高权力机关。人民代表大会不是凭空产生的,也不是从外国搬来的,它是中国共产党在领导革命斗争的长期实践中发展起来的。陕甘宁边区参议会制度就是人民代表大会制度的历史雏形和重要渊源。

第三,"三三制"政权体制成为中国共产党政治协商制度的成功预演。"三三制"作为中国共产党抗日民族统一战线政策在政权建设上的一种组织形式,在陕甘宁边区和其他敌后抗日根据地都得到实施。"三

---

① 《解放日报》1943 年 9 月 30 日。

三制"的实行,使一大批中国共产党之外的各界人士进入政权机关,有了说话做事的机会,他们对中国共产党严于律己、襟怀坦荡、大公无私、团结抗战的境界表示敬佩,同中国共产党精诚团结,通力合作,为中华民族的独立和解放并肩战斗。"三三制"作为中国共产党建设各革命阶级联合专政的联合政府的成功实践,同国民党的独裁统治、一党专政形成鲜明对比,使中国共产党之外的各界民主人士和全国人民看到民主的希望,加深对国民党独裁专政的不满,形成反独裁、争民主的浪潮,加速了国民党政权在大陆的失败。"三三制"政权形式作为抗日民族统一战线政策的体现,具有当时的历史特点,但其基本精神在于:新民主主义的国家政权机关,必须吸收各界人士参加,不能由一党包办,这是符合中国国情的。全民族抗日战争胜利后,吸收各界人士参政议政的原则继续得到坚持。新中国诞生后,一大批民主人士进入政府机关,并担任领导职务,同中国共产党合作共事。社会主义制度确立之后,中国共产党在政治制度的架构上,坚持同各民主党派长期合作、互相监督、肝胆相照、荣辱与共的政治协商制度。这一制度的确立,无疑是对"三三制"政权建设经验的借鉴。

第八章　批评和自我批评的优良作风

批评和自我批评作风,是马克思主义经典作家的一贯主张,也是中国共产党人的行动准则,但从中国共产党成立到土地革命战争的十几年时间里,没有来得及在理论上作严格论证,在实践中曾经出现过"左"的和右的偏差,给革命事业造成重大损失。在延安时期,中国共产党认真总结历史经验教训,在延安整风中,深化了对批评和自我批评重要性的认识,在理论上,对马克思主义关于批评和自我批评的原理作了重要发展和创造,在实践上,对正确开展批评和自我批评的方法作了更加完整的系统总结。正是在批评和自我批评中,中国共产党得以坚持真理、修正错误,充满生机和活力,展示了中国共产党作为一个郑重的党的独特魅力和风采。

一、深刻揭示批评和自我批评的极端重要性

(一)批评和自我批评是解决党内矛盾、保持党的生机与活力的有效方法

客观事物是不断发展变化的,人们对客观事物的把握,在特定条件下只能是相对的,不可能掌握所有客观事物的运动规律,也不可能一劳永逸地掌握同一事物在所有发展时期的变化规律。认识必须符合客观事物发展变化的实际并随客观事物的变化而变化,否则,就会犯错误。人们在认识世界和改造世界过程中犯这样或那样的错误是在所难免的。共产党人

并不是生活在真空中,而是生活在复杂的社会环境中,必然会受到各种政治微生物的侵蚀,在党的内部也始终存在着正确思想和错误思想的斗争。正如毛泽东所讲:"党内不同思想的对立和斗争是经常发生的,这是社会的阶级矛盾和新旧事物的矛盾在党内的反映。党内如果没有矛盾和解决矛盾的思想斗争,党的生命也就停止了。"①那么,如何有效解决党内矛盾、正确地开展党内斗争,保持党的生机与活力呢?毛泽东在中共七大指出:"有无认真的自我批评,也是我们和其他政党互相区别的显著的标志之一。我们曾经说过,房子是应该经常打扫的,不打扫就会积满了灰尘;脸是应该经常洗的,不洗也就会灰尘满面。我们同志的思想,我们党的工作,也会沾染灰尘的,也应该打扫和洗涤。'流水不腐,户枢不蠹',是说它们在不停的运动中抵抗了微生物或其他生物的侵蚀。对于我们,经常地检讨工作,在检讨中推广民主作风,不惧怕批评和自我批评……正是抵抗各种政治灰尘和政治微生物侵蚀我们同志的思想和我们党的肌体的唯一有效的方法。"②

(二)批评和自我批评是中国共产党坚持真理、修正错误和不断巩固党的团结与统一的重要保证

只有拿起批评和自我批评这一有效武器,才能真正坚持真理、修正错误,也只有拿起批评和自我批评这一武器,才能使中国共产党更加团结与巩固,在坚持真理、修正错误中更好地前进。一个人或一个党不可能不犯错误,而问题的关键则在于对待错误采取什么样的态度。事实上,中国共产党就是在不断地总结经验教训、不断地纠正党内存在的各种错误过程中,逐渐认识和把握中国革命客观规律而走向成熟的。毛泽东在中共七大预备会议上曾讲:"至于犯过错误,那也不是一两个人,大家都犯过错误,我也有过错误。错误人人皆有,各人大小不同。决议案上把好事都挂

---

① 《毛泽东选集》第一卷,人民出版社1991年版,第306页。
② 《毛泽东选集》第三卷,人民出版社1991年版,第1096页。

在我的账上，所以我对此要发表点意见。写成代表，那还可以，如果只有我一个人，那就不成其为党了。要知道，一个队伍经常是不大整齐的，所以就要常常喊看齐，向左看齐，向右看齐，向中看齐。"①"共产党办事，不明白的时候是会犯错误的，明白了以后错误就要改正，这样做才是正确的。"②"我们的武器就是批评与自我批评，干部间，官兵间，军民间，将问题摆出来，开展批评与自我批评，就可以把错误的东西清除掉，就能真正地团结了。"③正是通过这样的批评和自我批评，才使中国共产党辨明了是非，统一了思想，达到了坚持真理、修正错误的目的，使中共七大开成了一次以"团结的大会、胜利的大会"载入史册的大会。中共七大会场的标语就是"坚持真理、修正错误"。在党内主观主义、官僚主义、形式主义、自由主义、命令主义、尾巴主义的问题是会经常发生的，旧的问题解决了，新的问题又会出现，因此开展批评和自我批评必须一以贯之、常抓不懈。对于共产党人，应该"经常地总结和吸取革命实践的经验，检讨自己的思想是否完全适合于马克思列宁主义，是否完全适合于无产阶级解放斗争的利益。在这样的学习、反省和自我检讨中，去肃清自己一切不正确的思想残余以至某些不适合于共产主义利益的最微弱的萌芽"④。这就是说要善于开展自我批评。但同时，一个共产党员，还应该是襟怀坦白、忠实、积极，以革命利益为第一生命，以个人利益服从革命利益；无论何时何地，坚持正确的原则，同一切不正确的思想和行为作不疲倦的斗争，用以巩固党的集体生活，巩固党和群众的联系；关心党和群众比关心个人为重，关心他人比关心自己为重。要善于在自我批评的基础上开展批评，这是党的事业发展的需要，也是对一个共产党员的起码要求。

---

① 《毛泽东文集》第三卷，人民出版社 1996 年版，第 297—298 页。
② 《毛泽东文集》第三卷，人民出版社 1996 年版，第 156 页。
③ 《毛泽东文集》第三卷，人民出版社 1996 年版，第 69 页。
④ 《刘少奇选集》上卷，人民出版社 1981 年版，第 121 页。

（三）批评和自我批评是发扬民主、凝聚力量、践行宗旨、战胜困难的有力武器

批评和自我批评是中国共产党践行根本宗旨的需要。中国共产党的根本宗旨是全心全意为人民服务，要求共产党人必须为人民利益坚持好的，改正错的。正如毛泽东在《为人民服务》一文中所讲："因为我们是为人民服务的，所以，我们如果有缺点，就不怕别人批评指出。不管是什么人，谁向我们指出都行。只要你说得对，我们就改正。你说的办法对人民有好处，我们就照你的办。'精兵简政'这一条意见，就是党外人士李鼎铭先生提出来的；他提得好，对人民有好处，我们就采用了。只要我们为人民的利益坚持好的，为人民的利益改正错的，我们这个队伍就一定会兴旺起来。"①毛泽东在党的七大政治报告中更是满怀深情地指出："以中国最广大人民的最大利益为出发点的中国共产党人，相信自己的事业是完全合乎正义的，不惜牺牲自己个人的一切，随时准备拿出自己的生命去殉我们的事业，难道还有什么不适合人民需要的思想、观点、意见、办法，舍不得丢掉的吗？难道我们还欢迎任何政治的灰尘、政治的微生物来玷污我们的清洁的面貌和侵蚀我们的健全的肌体吗？无数革命先烈为了人民的利益牺牲了他们的生命，使我们每个活着的人想起他们就心里难过，难道我们还有什么个人利益不能牺牲，还有什么错误不能抛弃吗？"②历史是人民创造的，把是否符合最广大人民利益作为评判正确与错误的标准，并勇于开展批评和自我批评，是中国共产党唯物主义历史观的生动体现，也是中国共产党人严于律己、人民至上崇高品德和伟大情怀的充分展示。批评和自我批评还是发扬民主、增强党的创造力和凝聚力的需要。毛泽东指出："共产党的唯一任务，就在团结全体人民，奋不顾身地向前战斗，推翻民族敌人，为民族与人民谋利益，绝无任何私利可言。而共产党员自

---

① 《毛泽东选集》第三卷，人民出版社 1991 年版，第 1004—1005 页。
② 《毛泽东选集》第三卷，人民出版社 1991 年版，第 1096—1097 页。

始至终都只是人民中的极少数,没有绝大多数人民了解我党主张,真心实意地愿与我党合作,我党主张便无从实现。"①因此,必须要广开言路,打开窗户,高度重视发扬党内民主和人民民主,善于调动全党上下积极性,善于同党外人士合作,接受人民监督和党外人士批评。"愈是不怕人家批评,愈是敢让人家讲话,给人家讲话的机会,人家的批评可能会愈少。"②如果一个党故步自封,僵化保守,在党内压制不同意见,不能拿起批评和自我批评武器,在党外不能接受人民群众的监督与批评,从而使人民群众敬而远之,没有纠错机制与批评和自我批评的胸怀与气量,那就会导致生机和活力的丧失与生存基础的动摇,以致最终停止自己的生命。

二、确立批评和自我批评的根本方针并创造性地实施一系列行之有效的原则与方法

(一)明确提出正确开展批评和自我批评的方针

延安时期,毛泽东在总结中国共产党历史上对待党内问题和矛盾的经验教训基础上,提出了关于进行批评和自我批评的正确方针,这就是"惩前毖后、治病救人"的方针。毛泽东指出:"我们反对主观主义、宗派主义、党八股,有两条宗旨是必须注意的:第一是'惩前毖后',第二是'治病救人'。对以前的错误一定要揭发,不讲情面,要以科学的态度来分析批判过去的坏东西,以便使后来的工作慎重些,做得好些。这就是'惩前毖后'的意思。但是我们揭发错误、批判缺点的目的,好像医生治病一样,完全是为了救人,而不是为了把人整死。"③任何犯错误的人,只要不讳疾忌医,不固执错误,真正愿意改正错误,就要欢迎他,把他的毛病治好,使他变成一个好同志。坚持"惩前毖后、

---

① 《毛泽东文集》第二卷,人民出版社 1993 年版,第 395 页。
② 《毛泽东文集》第三卷,人民出版社 1996 年版,第 399 页。
③ 《毛泽东选集》第三卷,人民出版社 1991 年版,第 827—828 页。

治病救人"方针,目的在于拿起批评和自我批评的武器,针对党内存在的问题和矛盾,通过开展批评和自我批评,既弄清思想又团结同志,使中国共产党能够统一思想,步调一致,更好地肩负起领导中国革命的历史责任。

在中国共产党历史上存在着开展党内斗争的三种错误倾向:第一种是党内的自由主义与调和主义。第二种是机械的、过火的党内斗争,党的组织问题上及党内斗争中的"左"倾机会主义。第三种是党内无原则的纠纷与斗争。这三种错误倾向实质上都是反马克思主义的。特别是对不同性质的错误不加区别,在解决党内矛盾时,采取对敌斗争的方法,乱扣帽子、乱抓辫子、乱打棍子,使中国共产党付出了血的代价。在遵义会议以前的一段时间内,中国共产党因为没有经验,在解决党内问题时,图简便省事,不愿意和有不同意见的人合作共事。毛泽东认为六大不选陈独秀到中央是不对的,六届四中全会把李立三开除出政治局,要他离开中央工作,以为这样一来路线问题就解决了,而事实上四中全会也跌了筋斗。特别是以王明为代表的"左"倾错误在中央占据统治地位之后,在组织上搞"残酷斗争、无情打击",使党内许多同志遭到错误处理和迫害,在中国共产党内代表正确路线的毛泽东就曾是受打击的主要对象。1931 年 11 月 1 日至 6 日,在全国苏维埃代表大会召开前,中共中央代表团在瑞金主持召开中央苏区党组织第一次代表大会(通称为赣南会议),毛泽东以苏区中央局代理书记的身份出席会议。在会上,中央代表团根据中共中央 8 月 30 日来信精神,对中央苏区的工作进行批评和指责,在"国际路线"的旗号下,通过中央代表团起草的 5 个决议,批判毛泽东坚持从实际出发提出的一系列正确主张,给毛泽东扣上"狭隘经验论""富农路线""极严重的一贯右倾机会主义"等大帽子。几个决议最后还提出:"要集中火力反对右倾";"在实际工作当中,要与一切立三路线影响和党内主要危险——右倾机会主义作最残酷的斗争。"①随后,毛泽东的苏区中央局代

---

① 《建党以来重要文献选编》第八册,中央文献出版社 2011 年版,第 639 页。

理书记一职由到达中央苏区的周恩来代替。到了 1932 年 10 月,苏区中央局全体会议在宁都小源召开,史称宁都会议。出席会议的有在后方的任弼时、项英、顾作霖、邓发,有前方的周恩来、毛泽东、朱德、王稼祥,列席会议的有刘伯承。会上展开激烈争论,"开展了中央局从未有过的反倾向的斗争。"①会上有人提出把毛泽东召回后方,专负中央政府工作责任,由周恩来负战争领导的总责。周恩来提出两种方案:"一种是由我负主持战争全责,泽东仍留前方助理;另一种是泽东负指挥战争全责,我负监督行动方针的执行。"朱德、王稼祥也不同意毛泽东离开红军领导岗位。但多数与会者认为毛泽东"承认与了解错误不够,如他主持战争,在政治与行动上容易发生错误"。毛泽东因为不能取得中央局的全权信任,坚决不赞成由他负指挥战争全责。最后周恩来提议毛泽东"仍留前方助理"得到通过,同时批准毛泽东"暂时请病假,必要时到前方"。② 会后,毛泽东准备到长汀福音医院疗养。他对王稼祥说:算了吧,我们是少数,还是服从多数吧! 对向他送别的周恩来表示:前方军务急需,何时电召便何时来。宁都会议解除了毛泽东在红军中的领导职务,10 月 26 日,中共临时中央来电,正式撤销毛泽东的红一方面军总政委职务,任命周恩来兼任这一职务。至此,毛泽东只能专事政府工作。1933 年临时中央由上海转移到瑞金之后,毛泽东处境更加艰难。临时中央一到瑞金就开展所谓反"罗明路线"的斗争,批"邓(邓小平)、毛(毛泽覃)、谢(谢维俊)、古(古柏)",把一批赞同和拥护毛泽东正确主张的领导干部纷纷打倒。毛泽东后来对外国朋友曾说起过这段艰难的处境:"他们迷信国际路线,迷信打大城市,迷信外国的政治、军事、组织、文化的那一套政策。我们反对那一套过'左'的政策。我们有一些马克思主义,可是我们被孤立。我这个菩

---

① 《苏区中央局宁都会议经过简报》(1932 年 10 月 21 日),参见《毛泽东传》第一册,中共文献出版社 2011 年版,第 299 页。

② 《苏区中央局宁都会议经过简报》(1932 年 10 月 21 日),参见《毛泽东传》第一册,中共文献出版社 2011 年版,第 300 页。

萨,过去还灵,后头就不灵了。他们把我这个木菩萨浸到粪坑里,再拿出来,搞得臭得很。那时候,不但一个人也不上门,连一个鬼也不上门。我的任务是吃饭、睡觉和拉屎。还好,我的脑袋没有被砍掉。"①这种在党内生活中动辄就扣帽子、打棍子的"残酷斗争、无情打击"的错误做法,只能令亲者痛,仇者快,给革命造成危害和损失。第五次反"围剿"斗争的失败,导致中国革命遭受严重危机,不能不说其中的一个重要原因就是当时中国共产党内"左"的领导者在组织上推行的"残酷斗争、无情打击"。

究竟用什么样的方针和办法解决党内问题? 对此,随着中国共产党对中国革命规律和党的建设规律的深刻把握,到了延安时期才在理论和实践上成功解决了这个问题,延安整风运动的成功就充分证明了这一点。正是坚持了"惩前毖后、治病救人"的方针,保证了批评和自我批评沿着正确的轨道进行,通过延安整风,使全党在思想上政治上组织上达到空前的团结和统一。

为了确保"惩前毖后、治病救人"方针的贯彻落实,在延安时期中国共产党形成了一系列卓有成效地开展批评和自我批评的基本原则。

一是坚持从团结的愿望出发。针对党内存在的问题主要是思想方法上的问题这一客观实际,中国共产党在延安时期解决党内问题时,重在解决思想认识问题,而对于过去犯过错误的同志在作结论时则采取宽大的方针,以便能够既总结经验,避免重犯错误,又团结一切同志,共同工作。毛泽东指出:"对于犯错误的干部,一般地应采取说服的方法,帮助他们改正错误。……轻易地给人们戴上'机会主义'的大帽子,轻易地采用'开展斗争'的方法,是不对的。"②他更语重心长地强调:"两条战线的思想斗争必须切合于具体对象的情况,决不应主观地看问题,决不应使过去

---

① 《毛泽东接见一个外国共产党代表团的谈话记录》(1965 年 8 月 5 日),参见《毛泽东传》第一册,中共文献出版社 2011 年版,第 325—326 页。

② 《毛泽东选集》第二卷,人民出版社 1991 年版,第 527—528 页。

那种'乱戴帽子'的坏习惯继续存在。"①坚持"惩前毖后、治病救人"方针,就是要从团结的愿望出发,经过批评或者斗争,从而在新的基础上达到新的团结。毛泽东指出:"批评有两种,一种是正确的批评,结果是使党团结;一种是不正确的批评,如四中全会(六届四中全会)、五中全会(六届五中全会)的那种批评,结果是使党分裂。我们要发扬正确的批评,反对不正确的批评,这就是整风。"②毛泽东非常形象地用医生给人治病来说明解决党内问题、正确开展批评就好比医生给人治病一样。他指出:"治病救人是说,为了救人而去治病。人本来是好人,但病菌进去了,得了病,就请医生看一看,吃点药,治好了。要救人不治病不行,要治病不救人也不行,无论偏向哪一方面都不好,都应该改正。"③对此,刘少奇同样有一系列重要论述。他在《论共产党员的修养》一文中就曾指出:"我们之所以需要批评和自我批评,不是为的损害党的威信,败坏党的纪律,削弱党的领导,而是为的提高党的威信,巩固党的纪律,加强党的领导。"④1941 年 11 月,刘少奇在中共中央华中局党校演讲时,集中论述了党员在组织上和纪律上的修养。他指出:"党员相互间的监督和批评是为了帮助别人,为了党的团结和统一。因此,方式应该诚恳、坦白、光明磊落,分别具体对象,采用具体办法;应是客观的,就事论事的,而不是凭空猜想的。要达到诚恳和坦白,就要正面提出意见。"⑤《关于若干历史问题的决议》通过总结中国共产党解决党内矛盾和问题、开展党内斗争的经验教训强调:"我们党关于党内历史问题的一切分析、批判、争论,是应该从团结出发,而又达到团结的,如果违背了这个原则,那就是不正确的。"⑥实践证明,正是坚持从团结的愿望出发,解决党内存在的错误与缺

---

①　《毛泽东选集》第二卷,人民出版社 1991 年版,第 532 页。

②　《毛泽东文集》第三卷,人民出版社 1999 年版,第 75 页。

③　《毛泽东文集》第三卷,人民出版社 1996 年版,第 297 页。

④　《刘少奇选集》上卷,人民出版社 1981 年版,第 159 页。

⑤　《刘少奇论党的建设》,中央文献出版社 1991 年版,第 328 页。

⑥　《毛泽东选集》第三卷,人民出版社 1991 年版,第 997 页。

点,才使得中国共产党能够不断清除自己身上的政治微生物,同心同德,胜利前行。反之,以权压人,采取惩办主义的办法,随意动用组织措施,必然适得其反。有效拿起批评和自我批评武器,从团结的愿望出发,经过正确的批评和自我批评,达到新的团结,体现了中国共产党在政治上的成熟与自信。正如毛泽东在《学习和时局》一文中所言:"实行惩前毖后、治病救人的方针,借以达到既要弄清思想又要团结同志这样两个目的。对于人的处理问题取慎重态度,既不含糊敷衍,又不损害同志,这是我们的党兴旺发达的标志之一。"①

二是坚持正确地开展批评或斗争。由于受剥削阶级影响,受小资产阶级思想影响,加之党员出身不同,受教育程度不同,等等,所以在中国共产党内必然存在着差别,包括思想方法和认识方法、思想意识和道德观念等方面的差别,这样就必然引起对于中国革命理解和认识上的不同,引起党内许多不同意见、不同主张的分歧和争论,引起党内斗争。而只有经过党内斗争,解决分歧和争论,解决矛盾与问题,克服各种不正确的思想意识和行为,才能使党统一思想,统一行动。

既然党内斗争是需要的,那么,以什么样的方法开展党内斗争以解决党内的问题与矛盾?刘少奇指出:"党内既有各种缺点和错误存在,既有各种不正确的非无产阶级的思想意识存在,而这些不正确的思想意识中的每一种都可能在某种时期发展成为党内某种倾向,引起党内某些原则上的分歧,妨碍党的行动的一致。因此,如果不发展党内的批评和自我批评,不经常地揭发和纠正各种缺点和错误,不克服各种不正确的思想意识,不进行党内斗争来克服党内的分歧,而在党内斗争中采取折衷的态度和'中间'路线,或者得过且过,敷衍了事,那末,就不能正确地教育党,教育阶级,教育群众。"②这就是说,在党内斗争中需要拿起批评和自我批评武器,以纠正各种缺点和错误,克服不正确的思想意识,解决党内的分歧。

---

① 《毛泽东选集》第三卷,人民出版社 1991 年版,第 938 页。
② 《刘少奇选集》上卷,人民出版社 1981 年版,第 159 页。

拿起批评和自我批评这一有效武器,正确开展党内批评和斗争,需要解决好以下问题:一是要明确党内开展批评和斗争的目的所在。党内批评和斗争基本上是一种思想斗争,是为了保持和加强党在政治上、组织上、行动上一致的批评和斗争,是为了更好地坚持真理、修正错误的批评和斗争。刘少奇认为:"党内斗争的目的,是为了教育党与教育犯了错误的同志。所以党内斗争本身就是一种党内不可缺少的教育;而党内的教育也是一种党内斗争,一种比较温和的斗争。因此教育与斗争是不能分开看的,斗争即是一种教育,教育即是一种斗争,机械地分开是不对的。"① 二是要在开展批评和斗争过程中有理有据。要注重调查研究,掌握真实情况,避免盲目性和随意性;要明辨是非,注重全面地、科学地看待问题和分析问题,不盲从、不意气用事,不随波逐流。避免主观地、机械地、捕风捉影地、人云亦云地胡批乱斗。三是要把握好党内批评和斗争的度。要杜绝随意上纲上线、人为制造斗争对象、乱用组织手段的"左"的错误做法。刘少奇指出:"这个党一开始就有严格的自我批评与党内斗争,这是推动我党进步的一种原动力,使我党进步很快。但是另一方面,又使我们的同志常常走到另一个极端,犯了另一个错误,就是常常使我们党内的斗争进行得过火,斗争得太厉害,毫无限制地斗下去,走到了另一个偏向,左倾的偏向"。② 党内的批评与斗争是指在原则问题上的批评与斗争,而不是在非原则问题上的纠缠,不能不加区分把什么问题都当作原则性问题看待。当然,对于原则性的问题不能放任自流,不能妥协退让。但要看到,那种以为斗争愈多愈凶就愈好,那种"小题大做",把非原则性问题上升到原则性问题,人为制造斗争对象,那种轻教育重惩罚,随意动用组织手段甚至于用对付敌人的手段来惩罚同志,那种用大帽子吓人的做法,只能损害党的形象,损害党的事业。如刘少奇所讲:"如是,这些人也就成为党内斗争中没有正确立场的'打手',无原则的'斗争家',嗜好

---

① 《刘少奇选集》上卷,人民出版社 1981 年版,第 193 页。
② 《刘少奇选集》上卷,人民出版社 1981 年版,第 186 页。

斗争的'斗殴家',为斗争而斗争。这是无产阶级队伍中的丑事"。① 四是要反对不负责任的自由主义现象。正确地开展批评和党内斗争必须坚决反对自由主义。自由主义是与共产党人党性要求格格不入的,如果任其泛滥,党内的批评和斗争就不可能正确开展。因为自由主义者在熟人、同乡、同学、知心朋友、亲爱者、老朋友、老部下面前,明知不对也不作批评和斗争,只讲关系,不讲党性。自由主义者当面不说,背后乱说;开会不说,会后乱说,毫无组织观念和纪律观念。自由主义者事不关己,高高挂起;明知不对,少说为佳;明哲保身,但求无过,把个人利益放在了第一位。自由主义者不是为了团结和进步向不正确的意见斗争和争论,而是个人攻击,闹意气,泄私愤,图报复,完全丧失了原则性。自由主义者明知自己错了,也不想改正,只顾个人面子,完全不顾党的事业与形象,等等。可见,自由主义只能损害党内批评和斗争的健康开展,是党内生活的腐蚀剂。五是要注意保护被批评和斗争者的权利。一定要给被批评被处罚的同志以一切可能的申诉机会,任何党组织不能禁止任何同志在被处罚后向上级申诉,党员的上诉权不能剥夺。要允许被处罚党员阐述自己的意见、理由和想法,不能把人一棍子打死。这是在正确开展批评和党内斗争中必须遵循的一条基本法则。

三是坚持用民主精神营造开展批评和自我批评的良好空气。毛泽东指出:"要团结就要有民主,没有民主,没有批评与自我批评,不把意见搞清楚是不可能团结的。"②开展批评和自我批评,必须要让人能说话,保障批评者和被批评者都有发表意见的机会与权利,这样批评和自我批评才能开展起来,否则就无从谈起。为此,就要充分发扬党内民主,创造一个批评和自我批评的良好环境。延安时期中国共产党在开展批评和自我批评过程中,坚持"知无不言,言无不尽"、"言者无罪,闻者足戒"和"有则改

---

① 《刘少奇选集》上卷,人民出版社1981年版,第187页。
② 《毛泽东文集》第三卷,人民出版社1996年版,第339页。

之，无则加勉"的原则。强调不论什么人，只要不是敌对分子，不是恶意攻击，允许大家讲话，讲错了也不要紧。这样的原则和规定，保证了全党同志能够放下包袱，解放思想，在广泛的民主讨论气氛中，展开思想交锋，分析问题，解决问题。

中国共产党深知，开展批评和自我批评需要民主精神和民主环境。而在民主精神的发扬、民主环境的营造中，领导干部是关键。首先，领导干部一定要有民主精神。刘少奇在《关于白区的党和群众工作》一文中指出：领导机关和负责人员"应服从多数，服从纪律，接受下面的批评，倾听同志的报告，详细地向同志解释，用平等的兄弟的态度对待同志，把自己看作是一个普通的同志，大公无私地处理问题。这是民主的精神，我们每一个干部都应当具备这种精神。应当用这种精神来改造自己并教育同志。这正是党内所需要的民主"①。其次，领导干部一定要有听取不同意见的气度和胸襟。要善于和勇于广开言路，听取各种声音包括不同意见。毛泽东指出："封建专制时代还有那么几个开明的皇帝能广开言路，何况我们共产党呢？我们更要广开言路，打开窗户，不要怕打开窗户可能吹进沙子来。进来一点尘土，坏处有一点，但并不大，而开窗户透空气的利益却很大，我们要从这种利害关系上看这个问题。我们是干革命的，还怕民主？还怕人家发表意见？你说对了就可以说出一个正确的道理来，说错了也不要紧，说错了还可以让人知道一条错误的道理，所以要实行高度的民主。"②要看到听取各种意见包括不同意见甚至是刺耳的意见，本身是领导者的责任。再次，领导干部还要善于和勇于自我批评和接受别人批评。1939年12月，陈云在中共陕甘宁边区第二次代表大会上讲话中指出："开展批评和自我批评，首先应从领导做起，检查自己有什么缺点，有什么错误。先检查自己，批评自己，不能只说下面不好。如果工作出了毛病，作为领导者，自己应首先承担责任，不能上推下卸，诿过于人。一般来

① 《刘少奇选集》上卷，人民出版社1981年版，第66页。
② 《毛泽东文集》第三卷，人民出版社1996年版，第399页。

说,看别人的毛病比较容易,看自己的毛病比较难。领导者本身有责任,但不批评自己,光批评别人,这种批评便没有效力,别人是不会接受的。在批评下级的时候,领导者说话又要慎重。领导者一句说得不妥当,在下面就可能产生不好的影响。有的话在上级会议上可以讲,如果在别处随便讲,便会引起不好的后果,使下级不满。开展批评和自我批评,要从维护党的利益出发,要坚持原则,要实事求是。"①那种对自己的错误和缺点藏着掖着,躲躲闪闪,惧怕亮短揭丑,怕丢面子,对别人的批评横加指责,压制报复,只能扼杀批评和自我批评,使错误难以纠正,使党的生机和活力丧失,使党的事业和形象受损。毛泽东指出:"我们不怕人家批评,我们是批不倒的……只要有改正错误这一条就行。"②因为,开展批评和自我批评是为了更好地坚持真理、修正错误,只有勇于接受批评并善于改正错误,才能少犯错误或不犯错误。在延安时期,特别是在延安整风中,从中央领导人到普通党员,都以正确的批评和自我批评求得了党内的团结,这种精神成为整风中最令人感动的一道景观,也成为延安整风能够取得成功的根本原因所在。

四是要正确对待犯错误的同志。世界上没有不犯错误的政党,也没有不犯错误的人,马克思主义政党和共产党人也不例外。问题的关键在于以什么样的态度对待错误和改正错误。"如果对一些同志犯错误这个问题不加以分析,对历史不加以具体的分析,不采取革命的现实主义,那就不行。就是说,如果不把理想主义与现实主义结合起来,不把原则性与灵活性结合起来,那我们就要造成缺陷、缺点,甚至造成错误。"③基于对党的历史上对待错误问题不在思想上彻底弄清错误的实质及其根源,也没有恰当地指出改正的方法,以至于重犯错误;同时,又太着重个人的责任,以为对犯错误的人们一经给以简单的打击,问题就解决了的历史教训

---

① 《陈云论党的建设》,中央文献出版社1995年版,第100—101页。
② 《毛泽东文集》第三卷,人民出版社1996年版,第399页。
③ 《毛泽东文集》第三卷,人民出版社1996年版,第361—362页。

的总结,延安时期在纠正党内错误,解决党内矛盾与问题时,展开批评和自我批评,注重分析党内"左"的和右的错误思想根源,弄清错误的内容与危害,并指出改正错误的办法,把在弄清思想、坚持原则基础上加强团结作为解决党内问题的出发点和落脚点,对任何过去犯过错误的同志,只要他已经了解和开始改正自己的错误,就不存成见地欢迎他,团结他为党工作。即使还没有很好地了解和改正错误,但已不坚持错误的同志,也以恳切的同志的态度,帮助他了解和改正错误。同时,坚持客观地辩证地看问题,不否定一切。如对于 1931 年 1 月党的六届四中全会召开至 1935 年 1 月遵义会议时期党内发生的第三次"左"倾错误问题,既指出那个时期中央领导机关所采取的政治策略、军事策略和干部政策在其主要方面都是错误的,又指出当时犯错误的同志在反对蒋介石、主张土地革命和红军斗争这些基本问题上面,和我们之间是没有争论的。正因为如此,经过延安整风运动,使全党达到空前的团结和统一。正像《关于若干历史问题的决议》所讲:"团结全党同志如同一个和睦的家庭一样,如同一块坚固的钢铁一样,为着获得抗日战争的彻底胜利和中国人民的完全解放而奋斗"。①

(二)创造性地实施了一整套正确开展批评和自我批评的方法

有了开展批评和自我批评的正确方针和原则,还需要把这些方针和原则转化为开展批评和自我批评的具体办法,只有这样,才能把批评和自我批评真正落到实处,避免摆花架子和走过场现象发生。概括起来看,在延安时期,中国共产党开展批评和自我批评主要采取了以下行之有效的方法:

一是要求党员和干部刻苦学习所指定的马克思列宁主义基本文献。

---

① 《毛泽东选集》第三卷,人民出版社 1991 年版,第 997 页。

学习和掌握马克思主义基本理论及其精神实质,是正确开展批评和自我批评的基础与前提。毛泽东指出:"反映了全世界无产阶级实践斗争的马克思列宁主义的普遍真理,在它同中国无产阶级和广大人民群众的革命斗争的具体实践相结合的时候,就成为中国人民百战百胜的武器。"①要运用好马克思主义这一理论武器,就要真正掌握马克思主义理论。中国共产党要清除党内存在的各种非无产阶级思想,解决党内存在的各种矛盾和问题,冲破主观主义的束缚和禁锢,纠正学风上的教条主义、党风上的宗派主义、文风上的党八股,就必须着力提高全党的马克思主义理论水平,增强党员干部运用马克思主义理论解决中国革命实际问题的能力与本领。因为只有认真学习马克思主义理论,做到融会贯通,才能掌握马克思主义的立场、观点和方法,才能分清真假马克思主义,才能以马克思主义理论为武器,去修正错误和缺点。陈云在《怎样做一个共产党员》一文中论述了共产党员的标准,其中第六条专门讲学习,他把学习看作是一个共产党员是否是合格的共产党员的标准之一。他指出:"共产党员有了革命的理论,才能从复杂万分的事情中弄出一个头绪,从不断变化的运动中找出一个方向来,才能把革命的工作做好。不然,就会在复杂的、不断变化的革命环境中,迷失道路,找不到方向,不能独立工作,也不能正确地实现党的任务和决定。所以每个共产党员要随时随地在工作中学习理论和文化,努力提高自己的政治水平和文化水平,增进革命知识,培养政治远见。"陈云在列举了学习的主要内容后,还特别强调:"自我批评是共产党员学习的宝贵的武器,虚心地接受党的批评是一个党员进步的必要条件。好的共产党员,对党的每个批评都必须以诚恳的态度、愉快的态度去接受和了解,以改正自己的错误。"②

加强理论学习,增强理论修养,是共产党人加强党性修养的核心要素。如果理论修养缺乏,就难以站稳脚跟,明辨是非,分清谁对谁错,孰是

---

① 《毛泽东选集》第三卷,人民出版社1991年版,第1094页。
② 《建党以来重要文献选编》第十六册,中央文献出版社2011年版,第345—346页。

孰非，因而要拿起批评和自我批评这个武器，就只能是一句空话。刘少奇在《论共产党员的修养》一文中强调"理论学习和思想意识修养是一致的"。他指出："一个共产党员如果不努力学习马克思列宁主义的理论和方法，如果不用马克思列宁主义指导自己的思想和行动，他要在一切革命斗争中坚持无产阶级的立场，体现无产阶级的思想意识，这也是不可能的。"他认为："马克思列宁主义的理论，是我们观察一切现象、处理一切问题的武器，特别是观察一切社会现象、处理一切社会问题的武器。如果我们不能掌握马克思列宁主义的理论武器，我们就不能正确地认识和处理在革命斗争中所遇到的各种问题，就有迷失方向、背离无产阶级革命立场的危险，甚至可能自觉地或者不自觉地成为各种机会主义者，成为资产阶级的俘虏和应声虫。"①

正因为理论武装如此重要，所以，中国共产党在解决党内问题时，非常重视理论学习。在1938年中共六届六中全会上，毛泽东就向全党发出来一次"学习竞赛"的号召，六届六中全会之后，学习运动就在全党普遍兴起。学习运动的开展，无疑为全党开展整风运动做了准备。为了使整风运动有序进行，中国共产党把学习文献作为重中之重，在全党整风运动发起之际，就规定了必读文件。1942年4月3日在中共中央宣传部颁布的《关于在延安研究讨论中央决定及毛泽东同志整顿三风报告的决定》中，规定了整风学习的18个必读文件，即：毛泽东的《整顿党的作风》《反对党八股》《改造我们的学习》《反对自由主义》《〈农村调查〉的序言和跋》《在陕甘宁边区参议会的演说》，刘少奇的《论共产党员的修养》，陈云的《怎样做一个共产党员》，中央《关于在职干部教育的决定》《关于延安干部学校的决定》，红四军九大论党内不正确的倾向，《宣传指南》，"四三决定"和康生的两个报告。4月16日，中央宣传部发出《关于增加整风学习材料及学习时间的通知》又增加了4个学习文件，即：《斯大林论领导

---

① 《刘少奇选集》上卷，人民出版社1981年版，第115、116页。

与检查》《列宁斯大林等论党的纪律与党的民主》《斯大林论平均主义》《季米特洛夫论干部政策与干部教育政策》。这样,学习文件就由18个增至22个。

为什么要规定学习22个文件?对此,1942年5月14日,《解放日报》发表了彭真撰写的题为《领会二十二个文件的精神与实质》的代社论集中回答了这个问题。社论指出:"我们所以要领会它,就是为了要实际应用它,把它们变成我们自己的武器,自己的箭,射起得心应手的箭,好来百发百中地射击主观主义、宗派主义和党八股;来改正我们的思想,改造我们的工作,总之,来解决中国革命的实际问题"。① 领会和贯通22个文件的精神实质,重在掌握文件中的立场、观点和方法,能够运用文件精神来反省自己的工作,反省自己的思想,反省自己的全部历史,并且改正自己的思想,改正自己的工作,又能够依据它来检查自己有关部门和有关地区的工作并改正之,揭发并且纠正其中的歪风,这样才是真正的融会贯通。

中国共产党对整风学习非常重视,要求各地各单位都无一例外地加强对学习的组织领导,制订学习计划,强化检查落实。毛泽东本人不仅亲自领导全党整风学习,而且对整风学习非常关注。他在1943年2月10日曾致电中共北方局、太行分局、晋察冀分局、晋绥分局、山东分局和华中局领导人,特别提出5个问题要求迅速回复。即:"(一)大多数同志对于整风学习是否有正确的认识,有无偏向和误解?(二)在哪些干部中收效最大?有无把整风对象轻重倒置,只整下级不整高级?(三)是否根据具体环境及各种不同干部订立学习计划,有无不顾战争环境、不管干部程度的毛病?(四)学习方法,是否能使整风学习与实际工作密切联系,是否学用一致,有无教条主义的学习态度?(五)各级负责同志是否以身作则,亲自负责领导学习,有无放弃职责,将学习领导交给秘书或他人管理之事?"② 从电文的字里行间,都可以看出毛泽东对整风学习的重视程度。

① 《领会二十二个文件的精神与实质》,《解放日报》1942年5月14日。
② 《毛泽东文集》第三卷,人民出版社1996年版,第4页。

在中央领导下,从中央到地方,从延安到各个敌后抗日根据地,整风学习不断深入。在学习方法上,大家精读文件。对中央规定的学习文件逐字逐句地读,反复读,联系自己的思想实际和工作实际读,联系党的历史、党的路线读。在精读文件同时,认真撰写学习笔记。有的摘记文件大意,有的记心得体会,有的写心得文章,甚至有的把文件全抄一遍,以加深记忆和理解。还采用开研讨会方式,把个人学习与集体讨论紧密结合起来。经常组织漫谈会,讨论会。漫谈会不拘形式,不限人数,不定内容,不拟题目,少则三五人,多则十余人,在河边、在树下、在山坡上,随处可以进行,参加者可以随来随走。讨论会有小组的,有支部的,也有几个支部合在一起开的。遇到带有普遍性的问题,还组织更大范围的讨论会,邀请中央领导作报告,给大家答疑解惑,帮助大家加深对文件精神的理解。时任中央党校副校长的彭真,就经常给党校学员作报告,学校的每次大讨论活动结束时他几乎都要讲话,帮助干部提高认识。他常常用比喻来说明问题,给大家留下深刻印象。他用毛驴过河的例子,说明什么是经验主义。第一次毛驴驮上盐过河,到了河中间,它卧在水里,盐被水融化了,减轻了分量。第二次它驮上棉花过河,又卧到水里,棉花被水浸湿,分量加重了。彭真用秀才跳水沟子的例子说明什么是教条主义:一位秀才想跨过一条水沟,就问旁边的农民。农民说,这很容易,一跳就过来了。秀才按照自己的理解,并起双脚一跳,掉进水沟了。秀才生气地质问农民为什么骗他,农民说,叫你跳,并没有说并起双脚。秀才抱怨农民用词不当,说书本上明明写着,"双足曰跳,单足曰跃",你如果让我跃过来,我就不会掉在沟里了。彭真批评主观主义好比横着竹竿进城门,进不去。这些生动形象的比喻,使大家明白了教条主义和经验主义的危害。

为了检验学习成效,一些单位还用考试方式促进学习深化。中央党校在学风阶段学习结束时就组织了考试,试题如下:(1)什么是党的学风中的教条主义?你见过的最严重的表现是哪些?你自己在学习和工作中曾否犯过教条主义错误?如果犯过,表现在哪些方面?已经改正了多少?

今后将如何改正或预防？（2）什么是党的学风中的经验主义？你见过的最严重的表现是哪些？你自己在学习和工作中曾否犯过经验主义错误？如果犯过，表现在哪些方面？已经改正了多少？今后将如何改正或预防？（3）你听了或读了毛泽东同志《改造我们的学习》报告和中央《关于延安干部学校的决定》《关于在职干部教育的决定》以后，对于过去党内的教育或学习，反省的结果如何？你如何改造自己的学习和工作？（4）你接到中央《关于调查研究的决定》以后，怎样根据它检查并改造你的工作？这些试题体现了理论联系实际原则，具有极强的针对性，激发了每个人的思考，促使他们对照自己的思想、工作实际，反思存在的问题，并寻找解决问题的办法。

二是在领会文件精神实质、掌握思想武器基础上深刻地反省自己。学习文件的目的在于掌握思想武器，根据文件精神检查自己的思想、工作和历史。当时形象的说法就是："自己钻文件，用文件来钻自己"。"把文件中的道理当作尺码来量一量自己，当作天平来称一称自己，当作镜子来照一照自己"。

用文件精神对照检查自己，是中国共产党解决党内问题的基本要求，也是共产党人党性锻炼的基本途径。1941 年 7 月 1 日中共中央颁布的《中央关于增强党性的决定》要求："要用自我批评的武器和加强学习的方法，来改造自己使适合于党与革命的需要。要求每个党员特别是每个负责领导的干部，都深刻反省自己的弱点，把党的利益看得高于一切，任何人都不应有自满自足，自私自利的观念。要提倡大公无私，忠实朴素，埋头苦干，眼睛向下，实事求是，力戒骄傲，力戒肤浅的作风。要改造那些把理论与实践、学习与工作完全脱节的现象，这样来更加坚定自己的阶级立场、党的立场与党性。"①

中国共产党在发起全党整风时就明确要求深刻领会规定学习文件的

---

① 《建党以来重要文献选编》第十八册，中央文献出版社 2011 年版，第 445 页。

精神实质,以文件精神为武器,开展批评和自我批评。中国共产党在《关于在延安研究讨论中央决定及毛泽东整顿三风报告的决定》中要求:"各机关各学校对于中央决定、毛泽东同志报告及其他中央指定的文件,要深入的研究,热烈的讨论,先把这些文件的精神与实质领会贯通,作为自己的武器,为此目的,各同志必须逐件精读,逐件写笔记,然后逐件或几件合并开小组会讨论,必要时由中央及本部派人作报告。在阅读与讨论中,每人都要深思熟虑,反省自己的工作及思想,反省自己的全部历史。在考查别人时亦是如此,必须做历史的全面的考查,避免有害的片面性。明哲保身,有话不说的态度是不对的,避开自己专攻别人的态度也是不对的。"①

为了使全党充分理解中央的意图,1942 年 4 月 6 日,《解放日报》发表胡乔木撰写的题为《自我批评从何着手》的社论。社论指出:"如果设想一个人既无党性的常识,又无唯物论的嗅味,只以交游中的传闻为调查,以窑洞中的感想为政策,不求甚解而自居先觉,以为只要一切安排得合于自己的胃口就可以来巩固党,来整顿三风,来推进抗战和革命的大众,这如何能不重蹈前人的覆辙,碰在现实的墙壁上呢? 正因为我们极端需要自我批评,我们不但希望全党成为一个充满自我批评的机器,而且希望能有更多的为原则而战斗的自我批评家出现,我们就不能不要求每一个党员和批评者:更好地充实你自己的武库吧! 把中央的文件更多读几遍,更多想几遍吧! 只要能虚心学习的人,只有敢于认识自己,清算自己的人,只有有决心用正确的思想方法,正确的人生观武装自己,并善于战胜自己的人,才能在战场上有效地缴敌人的械,并向死不缴械的敌人投出准确的、致命的一击!"②

正是以马克思主义理论为指导,以中央规定的文件精神为基准,对照检查自己,开展富有成效的批评和自我批评,使中国共产党澄清了党内存在的主观主义、宗派主义和党八股的严重危害,分清了是非。中国共产党

---

① 《建党以来重要文献选编》第十九册,中央文献出版社 2011 年版,第 194 页。
② 《胡乔木文集》第一卷,人民出版社 2012 年版,第 66 页。

的一大批领导人,在整风运动中,以其坚强的党性观念,反思自己的历史和过失,表现出勇于批评和自我批评的高风亮节。

张闻天是中国共产党历史上具有重要地位和作出重大贡献的领导人,1931年初留苏回国后不久就进入中国共产党核心领导层,遵义会议后,1935年2月5日,在云南省威信县水田寨村政治局常委开会讨论分工,被推举为党内负总责的人,接替博古成为党内的"一把手"。他同毛泽东合作领导红军实现战略转移伟大胜利,领导实现了由国内战争向抗日民族解放战争的战略转变,为中国革命作出了不可磨灭的贡献。但是,在以王明为代表的"左"倾错误统治全党时期,张闻天也曾犯了严重的"左"的错误,是教条主义的代表人物之一。1941年9月10日至10月22日,中央政治局召开扩大会议,史称"九月政治局会议",检讨党的历史上特别是第二次国内革命战争后期的政治路线问题。在会上张闻天先后两次发言,诚恳地检讨自己的错误。他在9月10日会上的发言中说:"过去我们对苏维埃后期的错误没有清算,这是欠的老账,现在必须偿还"。"反对主观主义,要作彻底的清算,不要掩盖,不要怕揭发自己的错误,不要怕自己的癫痫头给人家看"。"过去国际把我们一批没有做过实际工作的干部提到中央机关来,是一个很大的损失。过去没有做实际工作,缺乏实际经验,现在要补课"。9月29日,张闻天又一次发言说:"这次会议精神极好,对自己极有帮助。必须把自己个人问题弄清楚,才更好讨论。我个人的主观主义、教条主义极严重,理论与实际脱离,过去没有深刻了解到"。"对中央苏区工作,同意毛主席的估计,当时路线是错误的。政治方面是'左'倾机会主义,策略是盲动的。军事方面是冒险主义(打大的中心城市、单纯防御等)。组织上是宗派主义,不相信老干部,否定过去一切经验,推翻旧的领导,以意气相投者结合,这必然发展到乱打击干部,思想上是主观主义与教条主义,不研究历史与具体现实情况"。"这些错误在五次反'围剿'中发展到最高峰,使党受到很严重的损失。我是主要的负责人之一,应当承认错误。特别在宣传错误政策上我应负更多的责任。"①1943 年 9 月,为了统一思想,为中共七大召开做好准备,中国共产党决定召开政治局扩大会议进一步讨论路线问题。这次会议从 1943 年 9 月 7 日开始到 1944 年春结束,会议分 3 个阶段进行,第一阶段(1943 年 9 月 7 日至 10 月 6 日)主要讨论抗战时期党中央的路线是非,集中批判王明在抗战初期的右倾错误;第二阶段(1943 年 11 月 13 日至 12 月底)继续批评和讨论王明在土地革命战争后期"左"倾机会主义错误和抗战初期的右倾机会主义错误,张闻天又一次作了检查;第三阶段(1944 年春)进行整风总结和开展统一思想的学习讨论。期间,张闻天撰写自己的反省笔记(后称《1943 年延安整风笔记》),严格剖析自己在历史上所犯的错误及其原因,表现了一个共产党员严于律己,勇于承认错误并改正错误的风范与品质。在中共七大上,张闻天于 1945 年 5 月 2 日再次作检讨发言。发言检讨了过去内战时期所犯的路线错误,着重从思想作风上进行检查,认为造成错误的原因正是一种"理论脱离实际、脱离群众、缺乏自我批评的小资产阶级作风"。他不诿过于人,再次承担责任。对于过去所犯错误及损失,他说:"我是主要负责者之一,我是应该完全负责的,特别在发挥教条主义,反机会主义的思想斗争及后期苏维埃工作方面。"发言还坦诚地说明自己丢弃个人得失的痛苦思想斗争过程。他说:"为了真理,我曾经必须从我自己的身上撕去一切用虚假的'面子'与'威信'所织成的外衣","必须打倒把我高悬在半空中的用空洞的'地位'与'头衔'的支柱所搭成的空架子,使我自己从天上直摔到地下。"并且在 5 月 23 日的会上表示自己过去犯过错误,诚恳请求主席团在候选人提名名单中去掉自己的名字。②

　　博古在 1941 年召开的"九月政治局会议"上,两次作检讨发言。他说:1932 年至 1935 年的错误,我是主要负责的一人。我过去是学了一些理论,拿了一套公式教条来反对人家。四中全会上我与稼祥、陈绍禹反对

---

①　《张闻天年谱》(修订本)上卷,中共党史出版社 2010 年版,第 454—455 页。
②　《张闻天年谱》(修订本)下卷,中共党史出版社 2010 年版,第 496—497 页。

立三路线的教条主义,也是站在"左"的观点上反对的,是洋教条反对土教条。我们完全没有实际经验,在苏联学的是德波林主义的哲学教条,又搬运了一些苏联社会主义建设的教条和西欧党的经验到中国来,过去很多党的决议是照抄国际的。在西安事变后,开始感觉这个时期的错误是政治错误。到重庆后,译校《联共党史》,才对思想方法上的主观主义错误有些感觉。这次学习会检查过去的错误,感到十分严重和沉痛。现在我有勇气研究过去的错误,希望在大家帮助下逐渐克服。① 1943 年的九月政治局会议上,博古于 11 月 13 日再次检查,他说在教条宗派中,除陈绍禹外,他是第一名;在内战时期,他在国内是第一名;抗战时的投降主义,以陈绍禹为首,他是执行者和赞助者。表示承担因"左"倾错误造成的恶果的责任,接受一切从此而应得的政治的组织的结论。在中共七大上,秦邦宪(博古)于 1945 年 5 月 3 日在大会上发言,他又一次深刻反省自己,分析了他在中央负总责期间所犯错误及其根源。他说:"在上海中央破坏以后,由老的中央政治局委员指定我做临时中央负责人,当指定我做这个工作时期,我并没有感到不能担任领导整个党这样的事情。相反的,当时背了相当多的包袱,反对李立三的英雄是一个包袱。李立三把我处分了,四中全会取消了我的处分,这时又洋洋得意。再加上四中全会后我在青年团做了一个时期的工作,少共国际的决议上,说我们的工作有成绩有进步,这又是一个包袱。说我领导团还行,难道就不能领导党?"做了临时中央负责人以后,"目空一切,看不起任何人,觉得我比任何人都高明","发展了刚愎自用,不愿自我批评,不愿意听人家批评,对于一切错误采取文过饰非的态度"。表现了他勇于承认错误、改正错误的勇气。②

王稼祥在 1941 年的九月政治局会议上也作了自我检查。他说:"我也实际工作经验很少,同样在莫斯科学了一些理论,虽也学了一些列宁、斯大林的理论,但学得多的是德波林、布哈林的机械论。学了这些东西害

---

① 吴葆朴、李志英:《秦邦宪(博古)传》,中共党史出版社 2007 年版,第 408—409 页。
② 吴葆朴、李志英:《秦邦宪(博古)传》,中共党史出版社 2007 年版,第 422—423 页。

多益少。我回国后便参加了四中全会反立三路线斗争,当时不过是主观主义反主观主义,教条主义反教条主义。"他在发言中还讲道:"过去主观主义的传统很久,其产生的根源,除由于中国社会原因外,就是经验不够,学了一些理论而没有实际工作经验的人,易做教条主义者,从莫斯科国际回来没有实际工作经验的人,更易做教条主义者;实际工作经验多的人,不易做教条主义者,而容易成为狭隘经验主义者"。① 王稼祥因病未参加中共七大,1945 年 6 月 9 日在选举中央委员时得票二百零四票,不足半数,落选。大会主席团把他作为候补中央委员的第一候选人,列入候选人名单。6 月 10 日,毛泽东在作《关于第七届候补中央委员选举问题》的报告时,专门做工作,希望大家选他。毛泽东认为王稼祥是犯过错误,但也是有功劳的,并列举王稼祥的重要贡献。他说:"大家学习党史,学习路线,知道中国共产党历史上有两个重要关键的会议。一次是一九三五年一月的遵义会议,一次是一九三八年的六中全会"。"遵义会议是一个关键,对中国革命的影响非常之大。但是,大家要知道,如果没有洛甫(即张闻天)、王稼祥两位同志从第三次'左'倾路线分化出来,就不可能开好遵义会议。同志们把好的账放在我的名下,但绝不能忘记他们两个人"。毛泽东还强调:"六中全会是决定中国之命运的。六中全会以前虽然有些著作,如《论持久战》,但是如果没有共产国际指示,六中全会还是很难解决问题的。共产国际指示就是王稼祥同志在苏联养病后回国带回来的,由王稼祥同志传达的"。② 最后中共七大选举王稼祥为候补中央委员。

周恩来在南方局领导了整风运动。在整风学习中,他制定了《我的修养要则》:"一、加紧学习,抓住中心,宁精勿杂,宁专勿多。二、努力工作,要有计划,有重点,有条理。三、习作合一,要注意时间、空间和条件,使之配合适当,要注意检讨和整理,要有发现和创造。四、要与自己的他

---

① 徐则浩编著:《王稼祥年谱(一九〇六——一九七四)》,中央文献出版社 2001 年版,第 305—306 页。

② 《毛泽东文集》第三卷,人民出版社 1996 年版,第 424—425 页。

人的一切不正确的思想意识作原则上坚决的斗争。五、适当的发扬自己的长处,具体的纠正自己的短处。六、永远不与群众隔离,向群众学习,并帮助他们,过集体生活,注意调研,遵守纪律。七、健全自己身体,保持合理的规律生活,这是自我修养的物质基础。"①周恩来大革命失败之际就进入中央核心领导层,长期担负重要领导职务,对中国共产党历史非常熟悉。1943年回到延安后,他在学习文件、参加中央会议的同时,阅读大量历史资料,写出5万多字的笔记,对过去的历史进行系统的再认识。对自己参加革命20多年来的斗争历程进行了认真严肃的检查,写下2万多字的笔记。在1943年的九月政治局会议上,周恩来连续作了5天报告,并检查了自己在历史的几个关键时期的错误。

任弼时在1941年的九月政治局会议上,检讨了自己被临时中央派到中央苏区后的错误。他说:自己"毫无军事知识",却对毛泽东的正确主张不以为然,特别是"当时毛主席反对本本主义即是反对教条主义,我们当时反对所谓的'狭隘经验主义'是错误的"。② 在1943年11月举行的中国共产党学习组会上,任弼时又一次检讨自己的错误。他作自我批评道:对毛泽东在《反对本本主义》一文提出"没有调查没有发言权"的论断,误认为"不重视理论"。并检讨了1931年11月召开的苏区党代会和1932年10月召开的宁都会议上反对毛泽东的正确主张的错误。任弼时特别回顾了对毛泽东的认识过程,认为毛泽东之所以正确"是基于坚定立场和正确思想方法"。③

三是灵活运用各种形式,开展批评和自我批评,真正达到澄清思想、明辨是非。思想改造的基本方法是批评和自我批评。有效开展批评和自我批评需要练好内功,还要善于借助外力。所谓练好内功,就是要搞好自我

---

① 金冲及主编:《周恩来传》(二),中央文献出版社1998年版,第685页。

② 章学新主编:《任弼时传》(修订本),中央文献出版社2004年版,第569—570页。

③ 中共中央文献研究室编:《任弼时年谱(一九〇四——一九五〇)》,中央文献出版社2004年版,第452—453页。

批评,敢于揭丑亮短,找准自己存在的问题,在灵魂深处予以反思,并有决心改正自己的错误与不足。但由于一个人对事物的认识总是受到各种条件限制,要做到客观、全面、准确并不容易,自己对自己的认识与剖析更不容易,加之一些人在对待自己的缺点和错误时,总是羞羞答答,不想让人看见自己的癞疮疤,存在"犹抱琵琶半遮面"现象。因此,在开展自我批评同时,还需要借助外力,搞好批评,只有内外夹攻,才能真正解决问题。能不能严格解剖自己,欢迎来自各方面批评,成为当年整风收获大小的公认尺度。

为了使批评和自我批评成功开展,延安时期非常重视批评和自我批评方法创新,探索出灵活多样的批评和自我批评方式方法。在批评和自我批评中,既有思想自传、历史自传、反省笔记、读书笔记,又有小组会、支部会、小漫谈会、大漫谈会、个别谈话与所在单位全体人员参加的大会,还有墙报、学习报与学习通讯等。通过各种形式和方法使批评和自我批评能够卓有成效地开展,把批评和自我批评落到了实处。

开好民主生活会就是开展批评和自我批评的有效方式。一般来说,采用的是小组会和支部大会相结合的方法开展批评和自我批评。大家在小组会上,谈心得,谈体会,互相启发,热烈讨论,敞开思想,各抒己见,有了不同意见,就展开争论。为了弄清思想,明辨是非,一次又一次地争论。如果认识统一不起来,就召开支部大会进行讨论。中央党校二部就曾开过一个多月的全部民主大会,大家自由报名发言,愿讲什么就讲什么,发言内容十分广泛,有关于个人思想、工作、历史方面的情况和问题,有关于各个地区、各个部门工作方面的问题与情况,也有关于党的历史方面的情况和看法。许多负责干部,包括中央一些领导同志和党校负责同志,都受到了指名批评。真是把多年没有讲的心里话都讲了出来。话讲出来以后,再发动和依靠大家以坚持真理、修正错误精神,面对面地摆事实,讲道理,用和风细雨,耐心细致,与人为善,治病救人的态度进行批评和自我批评,实事求是地分清是非,解决问题。《解放日报》1945 年 3 月 20 日第二版发表的通讯《光华盐业公司讨论经济工作人员奖惩条例》,对其在小会大会中互相指出优缺点,开展批评和自我批评进行了详细介绍。这个通讯从一个侧面展示了延安时期开展批评和自我批评的生动场面。通讯说:光华盐业公司讨论"经济工作人员奖惩条例"。起初分小组讨论,按照八条奖惩标准,评定分数,又举行考委会议评定,后又举行大会。在这次讨论中,充分地发扬了民主精神,认真自我批评,对每个同志工作优缺点,进行全面检查,如对业务科巫科长的讨论,第一次评为九十二分,第二次重新评为七十五分,以后又重新评为八十分:就因为在讨论中,愈益深入,掘发的材料愈具体,上下级和同志间对他工作的认识,就更趋一致。如对于会计科某同志的检讨,能从思想上进行分析,并公正地指出其缺点和优点,帮助他认识自己。对渎职、生活腐化、浪费公家财产的运输队的刘开才、马司昌和艾惠三同志,由大会提材料,表决受惩,应受撤职处分,但领导上却又慎重处置该三同志的错误,仔细地进行审查材料。另外,还有在工作中有成绩、但也犯错误的同志,评为局部受奖和局部受惩。在3月14日举行的大会上,大家又互相提出对每人评定分数的意见,有的认为某人某项应减分,有的认为某人某项应加分,讨论热烈。……①

西北局高干会议成功召开,就是运用批评和自我批评澄清历史是非、达到统一思想目的的成功范例。这次会议于1942年10月19日至1943年1月14日召开,历时88天。陕甘宁边区地方县级和部队团级以上的党员干部300多人参加会议,中央高级学习组全体同志,中央党校一、二部的学员到会旁听。会议的主要任务是:整党、整政、整军、整民(人民团体的领导机关)、整关(党、政、军、民之间的关系)、整财、整学。这次会议是在中共中央和毛泽东直接领导下召开的,毛泽东出席了开幕式和闭幕式,并在会议期间两次作报告,即《关于党的布尔塞维克化的十二条》的讲演和《经济问题与财政问题》的报告。任弼时自始至终参加并主持会议。朱德、刘少奇、陈云、彭真、叶剑英、贺龙、吴玉

---

① 《光华盐业公司讨论经济工作人员奖惩条例》,《解放日报》1945年3月20日。

章、徐特立等中央领导人也在大会上作了重要讲话。由此可见会议规格之高和重要。这次会议解决了西北党的历史上的一些问题,特别是对 1935 年的陕北肃反问题作出结论,成为整风运动转入高级干部总结党的历史经验的先声。

在会议进行期间,陈正人于 10 月 21 日、22 日作整党问题的报告。报告提出认真总结西北党的历史经验,从思想上和组织上整顿边区党,以达到思想上的统一。在分组讨论中,大家纷纷提出西北党的历史上的一些问题,特别是 1935 年的陕北肃反中的问题,要求要用整党整风的精神来研究和解决这些问题,以明辨是非,总结经验。经党中央研究批准,大会领导小组接受了大家的意见,这样,从 11 月 2 日起,会议关于整党问题由分组讨论转为结合西北党的历史进行整风的大会讨论。在 10 多天的大会讨论中,贾拓夫、习仲勋、刘景范、马文瑞、张秀山、张邦英、王世泰、霍维德、贺晋年、李赤然等 46 人先后在大会上发言。大家用自己的亲身经历,讲述和批评“左”倾错误给西北革命和根据地造成的严重危害,尤其是发生在 1935 年九十月的错误肃反造成的严重后果和影响,震惊了与会全体同志。大家认为一些人之所以犯“左”的错误,其原因主要是:思想方法上的主观主义和教条主义,不能从陕北的实际情况出发,而是从上级的指示出发,从脑子里的想象出发。组织上的宗派主义,对同志采取打击政策,偏听偏信,看不起和不信任本地干部。党性上的个人主义,只顾个人建功立业,不调查不研究,急于求成。会议经过充分讨论,肯定了以刘志丹为代表的正确路线,清算了西北党的历史上的“左”倾错误,最后,由高岗作了《边区党的历史问题检讨》的结论。根据会议的检讨和结论,中共中央于 1942 年 12 月 12 日正式颁布了《关于一九三五年陕北肃反问题重新审查的决定》。《决定》正确地总结了西北党的历史经验,对西北党的历史上长期遗留的一些问题作了结论。毛泽东在会议总结中说:“我们虽然是从历史中走过来的,但要从观念形态上恰当的反映历史是不容易的。经过这样多的磨折,这样多年,这次高干会才把历史搞清楚。"①这是毛泽东对会议的肯定。同时,在这次会上,对陕甘宁边区党的工作中存在的问题也进行了深入讨论,从县团级干部到边区许多高级干部,都作了深刻的自我批评。会议所表现出来的批评和自我批评精神,在与会者脑海里留下了深刻记忆。参加会议的独一旅旅长高士一说:"参加这次大会是最彻底的整风,不但脱了裤子,还洗了澡,擦了背,一切大的毛病小的毛病都暴露了,都医治了,使我得到了最宝贵的教育。"②林伯渠在会议闭幕词中讲道:共产党不怕自我批评,也虚心地接受各方面人士和人民群众的批评。他说:"为什么我们要这样呢?因为我们共产党,我们的每一个共产党员,都不应该是掩饰自己错误的小人,而应是胸襟宽大的君子,有坚定的立场,为劳苦群众的解放,为中华民族的解放,为人类的解放,素来都是抱着光明磊落的态度。我们欢迎一切批评,目的就是使我们各方面的工作搞得更好一些。我们这次三个来月的会议,正是贯彻了这一精神才取得这样多的胜利。现在每个同志心里都感到很快乐,每个同志的心里都燃烧着胜利的火。"③1943年3月4日,《解放日报》发表了题为《高干会与整风运动》的社论,对高干会的经验进行了系统总结。社论认为:高干会的经验以及对整风运动开展的意义主要体现在以下几个方面:一是要贯彻整风运动,首先就必须把它与实际结合,整风一旦脱离实际,就成为无的放矢,就不会得到任何的收获。二是要贯彻整风运动,对于党内党外所发生的一切问题,都必须着重于思想检讨。三是要贯彻整风运动,必须正确地运用党内民主,充分使用自我批评的武器。四是要贯彻整风运动,必须倡导布尔塞维克所特有的那种学习精神。最后,社论希望全边区党都能够继承高干会的作风,使整风与实际完全结合,更多注意思想上的检讨,发扬党内民主与自我批评精神,虚心的向群众学习和学习历史,真正在整风学习中完成高干会一切决议。但

---

① 《毛泽东传》第二册,中央文献出版社2011年版,第658页。
② 《延安整风运动纪事》,求是出版社1982年版,第229页。
③ 《建党以来重要文献选编》第二十册,中央文献出版社2011年版,第60页。

这不是一个说空话的问题,只有实践才是我们检查整风学习与检查高干会决议执行的唯一标准,那末,就让我们大家等着瞧吧!①

运用民主生活会,以对党和人民负责的态度,开展认真的批评和自我批评,丢下面子,袒露胸怀,通过激烈的思想交锋,触及灵魂深处,给许多人留下了难以忘怀的记忆。由于大家"事无不可对党言",勇于揭露自己的缺点和错误,深挖社会根源,历史根源,以党和人民的事业为重,用马克思主义世界观改造自己的思想意识,所以不但组织上入党,思想上也入党了,正是由于这样,大家相知更深,同志之间的关系也更加亲密无间。

撰写个人自传或反省笔记是开展批评和自我批评的又一重要方式。毛泽东在《关于整顿三风》一文中指出:"不管文化人也好,'武化人'也好,男人也好,女人也好,新干部也好,老干部也好,学校也好,机关也好,都要写笔记。首先首长要写,班长、小组长都要写,一定要写,还要检查笔记。"②著名作家刘白羽就曾回忆他在延安参加整风运动中的心路历程。他说:在参加整风运动最初引起思想震动的是"组织上入党,思想上没入党"这一极其深刻而庄严的问题。他认为:党领导的延安整风运动,实实在在给这种自我觉醒铺平了道路,创造了条件。他说:在整个整风过程中,他是经历了很大痛苦的,产生过种种幻灭之感,惶惑不安,彻夜难眠,但在党的热切关怀、强大威力推动之下,我这只小船终于漂向真理的彼岸。要知道从剥削阶级立场转变到被剥削阶级立场,对于一个知识分子来说不是一件轻而易举的事情。刘白羽回忆,他的剖析材料写了三稿,才由当时任中央党校三部副主任的张如心点头认可,写下了数十万字之多。他感慨道:参加整风运动,在反复学习过程中把自己的立足点移到共产主义的立场上来,这实在是人生的一大解放,人生的一大转折。我像越过一道阴阳分界线,懂得了一个伟大真理,过去自以为是在砸烂一个旧世界,实际上这个旧世界首先得从自己身上开始清除。于是我像穿过黑夜走向

---

① 《高干会与整风运动》,《解放日报》1943 年 3 月 4 日。
② 《毛泽东文集》第二卷,人民出版社 1993 年版,第 416 页。

黎明,吹着拂面的清风,看到鲜红的晨光,这时,我的眼界豁亮多了,我的胸怀坦荡多了。我开始觉得掩饰自己的错误是可耻的,相反,把那些见不得人的东西暴露于光天化日之下,才是尽了自己的道义责任。[1]

三、积累开展批评和自我批评的基本经验

(一)领导干部以身作则、发挥带头作用

刘少奇在总结历史经验时曾经指出:"凡是那个地方的负责人在党员群众和人民群众中认真地进行了诚恳的与必要的自我批评,那里党员和人民的批评与自我批评也就会开展,积极性也就会提高,内部团结也就会达到,工作也就会改进,缺点也就会克服,而且负责人的威信不独没有损失,反而会提高。这在我们党内及人民中已有无数事实证明了的。相反,凡是那个地方的负责人没有自我批评精神,不肯或惧怕批评自己的缺点与揭露自己的错误,企图掩盖与隐藏自己的缺点和错误,或在别人批评后不表示感谢别人,不是'人告之以有过则喜',而是面红耳赤,反口相讥,或寻隙报复,那末,那里的党员和人民中的民主与自我批评,就不会开展,积极性就不会提高,内部团结就不能达到,缺点不能克服,工作不能进步,负责人的威信也就会丧失。"[2]由此可见,在开展批评和自我批评过程中,领导干部能否起到带头作用是关键。当年的毛泽东就是一个典范。在当时严峻复杂的斗争环境下,为了打击敌特的阴谋破坏活动,纯洁党的干部队伍,中共中央决定在整风运动过程中审查干部。这是完全必要的。1942 年 11 月,中共中央主要领导人、中央领导整风的总学习委员会主任毛泽东在边区高干会上宣布,整风不仅要弄清"无产"与"非无产"(半条

---

① 《延安中央党校的整风学习》第一集,中共中央党校出版社 1988 年版,第 132—139 页。

② 《刘少奇选集》上卷,人民出版社 1981 年版,第 364 页。

心),并且要弄清革命与反革命(两条心),要注意反特务斗争。12月,整风运动转入审干阶段,实际上就是清查内奸、开展反特斗争。开始只是在内部由少数机关对少数人进行的。当时,中央总学习委员会副主任、中央审干委员会主任、中央社会部部长康生在西北公学搞试点,采用"逼供信"、车轮战等办法,强迫该校学员张克勤承认自己是"特务",进而制造了甘肃地下党是"红旗党"(所谓外红内白)的假案。随即又展开大规模的追查,将来自甘肃、河南、湖北等省地下党的一些"可疑分子"拘押审讯。1943年4月初,胡宗南的高参胡公冕因公来延,为防止边区内部特务与胡来往,康生指令保安部门当晚即秘密逮捕了200多名"特嫌分子"。4月3日,中共中央作出《关于继续开展整风的决定》(即新"四三决定"),在总结一年来整风运动成绩后指出:"整风的主要斗争目标,是纠正干部中的非无产阶级思想与肃清党内的暗藏的反革命分子。""一年的经验证明,整风不但是纠正干部错误思想的最好方法,而且是发现内奸与肃清内奸的最好方法。"在继续进行整风审干中,从4月中旬起,康生组织了一些假典型到各处现身说法,开展所谓群众性的坦白、自新运动。审干由内部转为公开,由少数机关发展到各机关、各学校,并采用了多种形式。3个月内,有450人"坦白"了各种政治问题。7月15日,康生在中直机关干部大会上作《抢救失足者》的煽动性报告,并把"坦白"好的"典型"带到大会上示范,以诱发别人交代问题。从此,"抢救"运动在整个延安昼夜不停地加紧进行。许多来自国统区的地下党员、革命青年、进步人士、革命知识分子被迫受到追查和逼供,有的单位80%以上的人成为"抢救"对象。8月15日,中共中央发现审干运动中严重"逼供信"现象后,作出了《关于审查干部的决定》,提出了审干九条方针。九条方针是正确的,但这个决定仍过分地估计了形势,一开头就说"特务之多,原不足怪",又说"特务是一个世界性群众性的问题",并提出在整风中由审查干部到"进一步审查一切人员"的方针。这样,就使运动愈加扩大发展,成为全边区工农兵学商普遍群众性的防奸运动。从1943年12月起,根据中共中央和毛泽东一系列指示进行甄别、平反。对于抢救运动中,打击面过宽,伤害了的同志,毛泽东 1944 年 5 月 22 日在延安大学开学典礼会上,当场行脱帽鞠躬礼,赢得经久不息的掌声。1945 年 2 月,他在中央党校讲话时又一次作自我批评说:在审干中"延安犯了许多错误,谁负责,我负责,因为发号施令的是我。别的地方搞错了谁负责,也是我,发号施令的也是我"。在中共七大上,他又一次说:"审干中搞错了许多人,这很不好,使得有些同志心里很难过,我们也很难过。所谓'一人向隅,满座为之不欢'。我们是与天下共欢乐的。对搞错的同志,应该向他们赔不是,首先我在这个大会上向他们赔不是。在哪个地方搞错了,就在哪个地方赔不是。"①毛泽东这样诚恳地承担责任的态度非常感人,许多受冤屈的同志消了气,心情舒畅了,同志间的团结增强了。中共七大就是一次以团结精神、民主精神及批评和自我批评精神著称的大会,在会议中张闻天、博古等同志作了自我批评。正是在中央领导带动下,批评和自我批评得以广泛深入地开展起来。通过批评和自我批评,全党澄清了路线是非,搞清了主观主义、宗派主义、党八股的表现形式及其严重危害。

(二)发扬民主、畅所欲言

批评和自我批评的广泛深入开展,需要民主作保障,没有民主,就不可能有真正的批评和自我批评。毛泽东曾讲,在党内,在党外,都要大力提倡民主作风。党内缺乏民主生活,发挥积极性的目的就不能达到。同时,还要加强同党外人士的合作,发扬人民民主,自觉接受人民的监督。"共产党员决不可自以为是,盛气凌人,以为自己是什么都好,别人是什么都不好;决不可把自己关在小房子里,自吹自擂,称王称霸。"②共产党并不是一个只图私利的小宗派、小团体,但"我们的毛病还很多。我们不怕说出自己的毛病,我们一定要改正自己的毛病。我们要加强党内教育

---

① 《毛泽东文集》第三卷,人民出版社 1999 年版,第 407 页。
② 《毛泽东选集》第三卷,人民出版社 1991 年版,第 809 页。

来清除这些毛病,我们还要经过和党外人士实行民主合作来清除这些毛病。这样的内外夹攻,才能把我们的毛病治好,才能把国事真正办好起来"。① 1945 年 7 月,毛泽东在杨家岭住处与著名的民主人士黄炎培交谈。黄炎培提出希望中国共产党能找出跳出"其兴也勃焉""其亡也忽焉"的历史周期率。毛泽东说:"我们已经找到新路,我们能跳出这周期率。这条新路,就是民主。只有让人民来监督政府,政府才不敢松懈。只有人人起来负责,才不会人亡政息。"②在延安时期,中国共产党高度重视发扬民主,虚心征求各方面意见和建议,形成了批评和自我批评的生动活泼局面。1941 年 6 月初的一天,陕甘宁边区政府召开联席会议,下雨打雷,击毁了礼堂一角,打死参加会议的延川县代县长李彩云,有群众知道后说:"雷公为什么不打死毛泽东?"边区保安处要抓人,毛泽东予以制止,要求了解情况,弄清原因。原来是公粮征收太多,老百姓负担太重,引起不满。当时并没有追究骂人的人的问题,而是把原定 1942 年征收 20 万担公粮减少为 16 万担,同时也引发了毛泽东对财政经济问题的研究,下决心搞大生产运动,减轻了老百姓负担,使中国共产党走出困境,创造了奇迹。

在延安时期"精兵简政"政策的实施,就是中国共产党虚怀若谷、从善如流情怀的体现。1941 年 11 月,陕甘宁边区第二届参议会召开,毛泽东参加开幕式并讲话。在讲话中他强调:"共产党员必须倾听党外人士的意见,给别人以说话的机会。"③会后,毛泽东和中国共产党其他领导同志纷纷找参议员谈话,了解问题,虚心听取他们对政府工作的批评和建议。在会上,米脂县参议会议长、边区参议员、开明绅士李鼎铭等 11 人,提出《政府应彻底计划经济,实行精兵简政主义,避免入不敷出的经济紊乱之现象》案。

① 《毛泽东选集》第三卷,人民出版社 1991 年版,第 810 页。
② 《毛泽东年谱(一八九三——一九四九)》(修订本)中卷,中央文献出版社 2013 年版,第 611 页。
③ 《毛泽东选集》第三卷,人民出版社 1991 年版,第 809 页。

提案一出来即众说纷纭。有的人认为,李鼎铭热爱祖国,拥护共产党团结抗战的政策,为抗日救国献计献策的行为令人敬佩。也有的人认为,李鼎铭提倡精兵主义,部队就不能发展,还怎么夺取抗战胜利呢? 甚至有的人还怀疑李鼎铭会不会抱有什么个人动机,等等。在提案中李鼎铭等人提出:"在今日之人民困苦,资源薄弱之状况下,惟有政府彻底计划经济、实行精兵简政主义,量入为出,制定预算,以求得相依互助,平衡发展之效果。""在财政经济力量范围内和在不妨碍抗战力量条件下,对于军事应实行精兵主义,加强战斗力,以兵皆能战,战必能胜为原则,避免老弱病残废,滥竽充数等现象。对于政府应实行简政主义,充实政府机构,以人少事精,胜任职责为原则,避免机关庞大,冗员充塞,浪费人力财力等现象。"毛泽东看了李鼎铭的提案后旁批了这样一段话:"这个办法很好,恰恰是改造我们的机会主义、官僚主义、形式主义的对症药。"

1941 年 12 月,中共中央发出精兵简政的指示,要求切实整顿党、政、军各级组织机构,精简机关,充实连队,加强基层,提高效能,节约人力物力,以期达到"精简、统一、效能、节约和反官僚主义五项目的"。根据中共中央指示,陕甘宁边区先后进行了 3 次精简,取得很大成效。

针对实施"精兵简政"的主要原因,毛泽东在 1942 年 7 月 30 日中共中央政治局会议上是这样说的:"精兵简政问题,如果想不到敌后严重的必然趋势就是缩小,现在不想到几个月后适应环境的主动步骤,就会手忙脚乱,敌后变化会是突然的,所以要主动地定出办法。"[①]针对有的地方的同志还不理解精兵简政同当前形势和中国共产党各项政策的关系,1942 年 9 月 7 日,毛泽东亲自为延安《解放日报》写了题为《一个极其重要的政策》的社论。社论强调精兵简政是克服困难的"一个极其重要的政策"。毛泽东说:"在目前,战争的机构和战争的情况之间已经发生了矛盾,我们必须克服这个矛盾。敌人的方针是扩大我们这个矛盾,这就是他

---

① 《毛泽东年谱(一八九三——一九四九)》(修订本)中卷,中央文献出版社 2013 年版,第 395 页。

的'三光'政策。假若我们还要维持庞大的机构,那就会正中敌人的奸计。假若我们缩小自己的机构,使兵精政简,我们的战争机构虽然小了,仍然是有力量的;而因克服了鱼大水小的矛盾,使我们的战争的机构适合战争的情况,我们就将显得越发有力量,我们就不会被敌人战胜,而要最后地战胜敌人。"①社论进一步阐发了精兵简政的重大意义,有力地推动了"精兵简政"政策的贯彻执行。

精兵简政的实施,有效减轻人民群众负担,密切了军民关系,是一项重要的廉政建设措施。因为精兵简政,缩小机构,减少脱产人员,一方面节省民力,减轻了老百姓负担,获得人民群众的爱戴和支持;另一方面,又可以克服党、政、群众团体机构臃肿庞大、职责不明等缺点,提高工作效率;还能节省经费,减少开支,促廉洁之风。据统计,1942 年,陕甘宁边区第一次精兵简政,缩编各级政府工作人员至原有人员的 76%;晋冀鲁豫边区各级政府缩编人员48%,节省政府经费开支 46%,取得良好的廉政建设效果。

1942 年 12 月底,毛泽东接见八路军新四军干部,在同他们谈话时得知陕甘宁边区一家老百姓给一个分区司令员提了意见,就高兴地说:这是天大的好事! 那个老百姓很有觉悟。中国几千年的历史,都是老百姓受官府的气,受当兵的欺负,他们敢怒而不敢言。现在他敢向我们一个分区司令员提意见,敢批评这位"长官",你们看这有多么好! 这是多么了不起的变化!② 民主政治、民主精神和民主作风的倡导与弘扬,搭建起了切实开展批评和自我批评的政治平台,使得批评和自我批评权利能够得到充分的体现和实施。

(三)实事求是、与人为善

开展批评和自我批评必须坚持实事求是,要尊重事实,以事实为依

---

① 《毛泽东选集》第三卷,人民出版社 1991 年版,第 882 页。
② 《毛泽东年谱(一八九三——一九四九)》(修订本)中卷,中央文献出版社 2013 年版,第 419 页。

据,绝不能凭主观臆造和个人好恶看人看事。因为,"只有客观的铁的事实,只有在实践中已证明了的经验,只有真理,才能够战胜一切。"①要坚决反对草率行事,以鲁莽家的态度对待批评和自我批评。指出和批评别人的错误要抓住中心,不应纠缠细枝末梢不放,简单粗暴,避免"过"与"不及"。要首先"对事"然后"对人",把问题弄明白,把错误与缺点的性质、严重程度、产生的原因弄清楚,只要犯错误的同志不是有意的,并且愿意改正错误,就应该欢迎,而不是斤斤计较或一棍子把人打死。要全面地辩证地看问题,寓情于理,以理服人,不能只及一点不及其余,因为有缺点和错误就否定一切。要以对党和人民负责的态度开展批评和自我批评,与人为善,而不是冷嘲热讽。如毛泽东所说:"批评应该是严正的、尖锐的,但又应该是诚恳的、坦白的、与人为善的。只有这种态度,才对团结有利。冷嘲暗箭,则是一种销蚀剂,是对团结不利的。"②在延安时期,中国共产党认真贯彻"惩前毖后、治病救人"方针,对待犯错误的同志,不是着重追究个人责任,而是着重于当时环境的分析,当时错误的内容,当时错误的社会根源、历史根源和思想根源。像王明、博古这些犯过严重错误的人,在中共七大上依然被选为中央委员,显示了中国共产党开展批评和自我批评的决心与诚意,也使中共七大形成同心同德、团结一致、争取胜利的生动局面。

(四)坚持真理、不讲面子

批评和自我批评是一项严肃的工作,必须完全站在正确的党的立场上,站在为党的利益、工作的进步,为帮助其他同志的进步和弄清问题的大公无私立场上来进行。如刘少奇所讲:"只有自己首先站在正确的立场上,才能纠正人家不正确的立场;只有自己是完全正派的,然后才能矫正别人的不正派。所谓'必先正己,然后才能正人'。只有自己首先不动摇,然后才能帮助动摇的人,克服人家的动摇。只有自己有正确的原则、

---

① 《刘少奇选集》上卷,人民出版社 1981 年版,第 210 页。
② 《毛泽东文集》第二卷,人民出版社 1993 年版,第 409—410 页。

正确的理论,然后才能克服人家不正确的原则和不正确的理论。只有自己对于原则问题具有明确性,才能改正人家的不明确。"①否则就难以达到批评和自我批评的目的。因此,在开展批评和自我批评时,要诚心诚意,出于公心。反对因为是熟人、同乡、同学、知心朋友、亲爱者、老同事、老部下,明知不对,也不同他们作原则上的争论,任其下去,求得和平和亲热。或者轻描淡写地说一顿,不作彻底解决,保持一团和气。反对当面不说,背后乱说;开会不说,会后乱说。心目中没有集体生活的原则,只有自由放任。反对事不关己,高高挂起;明知不对,少说为佳;明哲保身,但求无过。反对不是为了团结,为了进步,为了把事情弄好,向不正确的意见斗争和争论,而是个人攻击,闹意气,泄私愤,图报复。反对听了不正确的议论也不争辩,甚至听了反革命分子的话也不报告,泰然处之,行若无事。要像陈云在中共七大发言中指出的那样:"要讲真理,不要讲面子。""有的时候你愈要面子,将来就愈要丢脸。只有你不怕丢脸,撕破了面皮,诚心诚意地改正错误,那时候也许还有些面子。"②"如果强调讲面子,在讨论问题时,就会不客观,看问题就有个人的角度,有利于他,有利于他的面子,就赞成你的意见;对于他的面子不好看的,便不赞成。如果一切从自己面子的角度出发,讨论问题、看问题搀杂个人得失在里面,立场不正,就不会看得很清楚,不会讲真理"。③ 假如不讲真理,只讲面子,为了保住面子而背弃真理,那怎么能使批评和自我批评开展起来呢?

(五)联系实际、自我反省

开展批评和自我批评,要联系中国革命的实际,联系中国共产党的历史、党的路线、方针与政策,特别是要联系自己的工作与思想实际来开展。要善于作自我批评,深刻检查与反省自己,并在此基础上开展批评和自我

---

① 《刘少奇选集》上卷,人民出版社 1981 年版,第 209—210 页。
② 《陈云文选》第一卷,人民出版社 1995 年版,第 296 页。
③ 《陈云文选》第一卷,人民出版社 1995 年版,第 296 页。

批评,划清无产阶级与非无产阶级的思想界限,提高觉悟,改进作风,增强党性。自我批评是批评的前提,如果只批评别人而不作自我批评,就难以使人心服口服。只有不要怕丑,勇于暴露自己的思想,才能认识和克服自己的缺点,也只有这样开展批评才具有说服力。在延安时期,中央党校的批评和自我批评开展得就非常好。当时为促使大家自觉地进行检查与反省,小组、支部、部里和学校的领导带头检查反省自己,现身说法。比如副校长彭真就曾多次检查反省自己过去的工作,批判自己在工作中的缺点与错误。这种严于律己、现身说法的学习办法效果很好。在严格检查自己的基础上,本着"惩前毖后、治病救人"的方针,"知无不言、言无不尽"的精神,进行相互之间的批评。被批评者如果有不同的意见,仍可以坦率地陈述自己的意见,甚至坚持自己的意见。有些问题如果一时不能求得一致意见,宁可暂时挂起来,也不强求一致。正是联系实际而不是简单的空洞无物的说教、把个人置身其中而不是游离之外的批评和自我批评,在许多人的脑海里留下了刻骨铭心的记忆与烙印。

正如美国人、著名记者白修德(本名叫西奥多·哈罗德)当年访问延安后在其所著《中国的惊雷》一书所讲:"延安方面认为这是一种有效的民主。在行政方面,批评和讨论的自由的确是毫无限制的,对于一个方针的执行不当,对于无论文武当局的失措,任何人都可以予以批评。事实上,共产党人经常地在进行着自我检讨的整风工作,他们总是用一面放大镜在那里检验着他们自己的过失。他们痛击着自己的胸膛以保证自我的改进,他们为自己的失错而悲哀和忏悔。在各地,这种行政上的批评自由形成了中国农民所从未有过的最民主的政治制度"。①

---

① 《红色延安口述·历史:第三只眼看延安》,陕西师范大学出版社 2014 年版,第245 页。

第九章　延安精神的当代价值

延安时期形成的以延安精神为标志的革命价值观念体系,是一份具有重大历史意义的革命遗产。一些人认为延安精神是中国共产党还是革命党时期培育形成的精神财富,在今天已经过时。这是对延安精神的误读。延安精神不会过时,因为延安精神是以中华民族优良传统和民族精神为深厚历史义化底蕴的精神财富。可以说延安精神就是在延安时期中华民族精神与中国共产党人革命精神汇流而形成的中国精神。延安精神是以马克思主义科学理论为指导,以人民创造历史的唯物史观为基石,集中体现中国共产党性质和宗旨的科学精神。从人类文明发展史来看,精神具有传承性特征,世界上还没有哪一个国家在实现民族复兴和推进现代化进程中完全依靠外来文化来实现,都必须植根于本民族的精神文化气质之中。正因为如此,中国共产党历来都强调要继承民族精神之精华,剔除传统文化之糟粕,从中华民族优秀传统文化中汲取营养,强调继承中国共产党历史上培育的精神财富,其中包括延安精神。延安精神作为中国共产党的精神瑰宝,不仅对于教育广大党员干部升华思想、锤炼党性、增强素质、提升能力具有重要的现实价值,而且对于践行社会主义核心价值观、教育和培养广大人民群众不断提高思想道德水准同样具有重要意义。毫无疑问,研究延安精神的当代价值,让延安精神放射出新的时代光芒,是一个需要高度重视的重大课题。

一、坚持坚定正确的政治方向始终是
共产党人的立身之本

坚定正确的政治方向是延安精神的政治灵魂。延安时期中国共产党人把坚定的共产主义远大理想和争取民族独立、人民解放的民族民主革命坚定信念紧密地联系在一起,表现出救国救民的爱国主义精神和为争取新民主主义革命胜利,实现社会主义、共产主义而奋斗的崇高政治情操,领导人民革命事业取得前所未有的大发展。毛泽东始终认为,没有政治观点,就等于没有灵魂,因而他在延安时期多次强调要坚持坚定正确的政治方向。今天,中国共产党所处的历史方位虽然发生变化,但坚持坚定正确的政治方向则始终是党毫不动摇的政治本色和立于不败之地的根本保证。

(一)坚持坚定正确的政治方向,就要铭记"革命理想高于天"

理想指引人生方向,信念决定事业成败。有了坚定的理想信念,就能够坚持坚定正确的政治方向。一部中国共产党人的奋斗史,充分证明:正是中国共产党人把为实现共产主义而奋斗的远大理想与争取民族独立、人民解放的坚定信念相结合,抛头颅、洒热血,不怕流血牺牲,前赴后继,使中国革命取得胜利、中华民族得以独立,使中国人民得以解放并成为国家的主人;正是中国共产党人把坚定的共产主义远大理想与践行中国特色社会主义共同理想统一起来,以"咬定青山不放松,任尔东西南北风"的气魄和胆识,开创出中国特色社会主义事业的新局面。坚定理想信念是共产党人的魂,动摇或缺失了理想信念,就失去了奋斗的目标,失去了前进的方向。因此,坚持坚定正确的政治方向,就必须不断增强政治信念的坚定性。

理想动摇是最危险的动摇,信念缺失是最致命的缺失。"理想信念是共产党人精神上的'钙',理想信念坚定,骨头就硬,没有理想信念,或理想信念不坚定,精神上就会'缺钙',就会得'软骨病'。"①在改革开放和发展市场经济大潮中,一些党员干部的理想信念动摇了,共产主义"空想论""渺茫论"还有市场,说什么"理想是远的,信念是空的,权力是硬的,票子是实的;抛开远的,不要空的,抓住硬的,大捞实的"。信奉"理想理想,有利就想,无利不想",把理想信念金钱化、利益化。还有些党员干部,不信马列信鬼神,算命看相,烧香拜佛,遇事"问计于神""求安于神"。为了"保官""升官",部分官员将注意力集中到自己的生辰八字上。他们有的"走出去",给祖坟迁一个"金地";有的则把"大师"请进来,在办公桌脚底贴上一道"符",挡一挡来自竞争对手的"煞气"。一些人信仰失落了,历史传统被抛弃了,精神目标式微了,对未来的追求物化了。针对改革开放以来社会上一部分人和部分领导干部中出现信仰淡漠、人生追求物质化,只看到金钱看不到精神的现象,党的十八大报告指出:"对马克思主义的信仰,对社会主义和共产主义的信念,是共产党人的政治灵魂,是共产党人经受住任何考验的精神支柱。"②

　　"精神为主人,形骸为屋舍,主人渐贫穷,屋舍亦颓谢。"信仰缺失必然导致精神迷失。苏共灭亡的教训深刻警示我们:苏共的崩溃,首先是理想信念的崩溃。勃列日涅夫在任苏共总书记时对他的侄女说,共产主义是哄老百姓的。戈尔巴乔夫把科学社会主义篡改为人道的民主的社会主义,并且私下说:"共产主义思想对我来说已经过时。"精神支柱的坍塌,直接导致了苏共的垮台。"人生如屋,信念如柱",如果信念的柱子出了问题,人生的房屋就会倒塌。习近平反复强调:"只有理想信念坚定,用坚定理想信念炼就了'金刚不坏之身',干部才能在大是大非面前旗帜鲜明,在风浪考验面前无所畏惧,在各种诱惑面前立场坚定,在关键时刻靠

---

　　①　《习近平谈治国理政》,外文出版社 2014 年版,第 414 页。

　　②　胡锦涛:《坚定不移沿着中国特色社会主义道路前进　为全面建成小康社会而奋斗——在中国共产党第十八次全国代表大会上的报告》,人民出版社 2012 年版,第 50 页。

得住、信得过、能放心。"①

只有信念坚定,始终坚持坚定正确的政治方向,才能保持政治上的清醒与坚定,才能具有政治鉴别力。如果一个党员干部特别是领导干部政治鉴别能力缺失,就会是非不明、好坏不分,就难以旗帜鲜明、站稳脚跟。因此,对于党员干部特别是领导干部来说,必须具有政治鉴别的敏锐性,有"任凭风浪起,稳坐钓鱼船"的政治定力。面对各种思潮的渗透和侵袭,要不被表面现象所迷惑,自觉同宣扬极端自由化、全盘私有化等主张的新自由主义,宣扬指导思想多元化、"三权分立"、多党制、民主社会主义等西方民主思想,歪曲近现代中国革命的历史、党的历史和新中国历史,宣扬否定革命、否定党领导人民进行革命建设取得的成就等观点的历史虚无主义,宣扬西方资产阶级民主、自由、人权具有"普世性"和"永恒性"的思潮作斗争,具有道路自信、理论自信、制度自信和文化自信。

(二)坚持坚定正确的政治方向,就要把"坚定共产主义远大理想与践行中国特色社会主义共同理想统一起来"

共产主义并不是可望而不可即的,只要坚持正确的道路和路线,扎实推进,就可以到达理想的彼岸。中国特色社会主义道路是通向共产主义的必由之路,为中国特色社会主义而奋斗,就是在为实现共产主义的远大理想而奋斗。习近平指出:"没有远大理想,不是合格的共产党员;离开现实工作而空谈远大理想,也不是合格的共产党员。"②

一些人认为,理想信念涉及人的世界观、价值观,是内化在人的内心的主观性活动,难以有客观标准去评价。习近平指出:坚定理想信念"是有客观标准的,那就要看他能否坚持全心全意为人民服务的根本宗旨,能

---

① 《习近平谈治国理政》,外文出版社2014年版,第413页。
② 《十八大以来重要文献选编》(上),中央文献出版社2014年版,第116页。

否吃苦在前、享受在后,能否勤奋工作、廉洁奉公,能否为理想而奋不顾身去拼搏、去奋斗、去献出自己的全部精力乃至生命。一切迷惘迟疑的观点,一切及时行乐的思想,一切贪图私利的行为,一切无所作为的作风,都是与此格格不入的。"①"四个能否"和"四个一切",鲜明地表示了中国共产党提倡什么、反对什么。做到"四个能",祛除"四个一切",就是为共产主义和中国特色社会主义而奋斗。

始终不渝地为共产主义和中国特色社会主义奋斗,需要解决的一个核心问题就是对党忠诚。对党忠诚是一个共产党员之所以是共产党员的根本问题,是流淌在共产党人血液中不变的情愫。对党忠诚就要信而忠、忠而笃、笃而行,否则共产党员的称号就会变异,就会迷失方向,迷失自我,就是对自己加入共产党时庄严承诺的背叛,就不可能为共产主义和中国特色社会主义的伟大事业去拼搏、去奋斗。

毋庸讳言,在激烈的革命战争年代,加入中国共产党是要经受血与火的考验的。因为那时中国共产党是革命党,处于被奴役、被"围剿"、被屠杀的地位,中国共产党革命的对象是帝国主义、封建主义和官僚资本主义。中国共产党面临的对手异常强大,他们总是千方百计要维护他们的反动统治,利用一切手段镇压革命人民,所以那时投身革命、参加共产党就意味着付出、奉献和牺牲。一部中国革命史,就是一部中国共产党人为了民族独立、人民解放而英勇奋斗、流血牺牲的光荣史,无数革命先烈为了人民的解放事业献出了他们宝贵的生命就是例证。而当历史方位发生变化后,中国共产党由一个革命党成为执掌全国政权的执政党,而这时,就同过去有很大的不同。一般来说,由于党掌握着强大的权力,这个权力本来是为人民服务的资本,但不能排除一些人总是抱着加入中国共产党就有可能享受到权力的好处的目的而加入中国共产党。同时,由于处在和平环境中,加入中国共产党一般来说不会像战争年代那样有生命危险,

---

① 《十八大以来重要文献选编》(上),中央文献出版社 2014 年版,第 116 页。

因此,就有可能存在相当一些人本身并不爱共产党而加入到共产党内来的问题。在现实中,一些人身为共产党员,却干着玷污党的形象的勾当,把手中权力当作谋取个人私利的工具,视党纪国法为儿戏;一些人把加入中国共产党当作捞取个人好处的政治资本,对党两面三刀,三心二意;等等。这些现象的存在,是一个不争的事实。因此,对于中国共产党而言,全面从严治党,清除自身毒瘤和不合格分子,永葆先进性和纯洁性,就是一个永恒的课题。否则,确保执政地位不动摇就会成为一句空话。对于一个真正的共产党员而言,就要解决好在党言党、在党信党、在党忠党、在党为党的问题。而解决好在党言党、在党信党、在党忠党、在党为党问题的核心就在于牢固确立对党的信仰。只有牢固确立对党的信仰,才会牢记党的使命,践行党的宗旨,严守党的纪律,使爱党忠党成为自觉行动。

(三)坚持坚定正确的政治方向,就要坚定不移地"用科学理论武装头脑,不断培植我们的精神家园"

崇高信仰、坚定信念不会自发产生,也不会随职务的升迁而自动增强,必须下苦功夫刻苦学习。学习马克思主义经典著作、学习习近平新时代中国特色社会主义思想、学习党的优良传统、学习各个时期的先进典型。通过学习,"把理想信念建立在对科学理论的认同上,建立在对历史规律的正确认识上,建立在对基本国情的把握上。"

立身立德要以立学为先。"非学无以广才,非志无以成学。""事业发展没有止境,学习就没有止境。""中国要永远做一个学习大国。""重视抓全党特别是领导干部的学习,这是推动党和人民事业发展的一条成功经验。"在每一个重大转折时期,面对新形势和新任务,中国共产党总是号召全党加强学习;而每次学习热潮,都能推动党和人民事业实现大发展大进步。延安时期的理论大学习,造就了理论大繁荣,促进了党在理论上的成熟。这是一条宝贵经验。中国共产党人依靠学习走到今天,也必然依靠学习走向未来。习近平指出:"领导干部学习不学习不仅仅是自己的事情,本领大小也不仅仅是自己的事情,而是关乎党和国家事业发展的大事情。"①在学习上,"要认认真真学、原原本本学、联系实际学、深入思考学"。

毛泽东曾指出:"反映了全世界无产阶级实践斗争的马克思列宁主义的普遍真理,在它同中国无产阶级和广大人民群众的革命斗争的具体实践相结合的时候,就成为中国人民百战百胜的武器。"②用马克思主义特别是马克思主义中国化的最新成果武装头脑、指导实践、推动工作,是中国共产党的一贯主张,也是共产党人加强党性修养的基本遵循。共产党人历来强调律己要严,对党忠诚。而律己要严,就要以党的理论规范自己的言行,对党忠诚就要时刻拿共产党员标准严格要求自己,把律己要严的原则落实到行动中。如果口口声声讲对党忠诚,而在实践中对党的理论却不能真学、真信、真用,何谈对党忠诚呢? 因此,作为一个共产党人,必须解决好用马克思主义特别是马克思主义中国化的最新成果武装自己头脑的问题,并将其作为立身、修德、践德的终身课题。唯有如此,才能防止精神沦陷,面对大千世界的诱惑才能够稳得住心神,面对各种利益的纠缠才能守得住操守,面对权力、金钱和美色的诱惑,才能不变质、不越轨、不出格。让自己不为私利所困,不为私情所惑,堂堂正正做人,干干净净用权,使权力真正成为为党分忧、为国干事、为民造福的工具。

(四)坚持坚定正确的政治方向,就要始终不渝地"解决好世界观、人生观、价值观这个'总开关'问题"

党员干部中存在的诸多问题,"从主观上说,主要原因是一些同志的世界观、人生观、价值观问题没有解决好。"习近平说:"我们每一个人,包括我在内,都有一个不断解决好世界观、人生观、价值观的问题。活到老

---

① 《习近平谈治国理政》,外文出版社 2014 年版,第 404 页。
② 《毛泽东选集》第三卷,人民出版社 1991 年版,第 1094 页。

学到老,世界观改造永远没有完成时。"①

牢固树立正确的世界观、人生观、价值观,就要在各方面守住底线。习近平指出:"只要能守住做人、处事、用权、交友的底线,就能守住党和人民交给自己的政治责任,守住自己的政治生命线,守住正确的人生价值观。"②这是对全党同志特别是领导干部的谆谆告诫,是对全体党员开列的行为和精神的"防火墙"。一些领导干部走上违纪违法道路,就是没有守住底线、把好第一关。"祸患常积于忽微,智勇多困于所溺"。在世界观、人生观、价值观上来不得半点马虎,如果稍有差池,就有可能酿成人生悲剧。因此,就需要在人生的旅程中不断校正航向,明确什么能为、什么不能为,匡清立身、为人、做事的边界,做人讲道德、做事讲原则、做官讲官德。

牢固树立正确的世界观、人生观、价值观,就要把正确的世界观、人生观、价值观转化为立党为公的责任心。责任心是一个人成就一番事业的基础。有了责任心,就会心无旁骛,尽职尽责,一心一意干事情,就会为了自己肩负的责任不懈奋斗。缺了责任心,就可能事不关己高高挂起,在是非面前丧失原则,就会在党和人民的事业面前得过且过,当一天和尚撞一天钟,甚至只当和尚连钟也懒得撞。因此,作为一个共产党人,具有一份立党为公的责任心至关重要。要把对待党的事业像对待自己的生命一样,把维护党的形象像爱护自己的眼睛一样,把爱党忠党变成为党和人民履职尽责的具体行动,积极投身建设中国特色社会主义伟大事业,毫不动摇地用马克思主义中国化的最新理论成果武装头脑,坚持报效祖国、服务人民和实现自身价值的一致性,使自身价值体现在为实现国家繁荣富强、人民生活富裕而顽强拼搏的生动实践中。要认识到,如果不自觉地投身建设中国特色社会主义伟大事业的实践中,做共产主义远大理想和中国

---

① 《习近平关于党的群众路线教育活动论述摘编》,党建读物出版社、中央文献出版社2014年版,第35页。

② 《十八大以来重要文献选编》(上),中央文献出版社2014年版,第138页。

特色社会主义共同理想的坚定信仰者,不努力为完成好当前的历史任务而奋斗,就不是一个政治上的合格者。

二、解放思想、实事求是是共产党人成就伟业的思想基石

实事求是是延安精神的精髓,它与解放思想并行不悖、相辅相成,集中体现了共产党人的世界观、认识论和方法论。中国共产党在近百年的奋斗历程中,之所以"历经磨难而不衰,千锤百炼更坚强",就在于它始终不渝地坚持解放思想、实事求是的思想路线,具有与时俱进的马克思主义理论品格和实践品格。历史表明,始终与时代同步、与人民共命运,解放思想、实事求是、与时俱进,是中国共产党永葆生机和活力的法宝;不为任何风险所惧,不为任何干扰所惑,走自己的路,始终不渝地把握住马克思主义中国化的正确方向,是中国共产党的胜利之本、成功之道。而对于党员干部特别是领导干部而言,锤炼解放思想、实事求是、与时俱进的思想品质与境界,不断养成科学的思想方法、领导方法和工作方法至关重要。

习近平指出:"我们党是靠实事求是起家和兴旺发展起来的。"他强调:"实事求是作为党的思想路线,它始终是马克思主义中国化理论成果的精髓和灵魂,即是毛泽东思想的精髓和灵魂,是包括邓小平理论、'三个代表'重要思想以及科学发展观在内的中国特色社会主义理论体系的精髓和灵魂;它始终是中国共产党人认识世界和改造世界的根本要求,是我们党的基本思想方法、工作方法和领导方法,是党带领人民推动中国革命、建设、改革事业不断取得胜利的重要法宝。"①

实践反复证明,坚持实事求是,就能兴党兴国,违背实事求是,就会误党误国。解放思想、实事求是、与时俱进,才有希望、才有生机、才有活力。

---

① 习近平:《坚持实事求是的思想路线》,《学习时报》2012 年 5 月 28 日。

懒于进取、怯于开拓、甘于平庸,就会安于现状、动力不足、少有业绩与贡献。坚持解放思想、实事求是,需要各级领导干部和广大党员切实树立以下6种意识。

(一)求真意识

坚持"实事求是、不尚空谈"。讲真话、追求真理、为人真诚。说实话、鼓实劲、办实事、求实效。做到"三少""三不",即少说空话、套话、假话,"不装、不吹、不偷"。在现实中,一些党员干部表现出"两面人"现象,表里不一,口是心非,当面一套,背后一套,说的一套,做的一套,把"逢人且说三分话,未可全抛一片心"奉为圭臬。一些人作风漂浮,脱离实际,沉溺于文山会海,习惯于官话套话,唯书唯上,照抄照搬,做表面文章,把一切正确的方针政策和工作部署都变成了口号和过场。还有一些人因循守旧,不思进取,精神萎靡,无所用心,或安于现状,不学习新知识,不研究新问题,无开拓创新之意;或违背经济发展的客观规律,盲目拍板,决策失误,造成重大经济损失。所有这些,虽然表现形式不同,但其思想根源都是违背马克思主义的认识论,表现为主观与客观相分离、认识与实践相脱节的主观主义。完全背离了党的实事求是思想路线,是开拓创新、实干兴邦的严重障碍。长此以往,会严重损害党的形象,增加党的执政成本和风险。

正如习近平2012年5月16日在中央党校春季学期第二批入学学员开学典礼上的讲话中所讲:一些党员和干部在坚持实事求是的思想路线方面还存在一些必须引起注意的问题。比如,有的常年坐在办公室,很少下基层,很少接触群众,对下情若明若暗,接"地气"不够;有的一切从本本出发,唯上、唯书、不唯实;有的固步自封、因循守旧,思想和工作落后于客观形势的要求;有的不按客观规律办事,急功近利,急于求成以至蛮干、瞎干;有的为了迎合或满足某种需要,说假话、大话、空话,甚至弄虚造假;有的怕担风险,明哲保身,明知是错的,却听之任之,不批评制止;有的不喜欢听真话、实话，不愿意修正错误、择善而从。凡此种种，都违背了实事求是的要求，其消极影响和后果不可低估。[1]

作为共产党人，一定要有求真意识，要说真话，追求真理，为人真诚，这是对共产党人的起码要求。共产党人除了人民的利益之外没有自己的特殊利益。说真话，追求真理，为人真诚，不仅仅是个人的道德品质问题，更是关乎人民的利益能否维护、党的事业能否健康发展的问题。如果一个共产党员连真话都不能讲或不愿讲，何谈做到实事求是、求真务实？如果一个共产党员不能为真理而奋斗，何以做到为人民的利益鼓与呼？如果一个共产党员不能做到为人真诚，何以把党和人民的利益放在第一位，为党和人民奋斗终生？如果一个政党谎话成风，是非不分，表里不一，那么这个政党的生命就会窒息，最终就会被人民所抛弃。因此，一定要看到坚持实事求是，就要说真话，追求真理，为人真诚，这是坚持实事求是的基础与前提。否则，天天喊实事求是，只能是口惠而实不至、掩耳盗铃、自欺欺人而已。作为一个共产党人，要把求真意识贯穿于党性修养的全过程，"讲真话、讲实话，带头做光明磊落、襟怀坦荡的人；言必信、行必果，带头做言行一致、诚实守信的人；明是非、辨真伪，带头做坚持真理、捍卫真理的人。"

（二）法治意识

"法令行则国治，法令弛则国乱。"法律的权威和地位是衡量一个国家、一个社会文明进步的重要标准。法治是一个国家发展的重要保障，是治国理政的基本方式。只有当一个社会形成人们不愿违法、不能违法、不敢违法的法治环境，做到有法必依、执法必严、违法必究，绝大多数人不但熟悉法律规范，而且处处按法律规范行事时，人们之间的信任才会大幅度提高，交易成本才会大幅度下降，社会秩序才能健康规范。

共产党人坚持实事求是思想路线，历来强调做到实事求是需要自觉

---

[1]　参见习近平：《坚持实事求是的思想路线》，《学习时报》2012 年 5 月 28 日。

性,这当然是共产党人的党性要求之所系,但也要看到实事求是只有以法律做支撑才更稳妥、更保险。如果每个共产党人都能够自觉做到实事求是,那事情就简单了,但问题是做到实事求是是件非常复杂的事,有时还要冒风险。如果他不愿或不敢做到实事求是怎么办? 如果不实事求是的人得到了好处,而实事求是的人却得不到好处怎么办? 我们不能仅靠道德来约束党员和干部,而走法治路子才是真正的治本之策。因此,每个党员干部都要不断强化法制意识。习近平强调,要"努力建设法治中国,以更好发挥法治在国家治理和社会管理中的作用"。2013 年 2 月,习近平在中央政治局第四次集体学习时明确提出全面推进依法治国的总体思路。他指出:"全面推进科学立法、严格执法、公正司法、全民守法,坚持依法治国、依法执政、依法行政共同推进,坚持法治国家、法治政府、法治社会一体建设,不断开创依法治国新局面"。这一依法治国的总体思路,显示了新的法治精神、法治理念和法治方略。"小智治事,中智治人,大智立法。治理一个国家、一个社会,关键是要立规矩、讲规矩、守规矩。法律是治国理政最大最重要的规矩。推进国家治理体系和治理能力现代化,必须坚持依法治国,为党和国家事业发展提供根本性、全局性、长期性的制度保障。"①推进依法治国,要求广大党员和各级领导干部具有法治意识、法治素养、法治能力。要带头维护宪法和法律的权威性,在宪法和法律范围内活动,学法、知法、用法、守法。提高运用法治思维和法治方式深化改革、推动发展、化解矛盾、维护稳定的能力,努力推动形成办事依法、遇事找法、解决问题用法、化解问题靠法的良好法治环境。

(三)人民主体意识

全心全意为人民服务是共产党人的道德观。人民群众高兴不高兴、

---

① 《习近平关于党风廉政建设和反腐败斗争论述摘编》,中央文献出版社、中国方正出版社 2015 年版,第 132 页。

满意不满意、拥护不拥护、答应不答应,是共产党人想问题、办事情的出发点。而实事求是事实上正是共产党人为人民谋利益的道德规范和价值选择。因此,牢固树立共产党人为人民服务的道德观,是坚持实事求是的基础,离开这个基础,实事求是就可能变形走样,发生异化。

坚持共产党人的道德诉求,做到实事求是,就要体察民情,了解民意,体验群众感情,听取群众呼声,了解群众意愿,顺应群众要求,实现群众愿望,想群众之所想、急群众之所急、办群众之所需,确保决策的科学性、正确性。就要深入基层,贯彻从群众中来、到群众中去的工作路线。要看到这也是实现求真务实的根本途径和基本方法。坚持从群众中来,才能汲取群众的经验,反映群众的意愿,集中群众的智慧,使党的理论和路线方针政策切合实际,符合规律,富于现实性;坚持到群众中去,才能发挥理论和路线方针政策的指导作用,使之落实到为人民群众的具体实践。2012年6月,习近平指出:"各级领导干部要坚持重心下移,经常深入实际、深入基层、深入群众,真诚倾听群众呼声,真实反映群众愿望,真情关心群众疾苦,拜群众为师,向群众问计,从群众的实践中汲取营养、增长智慧"①。就要"勤政务实",把发展紧紧抓在"手"中。充分认识到一个干部能当多大的官、安排什么样的职位,不仅取决于自身的能力水平,还取决于事业需要;而发挥多大的能量、干出多大的成绩,是可以通过自己的努力来实现的。好的干部,谋发展、求进步,坚持按照客观规律办事,求真务实、不玩虚招,真抓实干、不务虚功,把工作的着力点放到研究解决改革发展稳定中的重大问题上,放到研究解决群众生产生活中的紧迫问题上,创造无愧于人民、无愧于时代、无愧于历史的业绩。心底无私天地宽。只有真正为人民、毫无私心杂念的人,才能一身正气,善于和敢于坚持实事求是。那种一事当前、个人第一的人,必然瞻前顾后、明哲保身,难以做到实事求是。因此,坚持实事求是,就要有人民主体意识,加强道德修养,把实事求

---

① 习近平:《始终坚持和充分发挥党的独特优势》,《求是》2012年第15期。

是作为共产党人立身、立德、立言的人生课题,持之以恒、一以贯之地坚持下去,要看到这是共产党人道德建设的题中应有之义。

(四)反思意识

实事求是与反思意识紧密相连,从一定意义上看,实事求是就是反思的结果。中国共产党实事求是思想路线的确立过程就是反思的过程。延安时期中国共产党确立起实事求是思想路线,就是反思土地革命战争时期"左"倾错误的结果。而第三次"左"倾错误的特征就是把马克思主义教条化,把共产国际的指示和苏联的经验神圣化,其思想根源在于唯书、唯上而不唯实的主观主义。在清除主观主义过程中,伴随着延安整风运动的开展,中国共产党最终确立起实事求是思想路线。1978年12月召开的中共十一届三中全会重新确立起实事求是思想路线,同样是反思了新中国成立之后特别是十年"文革"的错误而重新确立的。如果没有反思就没有实事求是思想路线的确立。

一个民族、一个政党、一个人都应当具有反思精神。反思是一个民族、一个政党、一个人生存和发展的必然要求。只有反思才能不断总结经验和教训,避免犯错误或少犯错误,更好地生存和前进。反思是一种批判精神,也是一种求索精神。回顾中国共产党历史,可以看出,正是在不断反思中,错误得以纠正,真理得以坚持,使得中国共产党能够成就伟业、创造辉煌,赢得人民的信任、拥护和爱戴。反思是把握客观事物发展变化规律的需要,是正确认识自己、不断完善自我的需要。只有自觉地把群体反思意识与个体反思意识结合起来,才能体现出一个政党、一个人思想的深度和思维的高度。没有反思意识,做到实事求是就会缺乏坚实基础。

(五)科学意识

科学的东西就是实事求是的东西。坚持实事求是,就要崇尚科学、反对迷信,重视养成实事求是的思想方法、领导方法和工作方法,"不唯书、不唯上、只唯实"。树立科学意识,要求必须注重调查研究。因为,调查研究是主观和客观相符合、理论和实际相联系的根本方法。习近平指出:"调查研究是谋事之基、成事之道。没有调查,就没有发言权,更没有决策权。"①研究问题、制定政策、推进工作,刻舟求剑不行,闭门造车不行,异想天开更不行。只有调查研究,才能真正做到一切从实际出发、理论联系实际、实事求是,才能从根本上保证党的路线方针政策和各项决策的正确制定和贯彻执行,保证在工作中尽可能防止和减少失误,即使发生了失误也能迅速得到纠正而又继续胜利前进。树立科学意识,就要提高战略思维、历史思维、辩证思维、创新思维、底线思维能力。所谓战略思维能力,就是高瞻远瞩、统揽全局,善于把握事物发展总体局势和方向的能力。能够从全局的角度、以长远的眼光看问题,观大势、谋大事,紧跟时代前进步伐,透过纷繁复杂的表面现象把握事物的本质和发展的内在规律。具有战略定力,在重大原则问题上旗帜鲜明、态度明确,在复杂多变的国际局势中平心静气、静观其变,在制定政策时冷静观察、谨慎从事、谋定而后动。所谓历史思维能力,就是以史为鉴、知古鉴今,善于运用历史眼光认识发展规律、把握前进方向、指导现实工作的能力。习近平指出:"历史、现实、未来是相通的。历史是过去的现实,现实是未来的历史。"②"历史是最好的教科书","中国革命历史是最好的营养剂",③党史国史"这门课不仅必修,而且必须修好"。要在学习历史中,深刻总结历史经验、把握历史规律、认清历史趋势,坚定政治方向,更好走向未来。所谓辩证思维能力,就是承认矛盾、分析矛盾、解决矛盾,善于抓住关键、找准重点、洞察事物发展规律的能力。客观地而不是主观地、发展地而不是静止地、全面地而不是片面地、系统地而不是零碎地、普遍联系地而不是孤立地观察

---

① 习近平:《在武汉主持召开部分省市负责人座谈会时的讲话》,《人民日报》2013年7月25日。

② 《习近平谈治国理政》第一卷,外文出版社2018年版,第67页。

③ 中共中央宣传部:《习近平总书记系列重要讲话读本》,学习出版社、人民出版社2016年版,第287页。

事物、分析问题、解决问题,在矛盾双方对立统一的过程中把握事物发展规律,克服极端化、片面化。所谓创新思维能力,就是破除迷信、超越过时的陈规,善于因时制宜、知难而进、开拓创新的能力。2013 年 10 月 21 日,习近平在欧美同学会成立 100 周年庆祝大会上讲话指出:"惟创新者进,惟创新者强,惟创新者胜。"①生活从不眷顾因循守旧、满足现状者,从不等待不思进取、坐享其成者,而是将更多机遇留给善于和勇于创新的人们。要打破迷信经验、迷信本本、迷信权威的惯性思维,摒弃不合时宜的旧观念,有敢为天下先的锐气,逢山开路、遇河架桥,百折不挠、勇往直前。所谓底线思维能力,就是客观地设定最低目标,立足最低点,争取最大期望值的一种积极的思维能力。它要求我们居安思危,见微知著,未雨绸缪,心中有数,处变不惊。正如习近平所讲:"要善于运用'底线思维'的方法,凡事从坏处准备,努力争取最好的结果,这样才能有备无患、遇事不慌,牢牢把握主动权。"②

(六)担当意识

实事求是与担当意识相辅相成,坚持实事求是需要担当意识。因为客观事物是发展变化的,人们对客观事物的认识需要一个不断深化的过程,往往开始的时候真理掌握在少数人手里。这时,坚持实事求是就可能面临极大的风险,就有被批判、被撤职甚至被杀头的危险。因此,"敢于啃硬骨头,敢于涉险滩,既勇于冲破思想观念的障碍,又勇于突破利益固化的藩篱。"③不为任何风险所惧,不为任何干扰所惑,勇于担当,就成为能否坚持实事求是不可或缺的条件之一。从中国共产党历史看,毛泽东如果没有担当意识,就不可能领导开创出农村包围城市、武装夺取政权的

① 《习近平谈治国理政》第一卷,外文出版社 2018 年版,第 59 页。
② 中共中央宣传部:《习近平总书记系列重要讲话读本》,学习出版社、人民出版社 2016 年版,第 288 页。
③ 2012 年 12 月 7 日至 11 日,习近平在广东考察工作时的讲话,《人民日报》2014 年 7 月 4 日。

中国特色革命道路。因为这条道路在马克思主义教科书中找不到答案，在国际共产主义运动中也没有先例。为此毛泽东曾"三起三落"，受到错误的打击与排斥。中国革命胜利的历史已经证明，以毛泽东为代表的中国共产党人开辟这条革命道路是引领中国革命的成功之道。邓小平如果没有担当意识，就不可能以巨大的政治勇气，领导中国共产党开创出中国特色社会主义道路，冲破对社会主义的固有认识，成功解决在中国发展社会主义市场经济的一系列重大问题。事实证明，坚持实事求是，就要有担当意识，没有担当意识，就难以做到实事求是。

习近平把"敢于担当"作为好干部的标准之一，他指出："敢于担当"，就是把责任稳稳扛在"肩"上。领导就是责任，当官必须尽责，权与责从来都是相依相随的。担当大小，体现一个干部的胸怀、勇气和格调，有多大担当，才能干多大事业。林则徐有句名言："苟利国家生死以，岂因祸福避趋之。"好的干部，讲真理不讲面子，讲原则不和稀泥，他们敢于正视问题不回避、承担责任不推诿、直面矛盾不上交，平常时候看得出来、关键时刻站得出来、危急关头豁得出来。而那种不求有功、但求无过的"太平官""老好人"，注定会为老百姓所唾弃。

三、全心全意为人民服务是共产党人
成就伟业的力量之源

全心全意为人民服务是延安精神的本质体现，延安精神实质上就是为人民服务的精神。正因为中国共产党是完全彻底地、全心全意地，而不是三心二意、半心半意地为人民服务，所以中国共产党与广大人民群众建立起水乳交融、血肉相连的党群关系，使得和最广大人民群众密切联系在一起成为中国共产党区别于其他任何政党的显著标志之一。随着中国共产党历史方位的变化，过去密切联系群众是中国共产党的最大优势，而现在脱离群众却成为中国共产党面临的最大危险。因此，从历史中汲取营养,弘扬延安精神,牢固树立为人民服务的根本宗旨,始终保持与人民群众的密切关系,就是中国共产党巩固执政地位,确保长期执政的一个重大问题。

(一)牢记全心全意为人民服务的根本宗旨,就要牢固树立对待人民群众的科学理念

唯物史观认为,人民群众是推动社会历史前进的真正动力,是社会物质财富和精神财富的创造者。中国共产党作为彻底的唯物主义者,"如何对待群众,是一个根本的立场问题,世界观问题,党性问题"[1]。在任何情况下,都要坚持为人民服务的宗旨不能动摇,否则就没有了共产党存在的意义。但是在新形势下,由于党情、国情、世情发生了极大变化,坚持全心全意为人民服务的宗旨也遇到了许多新情况和新问题,与战争年代相比,服务主体和服务对象方面都出现了重大变化,服务的内容和服务的方式也需要不断调整。这一切,也给中国共产党带来了许多新的挑战,需要认真研究和思考。在理念上一定要解决好以下问题:

一是要牢固树立人民群众是永恒的,而共产党只是人民群众在特定的历史时期为实现自己特定的历史任务的一种工具的理念。工具要好好地为主人服务,为主人谋利益。为人民服务是共产党作为人民工具的根本属性。如果主人对自己的工具越来越不满意,主人就可能抛弃这个工具。1945年5月24日,毛泽东在《第七届中央委员会的选举方针》中就曾说明:"群众是从实践中来选择他们的领导工具、他们的领导者。被选的人,如果自以为了不得,不是自觉地作工具,而以为'我是何等人物'!那就错了。我们党要使人民胜利,就要当工具,自觉地当工具。各个中央委员,各个领导机关都要有这样的认识。"[2]共产党应该做群众的什么样

---

[1] 中共中央办公厅法规局编:《中央党内法规和规范性文件汇编(1949年10月—2016年12月)》下册,法律出版社2017年版,第1020页。

[2] 《毛泽东文集》第三卷,人民出版社1996年版,第373—374页。

的工具呢? 邓小平后来的一番话,对此有明确的解释:"同资产阶级的政党相反,工人阶级的政党不是把人民群众当作自己的工具,而是自觉地认定自己是人民群众在特定的历史时期为完成特定的历史任务的一种工具。……确认这个关于党的观念,就是确认党没有超乎人民群众之上的权力,就是确认党没有向人民群众实行恩赐、包办、强迫命令的权力,就是确认党没有在人民群众头上称王称霸的权力。"①

二是要牢固树立党群关系是共产党人安身立命的根本的理念。党最大的政治优势是密切联系群众,党执政后的最大危险是脱离群众。在党群关系上,一定要认识到"水可以没有鱼,但鱼绝对不能没有水"。同人民群众保持密切联系,是由中国共产党的性质、宗旨和使命决定的。习近平在庆祝中国共产党成立 95 周年大会上的讲话强调:"人民立场是中国共产党的根本政治立场,是马克思主义政党区别于其他政党的显著标志。党与人民风雨同舟、生死与共,始终保持血肉联系,是党战胜一切困难和风险的根本保证,正所谓'得众则得国,失众则失国'。"②近百年的历史经验一再证明,牢固树立人民立场,不断深化人民情感,坚持人民利益至上,这是中国共产党赢得人民支持并不断赢得胜利的关键。

三是要牢固树立"以人民为中心"的理念。"党的执政地位不是与生俱来的",人民对执政党,并不是一次选择定终身,也不是一劳永逸的。世界上许多老党大党由于脱离人民群众而丧失执政地位,马克思主义政党也不例外,苏联解体和东欧剧变就是例证。历史证明,任何马克思主义政党,不论执政时间多长,不论拥有多少党员,也不论创造过多少辉煌业绩,一旦脱离了群众,失去民心,就丧失了执政乃至生存的基础。苏共失败的根本原因,在于未能一以贯之地坚持立党为公、执政为民,它的亡党,实际是被人民所抛弃。在苏联解体前,当时的苏联社会科学院曾进行过

---

① 《邓小平文选》第一卷,人民出版社 1994 年版,第 217—218 页。
② 习近平:《在庆祝中国共产党成立 95 周年大会上的讲话》,人民出版社 2016 年版,第 18 页。

一次民意调查,被调查者认为苏共仍然能够代表工人的只占4%,认为代表全体人民的只占7%,认为苏共代表全体党员的也只占11%;而认为苏共代表党、代表干部、代表机关工作人员的竟高达85%。苏联共产党不仅脱离了群众,也脱离了党员。苏共的盛衰兴亡的历史启示之一是"成也人心,败也人心"。决定党的命运的根本在于党赢得了多少人心,赢得了多少人民。

四是要牢固树立"权为民所赋、权为民所用"的理念。"马克思主义权力观,概括起来是两句话:权为民所赋,权为民所用。"党执政后组织和支持人民当家作主的一个主要体现,就是令人信服地实现"权为民所赋、权为民所用"。共产党人的权力观是有权不辱崇高使命、做官不失公仆之心,真正爱民、富民、乐民、安民的权力观。共产党人的利益观是正确看待个人利益、正确看待个人得失、正确把握利益关系,不为私欲所扰、不为名利所累、不为物欲所惑,坚持人民利益高于一切的利益观。共产党人的政绩观是与人民同呼吸共命运的立场不能变,全心全意为人民服务的宗旨不能忘,坚信人民群众是真正的英雄的历史唯物主义观点不能丢,做得人心、暖人心、稳人心、顺民意,经得起实践检验、群众检验和历史检验的实事、好事,实现广大人民群众根本利益的政绩观。要破除权力私有化、商品化、特权化观念,树立权力是人民赋予的、权力的本质是责任、权力必须接受人民监督的观念。淡泊名利,克己奉公,努力实践共产党人高尚的人生价值和人生追求。铭记权力是人民给的,权力只能为人民服务。

(二)牢记全心全意为人民服务的根本宗旨,就要保持密切联系群众的好作风

执政党的作风建设是事关生死存亡的大问题。不容否认,中国共产党全面执政70多年来,在作风建设上主流是好的,中国特色社会主义事业取得的巨大成就即是证明。但是,也要看到在作风建设上面临的新挑

战和新问题,比如脱离群众的现象大量存在,对此决不可掉以轻心。2013年1月22日,习近平在第十八届中纪委第二次全体会议上的讲话中强调指出:"如果不坚决纠正不良风气,任其发展下去,就会像一座无形的墙把我们党和人民群众隔开,我们党就会失去根基、失去血脉、失去力量。"①

一是要时刻铭记我们手中的权力是人民赋予的。中共十八大之后,习近平提出"人民对美好生活的向往就是我们的奋斗目标",高度凝练地传达了共产党人为人民服务的情感、态度和价值观,真正体现了以人民意志为指向、以人民的愿望为方向、以人民的期盼为动力、以人民的好恶为标准的为民思想。共产党人所做的一切都是为了人民群众,他们的服务只能是为最广大人民群众的根本利益去服务,而绝不是为别的什么人的其他利益去服务。中国共产党根植人民、服务人民、因民而兴、为民而生的根本属性,在本质上决定了共产党人没有自己的特殊利益,服务人民的态度必然不能有所折扣。为人民服务的好与坏,要通过人民群众在实践中进行检验,凡是对人民有利的,就是正确的,凡是对人民有害的,就是错误的,共产党人要为人民的利益坚持对的改正错的。检验共产党人为人民服务的标尺,就是要看人民对共产党人的满意度。

二是要避免形式主义,以实实在在的政绩取信于民。形式主义是一种片面追求形式而忽视内容的形而上学的观点、方法和作风,不仅背离党的宗旨,而且严重侵蚀着党群关系。虽然任何工作都是通过一定形式表现出来的,但如果只追求形式、缺乏内容、不讲效果,不解决实际问题,就是典型的形式主义,就是一种贪图虚名、不求实效的工作作风。

形式主义作风主要表现为这样几种现象。擅长以文件落实文件,以会议落实会议,以讲话落实讲话。整天沉湎于文山会海之中,表面上热热闹闹,煞有介事,实际上不愿意动脑筋去研究本单位、本部门、本地区的实

---

① 《习近平谈治国理政》,外文出版社2014年版,第387页。

际问题,也就更谈不到去解决问题了。方案计划一大堆,说过听过不落实,忙于照抄照搬照转,实则不去触动问题的症结所在,当然也就解决不了实际问题。不深入实际,不深入基层,不深入群众,习惯于做表面文章,空喊口号,严重脱离实际,以闭门造车代替调查研究,以主观想象代替实际生活。靠打电话、听报告了解情况;凭以往印象和主观臆想,随意编撰和裁剪"所需情况"。即使到了基层,也是走马观花,蜻蜓点水,只在会议室"调查",在招待所"蹲点"。严重脱离群众,不知道群众的所思所想,不知道群众的安危冷暖,不为群众办实事、办好事。热衷于沽名钓誉,哗众取宠。为了应付上级,应付群众,搞各种各样的所谓"达标"活动。为了图虚名,搞"形象工程",不惜劳民伤财。为了搞假政绩,不惜弄虚作假,欺上瞒下,编造数字,报喜藏忧,掩盖矛盾和问题。检查评比种类繁多。有的单位为应付检查评比,拼凑尖子,单项突击,甚至不顾客观条件,浪费大量的人力、物力、财力和精力。不思进取、无所作为。心思和精力不放在工作上,而是只想个人的私利和如何升迁。一味靠地位和权力来树立威信,而不是把心思和精力用到密切联系群众,真心诚意为群众谋利益上。①

践行党的根本宗旨,密切党群关系,就要坚决反对形式主义。因为形式主义者心目中没有群众,他们想的和做的不是如何与群众同甘共苦,而是讲排场、比阔气,热衷于名目繁多的达标活动、徒有虚名的检查评比、应付上级的变味汇报。表面上工作热热闹闹,实际上不能给群众带来任何实惠和好处,反而劳民伤财,无端增加群众的负担。更有甚者不顾本地区、本部门的承受能力,搞"形象工程""贴金工程",急功近利、寅吃卯粮,从根本上损害了人民群众的利益。毛泽东认为:形式主义只注意形式上、表面上的轰轰烈烈、堂而皇之,不用做艰苦细致的工作,不必深入调查论证,也不用跟踪检查督导,更不需承担一定风险,因而他得出"形式主义

---

① 参见《党的群众路线教育实践活动读本》,人民出版社2013年版,第96页。

害死人"的结论。习近平多次在谈话中提出"空谈误国,实干兴邦",其矛头在很大程度上指的也是部分党员干部身上存在的形式主义和官僚主义作风。2012年12月15日,习近平在中央经济工作会议上的讲话中指出:"实干兴邦,空谈误国。这个道理,我们都要牢记在心。各级领导干部要坚持为民务实清廉,切实转变工作作风,做到讲实话、干实事,敢作为、勇担当,言必信、行必果。""不要换一届领导就兜底翻","不要空洞的新口号满天飞",有"功成不必在我"的精神。① 如果不坚决清除形式主义,对此麻木不仁,掉以轻心,不仅会直接损害党和政府的威信,使广大人民群众对党和政府失去信任,而且最终会失掉民心。

三是要克服官僚主义,始终与人民群众打成一片。官僚主义主要表现为:脱离实际,高高在上,不了解下情;脱离群众,滥用权力,不关心群众利益;贪图舒适,满足现状,做官当老爷;官气十足,好摆门面,好说空话套话;饱食终日,不思进取,无所作为;思想僵化,独断专行,不按客观规律办事;欺上瞒下,文过饰非,功归己过推人;唯我独尊,专横跋扈,动辄训人;强迫命令,压制民主,打击报复;徇私行贿,贪赃枉法,弄权谋私;机构臃肿,人浮于事,政出多门;不负责任,遇事推诿,办事拖拉;重官样文章,繁文缛节,公文旅行;不守信用,敷衍塞责,话难听事难办等。② 官僚主义的实质,是对人民群众缺乏感情,不能摆正人民群众的主人翁地位,背离"立党为公,执政为民"的价值选择,自私自利、个人主义的权力观、利益观在作怪。清除官僚主义,尊重人民的主体地位,真正做到"立党为公,执政为民",就要以人的全面发展为价值目标,为实现人的全面发展创造条件,为人民的全面发展不懈努力;就要反映和兼顾不同方面群众的利益,始终代表最广大人民的根本利益,发展面向全体人民群众,做决策、定政策,都要站在最大多数人的一面;就要充分发扬人民民主,"深入了解民情、充分反映民意、广泛集中民智、切实珍惜民力",真正发挥人民群众

① 参见习近平:《在中央经济工作会议上的讲话》,《人民日报》2012年12月15日。
② 参见《党的群众路线教育实践活动读本》,人民出版社2013年版,第106—107页。

的积极性、主动性,调动人民群众的主人翁热情,体现人民群众当家作主的主体地位;就要不断提高党的执政水平和领导水平,在调查研究、把握规律、掌握局面、科学决策、解决问题等方面提升能力与素质,不断增强为人民服务的本领,赢得群众支持与拥护,巩固和加强党同人民群众的血肉联系;就要在坚持群众路线、为人民服务中做到知行合一,着力增强思想自觉和行动自觉,引导广大党员、干部提高贯彻执行党的群众路线的自觉性和坚定性,做到以"知"促"行"、以"行"促"知"、知行合一。①

四是要牢记党的宗旨,保证人民共享改革发展成果。毛泽东指出:"我们的责任,是向人民负责。每句话,每个行动,每项政策,都要适合人民的利益"。② 习近平更是从实现中华民族伟大复兴的战略高度强调:"中国梦归根到底是人民的梦,必须紧紧依靠人民来实现,必须不断为人民造福。"③应当看到,改革开放以来,中国社会经济快速发展,民生得到极大改善的同时,民众追求幸福的愿望也更加强烈,民众对公共服务需求的标准也越来越高。为此,不断满足人民群众日益增长的物质文化需要,就必须践行群众路线,在各方面注重落实为人民服务的宗旨。习近平指出:"让老百姓过上好日子是我们一切工作的出发点和落脚点。"检验我们一切工作的成效,最终都要看人民是否真正得到了实惠,人民生活是否真正得到了改善。用人民的态度来检验党的一切决策,用"群众利益无小事,凡是涉及群众的切身利益和实际困难的事,再小也要竭尽全力去办"的要求,规范共产党人为人民服务的思想和行动。这就需要正确认识和处理经济发展与民生改善的关系,实现两者良性循环。通过发展经济、做大"蛋糕",为持续改善民生奠定坚实物质基础,同时又通过改善民生,为经济发展提供内生动力。这就需要多做雪中送炭的工作,为群众办

---

① 鞠鹏:《充分调动干部和群众积极性 保证教育实践活动善做善成》,《四川日报》2013年7月13日。

② 《毛泽东选集》第四卷,人民出版社1991年版,第1128页。

③ 习近平:《在第十二届全国人民代表大会第一次会议上的讲话》,《人民日报》2013年3月18日。

实事、办好事。不搞那些脱离实际、脱离群众、劳民伤财、吃力不讨好的东西。要像习近平要求的那样："多做一些雪中送炭、急人之困的工作,少做些锦上添花、花上垒花的虚功"①。这就需要格外关注困难群众,时刻把他们的安危冷暖放在心上,关心他们的疾苦,为他们排忧解难。这就需要抓住人民最关心最直接最现实的利益问题,关注和重视解决人民的教育、就业、住房、医疗等问题。这就需要善于协调和解决各种复杂的利益关系,在各种利益关系的纠结和博弈中,心中始终装着最大多数人民群众。牢记如果发展不能回应人民的期待,不能让人民得到看得见、摸得着的实惠,不能实现好、维护好、发展好最广大人民根本利益,这样的发展就失去意义,也不可能持续。

五是要始终坚定不移地推进反腐倡廉建设,做到干部清正、政府清廉、政治清明。腐败是社会的毒瘤,是影响经济社会发展、国家长治久安的致命风险。在延安时期,中国共产党为什么能够由小到大、由弱变强,一个重要原因就是中国共产党推进廉洁政治,赢得了民心。而拥有飞机大炮、貌似强大的国民党则败走台湾,其中的原因当然是多方面的,但是一个不可忽视的原因就是国民党的腐败。当时美国驻华大使司徒雷登就认为"共产党是用他们的廉洁打败了国民党"。无论是中国历史还是世界历史都告诉我们,任凭腐败愈演愈烈,最终必然亡党亡国。

直面现实,要清醒地看到,在中国共产党内的一些干部特别是领导干部身上存在着严重的腐败问题,在一些领域消极腐败现象仍然易发多发,人民群众对发生在身边的腐败问题反映强烈。腐败问题的存在,严重败坏党的形象,损害群众利益,影响党群关系,引起群众强烈不满。虽然腐败是一个历史性课题,更是世界性难题,不可能毕其功于一役,也不可能一劳永逸,但是"反腐倡廉必须常抓不懈,拒腐防变必须警钟长鸣"。中共十八大报告指出:"反对腐败、建设廉洁政治,是党一贯坚持的鲜明政

---

① 习近平:《让老百姓过上好日子》,《人民日报》2014 年 7 月 10 日。

治立场,是人民关注的重大政治问题。这个问题解决不好,就会对党造成致命伤害,甚至亡党亡国。反腐倡廉必须常抓不懈,拒腐防变必须警钟长鸣。要坚持中国特色反腐倡廉道路,坚持标本兼治、综合治理、惩防并举、注重预防方针,全面推进惩治和预防腐败体系建设,做到干部清正、政府清廉、政治清明。加强反腐倡廉教育和廉政文化建设。"十八大之后,中国共产党一方面把践行群众路线和保持党的先进性、纯洁性紧密联系在一起,强调:"开展党的群众路线教育实践活动,就是要把为民务实清廉的价值追求深深植根于全党同志的思想和行动中,夯实党的执政基础,巩固党的执政地位,增强党的创造力凝聚力战斗力,使保持党的先进性和纯洁性、巩固党的执政基础和执政地位具有广泛、深厚、可靠的群众基础。"①另一方面坚决严惩破坏党的宗旨的各种违纪违法案件,对作风之弊、行为之垢开展大排查、大检修、大扫除。同时,"坚持'老虎'、'苍蝇'一起打,既坚决查处领导干部违纪违法案件,又切实解决发生在群众身边的不正之风和腐败问题。"②2014 年 1 月 14 日,习近平在十八届中央纪委三次全会上发表重要讲话中指出:"全党同志要深刻认识反腐败斗争的长期性、复杂性、艰巨性,以猛药去疴、重典治乱的决心,以刮骨疗毒、壮士断腕的勇气,坚决把党风廉政建设和反腐败斗争进行到底。"③十八大以来的反腐败斗争,显示了中国共产党为了人民扫除害群之马的决心,也取得了令人称道的反腐成就,得到人民群众的高度关注和一致拥护。

"为政清廉才能取信于民,秉公用权才能赢得人心。""人心向背关系党的生死存亡"。当年蒋介石的"文胆"陈布雷面对国民党江河日下曾感慨说:"国民党力大,共产党势大。"力大靠的是飞机大炮,势大靠的是民心,最终势大战胜了力大。只要中国共产党坚定不移地从严管党治党,坚

① 李章军、刘建生:《深入扎实开展党的群众路线教育实践活动 为实现党的十八大目标任务提供坚强保证》,《人民日报》2013 年 6 月 19 日。

② 习近平:《在十八届中央纪委二次全会上发表重要讲话》,《人民日报》2013 年 1 月 23 日。

③ 《习近平谈治国理政》,外文出版社 2014 年版,第 394 页。

定不移地加强党风廉政建设,坚定不移地深入开展反腐败斗争,就一定能够经受各种风险考验,立于不败之地。

(三)牢记全心全意为人民服务的根本宗旨,就要着力提高做好群众工作的能力与本领

不断提高做好群众工作的能力与艺术,锤炼硬功夫、真本领,把人民群众的智慧和力量凝聚到推进中国特色社会主义事业的伟大实践中,无疑是广大干部特别是各级领导干部的政治责任和时代赋予的基本要求。

一是要不断提高调查研究能力,善于把党的大政方针与人民群众的伟大实践相结合。调查研究是领导干部必须具备的基本素质,是克服主观主义的根本方法和做到理论联系实际的中心环节。对于领导干部而言,调查研究就是通过一定的途径和方法,对领导对象和领导环境进行观察了解,以获取领导所需的各种材料和信息,在此基础上,再对所获取的各种材料和信息进行科学的加工处理,进而揭示蕴含其中的规律性,并以此指导整个领导工作的活动过程。

作为领导干部,一定要树立起没有调查研究就不会有真正好的领导的思想与理念。要看到调查研究是推动党和国家事业发展的必然要求,是关乎领导工作是否具有科学性、实效性的基础和前提。经过改革开放40多年的发展,中国社会发生了深刻的变化,经济成分和经济利益多样化、社会生活方式多样化、社会组织形式多样化、就业岗位和就业方式多样化更加凸显,在社会转型期和改革攻坚期,面对的情况更加复杂。新情况、新问题考验着各级干部的能力与本领,如果没有对实际情况真正具体的了解,真正好的领导是不会有的。要懂得不能正确地认识世界就无法肩负起改造世界的历史责任,就会陷入主观和客观相分裂、理论与实践相脱离的泥沼,从而遭受挫折与失败。因此,必须高度重视调查研究工作,大兴调查研究之风,把调查研究作为领导干部的政治责任,内化于心,外

化于行。

调查研究是转变领导作风和改善工作方法的基础环节。开展调查研究工作,不可能一劳永逸、一蹴而就,而是一个需要不断地、长期地躬身践行的过程。在现实中,一些干部特别是领导干部,在做群众工作时,不是扑下身子,深入基层、深入群众调查研究,不能找准和把握党的路线方针政策与当地实际和人民群众意愿的结合点,工作华而不实,官气十足,浮在表面,引起人民群众不满,严重影响党群干群关系的和谐。因此,作为领导干部一定要把调查研究看作是克服主观主义、官僚主义、形式主义、尾巴主义的对症药。那种不做周密细致的调查研究,以会议落实会议、以文件贯彻文件,对上情一知半解,对下情熟视无睹,空话、套话、假话连篇,喜好夸夸其谈,"下车伊始",就这也批评,那也指责,不仅是无知的表现,更是共产党员的耻辱。同时还要锤炼调查研究的硬功夫、真本领。决不能把深入基层、深入群众调查研究变成热热闹闹图形式、轰轰烈烈走过场的作秀闹剧。要把调查研究作为坚持问政于民、问需于民、问计于民的根本方法,作为知民情、解民忧、暖民心的重要保证,把政治智慧的增长、执政本领的增强深深扎根于人民群众的创造性实践之中。

二是要不断提高抓主要矛盾的能力,善于掌握矛盾运动规律,将把握中心与兼顾全局相结合。正确地认识和把握主要矛盾,既是中国共产党制定出正确的路线方针政策的科学依据和组织动员群众为实现其历史任务而奋斗的成功经验,也是领导干部通过对事物内部矛盾运动规律的分析、判断、把握,抓住中心、兼顾全局,实施正确领导,必须具备的素养。

"有重点才有政策,没有重点就没有政策"。如果不能依据抓主要矛盾的方法,主次不分,平均使力,就抓不住关键,就会在错综复杂的各种矛盾面前感到茫无头绪,就会在行动中分不清主次、先后、轻重、缓急,就不可能做好领导工作。因此,作为一个领导干部决不能凭主观想象和个人好恶开展工作,而要善于在纷繁复杂的普遍联系的矛盾现象中抓住主要矛盾和矛盾的主要方面,找准工作重点,解决中心问题,以此带动全局工作,决不能"眉毛胡子一把抓"或"捡了芝麻丢了西瓜"。正如毛泽东在《关于领导方法的若干问题》中所强调:"在任何一个地区内,不能同时有许多中心工作,在一定时间内只能有一个中心工作,辅以别的第二位、第三位的工作。"①同时还要看到事物是发展变化的,事物内部的矛盾是相互转化的,事物的发展变化又是复杂的,现象与本质并不一定是一致的。这就要求领导干部一定要用发展变化的观点看问题,必须克服教条主义、经验主义和官僚主义,既要从实际出发,不把已有的认识当作不变的教条,拘泥于传统的思维定势;也要摒弃在实际工作中把已有的经验或局部的经验绝对化,固执己见;还要以强烈的事业心和高度的责任感,深入群众、深入实际探求客观事物发展变化的内在逻辑。决不能受表面现象所迷惑,受细枝末梢所缠绕。要善于根据矛盾转化确定新思路,提出新任务,形成新举措,增强工作的主动性和创造性。

由于事物内部矛盾运动的复杂性,还要求领导干部必须统筹兼顾,善于"弹钢琴"。毛泽东指出:"领导人员依据每一具体地区的历史条件和环境条件,统筹全局,正确地决定每一时期的工作重心和工作秩序,并把这种决定坚持地贯彻下去,务必得到一定的结果,这是一种领导艺术。"②正确认识中心工作与一般工作的关系,抓住中心、带动一般,是领导干部在做群众工作时需要坚持的基本原则。因为群众工作是一项系统工程,客观上要求领导干部在做群众工作时,必须具有全局观念和大局意识,善于统筹兼顾、综合协调,避免把主要矛盾和次要矛盾、矛盾的主要方面和次要方面割裂开来,只及一点不及其余的"单打一"思想和做法。要关注一时一地群众最关心的和最迫切需要解决的问题,扭住关键环节,以"咬定青山不放松"的精神抓住不放、一抓到底,切记"抓而不紧,等于不抓"的道理。同时,也要重视人民群众的长远利益和整体利益,自觉抵制那种

---

① 《毛泽东选集》第三卷,人民出版社1991年版,第901页。
② 《毛泽东选集》第三卷,人民出版社1991年版,第901页。

把中心和重点工作变成形象工程和政绩工程的行为,克服只顾眼前不管长远、抓了中心丢了一般的片面行为。

三是要不断提高科学决策能力,善于把国家发展战略与民情、民力、民意相结合。决策是领导者在被领导者的参与下对组织未来行动的目标途径所作出的选择和决定。决策能力是衡量领导者水平的主要标志。

正确的决策来自于对客观情况的准确认识与把握,否则,就难以有正确的决策,因而也就谈不上实施正确的领导。实事求是是作出正确决策的思想基石。在现实中,一些领导干部到一个地方工作或情况不明或急于出政绩就盲目决策,急于求成,满足于上项目、搞大动作,没有实事求是之心,而有哗众取宠之意,造成决策失误,引起群众不满。因此,要作出一个正确的决策,首先必须对形势有一个清醒的判断,对客观实际有一个切实的了解,对决策目标有一个明确的定位。要高度重视养成实事求是的思想方法、领导方法和工作方法,有正确的立场,有民主的精神,有批评和自我批评的作风,有坚持真理、修正错误的品质与勇气。

决策必须要把人民群众的利益放在第一位,以人民群众的利益为最高标准。"只有我们把群众放在心上,群众才会把我们放在心上;只有我们把群众当亲人,群众才会把我们当亲人。"①党的根基在人民、血脉在人民、力量在人民。作为人民群众的勤务员,为人民服务是党员干部存在的核心价值,这在本质上要求各级干部想问题、做决策、办事情必须体现人民群众的意愿,发扬民主,倾听群众的呼声,有宽阔的胸怀、科学的精神,建立健全使人民群众充分行使知情权、参与权、选择权、监督权的工作机制,重视制度、机制、规则、程序的设计。切忌唯我独尊、蛮横独断,个人说了算或少数人说了算,避免情况不明胆子大,思路不清决心大。那种拍脑袋决策、拍胸膛表态、拍屁股走人的行为是对人民群众利益的最大损害。

决策还要善于把党和国家的大政方针与本地区、本部门、本单位的具

---

① 《十七大以来重要文献选编》(下),中央文献出版社 2013 年版,第 441 页。

体实际相结合,做好结合这篇文章。既反对只顾局部利益、危害整体利益的地方保护主义,又反对只顾眼前利益、不顾长远利益的短期行为,使决策既符合党和国家的发展战略部署,又反映和体现本地区、本部门、本单位的民情、民力和民意,把党的路线方针政策切实转化为人民群众的具体行动,转化为关注民生、解决民生的具体措施。

可以说,决策就是对未来的事情作出决断,在作决策时既要坚持原则性,又要具有灵活性,敢于并善于决策。当主、客观条件允许做某件事时,要能够抓住机会。而当条件尚未完全成熟,但在朝着有利方向发展时,又要敢于下决心,发挥主观能动性,善抓机遇,有胆有识,能谋善断,"看得见、抓得起"。如果畏首畏尾、瞻前顾后,缺乏远见卓识,见事迟,就会丧失机遇,陷于被动,难以有所作为。一些地方、部门和单位出现的一些问题,本来开始是小问题,却酿成大祸,是与这些地方、部门、单位领导缺乏科学预见,不能作出正确决策相关的。因此,作为领导干部一定要勇于决策、善于决策,既坚持原则的坚定性又具有策略的灵活性,在原则问题上要旗帜鲜明、绝不动摇,但在原则许可范围内,则要因时而异、因地制宜,根据客观形势的变化,采取灵活的形式与方法,否则,不仅难以作出正确的决策,即使作出正确的决策也难以得到成功实施。

四是要不断提高动员群众、凝聚力量的能力,善于把宣传教育群众与组织引领群众相结合。相信和依靠群众,在工作中走群众路线,教育引领群众朝着党和国家的既定目标前进,是领导干部的基本职责,也是中国共产党战胜艰难险阻、领导革命、建设和改革取得成功的根本保证。没有人民群众的广泛动员和力量的凝聚,就不会有和谐、稳定和富有生机与活力的发展局面。

宣传教育群众和组织引领群众首先要尊重人民群众的主体地位和创造精神,向群众学习,拜人民群众为师,坚持从群众中来、到群众中去的工作方法。要把一切为了群众、一切依靠群众,作为处理领导与群众关系的根本原则,坚持对上负责和对下负责的一致性。那种高高在上,颐指气使,阿谀逢迎的作派,只能损坏党在人民群众中的形象和威信。要善于抓事关人民群众利益的大事,也要关心人民群众生活中的小事。领导干部要善于抓大事,不能陷入烦琐的事务中,但绝不是就可以对群众中的"小事"视而不见,不闻不问。在现实中,总有人把关系到群众具体利益的事情,看成是"小事",认为它琐碎,不值得为它下功夫。须知"大事"正是由许多小事组成的。离开了一个个群众的具体利益,全体群众的整体利益只能变成抽象的、不可捉摸的东西。要善于集中群众的智慧,激发群众的热情,把一般号召与个别指导相结合。如果没有一般的普遍的号召,就不能动员广大群众行动起来。但如果只限于一般号召,而领导人员没有具体地直接地从若干组织将所号召的工作深入实施,突出一点,取得经验,然后利用这种经验去指导其他单位,就无法考验自己提出的一般号召是否正确,也无法充实一般号召的内容,就有使一般号召归于落空的危险。

宣传教育群众和组织引领群众还要善于把党的创新理论和行动纲领转化为人民群众的生动实践。理论上的成熟是政治上坚实的基础,理论上的与时俱进是行动上锐意进取的前提,思想上的统一是全党步调一致的重要保证。理论创新每前进一步,理论武装就跟进一步,这是中国共产党加强自身建设的一条重要经验。作为领导干部一定要保持政治上的坚定和理论上的清醒,把学习作为一种精神追求,对党的创新理论真学、真懂、真信、真用,同时,还要善于用党的创新理论教育引领群众,做好群众的思想政治工作。在做群众的思想政治工作时,要适应新情况新形势新任务的需要,积极探索思想政治工作的新载体,在内容、形式、方法、手段、机制上创新,不断增强时代感和针对性、实效性、主动性。要注重说理,反对命令主义;坚持民主的方法,反对强迫命令;做到以情动人,达到与人民群众感情的融合;重视树立典型,以典型示范带动群众前进。通过深入细致的宣传教育工作,激发和提高人民群众贯彻党的路线方针政策的自觉性,组织引领人民群众积极投身于中国特色社会主义伟大事业的生动实践中。只有领导者的积极性,而无广大群众的积极性,便将成为少数人的空忙。但如果只有广大群众的积极性,而无有力的领导骨干去恰当地组织群众,则群众的积极性既不可能持久,也不可能走上正确的方向和提到高级的程度。

宣传教育群众和组织引领群众要时刻重视正品性、修官德,注重表率作用的发挥与人格魅力的塑造。领导干部在人民群众中的形象如何,直接关乎党在人民群众中的威信,这就要求领导干部必须从事关党的事业兴衰成败的战略高度重视自己的道德品质修养。"其身正不令而行,其身不正虽令不从","公生明,廉生威"。先做人,后做官,做好人,当好官。要自重、自省、自警、自励,讲党性、重品行、作表率,做到立身不忘做人之本、为政不移公仆之心、用权不谋一己之私,牢记领导者"喊破嗓子,不如做出样子"的道理。领导者只有言行一致,表里如一,对党和人民的事业无限忠诚,才能取信于人民,赢得人民群众的拥护、信任和支持。只有以身作则、率先垂范,才会在教育动员群众中产生号召力,在带领群众前进中形成凝聚力,聚集昂扬向上、奋发有为的精气神。

宣传教育群众和组织引领群众要把协调各种利益关系,使发展成果为人民共享作为重中之重。面对大量社会矛盾存在和利益多元化的实际,要把发展作为调节各种利益关系的着力点,善于化解矛盾,调节各种利益冲突,关注社会弱势群体,在各种利益的博弈中,始终把为最广大人民谋利益放在首要位置,那种为一己谋私利、为少数人谋利益的行为,是对党的根本宗旨的背离,对领导职责的背叛,必然被人民群众所唾弃。要将"民生"视为最大的政治,将发展成果使人民"共享"当作最基本的发展思路,将"以人民为中心"作为最核心的执政理念,使领导活动切实成为推动发展、服务群众、凝聚人心的创造力和战斗力。

四、坚持自力更生、艰苦奋斗是共产党人成就伟业的不竭动力

历史和现实都表明:战争年代需要艰苦奋斗,和平建设时期更需要艰

苦奋斗。我们不需要像延安时期那样吃糠咽菜,也不需要像改革开放前那样"新三年旧三年,缝缝补补又三年",但自力更生、艰苦奋斗的政治本色永远不会过时。只有享乐不贪,安逸不图,居安思危,克勤克俭;虚浮不慕,名利不逐,固本保色,奋发有为;勇于担当,善于创造,乐于奉献,永不懈怠,才能经受住各种风险的挑战与考验,创造出无愧于时代、无愧于人民、无愧于党的工作业绩来。

(一)牢固树立勤俭办一切事情的思想,反对享乐主义

艰苦奋斗,是人们在认识和改造自然、社会过程中,为达到一定目的而体现出的不怕任何艰难险阻、流血牺牲,披荆斩棘、顽强拼搏,吃苦耐劳、艰苦创业,勤俭节约、自强不息的一种行为和精神面貌。在新形势下,继承和发扬艰苦奋斗的优良作风,永葆共产党人的政治本色,是时代的需要和人民的呼唤。

一部人类历史充分证明,由于奢侈浪费、贪图享乐而亡国败家的例子屡见不鲜。1945 年 7 月,黄炎培在延安与毛泽东的"窑洞对"中,总结中国封建王朝"其兴也勃焉,其亡也忽焉"的历史周期率时,认为其原因主要是环境改变,精神松懈(没有艰苦奋斗精神);惰性发作,形成风气(包括腐败、功业欲);人才竭蹶,控制力下降。明末李自成起义攻陷北京城,推翻明王朝,建立了自己的政权,但仅仅 40 多天就丧失政权,遭致失败,就是例证。一个政权如果丢掉艰苦奋斗,贪图享乐并形成风气,必将走向灭亡。对于一个家庭也是同样,为什么中国人讲"富不过三代",就是因为当富裕了之后,子孙就可能贪图享乐,丧失进取精神,坐吃山空,结果就只能是日薄西山、走向败亡。历史告诉我们,丢掉艰苦奋斗就要出大事,就会人亡政息,这是历史发展的基本规律。

中国共产党作为马克思主义政党,保持艰苦奋斗的政治本色是中国共产党的一贯主张。在中国革命即将胜利的前夜,毛泽东就高屋建瓴地指出:"夺取全国胜利,这只是万里长征走完了第一步。如果这一步也值

得骄傲,那是比较渺小的,更值得骄傲的还在后头。在过了几十年之后来看中国人民民主革命的胜利,就会使人们感觉那好像只是一出长剧的一个短小的序幕。剧是必须从序幕开始的,但序幕还不是高潮。中国的革命是伟大的,但革命以后的路程更长,工作更伟大,更艰苦。这一点现在就必须向党内讲明白,务必使同志们继续地保持谦虚、谨慎、不骄、不躁的作风,务必使同志们继续地保持艰苦奋斗的作风。"①邓小平曾讲:"为什么过去很困难的局面我们都能渡过? 根本的问题是我们的干部、党员同人民群众一块苦。"②江泽民指出:"要在全党全社会大力提倡高尚的社会主义思想道德和中华民族的优良传统,以艰苦奋斗、勤俭朴素为荣,以铺张浪费、奢侈挥霍为耻。对于共产党员和各级干部来说,这也是对政治立场、政治观点、政治鉴别力的一种考验。"③在纪念改革开放 30 周年时,胡锦涛强调指出:"艰苦奋斗是我们的传家宝。我们党靠艰苦奋斗起家,我们的事业靠艰苦奋斗发展壮大,我们的幸福生活和美好未来也要靠艰苦奋斗去开创、去实现。全党全国各族人民要长期奋斗、顽强奋斗、不懈奋斗。"④习近平站在实现中华民族伟大复兴的中国梦的战略高度强调指出:"全面建成小康社会要靠实干,基本实现现代化要靠实干,实现中华民族伟大复兴要靠实干。"⑤正是中国共产党所具有的艰苦奋斗的政治品格和历史自觉,使得中国共产党能够战胜艰难困苦,渡过一个又一个难关,经过 28 年不屈不挠的奋斗,赢得革命的胜利,经过 70 多年的不懈努力,取得中国特色社会主义建设的辉煌成就。

"功崇惟志,业广惟勤。"虽然我们的发展成就举世瞩目,但是要看到中国还处于并将长期处于社会主义初级阶段的基本国情没有变,中国是

① 《毛泽东选集》第四卷,人民出版社 1991 年版,第 1438—1439 页。
② 《邓小平文选》第二卷,人民出版社 1994 年版,第 217 页。
③ 江泽民:《论党的建设》,中央文献出版社 2001 年版,第 245 页。
④ 《胡锦涛文选》第三卷,人民出版社 2016 年版,第 176 页。
⑤ 习近平:《增强改革的系统性整体性协同性　做到改革不停顿开放不止步》,《人民日报》2012 年 12 月 12 日。

世界上最大发展中国家的国际地位没有变。同时也要看到,中国是一个人口大国,是资源相对匮乏的国家。而在世界上总有那么一些国家、一些人对中国的发展指手画脚,不希望中国发展与强大。所有这些都要求我们必须始终保持那么一股劲,那么一股革命精神,那么一种拼命精神,逢山开路,遇河架桥,艰苦奋斗,勇往直前。要清醒地看到,道路不可能一帆风顺,蓝图不可能一蹴而就,梦想不可能一夜成真。只有与人民同甘共苦,共克时艰,不懈奋斗,我们才能有效应对前进道路上的各种风险与挑战,到达中华民族伟大复兴的光辉彼岸。

历史表明,中国改革开放和现代化建设成就的取得,就是中国共产党团结和带领人民一道艰辛奋斗的结果。但是也要看到在一些地方、一些部门、一些党员干部身上,忘记了艰苦奋斗的政治本色,存在着严重的享乐主义现象。一些党员干部在思想上安于现状、不思进取;随波逐流、意志消退。在工作上高高在上,热衷应酬,忙于事务,追逐名利,虚浮不实。在生活上大手大脚,贪图奢华,追求享乐,玩物丧志。而干起工作来则是颐指气使,喜好花拳绣腿,做表面文章,严重脱离群众,脱离实际,不接地气。

人无俭不立,家无俭不旺,党无俭必败,国无俭必亡。今天保持自力更生、艰苦奋斗的政治本色,就要牢记中国的基本国情和中国共产党的庄严使命,树立为党和人民长期艰苦奋斗的思想;就要自觉以艰苦奋斗的精神做好各项工作;就要树立勤俭节约的意识,与人民群众同甘共苦、共克时艰,以脚踏实地、奋发有为的工作作风应对前进道路上的困难和挑战;就要把艰苦奋斗作为党性锻炼的主要内容,经受住各种风险的考验,写好共产党人报效祖国、服务人民的人生新篇章。

(二)保持昂扬向上的工作作风,反对奢靡之风

"历尽天华成此景,人间万事出艰辛"。今天我们取得的巨大成就,就是靠艰苦奋斗得来的。艰苦奋斗,重在"奋斗"这两个字。艰苦奋斗反

映了"为有牺牲多壮志,敢教日月换新天"的革命情怀,反映了共产党人在困难面前打不倒、压不垮、不低头、不弯腰的革命斗志,体现了共产党人改造世界、劳动创造世界的世界观。艰苦奋斗的本质,是一种精神状态,是一种奋斗精神和创业精神,是共产党群体精神面貌的重要表现。它的背后实质上是一个理想信念问题。所以,不仅在条件艰苦的情况下要努力奋斗,而且在生活改善的情况下,依然需要继续奋斗。困难面前不退缩,成绩面前不自满。

毋庸讳言,随着改革开放的深入发展、物质文化生活的不断丰富,人民生活水平的不断提高,一些党员干部渐渐地忘记了吃苦在前、享受在后、艰苦奋斗、艰苦创业的优良作风,只求享乐,不思创业,只讲待遇,不讲工作,只求索取,不求奉献。有的对工作极端不负责任,养尊处优,饱食终日,无所作为,无所用心;有的对人民群众的冷暖疾苦不闻不问,麻木不仁,漠不关心,不愿深入基层,深入群众;有的把心思不是用在工作上,用在为群众谋利益上,而是日谋夜想着如何拉关系、找门子,谋取个人的升官发财;有的只要组织照顾,不服从组织安排,不愿到艰苦的地方、基层和岗位工作,留恋城市、机关,沉溺于吃喝玩乐、灯红酒绿;有的精神空虚,不读书、不看报,或追求享乐、玩物丧志,不好读书,或热衷应酬、忙于事务,不勤读书,或浅尝辄止、不求甚解,不善读书,或学而不思、知行不一,学用脱节,没有把读书学习当成一种生活态度、一种工作责任、一种精神追求。

萎靡之气,对个人而言,它侵蚀着人的灵魂,削弱着人的意志。对党和国家而言,它玷污了党的艰苦奋斗优良传统,损害着党群、干群关系。毛泽东曾讲:"人是要有一点精神的"。中国共产党人正是凭借着不怕苦、不怕死的精神,冲破无数艰难险阻,踏过无数惊涛骇浪,领导中国革命和建设事业取得成功的。无论是革命、建设还是改革,都需要始终保持一种坚忍不拔、奋发有为的良好精神状态。有了精神就有了追求,有了精神就有了动力,有了精神就有了支柱。缺了精神,就会缺了奋斗目标和工作追求,胸无大志,不负责任,无所用心;就会意志消沉,浑浑噩噩,丧失工作的闯劲与锐气;就会缺乏为人民服务的骨气和志气,丧失工作的信心和信念。因此,反对萎靡之气,就必须坚守共产党人的精神追求,把保持艰苦奋斗的政治本色,作为人生的政治情操、价值选择和行为方式,保持共产党人的蓬勃朝气、昂扬锐气和浩然正气。

(三)发扬"逢山开路、遇河架桥"的创造精神,反对饱食终日、无所事事的懈怠情绪

在前进的道路上面临着许多困难,特别是在全球化背景下国际竞争日趋激烈,要求我们不但要克服物质上的困难,而且也要克服精神上的畏难情绪。我们要全面建成小康社会、全面深化改革、全面推进依法治国、全面从严治党,推进发展方式的战略转型、提高自主创新能力、在日趋激烈的国际竞争中掌握主动权,等等,都要艰苦奋斗,否则我们就难以立于不败之地。

永葆艰苦奋斗的政治本色,就要有"空谈误国,实干兴邦"的政治责任心。习近平指出:"领导干部的一言一行、一举一动,群众都看在眼里、记在心上。干部心系群众、埋头苦干,群众就会赞许你、拥护你、追随你;干部不务实事、骄奢淫逸,群众就会痛恨你、反对你、疏远你。"①一步实际行动胜过一打纲领。那种以会议落实会议,以文件落实文件,嘴上说一套,实际做的是另一套,华而不实,只有虚功而无实招,只能被人民群众所抛弃。因此,一定要在狠抓落实上下功夫,要像习近平要求的那样,"一分部署,九分落实",真正把大量的力气花在落实上。唯有实干,才能取信于民,唯有实干,才能自强自立,唯有实干,才能梦想成真。

永葆艰苦奋斗的政治本色,就要有"生于忧患,死于安乐"的忧患意识。"天下之事,成于惧而败于忽。"麻木不仁,高枕无忧,就会精神委顿,失去生机和活力,失去前进的方向和奋斗目标。"居安思危","居危思进",才有希望,才有生机,才有活力。"聚家犹如针挑土,败家好似水淘

---

① 《论群众路线——重要论述摘编》,中央文献出版社、党建读物出版社2013年版,第133页。

沙",大手大脚易劳民伤财,肆意挥霍会坐吃山空,这样的教训应常记取。勤勉能补拙,自律方自强。习近平指出:"当官要当舞台上端端正正的官,当清官,不要当庸官贪官,被人戳脊梁骨。第一步走错了就不行。如果抱着当官谋利的想法,那做的一切事情都不会对。为什么说当官是高危职业? 就是说不仅主动以权谋私不行,而且要处处防备社会诱惑。诱惑太多了,处处是陷阱啊! 所有自己认为是当官能享受的、产生快感的事情,背后都可能隐藏着罪恶,都可能是陷阱。"①要牢记"物必自腐,而后虫生"的道理。心如石坚,不忘一念;身如劲松,不失一足。警钟长鸣,戒尺常挥,就会低而不馁,高而不危,满而不溢。

永葆艰苦奋斗的政治本色,就要有创新意识。兢兢以强,是思想上的一种醒悟,政治上的一种成熟。对个人是成事之道,对国家是强盛之途。一些人懒于进取,怯于开拓,甘于平庸,满足于随大流,少有业绩和贡献,这不单是能力和水平问题,而是内生动力不足,使命感淡化,进取意识消退。艰苦孕育着希望,奋斗孕育着成功。共产党人的哲学就是奋斗的哲学。不论做任何事情,要想取得成功,又不愿付出艰苦的努力,期待天上掉馅饼,那只能是痴人说梦、异想天开。在前进的道路上,存在着能够预知和无法预知的各种风险,遇困难就心灰意冷,遇风险就退避三舍,只会一事无成。因此,坚持艰苦奋斗就必须要有应对各种风险的气魄和胆识,有敢为天下先的政治勇气和创造精神。要克服照抄照搬,不动脑筋,当收发室、传声筒的本本主义;克服安于现状、因循守旧、不思进取的落后思想与意识;克服怕担风险、不负责任、消极应付、得过且过、不敢动真碰硬、遇到问题绕着走的现象,以开拓进取、勇于创新的品质,不断有所发现、有所发明、有所创造、有所前进,永不自满、永不停步、永不懈怠,以奋发有为的精神状态始终走在时代前列。

---

① 习近平:《在参加河南省兰考县委常委班子专题民主生活会时的讲话》,《新华时报》2014 年 5 月 9 日。

五、推进民主政治建设是共产党人
成就伟业的政治保障

延安时期,中国共产党从幼稚走向成熟,出于抗日民族统一战线的需要和中国共产党自身发展的需要,对党内民主建设和民主政治建设进行了全新的探索,取得了辉煌的成就,为我们今天发展社会主义民主提供了重要经验。

(一)加强党内民主建设,以党内民主带动人民民主

延安时期,中国共产党对党内民主进行了深入的理论探讨和全面的实践探索。中国共产党对党内民主的实质有了深入的认识。刘少奇在中共七大上所作的《关于修改党章的报告》中首次对党内民主的实质作了阐述。他指出:"党内民主的实质,就是要发扬党员的自动性与积极性,提高党员对党的事业的责任心,发动党员或党员的代表在党章规定的范围内尽量发表意见,以积极参与党对于人民事业的领导工作,并以此来巩固党的纪律和统一。"①民主集中制是中国共产党的根本组织原则和根本领导原则。中共六届六中全会通过了《关于中央委员会工作规则与纪律的决定》《关于各级党委暂行组织机构的决定》《关于各级党部工作规则和纪律的决定》3个党内法规,对于健全民主集中制,推动党内民主的制度化,起了重大作用。刘少奇在中共七大《关于修改党章的报告》中对民主集中制作了中国共产党成立以来最为全面系统的论述,将其概括为"在民主基础上的集中和在集中指导下的民主"②,并阐明了民主集中制的目标及其限度。中共七大党章中关于党的代表大会制度的细化规定进一步健全了党的代表大会制度。在中国共产党的建设史上,七大党章第

---

① 《刘少奇选集》上卷,人民出版社1981年版,第365页。
② 《刘少奇论党的建设》,中央文献出版社1991年版,第457页。

一次规定党员的权利,为党内民主的发展提供了主体性力量,使党员行使权利有了明确的法规依据,为党内民主的发展提供了切实可靠的政治保障。七大党章把六大党章的审查委员会改成了监察委员会,对监察委员会产生的办法、职权、任务以及领导制度都作出了明确规定,党内监督进一步制度化。

延安时期党内民主建设的历史经验启示我们,今天加强党内民主建设必须推进党内民主的制度化、程序化、规范化。建立健全民主集中制,健全和完善党的代表大会制度,发挥党的委员会集体领导作用,改革和完善党内选举制度、建立健全党内监督制度等。

要以党员主体地位建设为抓手,大力推进党内民主建设。要完善党内情况通报制度,推进非机密性的党务公开。增强党组织工作的透明度,实行重大决策党内征求意见制度。建立党内公示、落实党员的知情权,探索党员个体重要事项与决定的党内听证制度。以实行党的代表大会代表任期制为抓手,率先在县(市、区)试行党的代表大会常任制。建立党代表提案制度,严格、规范党代表联系党员制度。

要积极探索加强党内民主建设的有效载体和平台建设。让党内民主生活会等现有活动平台真正发挥作用。围绕民主选举、民主决策、民主管理、民主监督4个环节设计更多的活动平台,拓宽党内民主途径,丰富党内民主形式,在党内营造生动活泼的民主氛围。

延安时期中国共产党自身建设的一个重要的经验,就是政党自身角色的自我定位的战略规划出现重大变化,开始更多地从实现未来全国范围执政的角度、从如何建设一个合格的执政党的角度,推进党的建设。这就使得党内民主的发展出现了新特点——探索党内民主与人民民主有机结合的办法,既支持人民当家作主,又将党的自我净化置于群众的参与和监督之下,使中国共产党在听取群众意见的过程中增强自身民主建设的主动性,也让群众感觉到中国共产党勇于改正自身错误和光明坦荡的作风。以党内民主带动人民民主的做法,对于提高党在群众中的认同度和支持度,壮大党的群众基础和社会基础起了十分重要的作用,是我们今天发展社会主义民主依然要遵循的逻辑。

(二)树立党的领导和人民当家作主相统一的民主理念,通过制度建设和组织引导确保人民当家作主

延安时期,中国共产党在陕甘宁边区的民主政治建设,是在中华民族处于生死存亡的危急关头,国共两党实现二度合作,建立抗日民族统一战线的历史背景下,中国共产党为适应抗战建国的需要而作出的战略选择与制度安排。

陕甘宁边区的政权结构形式上借鉴了西方议会制民主政体形式,但中国共产党依据自身性质和中国国情对其进行了改造,制度设计贯彻的理念是人民民主、大众参与,权力运行贯彻的原则是中国共产党的民主集中制。因此,参议会制度是一种既是民主的又是集中的独特政体样式。这种政体样式既符合陕甘宁边区的特点,能够保证党的集中统一领导,又在最大限度上保证了人民群众当家作主的民主权利,奠定了边区民主政治建设的制度基础。参议会制度在解放战争期间演变成了"人民代表会议"形式,新中国成立后发展为人民代表大会制度。

延安时期中国共产党人高举民主的旗帜,从1949年新中国成立以来同样执着地探索中国实现民主政治的独特道路。当今在全面深化改革的重大历史关头,发展民主政治更是中国社会进步和发展的需要,是科学发展的需要,是协调与整合不同经济主体和社会阶层各种发展愿望和要求的需要,具有重大的现实意义。民主政治建设是一项复杂而艰巨的系统工程,需要通过深化改革来推进,需要通过加强制度建设来保障。

一方面,要通过不断健全和完善制度、体制、机制保障人民群众的主体性地位。经验教训证明,在党和国家民主政治生活正常发展的状况下,革命、建设和改革事业就能顺利发展;相反,在党和国家民主政治生活不正常的情况下,革命、建设和改革事业就会遭受挫折。所以,必须健全党

和国家的民主政治生活,继续完善人民代表大会制度,建立和健全民主决策、民主监督的程序和机制,保证党和政府下级组织和党员、群众有充分的权利批评上级机关工作中的错误和缺点,使党和国家的各种会议,特别是已有的制度平台,成为能够充分反映群众利益诉求和愿望的场所,支持和保证人民群众参与管理国家事务、管理经济文化事务、管理社会事务。

另一方面,要在民主政治建设中夯实基层民主这一基石。改革开放以来,基层民主获得了极大的发展和进步,选举和村民自治开展得轰轰烈烈、有声有色,村民委员会的选举已经实行"直选"和"竞选"了,可以说这是推行民主政治的重要成就。很多地方的党组织探索诸如"两票制""两推一选""公推直选""海选",还有"民主测评""党务政务公开"等载体,这些有益的探索与创新,既扩大了基层党组织的群众基础,又顺应了人民当家作主的需求,在加强党内民主与推进群众自治之间找到了比较好的结合点。但是,民主选举、民主决策、民主管理、民主监督,在质量和有效性上还需要通过不断改革加以完善,特别是在制度设计中还需要注重可操作性,形成适应各种现实情况的多元化的运行机制,确保人民群众真正行使民主权利。

延安时期的民主选举充分调动了各阶级各阶层抗战救国和建设新民主主义示范区的积极性,成为保障人民群众当家作主的重要途径。在陕甘宁边区进行了三次大规模的民主普选运动。边区的第一次民主选举是在中华苏维埃人民共和国中央政府西北办事处和陕甘宁边区政府共同主持下进行的。边区的第二次民主普选充分贯彻了"三三制"原则。边区第三次民主普选是在抗日战争临近最后胜利时,中国共产党为进一步巩固抗日民主政权而进行的,既贯彻了"三三制"原则,又比较彻底地实行了普遍、直接、平等、自由的选举原则,充分体现了边区人民群众的意志和利益。陕甘宁边区开展的三次大规模民主选举运动,使边区人民真正实现了当家作主,体现了各阶级、各阶层抗日民众的利益和诉求,体现出中国共产党进行民主政治建设是为了边区人民群众的权利和利益,在民主政治建设过程中充分信任和依靠边区人民群众,用群众路线推动边区民主政治的发展。

历史表明,组织和支持人民当家作主是中国共产党的一贯主张。人民当家作主是党的群众路线的根本属性,是社会主义民主的根本准则,也是人民群众最大的民主权利,因此,组织和支持人民当家作主必然就成了党领导国家生活的最本质内容。从政治上看,只有在理论上确认党的领导的这种根本属性,才能自觉地认识和践行党的群众路线;也只有反映人民群众的愿望,代表人民群众的利益,才能制定出正确的路线、方针、政策,才能实现正确的领导,也才能在人民群众的实践中不断丰富和完善党的领导。从党的自身建设的角度看,在党员干部中,尤其是领导干部中确立群众路线的理论自觉,实际上也就确认了党领导国家生活的权力是人民给予的,党决不允许任何领导和党员脱离群众,凌驾于群众之上,党的领导要保证人民群众通过各种途径和形式管理国家事务和社会事务。党和政府的各级组织,每一个共产党员,每一个领导干部,如果都能从这样的高度去认识问题,那么坚持群众路线就一定能够成为自觉而经常的行为。

(三)团结一切可以团结的力量,发展中国式协商民主

在中日民族矛盾上升为社会主要矛盾的历史背景下,出于建构抗日民族统一战线的需要,中国共产党建构出"三三制"政权体制,充分调动各阶级各阶层人民群众参加抗日和政权建设的积极性和主动性。"三三制"抗日民主政权包括普遍平等的选举制度、议行合一的政权体制和民主集中制的组织原则、贯彻抗日民族统一战线的政策、调节各阶级相互关系以及保障人权的法令实施、保障一切抗日的党派和公民的自由权利、实行党派协商和共产党在政权中保持领导权等 5 个方面的内容。"三三制"政权建设本质上是中国共产党为了充分调动各阶级、阶层抗日群众的积极性,保障全民族抗日战争的胜利而采取的一种群众动员的制度安

排,这种制度安排维护了广大抗日民众的根本权益,协调了革命战争与民主诉求之间的关系,鼓励了民众的政治参与和民主监督,开创了中国式协商民主的先河。随着革命形势的发展,特别是中国共产党的一元化领导原则确立后,"三三制"政权体制演变成了中国共产党领导的"党派协商、参政议政、民主监督"的"协商民主"形式,形成了中国共产党领导的多党合作与政治协商制度的雏形。

中国人民政治协商会议第一届全体会议召开和中华人民共和国的成立,标志着中国共产党领导的多党合作和政治协商制度的形成,也标志着中国式协商民主形式在全国范围内实施。改革开放以来,中国共产党领导的多党合作和政治协商制度和中国式协商民主得到了快速发展。2006年中共中央5号文件中,明确指出:"人民通过选举、投票行使权利和人民内部各方面在重大决策之前进行充分协商,尽可能就共同问题取得一致意见,是我国社会主义民主的两种重要形式。"2012年中共十八大进一步明确了"社会主义协商民主是我国人民民主的重要形式",尤其是提到了"健全社会主义民主制度,推进协商民主广泛、多层、制度化发展",特别强调要"充分发挥人民政协作为协商民主的重要渠道作用"。通过这一历程,可以看出,中国式协商民主因统一战线而生,经历了从新民主主义性质到社会主义性质的转型,实现了从中国特色社会主义民主政治组织形式到中国特色社会主义民主政治制度的飞跃,并在实践中进一步健全丰富和发展。中国式民主是中国共产党从历史文化传统、经济社会结构和中国实际国情出发探寻中国民主政治发展道路的创举,其实质是团结一切可以团结的力量,保障人民当家作主。

六、批评和自我批评是共产党人自我净化和保持生机与活力的有效武器

批评和自我批评作为中国共产党大力倡导的优良作风,是有效解决党

内矛盾和问题的锐利武器,是共产党人自我完善、自我净化、自我提高、自我革新,永葆先进性和纯洁性的重要法宝。在延安时期,经过延安整风运动的开展,中国共产党深刻认识到批评和自我批评的极端重要性,使批评和自我批评成为中国共产党优良作风的有机组成部分。正是全党上下自觉地认真地拿起批评和自我批评这一武器,才使得中国共产党能够不断清除自己身上的政治微生物,更好地坚持真理、修正错误,保持了勃勃生机和旺盛斗志。古人云:"自见者不明,自是者不彰,自伐者无功,自矜者不长"。自见、自是、自伐、自矜是自我净化、自我完善、自我提高、自我革新的大敌。因此,面对新形势新情况,在全面从严治党、切实加强党的自身建设中,必须借鉴历史经验,探索新思路,寻找新方法,引导、帮助广大党员干部重新用好批评和自我批评这一锐利武器,使批评和自我批评真正成为中国共产党永葆先进性、纯洁性的有效法宝。

(一)领导干部带头是有效开展批评和自我批评的关键

批评和自我批评能否开展起来或开展效果如何,最主要的就是要看领导干部愿不愿意听到批评的声音,特别是"一把手"能否容得下批评的声音。为使批评和自我批评能够开展得好,领导干部要进行透彻的自我批评。自我批评更具有根本性,真正解决问题还是要靠自我批评,没有诚恳的、深刻的自我批评,别人的批评就难以达到效果,要把批评和自我批评视为一个相互教育和自我教育相统一的过程,既要善于从别人的批评中汲取营养,又要注意在自我批评中省察自身。只有领导干部先进行严肃的自我批评才能让大家"敢说",进而"能说""会说",批评才能开展起来。实践表明,领导干部越是善于和勇于自我批评,胸怀坦荡,群众对他也就越理解,他的威信也越高。只有要求别人做到的,自己首先要做到,要求别人不做的,自己坚决不做,批评别人才有底气,别人听了才能服气。

领导干部进行深入的自我批评的同时,还要能够真心接受别人的批评。邓小平曾经多次提出："领导人的度量要大一点。要能容人，要能听得进反面意见，要能用平等态度待人，要能更谦虚谨慎"①，"各级领导同志要善于倾听反面意见，倾听不同意见；要听老实人的话，要听老实话。这也是我们的传统。"②党员干部特别是领导干部，一定要有广阔的胸襟，严于律己，宽以待人，在处理党内关系方面，特别是领导班子内部关系，一定要实行"五湖四海"的原则，团结大多数同志。进而在各个领导班子的成员之间，才能互相支持、互相谅解、善于合作，共同地维护党委集体领导的威信。班子全体成员既坚持原则，又与人为善，才能开展严肃认真的批评和自我批评，才能做到班子成员间知无不言、言无不尽，言者无罪、闻者足戒，有则改之、无则加勉，才能让广大群众实实在在地感受到领导接受批评、解决问题的诚意。

（二）注意探索适应新的时代特征的批评和自我批评方式方法，是有效开展批评和自我批评的基础与条件

何谓正确的批评？正确的批评首先就要求批评者既要帮助被批评者发现错误，又能提出解决问题的合理方案。正确的批评不应只停留在"破"，更要走向"立"，应当既指出缺点错误，又提出改进的建议；既指出存在的问题，又提出解决的办法；既诚恳帮助被批评者对批评中反映的问题进行认真分析，又把开展批评与制定整改措施结合起来。对此列宁有着精辟论述："公开承认错误，揭露犯错误的原因，分析产生错误的环境，仔细讨论改正错误的方法——这才是一个郑重的党的标志，这才是党履行自己的义务"③。同时正确的批评要求批评者要在批评同志时秉持合适的态度。刘少奇说："应该对那些犯错误的同志（尤其是新同志）采用同志的、诚恳的、甚至是温和与委婉的态度，爱护他，尊重他，细心的从原

① 《邓小平文选》第一卷，人民出版社1994年版，第309页。
② 《邓小平文选》第一卷，人民出版社1994年版，第308页。
③ 《列宁选集》第4卷，人民出版社1995年版，第167页。

则上去分析他的错误,使他从原则上去了解错误与改正错误,这样反而常常是纠正同志错误的较好方法,常常能使同志心悦诚服的去改正错误,并能更兴奋的去为党工作。"①批评别人,既不要"和稀泥",更不能成"火药筒"。方法上要和风细雨,循循善诱,方针上既要弄清思想,分清是非,又要团结同志。正如有学者所强调的那样:"讲道理和风细雨、摆事实娓娓道来,设身处地为对方着想,用爱护赢得彼此信任,用事实和例证转变内心想法,切实做到既尖锐批评,又促进团结。"②

从党员个人成长角度看,适当程度的自我批评对党员认识自我、提高修养、奋发进取是非常有益的。发自内心的自我批评,这是个人的自我超越,将为党员自己带来明显的进步;理性地接受别人的批评,改正自己的错误和不足,也是自己情感和思想上的升华。但是,简单武断、强加于人、出口伤人、诽谤中伤、侮辱人格,甚至泄私愤、图报复,无限上纲、落井下石,这些看似"激烈"的"批评"不仅不能帮助别人,反而是党团结的腐蚀剂。因此,要坚持以人为本、与人为善,以理服人、以情动人,在开展批评的过程中,针对不同的批评对象要有不同的批评艺术。既要坚持原则,反对和克服好人主义,又要避免和纠正那种乱扣帽子、乱打棍子、乱抓辫子的现象和行为。既要严肃认真,不敷衍了事,使批评成为治病救人的"利器",又要顾及被批评者的心理承受能力,采取兄弟式、朋友式、同志式的批评,具有亲和力,让人易接受,不让批评成为伤人害人的"凶器"。既要善于化解下级批评上级怕穿小鞋的心态,具有海纳百川的胸怀,不压制,不报复,善于和勇于接受批评,又要允许和谅解由于对情况的掌握、对信息的了解和站位角度的不同而产生的误解甚至是错误的批评。唯有如此,批评和自我批评才能卓有成效地开展。

---

① 《刘少奇论党的建设》,中央文献出版社 1991 年版,第 44 页。
② 董旭光:《提高批评与自我批评的实效性》,《中国军工报》2013 年 9 月 19 日。转载于《学习时报》2013 年 10 月 28 日。

（三）以新闻媒体为平台营造实现批评和自我批评的社会环境，是有效开展批评和自我批评的重要环节

　　媒体是塑造社会舆论的有效工具，社会舆论是社会环境的主观映象，是社会环境的重要组成部分。鼓励批评、善于倾听社会舆论是实现批评和自我批评这一优良作风的重要外部条件。习近平曾指出："各级领导干部都要欢迎舆论监督，主动接受舆论监督，通过运用舆论监督，改正缺点和错误，努力把工作做得更好。"①要善于利用报纸开展批评和自我批评，"报纸最有力量的是批评与自我批评。"②特别是随着时代的变化，要积极大胆地使用网络这一新兴媒体开展批评和自我批评，通过民主生活会信息公开、述职述廉公示等做法推进党内民主建设，同时要进一步探索微博交心、网络反腐等新媒介的社会监督作用，把握批评和自我批评的科学性、规律性，展现批评和自我批评的艺术性、时代性。从政治发展视角看，社会各群体利用网络媒体对党和政府中的工作人员进行批评，是实现社会主义人民民主的有益尝试。网络媒体门槛低、扩散快、形式活，民众利用网络对个别干部的日常工作进行有益批评，一方面，可以帮助个别干部改正错误，防微杜渐，从而改善政府形象、提高政府公信力，提升政府执政效能；另一方面，也有助于培养新环境下民众的民主意识和参政水平。

（四）构建有利于批评和自我批评的制度体系，是有效开展批评和自我批评的根本保障

　　如何让批评和自我批评这柄武器重新锋利？关键就要靠制度！唯有如此，才能保障批评和自我批评的作风得以坚持和弘扬。

　　一是实现批评和自我批评必须要完善党内民主制度。党内民主是党内生活积极健康的重要基础，是开展批评和自我批评的"基石"。浓厚的

---

① 习近平：《之江新语》，浙江人民出版社 2007 年版，第 55 页。
② 《邓小平文选》第一卷，人民出版社 1994 年版，第 150 页。

民主氛围是开展好批评和自我批评的前提条件。毛泽东明确提出:"如果没有充分的民主生活,没有真正实行民主集中制,就不可能实行批评和自我批评这种方法。"①首先,要健全民主生活会和组织生活会制度。要提高民主生活会和组织生活会质量,发挥民主生活会和组织生活会在开展思想交流、提高党性修养、增进班子团结中的重要作用。要把批评和自我批评作为提高民主生活会和组织生活会质量的主要措施,作为发展党内民主的主要措施,健全起来,坚持下去。其次,要保障各级党员干部的民主权利。"党员有权向党负责地揭发、检举党的任何组织和任何党员违纪违法的事实,提倡实名举报。党员有权在党的会议上有根据地批评党的任何组织和任何党员"②。党组织既要严肃处理对批评者或举报者的歧视、刁难、压制行为特别是打击报复行为,又要严肃追查处理诬告陷害行为。再次,要大力拓宽信息沟通渠道。为了更好地传递党员意见,应建立有效沟通渠道,并拓宽已有的党内民主渠道,使党员群众的意见、建议、批评能够及时准确地反映上来。同时,建立、健全通过民意调查等征求党员群众批评意见制度,广泛征求群众、下级单位、服务对象的意见和建议,特别是要及时了解那些群众反映强烈、应该解决、有条件解决的问题。最后,还需特别指出的是,领导干部一定要有民主精神,绝不能搞家长制、一言堂,要听得进不同意见,自觉维护党员的民主权利。

二是构建有利于发展党内民主的保障制度和激励制度。保障制度的核心就是要保证批评双方能够在政治上平等,党章规定的权利不受损害。由于批评双方担心"穿小鞋""伤和气""丢选票",使批评者不敢批评他人、被批评者也不敢接受他人的批评,因而党内批评要么开展不起来,要么就会流于形式。因此,首先要明确规定批评和自我批评必须在党内有组织地、有计划地展开,坚决禁止非组织活动,禁止地下"小广播";其次

---

① 《毛泽东文集》第八卷,人民出版社1999年版,第293页。
② 《十四大以来重要文献选编》(上),人民出版社1996年版,第44页。

要在开展批评和自我批评中,健全以党性原则为基础的承诺机制,批评双方向党组织和同志公开承诺,尊重同志们的意见和帮助,并要求党内其他同志对自己的承诺进行监督检查,划清批评和"打棍子""戴帽子"的界限;再次,在涉及批评双方利益的决策中,应建立相关当事人的回避机制或退出机制,以消除可能引发双方矛盾的外部条件。激励机制的关键是通过表扬、鼓励、奖励措施,使批评者能提出有价值、有针对性的批评意见,切实帮助被批评者改正错误。应当对那些提出富有价值的批评意见和建议者给予相应的物质和精神奖励。通过保障制度机制建设使批评双方敢说、敢听,通过激励制度建设使双方愿说、愿听。其目的在于增强党内生活的战斗性,营造一个以对党和人民负责的态度开展批评和自我批评的良好氛围,形成将制度内化为党员干部自身行为规范,使其自觉、自愿遵守制度要求,并培育和增强党员干部批评和自我批评的勇气,进而能够大力弘扬批评和自我批评优良作风的政治文化。

三是落实和强化有利于保障党员主体地位的相关制度。为让批评和自我批评这一优良作风能与时俱进,更好地发挥作用,必须尊重和保障党员的主体地位。党员是党的主人,党员是党组织运行的"微观基础",党组织的所有行动最终都要靠党员个体来实现。要有效地开展批评和自我批评,一定要保障党员的主体地位。党内民主的实质,就是党员在党的政治生活中应当家作主。党员在党内应当具有知情权、参与权、决定权、选择权、监督权等5项权利。① 中共十八大第一次把"尊重党员主体地位"写入党章。② "一个真正有主体意识的共产党员,他会以党的事业为己任,自觉地站在党的立场上思考问题、判断是非,并由此决定自己的行为;他会以真诚的态度去做一切有益于党的事业,包括开展批评与自我批评这样的事情;他由此就会把党大力倡导的批评与自我批评作为自己的一

---

① 刘益飞:《持之以恒地确立党员主体地位》,《中国党政干部论坛》2006年第3期。
② 《中国共产党章程》,人民出版社2012年版,第9页。

份内在的责任和动力,从而真诚投入,不计较个人的得失。"①如果从党员与组织的关系来看,党员在批评和自我批评的过程中同组织实现了互动,有利于党员与组织双方共同发展。具有主体意识的党员作为党内政治生活的主体,通过参与党内生活,进行积极健康的批评和自我批评,有助于强化党员对党组织的接受与认同,也就有利于强化党组织的稳定性,提升党组织的运行效率。反之,如果党员批评的意见没能得到反馈或得到的只是消极反馈,对党员来说,不仅其行为失去了意义,而且对自己在党内的存在价值也会产生怀疑,久而久之就会对党组织产生疏离感,进而导致政治冷漠,这无论是对党员个人来说,还是从党组织的稳定来讲,都具有极大的消极作用,那将是很危险的。

总之,延安是一本厚重的历史教科书,延安是共产党人和党的干部升华思想、锤炼党性、增强素质、提升能力的精神家园。延安精神体现了中国共产党人的历史自觉和文化自信,是中国共产党科学的群体意识和优良的精神风貌。只要我们把延安精神存之于心、见之于行,并且同新的时代精神相结合,把个人价值的实现融入到报效祖国、服务人民的实践中,我们就一定能够做出无愧于时代、无愧于人民的业绩来。

---

① 刘益飞:《一要真诚,二要民主——试论开展批评与自我批评的两个基本条件》,《中国党政干部论坛》2005 年第 5 期。

参考文献

一、文献

1.《马克思恩格斯选集》，人民出版社 1995 年版。

2.《马克思恩格斯文集》，人民出版社 2009 年版。

3.《列宁选集》，人民出版社 1995 年版。

4.《列宁专题文集》，人民出版社 2009 年版。

5.《毛泽东选集》，东北书店 1948 年版。

6.《毛泽东选集》，人民出版社 1991 年版。

7.《毛泽东文集》第一卷，人民出版社 1993 年版。

8.《毛泽东文集》第二卷，人民出版社 1993 年版。

9.《毛泽东文集》第三卷，人民出版社 1996 年版。

10.《毛泽东文集》第四卷，人民出版社 1996 年版。

11.《毛泽东文集》第八卷，人民出版社 1999 年版。

12.《毛泽东军事文集》，军事科学出版社、中央文献出版社 1993 年版。

13.《毛泽东书信选集》，人民出版社 1983 年版。

14.《毛泽东年谱（一八九三——一九四九）》，人民出版社、中央文献出版社 2013 年版。

15.《毛泽东在七大的报告和讲话集》，中央文献出版社 1995 年版。

16.《刘少奇选集》上卷，人民出版社 1981 年版。

17.《刘少奇论党的建设》，中央文献出版社 1991 年版。

18.《周恩来选集》上卷,人民出版社 1980 年版。

19.《周恩来年谱(一九四九——一九七六)》,中央文献出版社 1997 年版。

20.《朱德选集》,人民出版社 1983 年版。

21.《任弼时选集》,人民出版社 1987 年版。

22.《任弼时年谱(一九〇四——一九五〇)》,中央文献出版社 2004 年版。

23.《张闻天文集》,中共党史出版社 2012 年版。

24.《张闻天年谱》,中共党史出版社 2000 年版。

25.《王稼祥选集》,人民出版社 1989 年版。

26.《王稼祥年谱(一九〇六——一九七四)》,中央文献出版社 2001 年版。

27.《陈云文选》,人民出版社 1995 年版。

28.《陈云论党的建设》,中央文献出版社 1995 年版。

29.《邓小平文选》,人民出版社 1994 年版。

30.《聂荣臻回忆录》,解放军出版社 1984 年版。

31.《杨尚昆回忆录》,中央文献出版社 2007 年版。

32. 李维汉:《回忆与研究》,中共党史资料出版社 1986 年版。

33. 江泽民:《论党的建设》,中央文献出版社 2001 年版。

34.《习近平谈治国理政》,外文出版社 2014 年版。

35.《习近平关于党风廉政建设和反腐败斗争论述摘编》,中央文献出版社、中国方正出版社 2015 年版。

36. 习近平:《之江新语》,浙江人民出版社 2007 年版。

37.《论群众路线——重要论述摘编》,党建读物出版社、中央文献出版社 2013 年版。

38.《毛泽东　周恩来　刘少奇　朱德　邓小平　陈云论调查研究》,中央文献出版社 2006 年版。

39.《老一辈革命家论党的建设》,党建读物出版社 2001 年版。

40.《毛泽东 邓小平 江泽民关于艰苦奋斗、居安思危、保持同人民群众血肉联系的论述》,中央文献出版社 2003 年版。

41.《中共中央文件选集》,中共中央党校出版社 1991 年版。

42.《建党以来重要文献选编》,中央文献出版社 2011 年版。

43.《十四大以来重要文献选编》(上),人民出版社 1996 年版。

44.《十七大以来重要文献选编》,中央文献出版社 2013 年版。

45.《十八大以来重要文献选编》(上),中央文献出版社 2014 年版。

46.《中国共产党章程》,人民出版社 2012 年版。

47.《中国共产党章程汇编(从一大——十六大)》,中共中央党校出版社 2006 年版。

48.《中共陕甘宁边区党委文件汇集》,中央档案馆、陕西省档案馆 1994 年编。

49.《陕甘宁边区民政工作资料选编》,陕西人民出版社 1992 年版。

50.《陕甘宁边区政府文件选编》,档案出版社 1988 年版。

二、著作

1. 石仲泉:《我观毛泽东》,中共党史出版社 2004 年版。

2. 朱乔森、李玲玉等主编:《中国共产党历史与经验》,中共中央党校出版社 2006 年版。

3. 中国延安精神研究会编:《马文瑞论延安精神》,中央文献出版社 2000 年版。

4. 中国人民解放军八四八七〇部队:《艰苦奋斗 自力更生——学习毛主席论抗日战争时期解放区大生产运动的光辉思想》,人民出版社 1978 年版。

5. 中共中央党史研究室:《中国共产党历史》第一卷,中共党史出版社 2011 年版。

6. 中共中央党史研究室：《中国共产党历史》第二卷，中共党史出版社 2011 年版。

7. 中共陕西省委党史研究室编：《毛泽东在陕北》，陕西人民出版社 1993 年版。

8. 章学新主编：《任弼时传》（修订本），中央文献出版社 2004 年版。

9. 张国焘：《我的回忆》，现代史料编刊社 1980 年版。

10. 徐文钦编著：《毛泽东读书治国》，中央文献出版社 2008 年版。

11. 魏永理主编：《中国西北近代开发史》，甘肃人民出版社 1993 年版。

12. ［西德］王安娜：《中国——我的第二故乡》，李良健等校译，生活·读书·新知三联书店 1980 年版。

13. 孙琴安：《毛泽东与国民党著名将领》，重庆出版社 2002 年版。

14. 宋晓明主编：《中共党建史（1921—1949）》，党建读物出版社 1996 年版。

15. 刘益涛：《十年纪事：1937—1947 年毛泽东在延安》，中共党史出版社 2007 年版。

16. 李智勇：《陕甘宁边区政权形态与社会发展（1937—1945）》，中国社会科学出版社 2001 年版。

17. 李石涵编：《怀安诗社诗选》，陕西人民出版社 1980 年版。

18. 雷云峰编著：《陕甘宁边区史（抗日战争时期）》，西安地图出版社 1993 年版。

19. 靳铭、曾鹿平主编：《人民代表大会的雏形——陕甘宁边区参议会制度研究》，陕西人民出版社 1998 年版。

20. 蒋泽民口述：《忆毛泽东在延安》，八一出版社 1993 年版。

21. 蒋纬国总编：《国民革命战史》，台湾黎明文化事业股份有限公司 1978 年版。

22. 黄琳：《延安逸事》，解放军文艺出版社 1982 年版。

23. 湖南省南泥湾精神研究会等编:《南泥湾续集》,湖南人民出版社 2006 年版。

24. 胡为雄:《毛泽东思想研究史略》,中央文献出版社 2004 年版。

25.《红色延安口述·历史:永远的鲁艺》,陕西师范大学出版社 2014 年版。

26.《红色延安口述·历史:窑洞轶事》,陕西师范大学出版社 2014 年版。

27.《红色延安口述·历史:延安时期的日常生活》,陕西师范大学出版社 2014 年版。

28.《红色延安口述·历史:延安时期的大事件》,陕西师范大学出版社 2014 年版。

29.《红色延安口述·历史:我要去延安》,陕西师范大学出版社 2014 年版。

30.《红色延安口述·历史:国际友人在延安》,陕西师范大学出版社 2014 年版。

31.《红色延安口述·历史:第三只眼看延安》,陕西师范大学出版社 2014 年版。

32. 郭德宏主编:《永恒的延安精神》,天津古籍出版社 2005 年版。

33. 郭必选:《延安精神论纲》,红旗出版社、中共党史出版社 2005 年版。

34. 郭必选、杨延虎、任学岭:《延安精神探源》,中共党史出版社、红旗出版社 2005 年版。

35. 龚育之、逄先知、石仲泉:《毛泽东的读书生活》,中央文献出版社 2003 年版。

36. 高新民、张树军:《延安整风实录》,浙江人民出版社 2000 年版。

37. 丁雪松口述,杨德华整理:《中国第一位女大使丁雪松回忆录》,江苏人民出版社 2000 年版。

38. 程中原:《张闻天传》(修订版),当代中国出版社 2006 年版。

39. 陈辛火:《艰苦的岁月 难忘的回忆》,中国延安精神研究会宣传委员会编:《延安颂歌——继承和发扬延安精神》,新华出版社 1992 年版。

40. 陈瑾昆:《余为何参加中共工作》,东北书店 1946 年版。

41. 陈登才主编:《毛泽东的领导艺术》,军事科学出版社 1989 年版。

42. [美]尼姆·韦尔斯:《红色中国内幕》,马庆军、万高潮译,华文出版社 1991 年版。

43. [美]罗斯·特里尔:《毛泽东传 最新版全译本(插图本)》,胡为雄、郑玉臣译,中国人民大学出版社 2006 年版。

44. [美]约翰·高林:《延安精神——战时中美友好篇章》,孙振皋译,华艺出版社 1992 年版。

45. [美]费正清:《美国与中国》(第四版),张理京译,世界知识出版社 2000 年版。

46. 李寿葆、施如璋主编:《斯特朗在中国》,生活·读书·新知三联书店 1985 年版。

47. [美]埃德加·斯诺:《西行漫记》,董乐山译,解放军文艺出版社 2002 年版。

48. [德]迪特·海茵茨希:《中苏走向联盟的艰难历程》,张文武、李丹琳等译,新华出版社 2001 年版。

49. 金冲及主编:《周恩来传》,中央文献出版社 1998 年版。

50. 韩延龙、常兆儒编:《中国新民主主义革命时期根据地法制文献选编》,中国社会科学出版社 1981 年版。

51. 蒋巍、雪扬:《中国女子大学风云录》,解放军文艺出版社 2007 年版。

52. 李敏等主编:《真实的毛泽东》,中央文献出版社 2003 年版。

53.《延安中央党校的整风学习》,中共中央党校出版社 1988 年版。

54.《延安整风运动记事》,求是出版社 1982 年版。

55.《延安民主模式研究资料选编》,西北大学出版社 2004 年版。

56. 粟裕、陈雷等:《星火燎原全集》第 17 卷,解放军出版社 2009 年版。

57.《伟大的历程:回忆战争年代的毛主席》,人民出版社 1977 年版。

58. 宋金寿、李忠全主编:《陕甘宁边区政权建设史》,陕西人民出版社 1990 年版。

59. 吴葆朴、李志英:《秦邦宪(博古)传》,中共党史出版社 2007 年版。

60. 史全伟编著:《毛泽东与艰苦奋斗》,中央文献出版社 2004 年版。

61. 金冲及主编:《毛泽东传》,中央文献出版社 1996 年版。

62.《抗日战争时期陕甘宁边区财政经济史料摘编》,陕西人民出版社 1980 年版。

63. 胡锦涛:《坚定不移沿着中国特色社会主义道路前进　为全面建成小康社会而奋斗——在中国共产党第十八次全国代表大会上的报告》,人民出版社 2012 年版。

64.《胡乔木文集》,人民出版社 1992 年版。

65.《胡乔木回忆毛泽东》,人民出版社 2014 年版。

66. 中国延安干部学院编:《红色延安的故事》,党建读物出版社 2016 年版。

67.《党的群众路线教育实践活动读本》,人民出版社 2013 年版。

68. 全国干部培训教材编审指导委员会组织编写:《毛泽东思想基本问题》,人民出版社 2002 年版。

69. 申沛昌、郭必选等:《延安精神的原生形态》,陕西人民教育出版社 1993 年版。

70. 延安大学延安学研究所等:《延安精神体系论纲》,三秦出版社 1998 年版。

71. 邓野:《联合政府与一党训政:1944—1946 年间国共政争》,社会科学文献出版社 2003 年版。

72. 李小三主编:《中国共产党人精神研究》,中央文献出版社 2008 年版。

73. 丁晓平:《中共中央第一支笔:胡乔木在毛泽东邓小平身边的日子》,中国青年出版社 2011 年版。

74. 史桂生、梅清海主编:《弘扬白求恩精神 争做白求恩传人》,军事医学科学出版社 2000 年版。

三、报刊

1.《新华日报》(华北版)。

2.《解放日报》(延安)。

3.《人民日报》。

后　记

延安,是中国共产党的精神家园;延安精神,是中国共产党的宝贵精神财富。作为一名地道的延安人,我对这片土地饱含深情,对延安十三年历史及其孕育的延安精神充满敬意。从 1985 年踏上工作岗位,我从事干部教育培训和中共党史教学科研工作已经整整 32 年。其间,我曾经无数次行走在延安的旧址旧居,也曾沿着先辈们的足迹,在黄土高原沟壑纵横的山洼间追寻和感悟:在延安这块贫瘠的土地上,在昏暗潮湿的窑洞里,中国共产党何以由小到大? 中国革命力量何以由弱变强? 中国革命事业何以由一个胜利走向又一个胜利? 我以为,其中的一个重要原因就在于中国共产党有延安精神这个先进的群体意识和崭新的精神风貌。

"历史是最好的教科书。"习近平总书记在 2015 年 2 月视察陕西时,向全党发出号召:"今天,全面从严治党要继续从延安精神中汲取力量。"延安精神作为以马克思主义科学理论为指导,以人民创造历史的唯物史观为基石,集中体现中共性质和宗旨的科学精神,是中国共产党人最为成熟、最为宝贵的精神资源,它既适应于中国共产党人的思想教育、价值塑造、作风养成,又适应于中国社会价值体系的确立以及培养提高民众道德水准的现实需要。作为一名干部教育培训工作者,长期以来,我始终以延安精神传播者的角色定位要求自己,将传播好延安精神作为义不容辞的使命与责任。可以说,撰写这本书既是我从事教学工作的心得与感悟,也是学习延安精神相关著作的思考与研究所得。

撰写一本关于延安精神方面的书籍并非易事! 因为延安十三年历史

和延安精神一直都是理论界、学术界研究的热点领域,研究专著已经很多。加之自己才疏学浅,工作任务又比较繁重,一般只能利用寒假集中一段时间写作,故本书起笔于2010年,迟至今日方才完稿。写作期间,我获准主持2014年国家社科基金西部项目"延安时期中国共产党的批评和自我批评及其当代启示"(编号:14XDJ001),我与该项目参与人薛琳博士查阅了大量延安时期的原始资料,编著出版了《〈解放日报〉上的批评和自我批评》,该书有关内容也吸收在本书部分章节中,此外,本书第八章"三、积累开展批评和自我批评的基本经验"和第九章"六、批评和自我批评是共产党人自我净化和保持生机与活力的有效武器",直接体现了上述课题的研究思考,本书也可看作是该项目的阶段性成果之一。

本书写作过程中,参阅并吸收了理论界、学术界已有研究成果,同时也借鉴了中国延安干部学院许多同仁的意见和建议。特别要指出的是,著名党史学家、中央党史研究室原副主任石仲泉先生欣然为本书作序,著名党史专家、陕西省社科院李忠全研究员在成书过程中曾给予我大力支持和指导,在此一并表示真诚感谢!

本书能够顺利出版,得益于人民出版社领导的大力支持,责任编辑吴继平博士为此付出了大量辛勤劳动,提出许多建设性的意见和建议,在此谨表崇高敬意!

赵耀宏

2017年6月18日

责任编辑:吴继平
装帧设计:周方亚
责任校对:史伟伟

图书在版编目(CIP)数据

延安精神及其当代价值/赵耀宏 著. —北京:人民出版社,2017.6
    (2023.5 重印)
ISBN 978 - 7 - 01 - 017743 - 4

Ⅰ.①延… Ⅱ.①赵… Ⅲ.①延安精神-研究 Ⅳ.①D648.4

中国版本图书馆 CIP 数据核字(2017)第 116953 号

延安精神及其当代价值
YAN'AN JINGSHEN JIQI DANGDAI JIAZHI

赵耀宏 著

人民出版社 出版发行
(100706 北京市东城区隆福寺街 99 号)

环球东方(北京)印务有限公司印刷 新华书店经销

2017 年 6 月第 1 版 2023 年 5 月北京第 6 次印刷
开本:710 毫米×1000 毫米 1/16 印张:31.25
字数:416 千字 印数:12,001-20,000 册

ISBN 978 - 7 - 01 - 017743 - 4 定价:68.00 元

邮购地址 100706 北京市东城区隆福寺街 99 号
人民东方图书销售中心 电话 (010)65250042 65289539